面向十二五高职高专会计专业规划教材

财务报表分析案例教程

喻 晶 编 著

清华大学出版社
北 京

内 容 简 介

作者结合教育手段的重大改革思想："翻转课堂"，为求创造以学生为主体，以个人动手操作和集体研讨相结合的学习氛围，通过多年教学实践，从作者编写的该课程的实训指导书，扩充详解而成为本案例教程。按实训课程特点，本书采用项目化结构，以某企业某年 12 月份的财务报表及附注为背景，指导学习阅读和整理相关财务会计资料，理解和归纳财务会计信息，并捕捉信息背后所隐含的问题，完成财务报表解读和分析，直至提出财务分析报告。通过本实训，学习者能够在短期内显著提高财务分析技能，适应现代财务管理工作。

本书可作为高等职业院校、高等专科院校、成人高校、民办高校及本科院校举办的二级职业技术学院财经类专业的教学用书，也可作为自学者的业务参考书。

图书在版编目(CIP)数据

财务报表分析案例教程/喻晶编著. --北京：清华大学出版社，2016
(面向十二五高职高专会计专业规划教材)
ISBN 978-7-302-42677-6

Ⅰ. ①财…　Ⅱ. ①喻…　Ⅲ. ①会计报表—会计分析—高等职业教育—教材　Ⅳ. ①F231.5

中国版本图书馆 CIP 数据核字(2016)第 014213 号

责任编辑：吴艳华
装帧设计：杨玉兰
责任校对：王　晖
责任印制：沈　露

出版发行：清华大学出版社
　　　　　网　　　址：http://www.tup.com.cn, http://www.wqbook.com
　　　　　地　　　址：北京清华大学学研大厦 A 座　　　邮　　编：100084
　　　　　社 总 机：010-62770175　　　　　　邮　　购：010-62786544
　　　　　投稿与读者服务：010-62776969, c-service@tup.tsinghua.edu.cn
　　　　　质量反馈：010-62772015, zhiliang@tup.tsinghua.edu.cn
　　　　　课件下载：http://www.tup.com.cn, 010-62791865

印 刷 者：三河市君旺印务有限公司
装 订 者：三河市新茂装订有限公司
经　　销：全国新华书店
开　　本：185mm×260mm　　印　张：23　　　字　　数：546 千字
版　　次：2016 年 3 月第 1 版　　　　　印　　次：2016 年 3 月第 1 次印刷
印　　数：1～2000
定　　价：42.00 元

产品编号：067297-01

前　　言

　　随着我国经济的快速发展，尤其金融资本市场的兴起和快速成长，财务分析这一职业需求，越来越受到社会各行各业的共同关注，尤其在资本市场高度活跃，金融资本对市场经济具有重大影响的今天，对各类企业，尤其是上市公司的财务状况和经营前景的分析判断，成为监管机构、金融机构、各类投资人、债权人以及各行各业关联方、交易方，甚至广大社会层面的潜在利益者，在制定企业战略、经营管理、职业规划、各类决策中不可或缺的重要内容。

　　本书结合新《企业会计准则》等法规，以某企业完整的财务报告为例，从"资产负债表""利润表""现金流量表""所有者权益变动表"，一直到报表附注、财务分析资料以及其他相关资料，提供了仿真的、全面的实务演练材料。本书中对每一张报表、每一项财务指标的分析计算，都从理论和实务两个方面进行了提示，使得学习者能够独立完成财务分析业务的处理，并可以为学习者从事财务管理工作或其他与财务会计相关工作奠定坚实的基础。

　　"财务报表分析"课程既体现了财务会计学、财务管理学的应用成果，又在此基础上应用了相关的企业法律法规，以及财务设计、企业战略管理等学科，是一门多学科、多层次交叉的实作综合训练课程。加强"财务报表分析"课程的研究和开发，对于学习者提高财务会计业务以及财务管理水平，特别是对于提高中高层次财务决策人员的财务报表的阅读、企业战略管理、风险的预测、引导和控制的能力，有效地实现组织目标，取得最佳的经济效益和社会效益，具有十分重要的作用。

　　财务报表分析并不是一门新学科，但其仿真实训教材却并不多，这是由于该门课程结合了财务会计理论、管理会计理论以及财务管理理论，其理论内容较多；且在实践中又必须要求有较高层次的知识结构和具体实操能力素质。过去一般专科层次的学校受课程开设及课时所限，难以开展财务分析的实训。依据时代的发展和社会的现实要求，及相关管理专业培养目标的需要，根据多年的教学实践，编者对此进行了大胆探索。本教材的编写思路是：完全仿真财务分析师的实际操作过程；以财务会计、管理会计、财务管理的理论为指导，以某一企业的财务报告资料为例，阅读和整理相关财务会计资料，理解和归纳财务会计信息，捕捉信息背后所隐含的问题，完成财务报表解读和分析，直至提出财务分析报告的全部业务处理。

　　本教材的主要特点是仿真现实，渗透理论，突出一个"新"字，即立意新、体系新、内容新和写法新。全书将财务分析技能实务编排为任务，完成一个个的任务之后，将会对财务分析业务与技能有深刻的理解并能熟练操作，既有理论深度，又符合实际需要。

　　对于财务会计专业的学生来说，财务分析实训不仅是一门综合理论课程，而且是一门应用课程，学习本课程必须注意以下问题。

(1) 首先应认真学好相关的前期课程，如基础会计、财务会计、管理会计、财务管理以及有关企业管理类课程。

(2) 了解各项财经法规，熟练掌握《中华人民共和国会计法》《企业会计准则》的内容，掌握各项法规准则对会计核算、会计监督、财务管理方面的具体要求，力求把这些要求贯彻到财务分析实训之中。

(3) 充分了解国家宏观调控及现实经济形势，学习资本市场相关知识，掌握监管机构对资本市场管理的目标、内容和方法。

(4) 学习本课程应注意联系实际，多做调查，善于分析，结合实例进行练习，以便于把握设计中的重点和难点。

在学校的大力支持和关怀下，本书由四川科技职业学院教授喻晶在其院校编写的《财务报表分析实训指导书》一书的基础上编写完成。写作过程中，得到了清华大学出版社的大力帮助和支持，并借鉴该出版社的许多优秀的专业出版物，在此向清华出版社和相关的作者表示衷心的感谢！

编　者

目　　录

第一章

财务报表的形成 《

【本章内容】

要进行财务报表分析，必须熟知财务报表，本章主要学习四张会计报表和附注的编制以及重要项目的计算。

【知识目标】

(1) 掌握资产负债表、利润表、现金流量表、所有者权益变动表等基本财务报表的编制原理和方法。

(2) 熟悉资产负债表、利润表、现金流量表、所有者权益变动表等基本财务报表的内容和结构。

(3) 了解企业财务报告体系的主要内容。

【技能目标】

(1) 会编制资产负债表、利润表、现金流量表、所有者权益变动表等基本财务报表。

(2) 能初步运用财务报表分析的基本方法进行财务报表的阅读与分析。

(3) 熟练掌握四表一注。

【案件导入】

案例之一：

20世纪80年代，英国的巴林银行计划在新加坡设立分行。时任新加坡总理李光耀派人考察后，发现该银行信用不佳，遂毅然拒绝。英国首相为此多次向李光耀交涉，亦无结果，以致两国关系也一度受到影响。几年后，巴林银行破产，英、美、法、日等发达国家因此蒙受了巨大损失。直到这时人们才发现，新加坡的信用环境是最好的。国际资本开始向新加坡聚集，新加坡逐渐成为亚洲金融中心。新加坡国民经济腾飞也从此开始。

案例之二：

沃尔玛公司(Wal-MART STORES，Inc.)(NYSE: WMT)是一家美国的世界性连锁企业，以营业额计算为全球最大的公司，其控股人为沃尔顿家族。总部位于美国阿肯色州的本顿维尔。截至2013年10月26日，沃尔玛公司有8 445家门店，分布于全球15个国家。沃尔玛在美国有4 364家，中国有284家；员工超过200万人，美国超过140万人，中国超过8.7万。2013财政年度(2012年2月1日至2013年1月31日)的销售额达到4 660亿美元，而且至今仍保持着强劲的发展势头，它在短短几十年中有如此迅猛的发展，不得不说是零售业的一个奇迹。

2003年，沃尔玛有意出售麦克林——年营业额230亿美元的下属企业，巴菲特得知立即做出相应的收购投资决策。巴菲特与沃尔玛首席财务官面谈了两个小时，巴菲特当场同意购买金额，沃尔玛首席财务官电话请示了首席执行官，交易宣告达成。29天后，15亿美元款项直接汇入沃尔玛账户。没有投资银行的中间介入。

交易是否过于草率？巴菲特说，他相信沃尔玛财务报表所提供的一切数字。事后证明，沃尔玛提供给巴菲特的各项数据是真实可靠的。

就在2012年4月，《纽约时报》报道了沃尔玛墨西哥子公司的高级管理人员在过去的十年里，精心策划了范围广泛的行贿活动以换取开店许可，攫取市场份额，行贿金额高达2400万美元。在事情败露之后，沃尔玛高管试图掩盖真相。2012年5月5日，在股东大会上，有股东向巴菲特提问是否改变了对沃尔玛的看法？巴菲特说：在墨西哥的案件中可能有处理失误。但不会改变沃尔玛增长的盈利能力。

总结：

案例中的故事是我们现实生活、工作中面对类似问题的生动写照：

"具有诚信的声誉是企业的无价之宝！"

企业伦理是复式记账的基础。不对信息用户负责，就没有会计。只讲究会计的技术而不谈诚信原则，财务报表就失去了灵魂。

对企业经理人来讲，在编制财务报表的过程中，正确的价值观与态度，远比会计的专业知识重要。而具有诚信的声誉会大幅度降低企业的交易成本。

第一节　认识财务报表分析

一、财务报表分析的需求者

在现代社会中，经济关系复杂多变，在设立公司、开办厂矿、购买债券、投资股票、就业求职、跳槽换岗等经济活动中，几乎每一个自然人都在充当一个或多个角色，而这些经济活动都需要事先了解企业的财务信息。因此，从结构上看，财务信息使用者构成复杂，几乎涵盖社会各阶层、各行业，而不同的信息使用者对财务报表分析的目的各有侧重。

从总体上看，财务信息使用者进行财务报表分析的目的是通过财务报表提供的会计信息，揭示数字背后的信息，了解企业生产经营状况和未来发展趋势，以获取对自己有用的信息。

财务报表的需求者几乎包括全社会各类人士，如权益投资人、债权人、经理人员、政府机构和其他与企业有利益关系的人士。他们出于不同目的使用财务报表，需要不同的信息，会采用不同的分析程序，对财务报表进行详细解读和深入分析。下面我们以会计主体的视角，对财务报表信息需求者做以下分类和归纳。

(一) 债权人

债权人是指借款给企业并得到企业还款承诺的人。债权人关心企业是否具有偿还债务的能力。债权人可以分为短期债权人和长期债权人。债权人的主要决策包括决定是否给企业提供信用，是否需要提前收回债权。他们进行财务报表分析是为了回答以下几个方面的问题。

(1) 公司为什么需要额外筹集资金？

(2) 公司还本付息所需资金的可能来源是什么？

(3) 公司对于以前的短期和长期借款是否按期偿还？

(4) 公司将来在哪些方面还需要借款？

(二) 投资人

投资人是指公司的权益投资人，即普通股股东。普通股股东投资于公司的目的是扩大自己的财富。他们所关心的是偿债能力、收益能力以及投资风险等。权益投资人进行财务报表分析，是为了回答以下几个方面的问题。

(1) 公司当前和长期的收益水平高低，以及公司收益是否容易受重大变动的影响？

(2) 目前的财务状况如何，公司资本结构决定的风险和报酬如何？

(3) 与其他竞争者相比，公司处于何种地位？

(三) 经营者(也称 CEO)

经营者是指被所有者聘用的、对公司资产和负债进行管理的由个人组成的团体，有时称之为"管理当局"。经营者关心公司的财务状况、盈利能力和持续发展的能力。经营者可以获取外部使用人无法得到的内部信息。他们分析报表的主要目的是为了解决以下几个方面的问题。

(1) 对所有者负责，了解获利能力，以及获利的原因与过程。

(2) 了解管理的质量和效率，以便及时发现生产经营中存在的问题与不足。

(3) 了解财务结构与风险，资源配置是否合理有效，是否能充分利用现有资源实现更多赢利。

(4) 了解企业资本营运能力，以保证企业可持续经营。

(5) 了解企业未来发展趋势和前景如何。

(四) 政府机构有关人员

政府机构也是公司财务报表的使用人，包括税务部门、国有企业的管理部门、证券管理机构、会计监管机构和社会保障部门等。他们使用财务报表是为了履行自己的监督管理职责。他们分析报表主要是为了实现以下几个方面的目的。

(1) 获取企业财务信息，是为了支持宏观经济信息系统的需要。

(2) 关心企业经营的经济效果和社会效果，是为了掌控国家资源配置和运用情况。

(3) 监督和检查国家各项经济政策、法规、制度在企业的执行情况。

(4) 监督和保证企业财务信息和财务报表的真实性、准确性。

(五) 业务关联单位

业务关联单位主要是指供应商、客户，以及竞争对手。他们分析报表主要是为了实现以下几个方面的目的。

(1) 出于保护自身利益的需要，关注往来企业的财务状况和经营情况。

(2) 最为关注的是企业的信用状况，包括商业信用和财务信用，以做出往来业务的决策。

(3) 竞争对手为了抢占市场先机，或者保护自身市场份额，要做到知己知彼。

(六) 企业内部员工

企业内部员工是直接利益相关者，企业的现在和将来、生存和发展、经营和环境，都可通过对报表的关注，以了解企业财务状况、经营成果以及现金流量状况。他们分析报表主要是为了实现以下两个方面的目的。

(1) 了解企业的债务结构，这是企业所提供的就业机会及其稳定性的基础。

(2) 了解盈利能力，这是劳动报酬的高低与职工福利好坏的直接影响。

(七) 其他人士

企业尤其是上市公司，是社会潜在投资者所关注的对象，他们分析报表是为了优化投资对象，达到最佳理财目标。

二、财务报表分析的岗位

财务报表分析的岗位是指从事财务报表分析的专业人员执业所在的具体某社会经济组织的位置和职业。目前，财务报表分析的主要岗位和职业有财务分析师、信用分析员、注册会计师以及企业内部财务分析人员等。

(一) 财务分析师

财务分析师也称金融分析师(Certified Financial Analyst，CFA)，需要经过严格的专业培训和资格认定，取得 CFA 资格，主要在证券及相关行业任职，如证券经纪公司、银行、共同基金、保险公司、养老金组织及其他金融机构。

财务分析师的主要工作是根据企业对外披露的财务报表和其他公开披露的信息，分析企业收益的长期、短期变动及变动对股票价格可能产生的影响，为市场提供投资建议。

一般来说，依据财务分析师在资本市场上的作用，可以将他们分为卖方分析师和买方分析师。

(1) 卖方分析师：代表股票发行者的利益，主要任职于投资银行或经纪公司。使市场正确定价其公司的股价。

(2) 买方分析师：代表股票投资者的利益，主要任职于共同基金、保险公司、养老金等机构。

(二) 信用分析员

信用分析员任职于商业银行、证券评级机构、大型公司及专门从事应收账款代理融通业务的公司。

(1) 商业银行信用分析员，职责是分析贷款前后客户的财务状况。

(2) 证券评级机构的信用分析员，职责是对发行债券的公司进行信用评级。

(3) 大公司信用分析员，职责是对申请赊销的客户进行信用分析。

(4) 应收账款代理融通信用分析员，是为申请赊销的客户进行信用分析——是与大公司信用员不同的客户，是委托代理融通公司的客户。多是中小企业为降低聘用专业分析师成本，而委托专业代理公司。

(三) 注册会计师

注册会计师(CPA)提供的专业服务主要是会计报表的审计业务、企业业绩评价业务和管理咨询业务等。

1. 会计报表的审计业务

(1) 审计会计报表的合法性、公允性。

(2) 审计重要的财务比率、报表数据变化趋势。

(3) 审计经营责任：任期经济责任、离任审计。

2. 绩效评价业务

绩效评价主要包括评价指标体系、评价标准体系、评价方法体系，其评价方法以行业比较和定量评价为主。

3. 管理咨询业务

管理咨询业务是近年来高增长的项目，国际知名会计公司的管理咨询业务超过总收入的 50%。该业务主要是对公司的治理结构、信息系统、预算管理、人力资源管理、财务会计、经营效率、经营效果等提供诊断、意见与建议。

(四) 企业内部财务分析人员

企业内部财务分析人员是指对企业内部的核算资料进行分析，为企业内部经营管理服务的财务分析人员。其分析为企业经营管理者提供预测、决策、绩效考核和经营评估，乃至战略管理等方面的信息，为提高企业的经营管理水平，提高企业经营业绩服务。企业内部财务分析人员的工作内容包括以下几个方面。

(1) 内部成本、费用分析。

(2) 现金管理、资金筹集、股息分配、保险金的安排等。

(3) 分析偿债能力、营运能力、获利能力和发展能力。

三、财务报表分析的重要性

财务报表是会计核算的产品，这种产品的主要功能是提供有关企业财务状况、经营成果和现金流量情况的定量性财务信息，这些信息是企业的利益相关者评估一家企业的风险、收益及未来发展前景的重要依据。因为会计核算的数据十分重要，并且这些数据是所有决策的前提。所以对这个产品进行分析日益受到企业、事业、政府机构以及个人的高度重视。

(一) 财务报表反映的数据非常重要

财务报表是由财务会计人员，以会计专业的特有方式，进行计算与核算，通过"证—账—表"一系列的会计专业处理，形成的对外公布的数据资料。财务报表信息需求者主要是通过财务报表的"四表一注"来了解企业的状况。一是通过分析资产负债表，可以了解公司的财务状况，对公司的偿债能力、资本结构是否合理、流动资金充足性等做出判断。二是通过分析利润表，可以了解公司的盈利能力、盈利状况、经营效率，对公司在行业中的竞争地位、持续发展能力做出判断。三是通过分析现金流量表，可以了解和评价公司获取现金和现金等价物的能力，并据以预测公司未来的现金流量。四是通过分析所有者权益变动表，可以了解和评价其资本积累状况，以及资本保值、增值趋势，并进一步了解和掌握企业在其他领域的一切经济活动，获取企业全面的、综合的收益信息。五是通过分析财务报表附注及其他资料，了解企业财务报表重要项目的详细说明、资产负债表日后事项等，以及审计意见和审计评估。

面向十二五高职高专会计专业规划教材

(二) 财务报表数据之间的关系非常重要

分散的、孤立的会计数据只能反映局部的、片面的状况，如同飞机驾驶员仅仅知道仪表上的各项数字的含义是不够的，还必须清楚各项数字之间的关系，清楚哪些指标是正常的，哪些指标是异常的，进而做出调整飞行的决策。企业也一样，成功企业总能从报表中各个数字之间的比例、趋势分析中得出对自身财务状况的正确判断，这是他们之所以成功的极为重要的一环。

具体来说，仅仅采集了财务报表的信息，还不足以掌握企业的实际状况，每张表各项目中的数据、表与表中各项目中的数据，它们之间构成的钩稽关系，都能够从不同角度反映企业的某种经济问题。因此，必须要通过专业人士对这些信息进行深入解析和剖析计算，得出切合实际的分析结论，才能帮助信息需求者做出重要判断和决策。因为对财务报表进行解析后的数据，对公司经理、投资分析家、投资者和贷款人来说，比财务报表本身反映的数据更加重要。这是由于与企业之间存在直接或间接的利益关系，自然需要关注企业的财务报表，关注财务报表表象后面的解释数据，才能正确评估企业现在和未来的前景和走势。

(三) 具备高素质的财务分析人员对企业非常重要

在经济全球化、一体化的今天，占有市场先机更多的是依靠真实可靠的信息，在纷繁杂乱、垃圾信息充斥的市场中，整理出对自己有用的重要信息，是一项非常重要的管理工作。财务分析就是这种类型的管理工作。财务分析人员要在深入掌握相关法律法规、娴熟处理财务会计业务能力的基础之上，对财务信息进行采集、解析、计算等具体的加工处理，最后提出财务分析报告。因此，从事财务分析工作的人员在公司中地位重要、待遇优厚，这种现象遍及美国、中国，甚至整个世界。

【知识链接 1-1】

(1) 天美公司的经营状况很好，从 2004 年到 2008 年，公司的营业收入增长 20%，净利润以更大的幅度上升。但公司 2004 年损失了 2.73 亿美元，2005 年损失了 7.12 亿美元，公司时常出现现金短缺、存货短缺的问题，有时出现过多的资金闲置的问题，甚至经常出现坏账。现已宣告破产。

问：该企业有盈利为什么会破产？

(2) 曾经像旋风一样席卷中国大地的"三株公司""脑白金"公司，从走红到倒下历经三年。

问：如此强大的企业为什么会迅速消失？

第二节 资产负债表的编制

一、认识资产负债表

2007 年新的会计准则颁布后，资产负债表的项目内容也有了重大改变，详见表 1-1。

表 1-1 资产负债表

会企 01 表

编制单位：大众机械有限公司　　　　　　2015 年 12 月 31 日　　　　　　单位：元

资产	行次	期初余额	期末余额	负债和所有者权益	行次	期初余额	期末余额
流动资产：	1			流动负债：	35		
货币资金	2			短期借款	36		
交易性金融资产	3			交易性金融负债	37		
应收票据	4			应付票据	38		
应收账款	5			应付账款	39		
预付账款	6			预收账款	40		
应收股利	7			应付职工薪酬	41		
应收利息	8			应交税费	42		
其他应收款	9			应付利息	43		
存货	10			应付股利	44		
	11			其他应付款	45		
一年内到期的非流动资产	12			预计负债	46		
其他流动资产	13			一年内到期的非流动负债	47		
流动资产合计	14			其他流动负债	48		
非流动资产：	15			流动负债合计	49		
可供出售金融资产	16			非流动负债：	50		
持有至到期投资	17			长期借款	51		
投资性房地产	18			应付债券	52		
长期股权投资	19			长期应付款	53		
长期应收款	20			专项应付款	54		
固定资产	21			递延所得税负债	55		
在建工程	22			其他非流动负债	56		
工程物资	23			非流动负债合计	57		
固定资产清理	24			负债合计	58		
生产性生物资产	25			所有者权益：	59		

资产	行次	期初余额	期末余额	负债和所有者权益	行次	期初余额	期末余额
油气资产	26			实收资本	60		
无形资产	27			资本公积	61		
开发支出	28			盈余公积	62		
商誉	29			未分配利润	63		
长期待摊费用	30			减：库存股	64		
递延所得税资产	31			所有者权益合计	65		
其他非流动资产	32				66		
非流动资产合计	33				67		
资产总计	34			负债和所有者合计	68		

(一) 资产负债表的概念

资产负债表是反映企业在某一特定日期财务状况的会计报表，它表明权益在某一特定日期所拥有或控制的经济资源、所承担的现有义务和所有者对净资产的要求权。资产负债表利用会计平衡原则，将合乎会计原则的资产、负债、股东权益交易科目分为"资产"和"负债及股东权益"两大区块，在经过分录、转账、分类账、试算、调整等会计程序后，以特定日期的静态企业情况为基准，浓缩成一张报表。其报表功用除了企业用于内部纠错、调整经营方向、防止弊端外，也可让所有阅读者于最短时间了解企业的经营状况。

(二) 资产负债表的作用

资产负债表具有以下几个方面的作用。

(1) 资产负债表可以反映企业在某一日期所拥有的经济资源及其分布情况。资产代表企业的经济资源，是企业经营的基础，资产总量的高低一定程度上可以说明企业的经营规模和盈利基础大小，企业的结构即资产的分布，企业的资产结构可以反映其生产经营过程的特点，有利于报表使用者进一步分析企业生产经营的稳定性。

(2) 资产负债表可以反映企业某一日期的负债总额及其结构，从中可以分析企业目前与未来需要支付的债务数额。负债总额表示企业承担的债务的多少，负债和所有者的比重反映了企业的财务安全程度。负债结构反映了企业偿还负债的紧迫性和偿债压力，通过资产负债表可以了解企业负债的基本信息。

(3) 资产负债表可以反映企业所有者权益的情况，从中可以了解企业现有投资者在企业投资总额中所占的份额。实收资本和留存收益是所有者权益的重要内容，反映了企业投资者对企业的初始投入和资本累计的多少，也反映了企业的资本结构和财务实力，有助于报表使用者分析、预测企业生产经营安全程度和抗风险的能力。

(三) 资产负债表的生成依据

资产负债表是反映企业在某一特定日期(如月末、季末、半年末、年末)财务状况的会计报表，这是一张静态报表。它可以根据资产、负债和所有者权益之间的相互关系，按照"资产=负债+所有者权益"这一基本会计恒等式，依照一定的分类标准和一定的顺序，把企业在一定日期的资产、负债、所有者权益反映出来。由此可见，资产负债表是根据编报日的资产、负债和所有者权益账户的期末余额填列的。

即资产负债表的生成依据：

$$资产=负债+所有者权益$$

上述等式又可细化为

$$流动资产+非流动资产=(流动负债+非流动负债)+所有者权益$$

(四) 资产负债表的内容

1. 资产负债表项目大类

资产负债表是反映企业在某一特定日期财务状况的会计报表，包含会计要素的三个大类，即资产、负债和所有者权益。采用账户式格式编制，左边为资产，右边为负债和所有者权益。

左边：资产分别以流动资产和非流动资产列示。满足下列条件之一的资产，应当归类为流动资产：预计在一个正常营业周期中变现、出售或耗用；主要为交易目的而持有；预计在资产负债表日起一年内(含一年)变现；自资产负债表日起一年内，交换其他资产或清偿负债的能力不受限制的现金或现金等价物。非流动资产：流动资产以外的资产，其持有期超过一年以上，其持有的目的是使用，其价值往往较大，要通过折旧或摊销进行逐期结转。

右边：上半部分为负债。负债分别以流动负债和非流动负债列示。满足下列条件之一的负债，应当归类为流动负债：预计在一个正常营业周期中清偿；主要为交易目的而持有；自资产负债表日起一年内到期应予清偿；企业无权自主地将清偿推迟至资产负债表日后一年以上。非流动负债：流动负债以外的负债，其清偿期超过一年以上，其金额较大。下半部分为所有者权益，是反映企业获得投资以及资本积累的金额，是企业净资产的来源。

需要强调的一点是，左边的各项资产与右边的负债金额一般不应相互抵消。

2. 资产负债表项目要素

资产负债表根据资产、负债、所有者权益(或股东权益，下同)之间的钩稽关系，按照一定的分类标准和顺序，把企业一定日期的资产、负债和所有者权益各项目予以适当排列，以反映企业资产、负债、所有者权益的总体规模和结构。例如，资产有多少；资产中，流动资产、固定资产各有多少；流动资产中，货币资金有多少，应收账款有多少，存货有多少等。所有者权益有多少；所有者权益中，实收资本(或股本，下同)有多少，资本公积有多少，盈余公积有多少，未分配利润有多少等。

1) 资产

这个要素的全部内容，即资产的项目，全部列示在资产负债表的左边。

资产负债表中的资产反映由过去的交易、事项形成并由企业在某一特定日期所拥有或控制的、预期会给企业带来经济利益的资源。资产又分为流动资产和非流动资产两大类别，各类明细资产要在流动资产和非流动资产类别下进一步按性质分项列示。

流动资产项目通常包括货币资金、交易性金融资产、应收票据、应收账款、预付款项、应收利息、应收股利、其他应收款、存货和一年内到期的非流动资产等。

非流动资产项目通常包括长期股权投资、固定资产、在建工程、工程物资、固定资产清理、无形资产、开发支出、长期待摊费用以及其他非流动资产等。

2) 负债

这个要素的全部内容，即负债的项目，列示在资产负债表右边的上半部分。

资产负债表中的负债反映在某一特定日期企业所承担的、预期会导致经济利益流出企业的现时义务。负债又分为流动负债和非流动负债两大类别，各类明细负债在流动负债和非流动负债类别下再进一步按性质分项列示。

流动负债项目通常包括短期借款、应付票据、应付账款、预收款项、应付职工薪酬、应交税费、应付利息、应付股利、其他应付款、一年内到期的非流动负债等。

非流动负债项目通常包括长期借款、应付债券和其他非流动负债等。

3) 所有者权益

这个要素的全部内容，即所有者权益的项目，列示在资产负债表右边的下半部分。

资产负债表中的所有者权益是企业资产扣除负债后的剩余权益，反映企业在某一特定日期股东(投资者)拥有的净资产的总额，它一般按照实收资本、资本公积、盈余公积和未分配利润分项列示。

3. 资产负债表其他特殊项目

银行、保险公司和非银行金融机构由于在经营内容上不同于一般的工商企业，导致其资产、负债、所有者权益的构成项目也不同于一般的工商企业，具有特殊性。但是，在资产负债表上列示时，对于资产而言，通常也按流动性大小进行列示，具体分为流动资产、长期投资、固定资产、无形资产及其他资产；对于负债而言，也按流动性大小列示，具体分为流动负债、长期负债等；对于所有者权益而言，也是按实收资本、资本公积、盈余公积、未分配利润等项目分项列示。

(五) 资产负债表的格式

1. 表头

表头包括报表名称、编制单位、编制日期、货币种类和金额单位等内容。

2. 基本内容

以账户式或报告式分项列示企业的资产、负债和所有者权益。

有关资产、负债和所有者权益项目平行列示，使各项目之间内在的钩稽关系得以充分揭示和披露。账户式资产负债表的简易示意表如表 1-2 所示。

表 1-2 账户式资产负债表

资　产	负债和所有者权益
流动资产	流动负债
非流动资产	非流动负债
	所有者权益
资产总计	负债和所有者权益总计

(六) 资产负债表的编制方法

会计报表的编制，主要是通过对日常会计核算记录的数据加以归集、整理，使之成为有用的财务信息。企业资产负债表中各项目的数据，主要通过以下几种方式取得。

1. 根据总账科目余额直接填列

资产负债表的大部分项目都是根据有关总账账户的余额直接填列。如"应收票据"项目，根据"应收票据"总账科目的期末余额直接填列；"短期借款"项目，根据"短期借款"总账科目的期末余额直接填列。"交易性金融资产""工程物资""递延所得税资产""短期借款""交易性金融负债""应付票据""应付职工薪酬""应交税费""递延所得税负债""预计负债""实收资本""资本公积""盈余公积"等，都是根据总账科目余额直接填列。

2. 根据总账科目余额计算填列

例如，"货币资金"项目，根据"库存现金""银行存款""其他货币资金"科目的期末余额合计数计算填列。

3. 根据明细科目余额计算填列

例如，"应收账款"项目，应根据"应收账款""预收账款"两个科目所属的有关明细科目的期末借方余额扣除计提的减值准备后计算填列；"应付账款"项目，根据"应付账款""预付账款"科目所属相关明细科目的期末贷方余额计算填列。

4. 根据总账科目和明细科目余额分析计算填列

例如，"长期借款"项目，根据"长期借款"总账科目期末余额，扣除"长期借款"科目所属明细科目中反映的、将于一年内到期的长期借款部分，分析计算填列。

5. 根据科目余额减去其备抵项目后的净额填列

例如，"存货"项目，根据"存货"科目的期末余额，减去"存货跌价准备"备抵科目余额后的净额填列；又如，"无形资产"项目，根据"无形资产"科目的期末余额，减去"无形资产减值准备"与"累计摊销"备抵科目余额后的净额填列。

6. 其他相关金额的填列

例如，资产负债表的"年初数"栏内各项数字，根据上年末资产负债表"期末数"栏内各项数字填列。如果当年度资产负债表规定的各个项目的名称和内容同上年度不相一致，则按编报当年的口径对上年年末资产负债表各项目的名称和数字进行调整，填入本表"年初数"栏内。

(七) 新会计制度对资产负债表编制方法的调整

2007 年新会计准则发布并推行，对资产负债表的填列方法和内容有一些调整和变动，主要有两个变化：一是改变了部分项目的填列方法；二是适当增加了部分项目。

第一，改变了部分项目的填列方法。

主要表现为部分项目以其账面价值填列，而不是以其账面余额填列。例如，"应收账款""其他应收款""存货""长期股权投资""长期债权投资""在建工程""无形资产"

等项目，都是以其账面余额扣除计提的减值准备后的金额填列。

需要注意的是，对于"固定资产"项目，应分别根据"固定资产原价""累计折旧""固定资产净值""固定资产减值准备""固定资产净额"等项目填列。对于"长期应付款"项目，应根据"长期应付款"科目的期末余额，减去"未确认融资费用"科目期末余额后的金额填列。

第二，适当增加了部分项目。

主要表现为适当增加了"预计负债"和"已归还投资"两个项目，分别反映企业预计负债的期末余额和中外合作经营企业按合同规定在合作期间归还投资者的投资。

(八) 资产负债表各项目计算公式

为了方便学习，资产负债表各项目的计算，以公式形式列示如下。

1. 资产

货币资金=现金+银行存款+其他货币资金

短期投资=短期投资-短期投资跌价准备

应收票据=应收票据

应收账款=应收账款(借)+预收账款(借)-应计提"应收账款"的"坏账准备"

预付账款=应付账款明细账(借)+预付账款明细账(借)

其他应收款=其他应收款-应计提"其他应收款"的"坏账准备"

存货=材料+周转材料+库存商品+委托加工物资+委托代销商品+生产成本等-存货跌价准备

材料采用计划成本核算，以及库存商品采用计划成本或售价核算的企业，应按加或减材料成本差异、商品进销差价后的金额填列。

其他流动资产="除以上流动资产项目外的其他流动资产"

长期股权投资=长期股权投资[不准备在 1 年内(含 1 年)变现的各种股权性质投资账面余额]

长期债权投资=长期债权投资[不准备在 1 年内(含 1 年)变现的各种债权性质投资的账面余额；长期债权投资中，将于 1 年内到期的长期债权投资，应在流动资产类下"1 年内到期的长期债权投资"项目单独反映]

固定资产=固定资产(融资租入的固定资产，其原价也包括在内)-累计折旧(融资租入的固定资产，其已提折旧也包括在内)-固定资产减值准备

工程物资=工程物资总账科目余额

固定资产清理=固定资产清理(借)("固定资产清理"科目期末为贷方余额，以"-"号填列)

无形资产=无形资产原值-累计摊销-无形资产减值准备

长期待摊费用="长期待摊费用"期末余额-"将于 1 年内(含 1 年)摊销的数额"

其他长期资产="除以上资产以外的其他长期资产"

2. 负债

短期借款＝短期借款总账科目余额

应付票据＝应付票据总账科目余额

应付账款＝应付账款明细账(贷)+预付账款明细账(贷)

预收账款＝预收账款明细账(贷)+应收账款明细账(贷)

应付职工薪酬＝应付工资+其他应交款(应付职工工资附加费、福利费、工会经费、职工教育经费等)+其他应付款"五险一金"

应付利润＝利润分配-应付利润科目余额

应交税费＝应交税费(贷)("应交税费"科目期末为借方余额，以"-"号填列)

其他应交款＝其他应交款(贷)("其他应交款"科目期末为借方余额，以"-"号填列)

其他应付款＝其他应付款总账科目余额

其他流动负债＝"除以上流动负债以外的其他流动负债"

长期借款＝长期借款总账科目余额

长期应付款＝长期应付款总账科目余额

预收账款＝预收账款明细账(贷)+应收账款明细账(贷)

其他长期负债＝反映除以上长期负债项目以外的其他长期负债，包括接受捐赠记入"待转资产价值"科目尚未转入资本公积的余额。本项目应根据有关科目的期末余额填列。上述长期负债各项目中将于 1 年内(含 1 年)到期的长期负债，应在"1 年内到期的长期负债"项目内单独反映。上述长期负债各项目均应根据有关科目期末余额减去将于 1 年内(含1 年)到期的长期负债后的金额填列。

3. 所有者权益

资本公积＝资本公积总账科目余额

盈余公积＝盈余公积总账科目余额

法定公益金＝"盈余公积"所属的"法定公益金"期末余额

未分配利润＝本年利润+利润分配(未弥补的亏损，在本项目内以"-"号填列)

实收资本＝实收资本总账科目余额

二、编制资产负债表

【课堂活动 1-1】编制资产负债表

大众机械有限公司于 2001 年 5 月成立，属机械制造行业，是一家主要从事小型水泵和阀门以及园林机械的研发、设计、制造和销售的高新技术企业。其生产销售的主要产品为小型水泵和高精度阀门，研发成功的新产品正在推广中。其所生产的产品以外销为主，出口销售的比例在 95%以上。

(1) 大众机械有限公司 2014 年资产负债表如表 1-3 所示。

表 1-3　大众机械有限公司 2014 年资产负债表

编制单位：大众机械有限公司　　　　　　　　2014-12-31　　　　　　　　单位：元

资产	行次	期末数	负债及所有者权益	行次	期末数
流动资产：	1		流动负债：	32	
货币资金	2	23 436 513	短期借款	33	43 196 011
交易性金融资产	3		交易性金融负债	34	
应收票据	4		应付票据	35	59 678 601
应收账款	5	88 686 682	应付账款	36	79 894 849
预付账款	6	38 714 700	预收账款	37	5 243 722
应收利息	7		应付职工薪酬	38	9 986 680
其他应收款	8	4 596 432	应交税费	39	−7 048 040
存货	9	85 244 074	应付利息	40	77 046
	10		应付股利	41	
一年内到期的非流动资产	11		其他应付款	42	3 000 000
其他流动资产	12		一年内到期的非流动负债	43	14 024 640
流动资产合计	13	240 678 401	其他流动负债	44	
非流动资产：	14		流动负债合计	45	208 053 519
可供出售金融资产	15		非流动负债：	46	
持有至到期投资	16		长期借款	47	16 033 110
长期应收款	17		应付债券	48	
长期股权投资	18	1 000 000	长期应付款	49	800 000
投资性房地产	19		专项应付款	50	
固定资产	20	89 871 411	预计负债	51	
在建工程	21	2 519 096	递延所得税负债	52	
固定资产清理	22		其他非流动负债	53	
生产性生物资产	23		非流动负债合计	54	16 833 110
油气资产	24		负债合计	55	224 886 629
无形资产	25	8 120 138	所有者权益：	56	
开发支出	26		实收资本	57	56 280 000
商誉	27		资本公积	58	167 844
长期待摊费用	28		减：库存股	59	
递延所得税资产	29	1 559 445	盈余公积	60	9 203 030
其他非流动资产	30		未分配利润	61	53 210 988
非流动资产合计	31	103 070 090	所有者权益合计	62	118 861 862
资产合计		343 748 491	负债及所有者权益合计		343 748 491

(2) 2015 年 12 月 31 日该公司账户资料如表 1-4 所示。

表 1-4 账户余额表

编制单位：大众机械有限公司　　　　　　　2015-12-31　　　　　　　　　单位：元

账　户	借方余额	贷方余额
库存现金	16 267	
银行存款	117 623 988	
其他货币资金	6 365 776	
应收票据	4 000 000	
应收账款	129 683 543	
坏账准备		7 548 673
预付账款	30 460 752	
其他应收款	43 841 516	
原材料	28 731 788	
生产成本	20 059 606	
自制半成品	26 926 761	
库存商品	41 408 558	
委托加工物资	12 485 700	
周转材料——包装物	1 965 842	
周转材料——低值易耗品	2 181 017	
存货跌价准备		386 374
长期股权投资	19 600 000	
固定资产	188 791 308	
累计折旧		37 084 698
固定资产减值准备		926 491
在建工程	5 242 209	
无形资产	47 925 015	
累计摊销		1 396 016
长期待摊费用	1 278 333	
递延所得税资产	1 791 729	
短期借款		21 161 698
应付票据		88 007 639
应付账款		113 190 015
预收账款		9 417 196
应付职工薪酬		5 018 022
应交税费		-12 181 159
应付利息		41 930
其他应付款		5 073 992
长期应付款		800 000
股本		75 280 000
资本公积		221 195 773
盈余公积		20 292 329
利润分配——未分配利润		96 283 024
合计		

(3) 请编制 2015 年资产负债表，数字填入表 1-5 中。

表 1-5 本年资产负债表

编制单位：大众机械有限公司　　　　　　　　2015-12-31　　　　　　　　　　单位：元

资产	行次	期末数	负债及所有者权益	行次	期末数
流动资产：	1		流动负债：	32	
货币资金	2		短期借款	33	
交易性金融资产	3		交易性金融负债	34	
应收票据	4		应付票据	35	
应收账款	5		应付账款	36	
预付账款	6		预收账款	37	
应收利息	7		应付职工薪酬	38	
其他应收款	8		应交税费	39	
存货	9		应付利息	40	
	10		应付股利	41	
一年内到期的非流动资产	11		其他应付款	42	
其他流动资产	12		一年内到期的非流动负债	43	
流动资产合计	13		其他流动负债	44	
非流动资产：	14		流动负债合计	45	
可供出售金融资产	15		非流动负债：	46	
持有至到期投资	16		长期借款	47	
长期应收款	17		应付债券	48	
长期股权投资	18		长期应付款	49	
投资性房地产	19		专项应付款	50	
固定资产	20		预计负债	51	
在建工程	21		递延所得税负债	52	
固定资产清理	22		其他非流动负债	53	
生产性生物资产	23		非流动负债合计	54	
油气资产	24		负债合计	55	
无形资产	25		所有者权益：	56	
开发支出	26		实收资本	57	
商誉	27		资本公积	58	
长期待摊费用	28		减：库存股	59	
递延所得税资产	29		盈余公积	60	
其他非流动资产	30		未分配利润	61	
非流动资产合计	31		所有者权益合计	62	
资产合计			负债及所有者权益合计		

第三节　利润表的编制

一、认识利润表

(一) 利润表的概念

利润表是反映企业一定会计期间(如月度、季度、半年度或年度)生产经营成果的会计报表。企业一定会计期间的经营成果既可能表现为盈利，也可能表现为亏损，因此，利润表也被称为损益表。它全面揭示了企业在某一特定时期实现的各种收入，发生的各种费用、成本或支出，以及企业实现的利润或发生的亏损情况。

利润表是根据"收入−费用=利润"的基本关系来编制的，其具体内容取决于收入、费用、利润等会计要素及其内容，利润表项目是收入、费用和利润要素内容的具体体现。从反映企业经营资金运动的角度看，它是一种反映企业经营资金动态表现的报表，主要提供有关企业经营成果方面的信息，属于动态会计报表。

(二) 利润表的作用

编制利润表的主要目的是将企业经营成果的信息，提供给各种报表使用者，以供他们作为决策的依据或参考。利润表的主要作用有以下几个方面。

(1) 可据以解释、评价和预测企业的经营成果和获利能力。

经营成果通常指以营业收入、其他收入抵扣成本、费用、税金等的差额所表示的收益信息。经营成果是一个绝对值指标，可以反映企业财富增长的规模。获利能力是一个相对值指标，是指企业运用一定经济资源(如人力、物力)获取经营成果的能力，这里的经济资源可以因报表用户的不同需要而有所区别，可以是资产总额、净资产，可以是资产的耗费(成本或费用)，还可以是投入的人力(如职工人数)。因而衡量获利能力的指标包括资产收益率、净资产(税后)收益率、成本收益率以及人均实现收益等。经营成果的信息直接由利润表反映，而获利能力的信息除利润表外，还要借助于其他会计报表和注释附表才能得到。

通过比较和分析同一企业在不同时期，或不同企业在同一时期的资产收益率、成本收益率等指标，能够揭示企业利用经济资源的效率；通过比较和分析收益信息，可以了解某一企业收益增长的规模和趋势。根据利润表所提供的经营成果信息，股东、债权人和管理部门可解释、评价和预测企业的获利能力，据以对是否投资或追加投资、投向何处、投资多少等做出决策。

通过净利润的实现情况，据以判断资本保值、增值情况。将利润表中的信息与资产负债表中的信息相结合，还可以提供进行财务分析的基本资料，如将赊销收入净额与应收账款平均余额进行比较，计算出应收账款周转率；将销货成本与存货平均余额进行比较，计算出存货周转率；将净利润与资产总额进行比较，计算出资产收益率等。可以表现企业资金周转情况以及企业的盈利能力和水平。

(2) 可据以解释、评价和预测企业的偿债能力。

偿债能力是指企业以资产清偿债务的能力。利润表本身并不提供偿债能力的信息，然而企业的偿债能力不仅取决于资产的流动性和资本结构，也取决于获利能力。企业在个别年份获利能力不足，不一定影响偿债能力，但若一家企业长期丧失获利能力，则资产的流动性必然由好转坏，资本结构也将逐渐由优变劣，进而陷入资不抵债的困境。因而一家数年收益很少、获利能力不强甚至亏损的企业，通常其偿债能力不会很强。

债权人和管理部门通过分析和比较收益表的有关信息，可以间接地解释、评价和预测企业的偿债能力，尤其是长期偿债能力，并揭示偿债能力的变化趋势，进而做出各种信贷决策和改进企业管理工作的决策，如是否维持、扩大或收缩现有信贷规模，应提出何种信贷条件等。管理部门则可据以找出偿债能力不强之原因，努力提高企业的偿债能力，改善企业的公关形象。

(3) 企业管理人员可据以做出经营决策。

比较和分析收益表中的各种构成要素，可知悉各项收入、成本、费用与收益之间的消长趋势，发现各方面工作中存在的问题，揭露缺点，找出差距，改善经营管理，努力增收节支，杜绝损失的发生，做出合理的经营决策。

(4) 可据以评价和考核管理人员的绩效。

比较前后期利润表上各项收入、费用、成本及收益的增减变动情况，并查考其增减变动的原因，可以较为客观地评价各职能部门、各生产经营单位的绩效，以及这些部门和人员的绩效与整个企业经营成果的关系，以便评判各部门管理人员的功过得失，及时做出采购、生产销售、筹资和人事等方面的调整，使各项活动趋于合理。

利润表上述重要作用的发挥，与利润表所列示信息的质量直接相关。利润表信息的质量取决于企业在收入确认、费用确认以及其他利润表项目确定时所采用的方法。由于会计程序和方法的可选择性，企业可能会选用对其有利的程序和方法，从而导致收益偏高或偏低。例如，在折旧费用、坏账损失和已售商品成本等方面都可按多种会计方法计算，产生多种选择，影响会计信息的可比性和可靠性。另外，利润表中的信息表示的是各类业务收入、费用、成本等的合计数以及非重复发生的非常项目，这也会削弱利润表的重要作用。

(三) 利润表的生成依据

利润表是反映企业在某一特定时期(如某月、某季、某半年、某年)经营成果的会计报表，这是一张动态报表。它是根据收入、费用和利润之间的相互关系，按照"利润=收入-费用"这一基本会计等式，依照一定的分类标准和一定的顺序，反映企业在一定时期的收入、费用和利润。由此可见，利润表是根据编报期的收入、费用和利润账户的该期发生额填列。

即利润表的生成依据：

利润=收入-费用

与资产负债表的恒等式结合，上述等式又可细化为

资产+费用=负债+所有者权益+收入

资产=负债+所有者权益、利润=收入-费用

(四) 利润表的内容

通常情况下，利润表主要反映以下几个方面的内容。

(1) 构成主营业务利润的各项要素。从主营业务收入出发，减去为取得主营业务收入而发生的相关费用、税金后得出主营业务利润。

(2) 构成营业利润的各项要素。营业利润是在主营业务利润的基础上，加上其他业务利润，减去营业费用、管理费用、财务费用后得出的。

(3) 构成利润总额(或亏损总额)的各项要素。利润总额(或亏损总额)在营业利润的基础上加(减)投资收益(损失)、补贴收入、营业外收支后得出。

(4) 构成净利润(或净亏损)的各项要素。净利润(或净亏损)在利润总额(或亏损总额)的基础上，减去本期计入损益的所得税费用后得出。

在利润表中，企业通常按各项收入、费用以及构成利润的各个项目分类分项列示。也就是说，收入按其重要性进行列示，主要包括主营业务收入、其他业务收入、投资收益、补贴收入、营业外收入；费用按其性质进行列示，主要包括主营业务成本、主营业务税金及附加、营业费用、管理费用、财务费用、其他业务支出、营业外支出、所得税等；利润按营业利润、利润总额和净利润等利润的构成分类分项列示。

(五) 利润表的格式

利润表正表的格式一般有两种：单步式利润表和多步式利润表。单步式利润表是将当期所有的收入列在一起，然后将所有的费用列在一起，两者相减得出当期净损益。多步式利润表是通过对当期的收入、费用、支出项目按性质加以归类，按利润形成的主要环节列示一些中间性利润指标，如营业利润、利润总额、净利润，分步计算当期净损益。

在我国，利润表采用多步式，每个项目通常又分为"本月数"和"本年累计数"两栏分别列示。"本月数"栏反映各项目的本月实际发生数；在编报中期财务会计报告时，填列上年同期累计实际发生数；在编报年度财务会计报告时，填列上年全年累计实际发生数。如果上年度利润表与本年度利润表的项目名称和内容不相一致，则按编报当年的口径对上年度利润表项目的名称和数字进行调整，填入本表"上年数"栏。在编报中期和年度财务会计报告时，将"本月数"栏改成"上年数"栏。本表"本年累计数"栏反映各项目自年初起至报告期末止的累计实际发生数。多步式利润表主要分四步计算企业的利润(或亏损)。第一步，以主营业务收入为基础，减去主营业务成本和主营业务税金及附加，计算主营业务利润；第二步，以主营业务利润为基础，加上其他业务利润，减去营业费用、管理费用、财务费用，计算出营业利润；第三步，以营业利润为基础，加上投资净收益、补贴收入、营业外收入，减去营业外支出，计算出利润总额；第四步，以利润总额为基础，减去所得税，计算净利润(或净亏损)。

利润表的格式如表1-6所示。

表1-6 利润表

编制单位：××公司 　　　　　××××年××月 　　　　　单位：元

项 目	行 次	本 月 数	本年累计数
一、营业收入	1		
减：营业成本	2		
营业税金及附加	3		
销售费用	4		
管理费用	5		
财务费用(收益以"-"号填列)	6		
资产减值损失	7		
加：公允价值变动收益(损失以"-"号填列)	8		
投资收益(损失以"-"号填列)	9		
二、营业利润(亏损以"-"号填列)	10		
加：营业外收入	11		
减：营业外支出	12		
其中：非流动资产处置损失	13		
三、利润总额(亏损总额以"-"号填列	14		
减：所得税费用	15		
四、净利润(净亏损以"-"号填列)	16		
五、每股收益	17		
(一)基本每股收益	18		
(二)稀释每股收益	19		

(六) 利润表的编制方法

利润表同资产负债表一样，要反映两个会计期间的相关数据，即要有本期发生额，又要有上期发生额，以及累计发生额。

1."本月数"栏和"本年累计数"栏

利润表"本月数"栏反映各项目的本月实际发生数。在编报中期和年度财务报表时，应将"本月数"栏改成"上年数"栏。

"本年累计数"栏反映各项目自年初起至本月末止的累计实际发生数。应根据上月利润表的"本年累计数"栏各项目数额，加上本月利润表的"本月数"栏各项目数额，然后将其合计数填入该栏相应项目内。

2. 一般根据账户的本期发生额分析填列

由于该表是反映企业一定时期经营成果的动态报表，因此，该栏内各项目一般根据账户的本期发生额分析填列。

(1)"营业收入"项目，反映企业经营业务所得的收入总额。本项目应根据"主营业务收入"和"其他业务收入"账户的发生额分析填列。

(2)"营业成本"项目，反映企业经营业务发生的实际成本。本项目应根据"主营业务成本"和"其他业务成本"账户的发生额分析填列。

(3)"营业税金及附加"项目，反映企业经营业务应负担的营业税、消费税、城市维护建设税、资源税、土地增值税和教育费附加等。本项目应根据"营业税金及附加"账户的发生额分析填列。

(4) "销售费用"项目，反映企业在销售商品和商品流通企业在购入商品等过程中发生的费用。本项目应根据"营业费用"账户的发生额分析填列。

(5) "管理费用"项目，反映企业行政管理等部门所发生的费用。本项目应根据"管理费用"账户的发生额分析填列。

(6) "财务费用"项目，反映企业发生的利息费用等。本项目应根据"财务费用"账户的发生额分析填列。

(7) "资产减值损失"项目，反映企业发生的各项减值损失。本项目应根据"资产减值损失"账户的发生额分析填列。

(8) "公允价值变动损益"项目，反映企业交易性金融资产等公允价值变动所形成的当期利得和损失。本项目应根据"公允价值变动损益"账户的发生额分析填列。

(9) "投资收益"项目，反映企业以各种方式对外投资所取得的收益。本项目应根据"投资收益"账户的发生额分析填列；如为投资损失，以"-"号填列。

(10) "营业外收入"项目和"营业外支出"项目，反映企业发生的与其生产经营无直接关系的各项收入和支出。这两个项目应分别根据"营业外收入"账户和"营业外支出"账户的发生额分析填列。

(11) "所得税费用"项目，反映企业按规定从本期损益中减去的所得税。本项目应根据"所得税费用"账户的发生额分析填列。

3. 利润的构成分类项目根据本表有关项目计算填列

计算利润时，企业应以收入为起点，计算出当期的利润总额和净利润额。

(七) 利润表各利润项目的计算公式

利润表中"营业利润""利润总额""净利润"等项目，均根据有关项目计算填列，其利润总额和净利润额形成的计算步骤如下。

(1) 毛利润是以营业收入减去营业成本后的所得。计算毛利润，目的是考核企业主营业务和与主营相关的其他业务的获利能力。利润表中没有单列此项目，但进行财务分析时，要进行主营业务的考量，因此也要注意其计算过程：

毛利润=营业收入-营业成本

上述公式的特点是：营业收入、营业成本与主营业务直接有关，可以反映企业主营业务利润空间的大小。

(2) 从毛利润中减去营业税金及附加、销售费用、管理费用、财务费用、投资收益(损失)、资产减值损失等，计算出企业的营业利润，目的是考核企业生产经营活动的获利能力。其计算公式为

营业利润=营业收入-营业成本-营业税金及附加-销售费用-管理费用-财务费用±投资收益-资产减值损失

上述公式的特点是：营业收入减去营业成本、营业税金及附加、销售费用、管理费用、财务费用、投资收益(损失)、资产减值损失后，得出的营业利润是企业日常经营活动的结果，这个利润来自企业主业的正常经营，应该是企业常规应得的利润。

(3) 在营业利润的基础上，加上或减去营业外收支净额，计算出当期利润总额，目的是考核企业的综合获利能力。其计算公式为

利润总额=营业利润±营业外收支净额

其中，

营业外收支净额=营业外收入-营业外支出

(4) 在利润总额的基础上，减去所得税，计算出当期净利润额，目的是考核企业最终获利能力。

多步式利润表的优点在于，便于对企业利润形成的渠道进行分析，明了盈利的主要因素，或亏损的主要原因，使管理更具有针对性。同时也有利于不同企业之间进行比较，还可以预测企业未来的盈利能力。

二、编制利润表

【课堂活动 1-2】编制利润表

(1) 2014 年度利润表如表 1-7 所示。

表 1-7　2014 年度利润表

编制单位：大众机械有限公司　　　　　　2014 年 12 月　　　　　　　　单位：元

项目	行次	本月数	本年累计数
一、营业收入	1		618 087 467
减：营业成本	2		500 938 949
营业税金及附加	3		1 753 126
销售费用	4		28 541 170
管理费用	5		28 921 141
财务费用(收益以"-"号填列)	6		5 641 657
资产减值损失	7		1 484 899
加：公允价值变动收益(损失以"-"号填列)	8		
投资收益(损失以"-"号填列)	9		180 787
二、营业利润(亏损以"-"号填列)	10		50 987 312
加：营业外收入	11		1 395 777
减：营业外支出	12		1 210 782
其中：非流动资产处置损失	13		
三、利润总额(亏损总额以"-"号填列	14		51 172 307
减：所得税费用	15		14 009 085
四、净利润(净亏损以"-"号填列)	16		37 163 222
归属于母公司所有者的净利润	17		37 163 222
少数股东损益	18		
五、每股收益	19		
(一)基本每股收益	20		
(二)稀释每股收益	21		

(2) 续上例: 大众机械有限公司 2015 年 1—12 月各损益类账户的累计发生额如表 1-8 所示。

表 1-8 2015 年损益类账户累计发生额表

编制单位: 大众机械有限公司 2015 年 1—12 月 单位: 元

账户	借方发生额	贷方发生额
主营业务收入		770 520 806
其他业务收入		12 505 869
主营业务成本	619 125 659	
其他业务成本	14 099 106	
营业税金及附加	2 550 721	
销售费用	46 719 056	
管理费用	28 325 884	
财务费用	7 389 035	
资产减值损失	3 203 114	
投资收益	-4 117 709	
营业外收入		5 741 289
营业外支出	1 988 396	
所得税费用	13 392 465	

(3) 请编制 2015 年利润表, 数字填入表 1-9 中。

表 1-9 利润表

编制单位: 大众机械有限公司 2015 年 1—12 月 单位: 元

项目	行次	本期数	上年累计数
一、营业收入	1		618 087 467
减: 营业成本	2		500 938 949
营业税金及附加	3		1 753 126
销售费用	4		28 541 170
管理费用	5		28 921 141
财务费用(收益以"-"号填列)	6		5 641 657
资产减值损失	7		1 484 899
加: 公允价值变动收益(损失以"-"号填列)	8		
投资收益(损失以"-"号填列)	9		180 787
二、营业利润(亏损以"-"号填列)	10		50 987 312
加: 营业外收入	11		1 395 777
减: 营业外支出	12		1 210 782
其中: 非流动资产处置损失	13		
三、利润总额(亏损总额以"-"号填列)	14		51 172 307
减: 所得税费用	15		14 009 085
四、净利润(净亏损以"-"号填列)	16		37 163 222
归属于母公司所有者的净利润	17		37 163 222
少数股东损益	18		
五、每股收益	19		
(一)基本每股收益	20		
(二)稀释每股收益	21		

第四节　现金流量表的编制

一、认识现金流量表

(一) 现金流量表的概念

现金流量表是反映一家公司在一定时期现金流入和现金流出动态状况的报表。其组成内容与资产负债表和利润表相一致。通过现金流量表，可以概括反映经营活动、投资活动和筹资活动对企业现金流入、流出的影响，对于评价企业的实现利润、财务状况及财务管理，能比传统的利润表提供更好的基础。

(二) 现金流量表中的现金流量的含义

1. 现金流量的概念

现金流量是一定时期内企业现金流入和流出的数量。当企业从各种经济业务中收进现金时，为现金流入；当企业为各种经济业务付出现金时，为现金流出；二者的差额，称为净现金流量。

2. 影响现金流量的因素

现金各项目之间的增减变动、非现金各项目之间的增减变动，不会使现金流量增加或减少。只有现金各项目与非现金各项目之间的增减变动才会引起现金流量增加或减少。

阅读现金流量表，首先应了解现金的概念。现金流量表中的现金是指库存现金、可以随时用于支付的存款和现金等价物。一般就是资产负债表上"货币资金"项目的内容。准确地说，则还应剔除那些不能随时动用的存款，如保证金专项存款等。现金等价物是指在资产负债表上"短期投资"项目中符合以下条件的投资。

(1) 持有的期限短。

(2) 流动性强。

(3) 易于转换为已知金额的现金。

(4) 价值变动风险很小。

在中国，现金等价物通常是指从购入日至到期日在 3 个月或 3 个月以内能转换为已知现金金额的债券投资。例如，公司在编制某年中期现金流量表时，对于当年 6 月 1 日购入以前年度 8 月 1 日发行的期限为 3 年的国债，因购买时还有两个月到期，故该项短期投资可视为现金等价物。

(三) 现金流量表的编制基础

(1) 库存现金。

(2) 银行存款。

(3) 其他货币资金。

(4) 现金等价物。

(四) 现金流量表的作用

现金流量表有助于分析企业的现金流量的变动及其变动原因，有助于评价企业的支付能力、偿债能力和资金周转能力，有助于评价企业净利润的质量，有助于分析企业的投资和筹资活动，有助于预测企业未来获取现金的能力。

具体来讲，现金流量表补充了过去报表系统里的不足部分，具体表现在以下几个方面。

1. 现金流量表弥补了资产负债信息量的不足

资产负债表是利用资产、负债、所有者权益三个会计要素的期末余额编制的；利润表是利用收入、费用、利润三个会计要素的本期累计发生额编制的(收入、费用无期末余额，利润结转下期)。唯独资产、负债、所有者权益三个会计要素的发生额原先没有得到充分的利用，没有填入会计报表。会计资料一般是发生额与本期净增加额(期末、期初余额之差或期内发生额之差)说明变动的原因，期末余额说明变动的结果。本期的发生额与本期净增加额得不到合理的运用，可说是一个缺陷，现金流量表弥补了这个缺陷。

根据资产负债表的平衡公式可写成：现金=负债+所有者权益-非现金资产，这个公式表明，现金的增减变动受公式右边因素的影响，负债、所有者权益的增加(减少)导致现金的增加(减少)，非现金资产的减少(增加)。现金流量表中的内容尤其是采用间接法时是利用资产、负债、所有者权益的增减发生额或本期净增加额填报的。这样账簿的资料可以得到充分的利用，现金变动的原因可以得到充分的揭示。

2. 便于从现金流量的角度对企业进行考核

对一个经营者来说，如果没有现金而缺乏购买与支付能力是致命的。企业的经营者由于管理的要求亟须了解现金流量信息。另外，在当前商业信誉存有诸多问题的情况下，与企业有密切关系的部门与个人投资者、银行、财税、工商等不仅需要了解企业的资产、负债、所有者权益的结构情况与经营结果，更需要了解企业的偿还支付能力，了解企业现金的流入、流出及净流量信息。

利润表的利润是根据权责发生制原则核算出来的，权责发生制贯彻递延、应计、摊销和分配原则，核算的利润与现金流量是不同步的。利润表上有利润、银行户上没有钱的现象经常发生。近几年来，随着大家对现金流量的重视，人们深深感到根据权责发生制编制的利润表不能反映现金流量是个很大的缺陷。但是企业也不能因此废权责发生制而改为收付实现制。因为收付实现制也有很多不合理的地方，历史证明企业不能采用。在这种情况下，坚持权责发生制原则进行核算的同时，编制收付实现制的现金流量表，不失为"熊掌"与"鱼"兼得两全其美的方法。现金流量表划分经营活动、投资活动、筹资活动，按类说明企业一个时期流入多少现金、流出多少现金及现金流量净额，从而可以了解现金从哪里来到哪里去了。

3. 了解企业筹措现金、生成现金的能力

如果把现金比作企业的血液，则企业想取得新鲜血液的办法有以下两种。

第一，为企业输血，即通过筹资活动吸收投资者投资或借入现金。吸收投资者投资，企业的受托责任增加；借入现金负债增加，今后要还本付息。在市场经济的条件下，没有"免费使用"的现金，企业输血后下一步要付出一定的代价。

第二，企业自己生成血液，即经营过程中取得利润。企业要想生存发展，就必须获利，利润是企业现金来源的主要渠道。通过现金流量表可以了解经过一段时间经营，企业对外筹措了多少现金，自己生成了多少现金。筹措的现金是按计划用到了企业扩大生产规模、购置固定资产、补充流动资金上，还是被经营方侵蚀掉了。企业筹措现金、生产现金的能力，是企业加强经营管理合理使用调度资金的重要信息，是其他两张报表所不能提供的。

(五) 现金流量表的结构

现金流量表由表头、基本内容和补充资料三部分组成。

1. 表头

表头包括报表名称、编制单位、编制日期和货币种类、金额单位等内容。

2. 基本内容

基本内容部分是现金流量表的核心，按照经济活动的性质分为经营活动产生的现金流量、投资活动产生的现金流量和筹资活动产生的现金流量三部分。每一类现金流量，分别按现金流入和现金流出总额反映。

3. 补充资料

现金流量表的补充资料包括以下几个方面。

(1) 将净利润调节为经营活动现金流量。

(2) 不涉及现金收支的重大投资和筹资活动。

(3) 现金及现金等价物净增加情况。

现金流量表的结构如表 1-10 所示。

表 1-10　现金流量表

会企 03 表

编制单位：大众机械有限公司　　　　　　2015 年度　　　　　　　　单位：元

项目	行次	本年金额	上年金额
一、经营活动产生的现金流量	1		
销售商品、提供劳务收到的现金	2		
收到的税费返还	3		
收到其他与经营活动有关的现金	4		
经营活动现金流入小计	5		
购买商品、接受劳务支付的现金	6		

续表

项目	行次	本年金额	上年金额
支付给职工以及为职工支付的现金	7		
支付的各项税费	8		
支付其他与经营活动有关的现金	9		
经营活动现金流出小计	10		
经营活动产生的现金流量净额	11		
二、投资活动产生的现金流量	12		
收回投资收到的现金	13		
取得投资收益收到的现金	14		
处置固定资产、无形资产和其他长期资产收回的现金净额	15		
处置子公司及其他营业单位收到的现金净额	16		
收到其他与投资活动有关的现金	17		
投资活动现金流入小计	18		
购建固定资产、无形资产和其他长期资产支付的现金	19		
投资支付的现金	20		
取得子公司及其他营业单位支付的现金净额	21		
支付其他与投资活动有关的现金	22		
投资活动现金流出小计	23		
投资活动产生的现金流量净额	24		
三、筹资活动产生的现金流量	25		
吸收投资收到的现金	26		
取得借款收到的现金	27		
收到其他与筹资活动有关的现金	28		
筹资活动现金流入小计	29		
偿还债务支付的现金	30		
分配股利、利润或偿付利息支付的现金	31		
支付其他与筹资活动有关的现金	32		
筹资活动现金流出小计	33		
筹资活动产生的现金流量净额	34		
四、汇率变动对现金的影响	35		
五、现金及现金等价物净增加额	36		
期初现金及现金等价物余额	37		
期末现金及现金等价物余额	38		
1. 将净利润调节为经营活动现金流量	39		
净利润	40		
加：资产减值准备	41		
固定资产折旧、油气资产折耗、生产性生物资产折旧	42		
无形资产摊销	43		
长期待摊费用摊销	44		
待摊费用减少(增加以"-"号填列)	45		
预提费用增加(减少以"-"号填列)	46		

续表

项目	行次	本年金额	上年金额
处置固定资产、无形资产和其他长期资产的损失(收益以"-"号填列)	47		
固定资产报废损失(收益以"-"号填列)	48		
公允价值变动损失(收益以"-"号填列)	49		
财务费用(收益以"-"号填列)	50		
投资损失(收益以"-"号填列)	51		
递延所得税资产减少(增加以"-"号填列)	52		
递延所得税负债增加(减少以"-"号填列)	53		
存货的减少(增加以"-"号填列)	54		
经营性应收项目的减少(增加以"-"号填列)	55		
经营性应付项目的增加(减少以"-"号填列)	56		
其他	57		
经营活动产生的现金流量净额	58		
2．不涉及现金收支的重大投资和筹资活动	59		
债务转为资本	60		
一年内到期的可转换公司债券	61		
融资租入固定资产	62		
3．现金及现金等价物净变动情况	63		
现金的期末余额	64		
减：现金的期初余额	65		
加：现金等价物的期末余额	66		
减：现金等价物的期初余额	67		
现金及现金等价物净增加额	68		

(六) 现金流量表的内容

现金流量表是以收付实现制为编制基础，反映企业在一定时期内现金收入和现金支出情况的报表。对现金流量表的分析，既要掌握该表的结构及特点，分析其内部构成，又要结合损益表和资产负债表进行综合分析，以求全面、客观地评价企业的财务状况和经营业绩。因此，现金流量表的分析可从以下几个方面着手。

企业的现金流量由经营活动产生的现金流量、投资活动产生的现金流量和筹资活动产生的现金流量三部分构成。分析现金流量及其结构，可以了解企业现金的来龙去脉和现金收支构成，评价企业经营状况、创现能力、筹资能力和资金实力。

1. 经营活动产生的现金流量

经营活动是指企业投资活动和筹资活动以外的所有交易和事项。

各类企业由于行业特点不同，对经营活动的认定存在一定差异。对于工商企业而言，经营活动主要包括销售商品、提供劳务、购买商品、接受劳务、支付税费等；对于商业银行而言，经营活动主要包括吸收存款、发放贷款、同业存放、同业拆借等；对于保险公司而言，经营活动主要包括原保险业务和再保险业务等；对于证券公司而言，经营活动主要包括自营证券、代理承销证券、代理兑付证券、代理买卖证券等。

现金流入项目有：销售商品、接受劳务收到的现金；收到税费返还；收到其他与经营活动有关的现金。

现金流出项目有：购买商品、接受劳务支付的现金；支付给职工及为职工支付的现金；支付的各种税费；支付的其他与经营活动有关的现金。

根据经营活动产生的现金流量，可以判断企业是否足以偿还贷款，维持企业的生产经营、支付股利以及对外投资，还可预测未来同类现金流量的变化趋势。

2. 投资活动产生的现金流量

投资活动是指企业长期资产的购建和不包括在现金等价物范围内的投资及其处置活动。

长期资产是指固定资产、无形资产、在建工程、其他资产等持有期限在一年或一个营业周期以上的资产。这里所讲的投资活动，既包括实物资产投资，也包括金融资产投资。这里之所以将"包括在现金等价物范围内的投资"排除在外，是因为已经将包括在现金等价物范围内的投资视同现金。不同企业由于行业特点不同，对投资活动的认定也存在差异。例如，交易性金融资产所产生的现金流量，对于工商业企业而言，属于投资活动现金流量，而对于证券公司而言，属于经营活动现金流量。

投资活动产生的现金流量代表着企业转出资源的程度，以及以前资源转出带来的现金流入的信息。

3. 筹资活动产生的现金流量

筹资活动是导致企业资本和债务规模及构成发生变化的活动，包括吸收投资、发行股票、分配利润等。这里所说的资本，既包括实收资本(股本)，也包括资本溢价(股本溢价)；这里所说的债务，指对外举债，包括向银行借款、发行债券以及偿还债务等。通常情况下，应付账款、应付票据等商业应付款等属于经营活动，不属于筹资活动。

此外，对于企业日常活动之外不经常发生的特殊项目，如自然灾害损失、保险赔款、捐赠等，应当归并到相关类别中，并单独反映。比如，对于自然灾害损失和保险赔款，如果能够确指属于流动资产损失，应当列入经营活动产生的现金流量；属于固定资产损失，应当列入投资活动产生的现金流量。

通过计算筹资活动形成的现金流量，可以分析企业筹资能力，帮助企业资本提供者可以预测和计算出将来从企业未来现金流量中索偿其产权的信息。

需要强调的是，在全球经济一体化的今天，汇率对企业的影响巨大，尤其是对有进出口业务的企业，因此，现金流量表设置了专门栏目来反映此项内容，即汇率变动对现金及现金等价物的影响。

编制现金流量表时，应当将企业外币现金流量以及境外子公司的现金流量折算成记账本位币。外币现金流量以及境外子公司的现金流量，应当采用现金流量发生日的即期汇率或按照系统合理的方法确定的、与现金流量发生日即期汇率近似的汇率折算。汇率变动对现金的影响额应当作为调节项目，在现金流量表中单独列报。

汇率变动对现金的影响，是指企业外币现金流量及境外子公司的现金流量折算成记账本位币时，所采用的是现金流量发生日的汇率或按照系统合理的方法确定的、与现金流量发生日即期汇率近似的汇率，而现金流量表"现金及现金等价物净增加额"项目中外币现金净增加额是按资产负债表日的即期汇率折算的。这两者的差额即为汇率变动对现金的影响。

在编制现金流量表时，对当期发生的外币业务，不必逐笔计算汇率变动对现金的影响，可以通过现金流量表补充资料中"现金及现金等价物净增加额"数额与现金流量表中"经营活动产生的现金流量净额""投资活动产生的现金流量净额""筹资活动产生的现金流量净额"三项之和比较，其差额即为"汇率变动对现金的影响额"。

(七) 现金流量表的编制方法

现金流量表的编制主要有以下几种方法。

1. 工作底稿法

采用工作底稿法编制现金流量表，就是以工作底稿为手段，以利润表和资产负债表数据为基础，对每一项目进行分析并编制调整分录，从而编制出现金流量表。

在直接法下，整个工作底稿纵向分成三段，第一段是资产负债表项目，其中又分为借方项目和贷方项目两部分；第二段是利润表项目；第三段是现金流量表项目。工作底稿横向分为五栏，在资产负债表部分，第一栏是项目栏，填列资产负债表各项目名称；第二栏是期初数，用来填列资产负债表项目的期初数；第三栏是调整分录的借方；第四栏是调整分录的贷方；第五栏是期末数，用来填列资产负债表各项目的期末数。在利润表和现金流量表部分，第一栏也是项目栏，用来填列利润表和现金流量表项目名称；第二栏空置不填；第三、第四栏分别是调整分录的借方和贷方；第五栏是本期数，利润表部分这一栏数字应和本期利润表数字核对相符，现金流量表部分这一栏的数字可直接用来编制正式的现金流量表。

采用工作底稿法编制现金流量表的程序如下。

第一步，将资产负债表的期初数和期末数过入工作底稿的期初数栏和期末数栏。

第二步，对当期业务进行分析并编制调整分录。调整分录大体有这样几类：第一类涉及利润表中的收入、成本和费用项目以及资产负债表中的资产、负债及所有者权益项目，通过调整，将权责发生制下的收入费用转换为现金基础；第二类是涉及资产负债表和现金流量表中的投资、筹资项目，反映投资和筹资活动的现金流量；第三类是涉及利润表和现金流量表中的投资和筹资项目，目的是将利润表中有关投资和筹资方面的收入和费用列入现金流量表投资、筹资现金流量中。此外，还有一些调整分录并不涉及现金收支，只是为了核对资产负债表项目的期末、期初变动。

在调整分录中，有关现金和现金等价物的事项，并不直接借记或贷记现金，而是分别记入"经营活动产生的现金流量""投资活动产生的现金流量""筹资活动产生的现金流量"有关项目，借记表明现金流入，贷记表明现金流出。

第三步，将调整分录过入工作底稿中的相应部分。

第四步，核对调整分录，借贷合计应当相等，资产负债表项目期初数加减调整分录中的借贷金额以后，应当等于期末数。

第五步，根据工作底稿中的现金流量表项目部分编制正式的现金流量表。

2. T型账户法

采用T型账户法，就是以T型账户为手段，以利润表和资产负债表数据为基础，对每一项目进行分析并编制出调整分录，从而编制出现金流量表。

采用T型账户法编制现金流量表的程序如下。

第一步，为所有的非现金项目(包括资产负债表项目和利润表项目)分别开设T型账户，并将各自的期末、期初变动数过入各该账户。

第二步，开设一个大的"现金及现金等价物"T型账户，每边分为经营活动、投资活动和筹资活动三部分，左边记现金流入，右边记现金流出。与其他账户一样，过入期末、期初变动数。

第三步，以利润表项目为基础，结合资产负债表分析每一个非现金项目的增减变动，并据此编制调整分录。

第四步，将调整分录过入各T型账户，并进行核对，该账户借贷相抵后的余额与原先过入的期末、期初变动数应当一致。

第五步，根据大的"现金及现金等价物"T型账户编制正式的现金流量表。

3. 编制现金流量表的其他方法

计算机的普及应用，为会计核算提供了高效便捷的途径，只要有计算机的单位均可以实现会计信息电算化处理。即便企业没有购买专门的会计软件，财务人员仍可以充分利用Office办公软件来进行账务处理，以及编制会计报表，包括现金流量表。比如，平时可以在Excel或Lotus 1-2-3软件中登记各类日记账，年末根据各日记账中的现金流量表行次数据，由计算机分类汇总(如用SUMIF函数)现金流量表中各项目的数据；或者直接按照现金流量表三个现金流量的分类，先行编制调整分录，然后用统计函数进行最后报表的编制，非常方便快捷。

(八) 现金流量表主表、附表及各项目的编制和计算方法

1. 主表的编制与计算

1) 第一部分：经营活动

(1) 收到现金。

① "销售商品、提供劳务"项目。

内容：销售商品、提供劳务收到的现金(含销项税金、销售材料、代购代销业务)。

依据：主营业务收入、其他业务收入、应收账款、应收票据、预收账款、现金、银行存款。

公式：主营业务收入+销项税金+其他业务收入(不含租金)+应收账款(初-末)+应收票据(初-末)+预收账款(末-初)+本期收回前期核销坏账(本收本销不考虑)-本期计提的坏账准备-本期核销坏账-现金折扣-票据贴现利息支出-视同销售的销项税-以物抵债的减少+收到的补价

② "税费返还"项目。

内容：返还的增值税、消费税、营业税、关税、所得税、教育费附加。

依据：主营业务税金及附加、补贴收入、应收补贴款、现金、银行存款。

③ 收到其他经营活动有关现金。

内容：罚款收入、个人赔偿、经营租赁收入等

依据：营业外收入、其他业务收入、现金、银行存款

(2) 支付现金。

①"购买商品、接受劳务"项目。

内容：购买商品、接受劳务支付的现金(扣除购货退回、含进项税)。

依据：主营业务成本、存货、应付账款、应付票据、预付账款。

公式：主营业务成本+进项税金+其他业务支出(不含租金)+存货(末-初)+应付账款(初-末)+应付票据(初-末)+预付账款(末-初)+存货损耗+工程领用、投资、赞助的存货-收到非现金抵债的存货-成本中非物料消耗(人工、水电、折旧)-接受投资、捐赠的存货-视同购货的进项税+支付的补价

②"支付职工"项目。

内容：支付给职工的工资、奖金、津贴、劳动保险、社会保险、住房公积金、其他福利费(不含离退休人员，在其他中)。

依据：应付工资、应付福利费、现金、银行存款。

公式：成本、制造费用、管理费用中工资及福利费+应付工资减少(初-末)+应付福利费减少(初-末)

③"支付的各项税费"项目。

内容：本期实际缴纳的增值税、消费税、营业税、关税、所得税、教育费附加、矿产资源补偿费、"四税"等各项税费(含前期、本期、后期，不含计入资产的耕地占用税)。

依据：应交税金、管理费用(印花税)、现金、银行存款。

公式：所得税+主营业务税金及附加+已交增值税等

④ 支付其他与经营活动有关的现金项目。

内容：罚款支出、差旅费、业务招待费、保险支出、经营租赁支出等。

依据：制造费用、营业费用、管理费用、营业外支出。

2) 第二部分：投资活动

(1) 收到现金。

① 收回投资项目。

内容：短期股权、短期债权、长期股权、长期债权本金(不含长债利息、非现金资产)。

依据：短期投资、长期股权投资、长期债权投资、现金、银行存款。

② 投资收益项目。

内容：收到的股利、利息、利润(不含股票股利)。

依据：投资收益、现金、银行存款。

③ 处置长期资产项目。

内容：处置固定资产、无形资产、其他长期资产收到的现金，减去处置费用后的净额，包括保险赔偿；负数在"其他投资活动"反映。

依据：固定资产清理、现金、银行存款。

④ 收到其他投资活动项目。

内容：收回购买时宣告未付的股利及利息。

依据：应收股利、应收利息、现金、银行存款。

(2) 支付现金。

① 购建长期资产项目。

内容：购建固定资产、无形资产、其他长期资产支付的现金，分期购建资产首期付款(不含分期付款、利息资本化、融资租入资产租赁费等，这些归属在筹资活动中)。

依据：固定资产、在建工程、无形资产。

② 支付投资项目。

内容：进行股权性投资、债权性投资支付的本金及佣金、手续费等附加费。

依据：短期投资、长期股权投资、长期债权投资、现金、银行存款。

③ 支付其他投资活动。

内容：支付购买股票时宣告未付的股利及利息。

依据：应收股利、应收利息。

3) 第三部分：筹资活动

(1) 收到现金。

① 吸收投资项目。

内容：发行股票、发行债券收入净值(扣除发行费用，不含企业直接支付的审计、咨询等费用，在其他中)。

依据：实收资本、应付债券、现金、银行存款。

② 收到借款项目。

内容：举借各种短期借款、长期借款收到的现金。

依据：短期借款、长期借款、现金、银行存款。

③ 收到其他筹资活动项目。

内容：接受现金捐赠等。

依据：资本公积、现金、银行存款。

(2) 支付现金。

① 偿还债务项目。

内容：偿还借款本金、债券本金(不含利息)。

依据：短期借款、长期借款、应付债券、现金、银行存款、支付股利、利息、利润项目。

内容：支付给其他单位的股利、利息、利润。

依据：应付股利、长期借款、财务费用、现金、银行存款。

② 支付其他筹资活动项目。

内容：捐赠支出、融资租赁支出、企业直接支付的发行股票债券的审计、咨询等费用等。

2. 附表(补充资料)的编制与计算

一般情况下,附表项目可以直接取相应会计账户的发生额或余额,分述如下。

(1) 净利润,取利润分配表"净利润"项目。

(2) 计提的资产减值准备,取"管理费用"账户所属"计提的坏账准备"及"计提的存货跌价准备""营业外支出"账户所属"计提的固定资产减值准备""计提的在建工程减值准备""计提的无形资产减值准备""投资收益"账户所属"计提的短期投资跌价准备""计提的长期投资减值准备"等明细账户的借方发生额。

(3) 固定资产折旧,取"制造费用""管理费用""营业费用""其他业务支出"等账户所属的"折旧费"明细账户借方发生额。

(4) 无形资产摊销,取"管理费用"等账户所属"无形资产摊销"明细账户借方发生额。

(5) 长期待摊费用摊销,取"制造费用""营业费用""管理费用"等账户所属"长期待摊费用摊销"明细账户借方发生额。

(6) 待摊费用减少,取"待摊费用"账户的期初、期末余额的差额。

(7) 预提费用增加,取"预提费用"账户的期末、期初余额的差额。

(8) 处置固定资产、无形资产和其他长期资产的损失,取"营业外收入""营业外支出""其他业务收入""其他业务支出"等账户所属"处置固定资产净收益""处置固定资产净损失""出售无形资产收益""出售无形资产损失"等明细账户的借方发生额与贷方发生额的差额。

(9) 固定资产报废损失,取"营业外支出"账户所属"固定资产盘亏"明细账户借方发生额与"营业外收入"账户所属"固定资产盘盈"贷方发生额的差额。

(10) 财务费用,取"财务费用"账户所属"利息支出"明细账户借方发生额,不包括"利息收入"等其他明细账户发生额。

(11) 投资损失,取"投资收益"账户借方发生额,但不包括"计提的短期投资跌价准备""计提的长期投资减值准备"明细账户发生额。

(12) 递延税贷项,取"递延税款"账户期末、期初余额的差额。

(13) 存货的减少,取与经营活动有关的"原材料""库存商品""生产成本"等所有存货账户的期初、期末余额的差额。

(14) 经营性应收项目的减少,取与经营活动有关的"应收账款""其他应收款""预付账款"等账户的期初、期末余额的差额。

(15) 经营性应付项目的增加,取与经营活动有关的"应付账款""预收账款""应付工资""应付福利费""应交税金""其他应交款""其他应付款"等账户的期末、期初余额的差额。

【拓展阅读 1-1】

1. 现金流量表传统编制方法的主要缺点

由现金流量表的数据来源可知,现金流量表是一张编制起来十分困难的报表。该报表的传统编制方法主要是工作底稿法和 T 型账户法。其主要缺点如下:

(1) 由于工作底稿法和 T 型账户法在编制现金流量表时没有平时的数据积累,故年末编表工作量较大,不能按时报送会计报表。

(2) 由于工作底稿法和 T 型账户法在年末才编制现金流量表,对现金收支业务及其相关业务的分析不免"事过境迁",调整分录的准确性值得怀疑。

(3) 编制工作底稿法和 T 型账户法下的调整分录必须以增设一系列的明细科目为前提,与现行会计制度对明细科目设置的有关规定相悖。

(4) 由于受工作底稿和"现金及现金等价物"T 型账户的纸张大小和预留空间限制,工作底稿法和 T 型账户法均不适合经济业务复杂的大型单位编制现金流量表。

2. 改进现金流量表编制方法的主要思路

根据工作底稿法和 T 型账户法难以克服的上述缺点,一些学者提出改进现金流量表编制方法的几点主要思路,供参考。

(1) 增加平时的数据积累,减少年末编制现金流量表的工作量,尽量做到事中分析与事后编表的有机结合。

(2) 在现有"现金日记账"和"银行存款日记账"的基础上,通过增设"其他货币资金日记账"和"现金等价物日记账",使日记账系统包括现金流量表编制基础的全部内容。

(3) 改进现有日记账格式,增加编制现金流量表的数据信息,改进后的日记账格式应满足现金流量表各项目的填报要求,如三大类活动的划分、各项目内容的归类等。(案例来源于《企业会计准则——现金流量表》,中华人民共和国财政部制定,经济科学出版社,1998.6)。

3. 改进现金流量表编制方法的实际应用

(1) 对于"现金及现金等价物"内部的相互转化业务,由于不涉及现金流量表的编制,故在"现金流量表行次"栏不做任何标记;对于一笔业务涉及现金流量表的两个或两个以上项目时,应分多行进行记录。

(2) 由于现金流量表的编制本身并不涉及高深的会计知识,由于出纳人员具体处理包括现金、银行存款、其他货币资金和现金等价物的各类收支业务,他们比会计人员更熟悉各类收支业务的来龙去脉,因此,编制现金流量表的日常数据准备和年末编表工作可由处理现金收支业务的出纳人员来完成,会计人员只需进行相应的检查。

(3) 对于大多数有计算机的单位平时可以在 Excel 或 Lotus 1-2-3 软件中登记各类日记账,年末根据各日记账中的现金流量表行次数据,由计算机分类汇总(如用 SUMIF 函数)现金流量表的各项数据。还可以通过软件中表外取数项目,取得现金流量表的数据来源;对于没有计算机的一些小单位,可以由出纳或会计在年末按现金流量表行次分别进行手工加总。

二、编制现金流量表

【课堂活动 1-3】

现金流量表如表 1-11 所示。

表 1-11　现金流量表

会企 03 表

编制单位：大众机械有限公司　　　　　　2015 年度　　　　　　　　　　单位：元

项目	行次	本年金额	上年金额
一、经营活动产生的现金流量	1		
销售商品、提供劳务收到的现金	2	793 626 196	635 778 331
收到的税费返还	3	62 531 381	23 736 276
收到其他与经营活动有关的现金	4	53 432 632	25 045 192
经营活动现金流入小计	5	909 590 209	684 559 799
购买商品、接受劳务支付的现金	6	713 988 982	521 857 913
支付给职工以及为职工支付的现金	7	55 361 569	38 405 409
支付的各项税费	8	45 047 455	15 207 156
支付其他与经营活动有关的现金	9	81 701 359	62 438 374
经营活动现金流出小计	10	896 099 365	637 908 852
经营活动产生的现金流量净额	11	13 490 844	46 650 947
二、投资活动产生的现金流量	12		
收回投资收到的现金	13	27 802 291	30 839 999
取得投资收益收到的现金	14	180 000	180 000
处置固定资产、无形资产和其他长期资产收回的现金净额	15	783 577	996 799
处置子公司及其他营业单位收到的现金净额	16		
收到其他与投资活动有关的现金	17		
投资活动现金流入小计	18	28 765 868	4 260 798
购建固定资产、无形资产和其他长期资产支付的现金	19	72 678 156	66 331 071
投资支付的现金	20	32 100 000	500 000
取得子公司及其他营业单位支付的现金净额	21	18 600 000	
支付其他与投资活动有关的现金	22		
投资活动现金流出小计	23	123 378 156	66 831 071
投资活动产生的现金流量净额	24	-94 612 288	-62 570 272
三、筹资活动产生的现金流量	25		
吸收投资收到的现金	26	246 104 500	
取得借款收到的现金	27	182 088 321	330 501 188
收到其他与筹资活动有关的现金	28		
筹资活动现金流入小计	29	428 192 821	330 501 188
偿还债务支付的现金	30	234 180 394	310 005 147
分配股利、利润或偿付利息支付的现金	31	1 580 569	3 557 784
支付其他与筹资活动有关的现金	32	6 076 572	
筹资活动现金流出小计	33	241 837 535	313 562 931
筹资活动产生的现金流量净额	34	186 355 286	16 938 257
四、汇率变动对现金的影响	35	-4 827 413	-2 160 472
五、现金及现金等价物净增加额	36	100 406 429	-1 141 539
加：期初现金及现金等价物余额	37	11 461 803	12 603 342
六、期末现金及现金等价物余额	38	111 868 232	11 461 802
1. 将净利润调节为经营活动现金流量	39		
净利润	40	47 857 818	37 163 222
加：资产减值准备	41	3 203 114	1345 029
固定资产折旧、油气资产折耗、生产性生物资产折旧	42	14 779 207	10 705 086

续表

项目	行次	本年金额	上年金额
无形资产摊销	43	999 783	190 967
长期待摊费用摊销	44	21 667	
待摊费用减少(增加以"-"号填列)	45		
预提费用增加(减少以"-"号填列)	46		
处置固定资产、无形资产和其他长期资产的损失(收益以"-"号填列)	47	-24 029	31 537
固定资产报废损失(收益以"-"号填列)	48		
公允价值变动损失(收益以"-"号填列)	49		
财务费用(收益以"-"号填列)	50	6 449 912	5 692 152
投资损失(收益以"-"号填列)	51	4 117 709	-180 787
递延所得税资产减少(增加以"-"号填列)	52	-232 283	-455 610
递延所得税负债增加(减少以"-"号填列)	53		
存货的减少(增加以"-"号填列)	54	-48 205 444	-26 474 483
经营性应收项目的减少(增加以"-"号填列)	55	-47 238 704	-20 484 004
经营性应付项目的增加(减少以"-"号填列)	56	31 762 512	38 548 041
其他	57		569 796
经营活动产生的现金流量净额	58	13 491 262	46 650 947
2. 不涉及现金收支的重大投资和筹资活动	59		
债务转为资本	60		
一年内到期的可转换公司债券	61		
融资租入固定资产	62		
3. 现金及现金等价物净变动情况	63		
现金的期末余额	64	130 468 650	11 461 803
减：现金的期初余额	65	11 461 803	12 603 342
加：现金等价物的期末余额	66		
减：现金等价物的期初余额	67		
现金及现金等价物净增加额	68	119 006 847	-1141 539

要求：

(1) 前面表 1-4 中，针对"库存现金"和"银行存款"等现金科目，标注出所属现金流量表(主表)中的项目。

(2) 同上，标注出所属现金流量表(补充资料)中的项目。

(3) 画出空白现金流量表。

第五节　所有者权益变动表的编制

一、认识所有者权益变动表

所有者权益(股东权益)变动表的格式如表 1-12 所示。

表 1-12 所有者权益(股东权益)变动表

会企 04 表

编制单位：大众机械有限公司　　　　　　　2015 年　　　　　　　单位：元

项目	行次	本年金额						上年金额					
		实收资本(或股本)	资本公积	盈余公积	未分配利润	库存股(减项)	所有者权益合计	实收资本(或股本)	资本公积	盈余公积	未分配利润	库存股(减项)	所有者权益合计
一、上年年末余额													
1. 会计政策变更													
2. 前期差错更正													
二、本年年初余额													
三、本年增减变动金额(减少以"–"号填列)													
(一)本年净利润													
(二)直接计入所有者权益的利得和损失													
1. 可供出售金融资产公允价值变动净额													
2. 现金流量套期工具公允价值变动净额													
3. 与计入所有者权益项目相关的所得税影响													
4. 其他													
小计													
(三)所有者投入资本													
1. 所有者本期投入资本													
2. 本年购回库存股													
3. 股份支付计入所有者权益的金额													
(四)本年利润分配													
1. 对所有者(或股东)的分配													
2. 提取盈余公积													
(五)所有者权益内部结转													
1. 资本公积转增资本													
2. 盈余公积转增资本													
3. 盈余公积弥补亏损													
四、本年年末余额													

(一) 所有者权益变动表的概念

所有者权益变动表是反映构成所有者权益各组成部分当期增减变动情况的报表。在所有者权益变动表中，应当分别列示当期损益、直接计入所有者权益的利得和损失以及与所有者的资本交易导致的所有者权益的变动。具体有以下内容。

(1) 所有者权益总量的增减变动。

(2) 所有者权益增减变动的重要结构性信息。

(3) 直接计入所有者权益的利得和损失。

(二) 所有者权益变动表的作用

1. 为公允价值的广泛运用创造条件

公允价值的引入是我国新会计准则的最大亮点，这表明公允价值将得到更广泛的应用。公允价值的运用能反映在物价、利率、汇率波动情况下的企业资产、负债和所有者权益的真实价值，突出体现 "资产负债观" ——以公允价值为基础的新会计理念，从而也不可避免地产生未实现的利得和损失。所有者权益变动表的出现使得企业未实现的利得或损失得到充分体现，也为公允价值的广泛运用创造了条件。

2. 体现 "综合收益观"

综合收益思想，符合综合收益改革的国际趋势。由于全面收益可以简单解释为不包括业主投资和分派业主款的净资产期末比期初的增长额，即用公式表示为：全面收益=期末净资产-期初净资产-本期所有者新增投资本期分配给所有者的股利。在最新的所有者权益变动表中，第三项是净资产本年增减变动金额，包括本年净利润和直接计入所有者权益的利得和损失，其中的 "直接计入所有者权益的利得和损失" 体现的就是企业的全面收益。

综合收益=净利润+直接计入所有者权益的利得和损失

把企业权益的增加分成了 "最终属于所有者权益变动的净利润" 和 "与经营无关，直接计入所有者权益的利得和损失" 两部分，后者是以往我们的财务报告中没有提到过的企业权益的增加，体现了企业综合收益的理念。

3. 全方面反映经营业绩

所有者权益变动表既能反映企业以历史成本计价已确认实现的收入、费用、利得和损失，又能反映以多种计量属性计价的已确认但未实现的利得和损失，解决了衍生金融工具、外币换算、资产重估所产生的收益披露、确认的难题；会计政策变更和前期差错更正会对所有者权益期初余额产生影响，这个项目与企业经营好坏无关，在报表中单独列示有利于报表使用者更全面地掌握企业权益变化的原因，也真实准确地反映了由于会计政策变更和前期差错更正对所有者权益影响的数额；另外，也能反映由于股权分置、股东分配政策等财务政策对所有者权益的影响。

4. 全面反映变动来源和去向

所有者权益变动表全面体现了各项交易和事项导致的所有者权益增减变动的来源和去向，以及所有者权益各组成部分增减变动的结构性信息，有利于报表使用者全面了解企业所有者权益项目的变化情况。

5. 简化了财务报表资料

以前的财务报表需要通过 "利润分配表" 来单独说明净利润及其分配情况。而引入所有者权益变动表以后，利润分配作为所有者权益变动的组成部分，不需要单独设表列示，直接通过权益的变动就可以知道利润的来源和去向。

(三) 所有者权益变动表的内容

所有者权益变动表主要包括以下几个方面的内容。

(1) 净利润。

(2) 直接计入所有者权益的利得和损失项目及其总额。

(3) 会计政策变更和差错更正的累积影响金额。

(4) 所有者投入资本和向所有者分配的利润等。

(5) 提取的盈余公积。

(6) 实收资本(股本)、资本公积、盈余公积、未分配利润的期初和期末余额及其调节情况。

其中，反映"直接计入所有者权益的得利和损失"的项目即为其他综合收益项目。

所有者权益变动表以矩阵的形式列示：一方面，列示导致所有者权益变动的交易或事项，即所有者权益变动的来源，并对本期和上期所有者权益的变动情况进行全面反映；另一方面，按照所有者权益各组成部分(即实收资本、资本公积、盈余公积、未分配利润和库存股)列示交易或事项对所有者权益各部分的影响。

(四) 所有者权益变动表的编制

所有者权益变动表各项目均需填列"本年金额"和"上年金额"两栏。

所有者权益变动表"上年金额"栏内各项数字，应根据上年度所有者权益变动表"本年金额"内所列数字填列。上年度所有者权益变动表规定的各个项目的名称和内容同本年度不一致的，应对上年度所有者权益变动表各项目的名称和数字按照本年度的规定进行调整，填入所有者权益变动表的"上年金额"栏内。

所有者权益变动表"本年金额"栏内各项数字一般应根据"实收资本(或股本)""资本公积""盈余公积""利润分配""库存股""以前年度损益调整"科目的发生额分析填列。

(五) 所有者权益变动表各项目的填列内容

(1) "上年年末余额"项目。

反映企业上年资产负债表中实收资本(或股本)、资本公积、盈余公积、未分配利润的年末余额。

(2) "会计政策变更"和"前期差错更正"分别反映采用追溯调整法处理的会计政策变更的累积影响金额和采用追溯重述法处理的会计差错更正的累积影响金额。

为了体现会计政策变更和前期差错更正的影响，企业应当在上期期末所有者权益余额的基础上进行调整，得出本期期初所有者权益，根据"盈余公积""利润分配""以前年度损益调整"等会计科目的发生额分析填列。

(3) "本年增减变动金额"项目。

① "净利润"项目，反映企业当年实现的净利润(或净亏损)金额，并对应列在"未分配利润"栏。

②"直接计入所有者权益的利得和损失"项目，反映企业当年直接计入所有者权益的利得和损失金额。其中：

"可供出售金融资产公允价值变动净额"项目，反映企业持有的可供出售金融资产当年公允价值变动的金额，并对应列在"资本公积"栏。

"权益法下被投资单位其他所有者权益变动的影响"项目，反映企业对按照权益法核算的长期股权投资，在被投资单位除当年实现的净损益以外其他所有者权益当年变动中应享有的份额，并对应列在"资本公积"栏。

"与计入所有者权益项目相关的所得税影响"项目，反映企业根据《企业会计准则第18号——所得税》规定应计入其他所有者权益的当年所得税影响金额，并对应列在"资本公积"栏。

③"本年净利润"和"直接计入所有者权益的利得和损失"小计项目，反映企业当年实现的净利润金额和当年直接计入所有者权益的利得和损失金额的合计额。

④"所有者投入和减少资本"项目，反映企业当年所有者投入的资本和减少的资本，其中：

"所有者投入资本"项目，反映企业接受投资者投入形成的实收资本(或股本)和资本溢价或股本溢价，并对应列在"实收资本"和"资本公积"栏。

"股份支付计入所有者权益的金额"项上，反映企业处于等待期中的权益结算的股份支付当年计入资本公积的金额，并对应列在"资本公积"栏。

(4)"利润分配"下各项目，反映当年对所有者(或股东)分配的利润(或股利)金额和按照规定提取的盈余公积金额，并对应列在"未分配利润"和"盈余公积"栏。其中：

①"提取盈余公积"项目，反映企业按照规定提取的盈余公积。

②"对所有者(或股东)的分配"项目，反映对所有者(或股东)分配的利润(或股利)金额。

(5)"所有者权益内部结转"下的各项目，反映不影响当年所有者权益总额的所有者权益各组成部分之间当年的增减变动，包括资本公积转增资本(或股本)、盈余公积转增资本(或股本)、盈余公积弥补亏损等项金额。其中：

①"资本公积转增资本(或股本)"项目，反映企业以资本公积转增资本或股本的金额。

②"盈余公积转增资本(或股本)"项目，反映企业以盈余公积转增资本或股本的金额。

③"盈余公积弥补亏损"项目，反映企业以盈余公积弥补亏损的金额。

④ 其他。

二、编制所有者权益变动表

【课堂活动1-4】编制所有者权益变动表

大众机械有限公司2014年和2015年的所有者权益变动表如表1-13和表1-14所示。

表 1-13　所有者权益变动表

编制单位：大众机械有限公司　　　　　　2014 年　　　　　　　　单位：元

项目	行次	本年金额					
		实收资本(或股本)	资本公积	盈余公积	未分配利润	库存股(减项)	所有者权益合计
一、上年年末余额	1	56 280 000	110 566	3 322 205	18 825 828		78 538 599
1. 会计政策变更	2			165 575	938 260		1 103 865
2. 前期差错更正	3						
二、本年年初余额	4	56 280 000	110 566	3 487 780	19 764 088		79 642 435
三、本年增减变动金额(减少以"-"号填列)	5		57 278	5 715 250	33 446 899		39 219 427
(一) 本年净利润	6				37 163 211		37 163 211
(二) 直接计入所有者权益的利得和损失	7		57 278	1 998 928			2 056 206
1. 可供出售金融资产公允价值变动净额	8						
2. 现金流量套期工具公允价值变动净额	9						
3. 与计入所有者权益项目相关的所得税影响	10						
4. 其他	11		57 278	1 998 928			2 056 206
小计	12		57 278	1 998 928	37 163 211		39 219 427
(三) 所有者投入资本	13						
1. 所有者本期投入资本	14						
2. 本年购回库存股	15						
3. 股份支付计入所有者权益的金额	16						
(四) 本年利润分配	17						
1. 对所有者(或股东)的分配	18			3 716 312	-3 716 312		
2. 提取盈余公积	19			3 716 312	-3 716 312		
(五) 所有者权益内部结转	20						
1. 资本公积转增资本	21						
2. 盈余公积转增资本	22						
3. 盈余公积弥补亏损	23						
四、本年年末余额	24	56 280 000	167 844	9 203 030	53 210 988		118 861 862

表 1-14　所有者权益变动表

编制单位：大众机械有限公司　　　　　　2015 年　　　　　　　　单位：元

项目	行次	本年金额					
		实收资本(或股本)	资本公积	盈余公积	未分配利润	库存股(减项)	所有者权益合计
一、上年年末余额	1	56 280 000	167 844	9 203 030	53 210 988		118 861 862
1. 会计政策变更	2						

项目	行次	本年金额					
		实收资本(或股本)	资本公积	盈余公积	未分配利润	库存股(减项)	所有者权益合计
2. 前期差错更正	3						
二、本年年初余额	4	56 280 000	167 844	9 203 030	53 210 988		118 861 862
三、本年增减变动金额(减少以"-"号填列)	5	19 000 000	221 027 928	11 089 298	43 072 037		294 189 263
(一) 本年净利润	6				47 857 818		37 163 211
(二) 直接计入所有者权益的利得和损失	7			6 303 517			6 303 517
1. 可供出售金融资产公允价值变动净额	8						
2. 现金流量套期工具公允价值变动净额	9						
3. 与计入所有者权益项目相关的所得税影响	10						
4. 其他	11			6 303 517			6 303 517
小计	12			6 303 517	47 857 818		54 161 335
(三) 所有者投入资本	13	19 000 000	221 027 928				240 027 928
1. 所有者本期投入资本	14	19 000 000	221 027 928				240 027 928
2. 本年购回库存股	15						
3. 股份支付计入所有者权益的金额	16						
(四) 本年利润分配	17			4 785 781	-4 785 781		
1. 对所有者(或股东)的分配	18						
2. 提取盈余公积	19			4 785 781	-4 785 781		
(五) 所有者权益内部结转	20						
1. 资本公积转增资本	21						
2. 盈余公积转增资本	22						
3. 盈余公积弥补亏损	23						
四、本年年末余额	24	75 280 000	221 195 772	20 292 329	96 283 024		413 051 125

(1) 请参考表 1-10, 将以下项目相关数字的计算过程列出。"三、本期增减变动金额"行的股本、资本公积、盈余公积、未分配利润、所有者权益合计。

(2) 请画出空白所有者权益变动表。

第六节　财务报表附注的编制

一、认识财务报表附注

(一) 财务报表附注的概念

财务报表附注是对资产负债表、利润表、现金流量表和所有者权益变动表等报表中列示项目的文字描述或明细资料，以及对未能在这些报表中列示项目的说明等。财务报表附注可以使报表使用者全面了解企业的财务状况、经营成果和现金流量。

它是对财务报表的补充说明，是财务会计报告体系的重要组成部分。随着经济环境的复杂化以及人们对相关信息要求的提高，附注在整个报告体系中的地位日益突出。但在我国，对报表附注的重视性却不令人满意，其编制和使用状况也存在着局限性。

财务报表与附注之间存在一个主次关系：财务报表是根，附注处于从属地位。没有财务报表的存在，附注就失去了依靠，其功能也就无处发挥；而没有附注恰当的延伸、说明，财务报表的功能就难以有效地实现。两者相辅相成，形成一个完善的有机整体。

财务报表项目是被高度浓缩的会计信息，且由于经济业务的复杂性和企业在编制财务报表时可能选择了不同的会计政策，企业需要通过财务报表附注对财务报表的编制基础、编制依据、编制原则和方法及主要事项等进行解释，以此增进会计信息的可理解性，同时使不同企业的会计信息的差异更具可比性，便于进行对比分析。

(二) 财务报表附注的内容

财务报表附注的内容主要包括以下几个方面。

1. 不符合基本会计假设的说明

2. 重要会计政策和会计估计的说明，以及重大会计差错更正的说明

会计报表附注应披露的重要会计政策主要包括以下几点。

(1) 编制会计合并报表所采纳的原则。

(2) 外币折算时所采用的方法。

(3) 收入的确认原则。

(4) 所得税的会计处理方法。

(5) 短期投资的期末计价方法。

(6) 存货的计价方法。

(7) 长期股权投资的核算方法。

(8) 长期债权投资的溢折价的摊销方法。

(9) 坏账损失的具体会计处理方法。

(10) 借款费用的处理方法。

(11) 无形资产的计价及摊销方法。

(12) 应付债券的溢折价的摊销方法。

3. 或有事项的说明

4. 资产负债表日后事项的说明

5. 关联方关系及其交易的说明

6. 会计报表中重要项目的说明

会计报表中的重大项目主要有下列几个方面。

(1) 应收款项(不包括应收票据)及计提坏账准备的方法。

(2) 存货、投资核算的方法。

(3) 固定资产计价和折旧方法。

(4) 无形资产计价和摊销的方法。

(5) 长期待摊费用的摊销方法。

(6) 收入的分类及金额。

(7) 所得税的会计处理方法。

7. 其他重大会计事项的说明

(1) 企业合并、分立。

(2) 重要资产的转让或出售情况。

(3) 重大投资、融资活动。

(4) 合并会计报表的说明。

(5) 其他有助于理解和分析会计报表的事项。

(三) 财务报表附注的作用

1. 使用者更全面了解企业状况的要求

会计信息应全面充分地反映企业的财务状况、经营成果及现金流量，不得有意忽略或隐瞒重要的财务数据，以免使用者产生误解，这就是所谓的充分披露原则。作为会计信息的使用者，由于外部与企业的信息不对称，想要对企业有所了解，就必须依赖于其所提供的各项资料。因此就对披露的充分性提出了较高的要求：从横向来看，只要是反映企业生产经营全貌的信息，不论有利或不利的都应该予以披露；从纵向来看，不应只停留在披露对象的表面，而要进行深层次的揭示。由于成本等多种因素的限制，这些要求财务报表可能无法实现，而对于附注信息的披露就显得尤为重要。

2. 基于缓解财务报表信息披露压力的考虑

信息需求方总是希望企业提供尽可能多的信息，以便他们据以做出各项正确决策，这无形当中增加了财务报表披露信息的压力。但信息的披露应当是有一定限度的，过多的披露可能会适得其反。这主要基于以下两点考虑。第一，成本效益原则的考虑。只有披露的效益大于成本，企业才有披露信息的动力，过多地披露信息一方面势必增加企业的披露成本，另一方面会有损企业的商业秘密，在竞争中处于劣势，不利于企业的经营运作。第二，重要性原则的考虑。重要性是指当一项会计信息不加以说明，即可能使财务报表使用者产生误解，从而足以影响或改变其决策。因此从披露目的出发，只有重要性的信息对于需求者来说才是有用的。信息需求者依赖重要性的信息了解企业的财务状况、经营成果等情况，从而为其所用，做出合理判断。而过多地披露信息不仅不会起到决策有用的目的，反而会影响使用者的理解、判断和掌握，使其无所适从，甚至产生误导作用，造成使用者的利益受损。

3. 增强财务报告体系的灵活性

财务报表由其固有的格式、项目和填列方法，使得表内信息并不能完整地反映一个企业的综合素质。而报表附注相对来说比较灵活，可以弥补表内信息的局限性，使表内信息更容易理解、更加相关。具体说来，由于财务会计在确认计量上有严格的标准，使得一些与决策相关的信息不能进入财务报表，忽视它们的存在，势必影响到使用者做出正确的决策。而对报表附注尚无统一的规范，其可以借助多种计量手段、计量属性及不同的格式，将那些无法进入表内的信息加以适当地披露，这有利于完整反映企业生产经营的全貌，提高财务报告体系的总体水平和层次。

4. 保持原有报告模式的需要

经济环境的日新月异，使得会计标准的制定往往落后于会计实务的发展，原有的财务报表模式也不免过时。为满足人们对决策有用信息的需求，就需要不断对财务报表的内容和体系进行相应的变革。这可以依靠新会计制度和会计准则的出台予以重新规范和指导，但这一过程往往费时费力，而且不利于保证财务信息的一贯性和可靠性。因此，借助财务报表附注和其他报告形式，增加表外信息披露，可以在保持原有报告模式的基础上对其进行完善和改进，这已成为人们普遍愿意接受的一种改革方式。

(四) 财务报表附注披露的要求

财务报表附注披露具有以下几个方面的要求。

(1) 附注披露的信息应是定量、定性信息的结合，从而能从量与质两个角度对企业经济事项完整地进行反映，也才能满足信息使用者的决策要求。

(2) 附注应当按照一定的结构进行系统合理的排列和分类，有顺序地披露信息。由于附注内容繁多，更应按逻辑顺序排列，分类披露，条例清晰，具有一定的组织结构，以便于使用者理解和掌握，也更好地实现财务报表的可比性。

(3) 附注相关信息应当与资产负债表、利润表、现金流量表和所有者权益变动表等报表列示的项目相互参照，以有助于使用者了解相关联的信息，并由此从整体上更好地理解财务报表。

(五)财务报表附注披露的内容

附注应当按照如下顺序披露有关内容。

1. 企业的基本情况

(1) 企业注册地、组织形式和总部地址。

(2) 企业的业务性质和主要经营活动，如企业所处的行业、所提供的主要产品或服务、客户的性质、销售策略、监管环境的性质等。

(3) 母公司以及集团最终母公司的名称。

(4) 财务报告的批准报出者和财务报告批准报出日。

2. 财务报表的编制基础

财务报表编制基础是指会计核算及报表编制的前提条件，即是持续经营，还是破产清算，等等。

3. 遵循企业会计准则的声明

企业应当声明编制的财务报表符合企业会计准则的要求，真实、完整地反映了企业的财务状况、经营成果和现金流量等有关信息，以此明确企业编制财务报表所依据的制度基础。

如果企业编制的财务报表只是部分地遵循了企业会计准则，附注中不得做出这种表述。

4. 重要会计政策和会计估计

根据财务报表列报准则的规定，企业应当披露采用的重要会计政策和会计估计，不重要的会计政策和会计估计可以不披露。

1) 重要会计政策的说明

由于企业经济业务的复杂性和多样化，某些经济业务可以有多种会计处理方法，也即存在不止一种可供选择的会计政策。例如，存货的计价可以有先进先出法、加权平均法、个别计价法等；固定资产的折旧，可以有平均年限法、工作量法、双倍余额递减法、年数总额法等。企业在发生某项经济业务时，必须从允许的会计处理方法中选择适合本企业特点的会计政策，企业选择不同的会计处理方法，可能会极大地影响企业的财务状况和经营成果，进而编制出不同的财务报表。为了有助于报表使用者理解，有必要对这些会计政策加以披露。

需要特别指出的是，说明会计政策时还需要披露下列两项内容。

(1) 财务报表项目的计量基础。会计计量属性包括历史成本、重置成本、可变现净值、现值和公允价值，这直接显著影响报表使用者的分析，这项披露要求便于使用者了解企业财务报表中的项目是按何种计量基础予以计量的，如存货是按成本还是可变现净值计量等。

(2) 会计政策的确定依据，主要是指企业在运用会计政策过程中所做的对报表中确认的项目金额最具影响的判断。例如，企业如何判断持有的金融资产是持有至到期的投资而不是交易性投资；又比如，对于拥有的持股不足 50%的关联企业，企业为何判断企业拥有控制权因此将其纳入合并范围；再比如，企业如何判断与租赁资产相关的所有风险和报酬已转移给企业，从而符合融资租赁的标准；以及投资性房地产的判断标准是什么，等等，这些判断对在报表中确认的项目金额具有重要影响。因此，这项披露要求有助于使用者理解企业选择和运用会计政策的背景，增加财务报表的可理解性。

2) 重要会计估计的说明

财务报表列报准则强调了对会计估计不确定因素的披露要求，企业应当披露会计估计中所采用的关键假设和不确定因素的确定依据，这些关键假设和不确定因素在下一会计期间内很可能导致对资产、负债账面价值进行重大调整。

在确定报表中确认的资产和负债的账面金额过程中，企业有时需要对不确定的未来事项在资产负债表日对这些资产和负债的影响加以估计。例如，固定资产可收回金额的计算需要根据其公允价值减去处置费用后的净额与预计未来现金流量的现值两者之间的较高者确定，在计算资产预计未来现金流量的现值时需要对未来现金流量进行预测，并选择适当的折现率，应当在附注中披露未来现金流量预测所采用的假设及其依据、所选择的折现率为什么是合理的，等等。又如，为正在进行中的诉讼提取准备时最佳估计数的确定依据等。这些假设的变动对这些资产和负债项目金额的确定影响很大，有可能会在下一个会计年度内做出重大调整。因此，强调这一披露要求，有助于提高财务报表的可理解性。

5. 会计政策和会计估计变更以及差错更正的说明

企业应当按照《企业会计准则第 28 号——会计政策、会计估计变更和差错更正》及其应用指南的规定，披露会计政策和会计估计变更以及差错更正的有关情况。

6. 报表重要项目的说明

企业应当将文字和数字描述相结合，尽可能以列表形式披露报表重要项目的构成或当期增减变动情况，并且报表重要项目的明细金额合计，应当与报表项目金额相衔接。在披露顺序上，一般应当采用资产负债表、利润表、现金流量表、所有者权益变动表的顺序及其项目列示的顺序。

7. 其他需要说明的重要事项

这主要包括或有和承诺事项、资产负债表日后非调整事项、关联方关系及其交易等，具体的披露要求须遵循相关准则的规定，分别参见相关章节的内容。

(六) 财务报表附注的完善

1. 从内容方面看

我国发布的企业会计制度就财务报表附注应披露的内容做出了明确的规范，具体包括"不符合会计核算前提的说明""重要会计政策和会计估计的说明"等十三项内容。大多数企业也是以此为依据进行编制的。但面对经济的高速发展和社会环境的巨大变化，这些已不能满足人们对于信息的需求，因此应对报表附注的内容有所扩充。

(1) 随着知识经济时代的到来，人才、知识和技术在社会生产和资源配置中开始发挥主导作用，企业最具价值和最重要的资源已不再是物质资本，而是人力资源，应考虑从定性或定性和定量相结合的角度对此进行披露。

(2) 随着信息使用者对企业风险信息、不确定信息以及前瞻性信息需求的进一步扩大，应适当增加对财务预测的有关分析。

(3) 随着企业社会性的增强，为规范企业履行其社会责任，需要企业编制反映就业水平、报酬及福利、工作组织、保险与安全措施、环境及能源保护等方面的信息。此外，还有物价变动、市场分布、管理当局的讨论与分析等，应充分考虑使用者的需求、经济环境的变化而不断调整和补充。

2. 从形式方面看

财务报表附注的编制应运用灵活多样的形式。首先，在计量手段上，采用货币与非货币相结合的方式。报表附注的发展趋势是将非财务信息以及不能在财务报表内列示的信息纳入其中，而这些信息如人力资源、社会责任等，在实际中往往难以货币化，应借助于其他一些非货币手段进行充分说明。其次，在计量属性上，允许多种形式并存。财务报表沿用的是以交易价格为基础的历史成本计量属性，随着市场一体化进程的加快，已逐渐暴露出局限性，而公允价值以其所具备的客观性将受到越来越多的认同，因此针对不同的项目，可以考虑在附注中以公允价值予以补充披露。另外，在编制格式上，可以借助旁注、脚注和附表等各种形式。

(1) 旁注。旁注是指在财务报表的有关项目旁直接用括号加注说明，是最简单的报表注释方法。这种附注方式将补充信息直接纳入报表主体，不易为使用者所忽略，但这类附注不宜过长。

(2) 脚注。这种披露方式主要是对表内项目所采用的会计政策、方法等以及表内无法反映的重要事项所做的补充说明。其主要采用定性揭示并以文字表达为主，必要时也可采用表格的形式。

(3) 附表。附表是指为了保持财务报表的简明易懂而另行编制一些反映其构成项目及年度内增减来源与金额的表格，其实际上是财务报表某些重要项目的明细表，如资产减值准备明细表、利润分配表和分部报表等。

(4) 其他。对于有关社会责任、人力资源及财务预测等方面的信息，可以参照国际惯例采用企业适用的报告格式进行反映。这些报告不受会计准则的限制，也不需要接受审计，在披露上较为灵活。

二、编制财务报表附注

【课堂活动1-5】编制财务报表附注

1. 公司基本情况

大众机械有限公司于 2001 年 5 月 18 日在某省某市工商行政管理局登记注册，注册资本为 7 528 万元，股份总数为 7 528 万股。

本公司属机械制造行业。经营范围：水泵、阀门、电机、汽油机、园林机械、其他机械设备、模具、五金工具及相关配件的生产、销售，进出口业务(除法律、法规禁止和限制的项目)。

2. 财务报表的编制基准与方法

本公司自 2008 年 1 月 1 日起执行财政部 2007 年 2 月公布的《企业会计准则》。

3. 公司采用的重要会计政策和会计估计

1) 遵循企业会计准则的声明

本公司编制的财务报表符合企业会计准则的要求，真实、完整地反映了企业财务状况、经营成果和现金流量等有关信息。

2) 财务报表的编制基础

本公司财务报表以持续经营为编制基础。

3) 会计期间

会计年度自公历 1 月 1 日起至 12 月 31 日止。

4) 记账本位币

本公司采用人民币为记账本位币。

5) 会计计量属性

财务报表项目以历史成本计量为主。以公允价值计量且其变动计入当期损益的金融资产和金融负债、可供出售金融资产、衍生金融工具、投资性房地产等以公允价值计量；采购超过正常信用条件延期支付的存货、固定资产等采用以购买价款的现值计量；发生减值损失的存货以可变现净值计量；其他减值资产等以可收回金额(公允价值与现值孰高)

计量；盘盈资产等以重置价值计量。

6) 现金等价物的确定标准

现金等价物是指企业持有的期限短(一般指购买日起 3 个月内到期)、流动性强、易于转换为已知金额现金、价值变动风险较小的投资。

7) 外币折算

对发生的外币业务，以交易发生日的即期汇率折合为人民币记账。对各种外币账户的外币期末余额，外币货币性项目按资产负债表日的即期汇率折算，发生的差额计入当期损益；以公允价值计量的外币非货币性项目，以公允价值确定日的即期汇率折算，发生的差额计入公允价值变动损益。

8) 金融工具的确认和计量(略)

9) 应收款项坏账准备的计提方法

对于单项金额重大且有客观证据表明发生了减值的应收款项(包括应收账款和其他应收款)，根据其未来现金流量现值低于其账面价值的差额计提坏账准备；对于单项金额非重大以及经单独测试后未减值的单项金额重大的应收款项(包括应收账款和其他应收款)，根据相同账龄应收款项组合的实际损失率为基础，结合现时情况确定报告期各项组合计提坏账准备的比例。确定具体提取比例为：账龄 1 年(含 1 年，以下类推)以内的，按其余额的 5% 计提；账龄 1～2 年的，按其余额的 10% 计提；账龄 2～3 年的，按其余额的 30% 计提；账龄 3 年以上的，按其余额的 100% 计提。对有确凿证据表明可收回性存在明显差异的应收款项，采用个别认定法计提坏账准备。

对其他应收款项(包括应收票据、预付账款等)，经单独测试后根据其未来现金流量现值低于其账面价值的差额计提坏账准备，对其他应收款中应收出口退税不计提坏账准备。

10) 存货的确认和计量

(1) 存货包括在日常活动中持有以备出售的产成品或商品、处在生产过程中的在产品、在生产过程或提供劳务过程中耗用的材料和物料等。

(2) 发出存货采用加权平均法。

(3) 资产负债表日，存货采用成本与可变现净值孰低计量，按照单个存货成本高于可变现净值的差额计提存货跌价准备。产成品、商品和用于出售的材料等直接用于出售的商品存货，在正常生产经营过程中以该存货的估计售价减去估计的销售费用和相关税费后的金额确定其可变现净值；需要经过加工的材料存货，在正常生产经营过程中以所生产的产成品的估计售价减去至完工时估计将要发生的成本、估计的销售费用和相关税费后的金额确定其可变现净值；资产负债表日，同一项存货中一部分有合同价格约定、其他部分不存在合同价格的，分别确定其可变现净值，并与其对应的成本进行比较，分别确定存货跌价准备的计提或转回的金额。

(4) 存货的盘存制度为永续盘存制。

(5) 包装物、低值易耗品等周转材料采用一次转销法进行摊销。

11) 长期股权投资的确认和计量(略)

12) 固定资产的确认和计量

(1) 固定资产是指同时具有下列特征的有形资产：①为生产商品、提供劳务、出租或经营管理持有的;②使用寿命超过一个会计年度的。

(2) 固定资产同时满足下列条件的予以确认:①与该固定资产有关的经济利益很可能流入企业;②该固定资产的成本能够可靠地计量。与固定资产有关的后续支出,符合上述确认条件的,发生时计入固定资产成本;不符合上述确认条件的,发生时计入当期损益。

(3) 固定资产按照成本进行初始计量。

(4) 固定资产折旧采用年限平均法。各类固定资产的使用寿命、预计净残值和年折旧率如表1-15所示。

表1-15 各类固定资产的使用寿命、预计净残值和年折旧率表

固定资产类别	使用寿命(年)	预计净残值(%)	年折旧率(%)
房屋及建筑物	20	原价的3或5	4.75~4.85
机器设备	5~10	原价的3或5	9.50~19.40
运输工具	5	原价的3或5	19.00~19.40
其他设备	5~10	原价的3或5	9.50~19.40

(5) 因开工不足、自然灾害等导致连续3个月停用的固定资产确认为闲置固定资产(季节性停用除外)。闲置固定资产采用和其他同类别固定资产一致的折旧方法。

(6) 资产负债表日,有迹象表明固定资产发生减值的,按资产减值准则规定计提固定资产减值准备。

13) 在建工程的确认和计量(略)

14) 无形资产的确认和计量

(1) 无形资产按成本进行初始计量。

(2) 根据无形资产的合同性权利或其他法定权利、同行业情况、历史经验、相关专家论证等综合因素判断,能合理确定无形资产为公司带来经济利益期限的,作为使用寿命有限的无形资产;无法合理确定无形资产为公司带来经济利益期限的,视为使用寿命不确定的无形资产。

(3) 对使用寿命有限的无形资产,估计其使用寿命时通常考虑以下因素:①运用该资产生产的产品通常的寿命周期、可获得的类似资产使用寿命的信息;②技术、工艺等方面的现阶段情况及对未来发展趋势的估计;③以该资产生产的产品或提供劳务的市场需求情况;④现在或潜在的竞争者预期采取的行动;⑤为维持该资产带来经济利益能力的预期维护支出,以及公司预计支付有关支出的能力;⑥对该资产控制期限的相关法律规定或类似限制,如特许使用期、租赁期等;⑦与公司持有其他资产使用寿命的关联性等。

(4) 使用寿命有限的无形资产,在使用寿命内按照与该项无形资产有关的经济利益的预期实现方式系统合理地摊销,无法可靠确定预期实现方式的,采用直线法摊销。使用寿命不确定的无形资产不摊销,但每年均对该无形资产的使用寿命进行复核,并进行减值测试。

(5) 资产负债表日,检查无形资产预计给公司带来未来经济利益的能力,按准则规定方法计提无形资产减值准备。

(6) 内部研究开发项目按准则规定方法核算。

15) 资产减值

资产减值遵循准则规定的减值测试时间、资产范围和减值测试方法和核算方法。

16) 借款费用的确认和计量

遵循借款费用准则的规定。

17) 收入确认原则

遵循收入准则的规定。

18) 企业所得税的确认和计量

遵循所得税准则的规定。

4. 税(费)项

1) 增值税

园林机械中碎石机及松土机产品按 13% 的税率计缴,水泵等其他产品按 17% 的税率计缴。出口货物实行"免、抵、退"税政策,按 13% 的税率计缴的产品退税率为 11%;按 17% 的税率计缴的产品除扫雪机、电机退税率为 17% 外,其余产品的退税率均为 13%。

根据《财政部、国家税务总局关于调低部分商品出口退税率的通知》(财税〔2008〕90 号),自 2008 年 7 月 1 日起,水泵配件等出口退税率由 13% 下调至 9%。

2) 城市维护建设税

按应交流转税税额的 7% 计缴。

3) 教育费附加

按应交流转税税额的 3% 计缴。

4) 地方教育费附加

按应交流转税税额的 3% 计缴。

5) 企业所得税

企业所得税按 25% 的税率计缴。

5. 利润分配(本年度净利润暂不分配)

6. 报表项目注释

1) 资产负债表项目注释

(1) 货币资金(期末数 124 006 031.75)。

① 明细情况。

货币资金明细情况如表 1-16 所示。

表 1-16 货币资金明细情况表 单位:元

项 目	期 末 数	期 初 数
库存现金	16 267.00	26 211.74
银行存款	117 623 988.49	4 131 201.91
其他货币资金	6 365 776.26	19 279 098.86
合计	124 006 031.75	23 436 512.51

② 货币资金——外币货币资金(略)。

③ 变动幅度超过30%(含30%)或占资产总额5%以上(含5%)原因说明。

货币资金期末数较期初数增长429.11%,主要系公司本期首次公开发行社会公众股募集资金尚未使用完毕所致。

(2) 应收票据(略)。

(3) 应收账款(期末数122 254 586.11)。

① 明细情况。

应收账款明细情况如表1-17所示。

表1-17　应收账款明细情况表

单位:元

项目	期末数				期初数			
	账面余额	比例(%)	坏账准备	账面价值	账面余额	比例(%)	坏账准备	账面价值
单项金额重大	46 867 862.98	36.14	2 343 393.15	44 524 469.83	13 987 246.57	14.95	699 362.33	13 287 884.24
其他不重大	82 815 680.24	63.86	5 085 563.96	77 730 116.28	79 583 125.30	85.05	4 184 327.78	75 398 797.52
合计	129 683 543.22	100.00	7 428 957.11	122 254 586.11	93 570 371.87	100.00	4 883 690.11	88 686 681.76

② 账龄分析。

账龄分析明细情况如表1-18所示。

表1-18　账龄分析明细情况表

单位:元

账龄	期末数				期初数			
	账面余额	比例(%)	坏账准备	账面价值	账面余额	比例(%)	坏账准备	账面价值
1年以内	124 340 992.59	95.88	6 217 049.63	118 123 942.96	92 633 634.05	99.00	4 631 681.70	88 001 952.35
1~2年	4 498 351.12	3.47	449 835.11	4 048 516.01	145 064.69	0.16	14 506.47	130 558.22
2~3年	117 324.48	0.09	35 197.34	82 127.14	791 673.13	0.84	237 501.94	554 171.19
3年以上	726 875.03	0.56	726 875.03					
合计	129 683 543.22	100.00	7 428 957.11	122 254 586.11	93 570 371.87	100.00	4 883 690.11	88 686 681.76

③ 期末应收账款中欠款金额前5名的欠款金额总计为75 871 363.06元,占应收账款账面余额的58.51%,均系一年以内应收账款。

④ 无持有本公司5%以上(含5%)表决权股份的股东账款。

⑤ 期末应收账款中已有1 161 698.02元(USD159 036.50)用于担保。

⑥ 应收账款——外币应收账款(略)。

⑦ 变动幅度超过30%(含30%)或占资产总额5%以上(含5%)原因说明。

应收账款期末数较期初数增长37.85%，主要系公司本期销量增加，期末未到结算期的应收账款余额增加。

⑧ 公司本期核销应收账款7 035.19元，系核实后无法收回的款项。

(4) 预付款项(略)。

(5) 其他应收款(略)

(6) 存货(期末数133 372 898.66)。

① 明细情况。

存货明细情况如表1-19所示。

表1-19　存货明细情况表　　　　　　　　　　　　　　　　单位：元

项　目	期　末　数			期　初　数		
	账面余额	跌价准备	账面价值	账面余额	跌价准备	账面价值
原材料	28 731 788.09	345 460.93	28 386 327.16	19 409 495.02	94 556.83	19 314 938.19
在产品	20 059 606.00		20 059 606.00	11 517 979.71		11 517 979.71
自制半成品	26 926 761.19		26 926 761.19	18 285 248.93	166 478.55	18 118 770.38
库存商品	41 408 558.29	40 890.20	41 367 668.09	26 645 934.65	45 598.52	26 600 336.13
委托加工物资	12 485 700.35		12 485 700.35	6 851 215.7777		6 851 215.77
包装物	1 965 841.9292		1 965 841.9292	1 718 384.5858	1 511.16	1 716 873.42
低值易耗品	2 181 017.4545	23.50	2 180 993.9595	1 125 570.8484	1 610.06	1 123 960.78
合计	133 759 273.29	386 374.63	133 372 898.66	85 553 829.50	309 755.12	85 244 074.38

② 存货跌价准备。

存货跌价准备明细情况如表1-20所示。

表1-20　存货跌价准备明细情况表　　　　　　　　　　　　单位：元

项　目	期　初　数	本期增加	本期减少		期　末　数
			转　回	转　销	
原材料	94 556.83	337 848.85		86 944.75	345 460.93
自制半成品	166 478.55			166 478.55	
库存商品	45 598.52			4 708.32	40 890.20
包装物	1 511.16			1 511.16	
低值易耗品	1 610.06			1 586.56	23.50
合计	309 755.12	337 848.85		261 229.34	386 374.63

本期转回存货跌价准备的原因、金额。本期存货对外销售相应转销存货跌价准备261 229.34元。

③ 变动幅度超过30%(含30%)或占资产总额5%以上(含5%)原因说明。

存货期末数较期初数增长56.46%，主要系公司本期产销量扩大，期末保留与生产经营规模相适应的存货余额。

(7) 长期股权投资(略)。

(8) 固定资产(期末数 150 780 119.53)。

① 明细情况。

原价、累计折旧、减值准备、账面价值明细情况分别如表 1-21～表 1-24 所示。

表 1-21　原价明细情况表

单位：元

类　别	期　初　数	本期增加	本期减少	期　末　数
房屋及建筑物	7 987 100.70	5 074 419.00		23 061 519.70
机器设备	84 694 540.16	68 526 843.56	2 887 569.22	150 333 814.50
运输工具	8 317 829.00	1 362 283.00		9 680 112.00
其他设备	3 932 305.01	1 783 557.00		5 715 862.01
合计	114 931 774.87	76 747 102.56	2 887 569.22	188 791 308.21

表 1-22　累计折旧明细情况表

单位：元

类　别	期　初　数	本期增加	本期减少	期　末　数
房屋及建筑物	2 259 145.36	902 642.27		3 161 787.63
机器设备	17 900 852.34	11 494 697.13	1 718 579.92	27 676 969.55
运输工具	2 542 380.57	1 557 465.68		4 099 846.25
其他设备	1 321 692.70	824 401.57		2 146 094.27
合计	24 024 070.97	14 779 206.65	1 718 579.92	37 084 697.70

表 1-23　减值准备明细情况表

单位：元

类　别	期　初　数	本期增加	本期减少	期　末　数
机器设备	1 036 292.56	299 640.35	409 441.93	926 490.98*
合计	1 036 292.56	299 640.35	4019 441.93	926 490.98

注：*均系固定资产处置相应转出的固定资产减值准备 409 441.93 元。

表 1-24　账面价值明细情况表

单位：元

类　别	期　初　数	期　末　数
房屋及建筑物	15 727 955.34	19 899 732.07
机器设备	65 757 395.26	121 730 353.97
运输工具	5 775 448.43	5 580 265.75
其他设备	2 610 612.31	3 569 767.74
合计	89 871 411.34	150 780 119.53

② 本期增加固定资产均系外购。

③ 未办妥产权证书的固定资产的情况说明。

截至 2008 年 12 月 31 日,公司房屋及建筑物原值 5 074 419.00 元尚未办妥房产权证。

④ 变动幅度超过 30%(含 30%)或占资产总额 5%以上(含 5%)原因说明。

固定资产期末数较期初数增长 67.77%,主要系公司本期募投项目采购机器设备增加所致。

 (9) 在建工程(略)。

 (10) 无形资产(略)。

 (11) 长期待摊费用(略)。

 (12) 递延所得税资产(略)。

 (13) 短期借款 (期末数 21 161 698.02)。

 ① 明细情况。

短期借款明细情况如表 1-25 所示。

表 1-25　短期借款明细情况表　　　　　　　　　　　　单位：元

借款条件	期 末 数	期 初 数
抵押借款	20 000 000.00	17 530 000.00
保证借款		4 326 019.80
质押借款	1 161 698.02	21 340 000.00
合计	21 161 698.02	43 196 019.80

 ② 变动幅度超过 30%(含 30%)或占资产总额 5%以上(含 5%)原因说明。

 短期借款期末数较期初数下降 51.01%，主要系公司本期流动资金充足，相应归还银行借款所致。

 (14) 应付票据(略)。

 (15) 应付账款(略)。

 (16) 预收款项(略)。

 (17) 应付职工薪酬(略)。

 (18) 应交税费(期末数-12 181 159.21)。

 ① 明细情况。

应交税费明细情况如表 1-26 所示。

表 1-26　应交税费明细情况表　　　　　　　　　　　　单位：元

种 类	期 末 数	期 初 数
增值税	-8 720 139.42	-6 160 909.20
城市维护建设税	39 479.18	
企业所得税	-3 631 962.25	-1 056 357.82
代扣代缴个人所得税	98 917.22	35 097.34
水利建设基金	72 025.24	55 171.63
教育费附加	23 687.51	
地方教育费附加	15 791.67	
合计	-12 181 159.21	-7 048 039.69

 ② 变动幅度超过 30%(含 30%)或占资产总额 5%以上(含 5%)原因说明。

 应交税费期末数较期初数下降 72.83%，主要系公司本期国产设备抵免企业所得税 7 263 851.08 元。

(19) 应付利息(略)。

(20) 其他应付款(略)。

(21) 长期应付款(略)。

(22) 股本(期末数 75 280 000.00)。

① 明细情况。

股本期初数和期末数均为 5 628.00 万元，其中法人持股数为 450 万元，其余均为自然人持股。在本年度经中国证券监督管理委员会核准对外公开发行上市的股份为 1 900.00 万元，期末股份总数为 7 528.00 万元。

② 公司前 10 名股东中原非流通股股东持有股份的限售条件的说明。

公司股东刘某、张某、王某、D 有限公司、赵某和吴某分别持有本公司的股份数为 2 000 万股、1 500 万股、1 500 万股、450 万股、89 万股、89 万股，各占公司股本总额的 35.54%、26.65%、26.65%、8%、1.58%、1.58%。各股东承诺如下：①自公司首次向社会公开发行股票并上市之日起三十六个月内，不转让或者委托他人管理其所持有的公司股份，也不由公司回购其所持有的股份。②在公司任职期间，每年转让的股份不超过其所持有的公司股份总数的 25%，且离职后半年内不转让其所持有的公司股份。

(23) 资本公积(期末数 221 195 772.25)。

① 明细情况。

资本公积明细情况如表 1-27 所示。

表 1-27 资本公积明细情况表

单位：元

项 目	期 初 数	本期增加	本期减少	期 末 数
股本溢价		221 027 928.00		221 027 928.00
其他资本公积	167 844.25			167 844.25
合计	167 844.25	221 027 928.00		221 195 772.25

② 资本公积本期增减原因及依据说明。

本期增加均系股本溢价。

(24) 盈余公积(略)。

(25) 未分配利润(略)。

2) 利润表项目注释

(1) 营业收入/营业成本(本期数 783 027 675.40/ 633 224 765.34)。

① 明细情况。

营业收入和营业成本明细情况分别如表 1-28 和表 1-29 所示。

表 1-28 营业收入明细情况表

单位：元

项 目	本 期 数	上年同期数
主营业务收入	770 521 806.04	608 945 719.55
其他业务收入	12 505 869.36	9 141 747.72
合计	783 027 675.40	618 087 467.27

表1-29　营业成本明细情况表　　　　　　　　　　　单位：元

项　目	本　期　数	上年同期数
主营业务成本	619 125 658.94	493 593 464.20
其他业务成本	14 099 106.40	7 345 484.74
合计	633 224 765.34	500 938 948.94

② 主营业务收入/主营业务成本。

主营业务收入/主营业务成本明细情况如表1-30所示。

表1-30　主营业务收入/主营业务成本明细情况表　　　　　　単位：元

项目	本　期　数			上年同期数		
	收　入	成　本	利　润	收　入	成　本	利　润
水泵	551 051 599.38	448 226 296.68	102 825 302.70	438 393 870.33	364 758 161.45	73 635 708.88
园林机械	153 724 679.62	121 663 377.00	32 061 302.62	131 834 852.94	96 439 265.11	35 395 587.83
其他	65 745 527.04	49 235 985.26	16 509 541.78	38 716 996.28	32 396 037.64	6 320 958.64
合计	770 521 806.04	619 125 658.94	151 396 147.10	608 945 719.55	493 593 464.20	115 352 255.35

③ 销售收入前5名的情况。

销售收入前5名的情况如表1-31所示。

表1-31　销售收入前5名情况表

项　目	本　期　数	上年同期数
前5名客户销售的收入总额(元)	230 357 550.07	164 062 078.11
占当年营业收入比例(%)	29.42	26.54

(2) 营业税金及附加(本期数2 550 720.65)。

① 明细情况。

营业税金及附加明细情况如表1-32所示。

表1-32　营业税金及附加明细情况表　　　　　　　　单位：元

项　目	本　期　数	上年同期数
城市维护建设税	1 275 360.33	904 410.55
教育费附加	765 216.19	848 715.83
地方教育费附加	510 144.13	
合计	2 550 720.65	1 753 126.38

② 变动幅度超过30%(含30%)以上的原因说明。

营业税金及附加本期数较上年同期数增长45.50%，主要系公司本期产销规模扩大，营业收入增长，相应营业税金及附加增加所致。

(3) 销售费用(本期数46 719 056.36)。

销售费用本期数较上年同期数增长63.69%，主要系公司本期产销规模扩大，相应广告费、出口信用保险费、运输费以及包装费用等增加。

(4) 财务费用(略)。

(5) 资产减值损失(本期数 3 203 113.79)。

① 明细情况。

资产减值损失明细情况如表 1-33 所示。

表 1-33　资产减值损失明细情况表　　　　　　　　　　　　　单位：元

项　目	本　期　数	上年同期数
坏账损失	2 565 624.59	1 175 143.95
存货跌价损失	337 848.85	309 755.12
固定资产减值损失	299 640.35	
合计	3 203 113.79	1 484 899.07

② 变动幅度超过 30%(含 30%)以上的原因说明。

资产减值损失本期数较上年同期数增长 115.71%，主要系公司本期应收账款期末余额增加，相应计提坏账准备增加。

(6) 投资收益(本期数-4 117 708.61)

① 明细情况。

投资收益明细情况如表 1-34 所示。

表 1-34　投资收益明细情况表　　　　　　　　　　　　　　　单位：元

项　目	本　期　数	上年同期数
交易性金融资产收益	-4 297 708.61	787.23
成本法核算的被投资单位分配来的利润	180 000.00	180 000.00
合计	-4 117 708.61	180 787.23

② 投资收益汇回重大限制的说明。

本公司不存在投资收益汇回的重大限制。

③ 变动幅度超过 30%(含 30%)以上的原因说明。

投资收益本期数较上年同期数下降，主要系公司本期投资交易性金融资产亏损所致。

(7) 营业外收入(略)。

(8) 营业外支出。

营业外支出本期数较上年同期数增长 64.22%，主要系公司本期捐赠支出增加。

(9) 所得税费用(略)。

3) 现金流量表项目注释(略)

7. 其他重要事项

1) 债务重组

无重大债务重组事项。

2) 非货币性资产交换

无重大非货币性交易事项。

3) 与现金流量表相关的信息

(1) 现金及现金等价物。

① 现金。

现金情况如表 1-35 所示。

表 1-35　现金情况表

单位：元

项　目	期　数	上年同期数
现金	130 468 650.25	11 461 802.51
库存现金	16 267.00	26 211.74
可随时用于支付的银行存款	117 623 988.49	4 131 201.91
可随时用于支付的其他货币资金	12 828 394.76	7 304 388.86

② 现金等价物(无)。

其中：3 个月内到期的债券投资(无)。

③ 期末现金及现金等价物余额 (130 468 650.25/11 461 802.51)。

其中：母公司或集团内子公司使用受限制的现金及现金等价物。

不属于现金及现金等价物的货币资金情况的说明：

2015 年度现金流量表中现金期末数为 130 468 650.25 元，资产负债表中货币资金期末数为 124 006 031.75 元，差额系现金流量表中现金期末数包含了符合现金及现金等价物标准的其他货币资金 6 462 618.50 元。2014 年度现金流量表中现金期末数为 11 461 802.51 元，资产负债表中货币资金期末数为 23 436 512.51 元，差额系现金流量表中现金期末数扣除了不符合现金及现金等价物标准的其他货币资金 11 974 710.00 元。

4) 基本每股收益和稀释每股收益的计算(略)

阅读大众机械有限公司财务报表附注，请回答：

(1) 该公司的基本情况的说明有哪几项？

(2) 资产负债表项目的说明有哪几项？

(3) 利润表项目的说明有哪几项？

(4) 现金流量表项目的说明有哪几项？

本 章 小 结

　　财务报表是对企业财务状况、经营成果、现金流量以及所有者权益变动的结构性表述，财务报表是传递企业会计信息的重要工具，是根据会计账簿记录有关资料，按规定编写的报表格式，总结反映一定期间的经济活动和财务收支及其结果的文件。由财务报表和其他相关资料组成的财务报告是企业会计工作的最终结果，是输出企业会计信息的主要形式，是企业与外部联系的桥梁。

　　本章主要系统学习财务报告的"四表一注"，要求不仅要熟知"四表一注"所有项目内容，更应熟练掌握财务报告的编制方法，以此了解报表数据的来龙去脉，以利后面财务报表分析的学习。

课堂活动 1-1 和 1-2 财务报表编制示例(见表 1-36 和表 1-37)

表 1-36 资产负债表

会企 01 表

编制单位：大众机械有限公司　　　　　2015 年 12 月 31 日　　　　　单位：元

资产	行次	期末余额	期初余额	负债和所有者权益	行次	期末余额	期初余额
流动资产：	1			流动负债：	36		
货币资金	2	124 006 031	23 436 513	短期借款	37	21 161 698	43 196 011
交易性金融资产	3			交易性金融负债	38		
应收票据	4	4 000 000		应付票据	39	88 007 638	59 678 601
应收账款	5	122 254 586	88 686 682	应付账款	40	113 190 015	79 894 849
预付账款	6	30 460 752	38 714 700	预收账款	41	9 417 196	5 243 722
应收股利	7			应付职工薪酬	42	5 018 022	9 986 680
应收利息	8			应交税费	43	-12 181 159	-7 048 040
其他应收款	9	4 264 800	4 596 432	应付利息	44	41 930	77 046
存货	10	133 372 899	85 244 074	应付股利	45		
	11			其他应付款	46	5 073 992	3 000 000
待摊费用	12			预提费用	47		
一年内到期的非流动资产	13			预计负债	48		
其他流动资产	14			一年内到期的非流动负债	49		14 024 640
流动资产合计	15	418 359 069	240 678 401	其他流动负债	50		
非流动资产：	16			流动负债合计	51	229 729 332	208 053 519
可供出售金融资产	17			非流动负债：	52		
持有至到期投资	18			长期借款	53		16 033 110
投资性房地产	19			应付债券	54		
长期股权投资	20	19 600 000	1 000 000	长期应付款	55	800 000	800 000
长期应收款	21			专项应付款	56		
固定资产	22	150 780 119	89 871 411	递延所得税负债	57		
在建工程	23	5 242 209	2 519 096	其他非流动负债	58		
工程物资	24			非流动负债合计	59	800 000	16 833 110
固定资产清理	25			负债合计	60	230 529 333	224 886 629
生产性生物资产	26			所有者权益：	61		
油气资产	27			实收资本	62	75 280 000	56 280 000
无形资产	28	46 528 999	8 120 138	资本公积	63	221 195 772	167 844
开发支出	29			盈余公积	64	20 292 329	9 203 030
商誉	30			未分配利润	65	96 283 024	53 210 988
长摊待摊费用	31	1 278 333		减：库存股	66		

续表

资产	行次	期末余额	期初余额	负债和所有者权益	行次	期末余额	期初余额
递延所得税资产	32	1 791 725	1 559 445	所有者权益合计	67	413 051 126	118 861 862
其他非流动资产	33				68		
非流动资产合计	34	225 221 389	103 070 090		69		
资产总计	35	643 580 458	343 748 491	负债和所有者合计	70	643 580 458	343 748 491

表 1-37　利润表

编制单位：大众机械有限公司　　　　　2015 年 1—12 月　　　　　单位：元

项　　目	行次	本　期　数	上年同期数
一、营业收入	1	783 027 695	618 087 467
减：营业成本	2	633 224 765	500 938 949
营业税金及附加	3	2 550 720	1 753 126
销售费用	4	46 719 056	28 541 170
管理费用	5	28 325 883	28 921 141
财务费用(收益以"-"号填列)	6	7 389 036	5 641 657
资产减值损失	7	3 203 114	1 484 899
加：公允价值变动收益(损失以"-"号填列)	8		
投资收益(损失以"-"号填列)	9	-4 117 709	180 787
二、营业利润(亏损以"-"号填列)	10	57 497 390	50 987 312
加：营业外收入	11	5 741 289	1 395 777
减：营业外支出	12	1 988 396	1 210 782
其中：非流动资产处置损失	13		
三、利润总额(亏损总额以"-"号填列)	14	61 250 283	51 172 307
减：所得税费用	15	13 392 465	14 009 085
四、净利润(净亏损以"-"号填列)	16	47 857 818	37 163 222
归属于母公司所有者的净利润	17	47 857 818	37 163 222
少数股东损益	18		
五、每股收益	19		
(一)基本每股收益	20	0.69	0.66
(二)稀释每股收益	21	0.69	0.66

【课后练习】

一、判断题

1. 资产负债表是反映企业某一特定日期全部资产、负债和所有者权益的报表，应按月编制。　　　　　　　　　　　　　　　　　　　　　　　　　　　　（　　）

2. 资产负债表中的"货币资金"项目应根据银行存款日记账余额填列。　　（　　）

3. "收入-费用=利润，这个会计等式是编制利润表的基础。　　　　　　（　　）

4. 利润分配表和现金流量表都是资产负债表的附表。　　　　　　　　　（　　）

5. 我国企业的利润表是单步式利润表。 （　　）

6. 不同利益主体进行财务报表分析有着各自的目的和侧重点。 （　　）

7. 投资人既关心企业收益能力，也关心企业的偿债能力及风险等。 （　　）

8. 财务报表分析的依据既包括财务信息，还包括非财务信息。 （　　）

9. 两个企业的收益率一致，表明它们的收益能力一样。 （　　）

10. 财务报表分析标准的选择是唯一的，分析的指标之间要具有可比性。 （　　）

二、单项选择题

1. 按经济内容分类，资产负债表属于(　　)。

 A. 财务成果报表   B. 财务状况报表

 C. 费用、成本报表   D. 汇总会计报表

2. 在填写资产负债表表头的编制时间时，正确的书写是(　　)。

 A. 一定时期，如 200×年 1 月 1 日 15 时

 B. 一个会计期间，如 200×年 1 月份

 C. 任何一个地点，如 200×年 1 月 25 日

 D. 某一个会计期间的期末，如 200×年 1 月 31 日

3. 利润表中各项目的"本期金额"应根据有关损益类账户的(　　)填制。

 A. 期末余额   B. 本期发生额

 C. 累计发生额   D. 期初余额

4. 所有者权益变动表是(　　)。

 A. 主表   B. 报表附注

 C. 附表   D. 月度报表

5. 现金流量表是以(　　)为基础编制的反映企业财务状况变动的报表。

 A. 现金、银行存款   B. 现金及现金等价物

 C. 现金等价物   D. 现金、银行存款、其他货币资金

6. 我国《企业会计准则》规定，企业的利润表采用(　　)结构。

 A. 单步式   B. 多步式

 C. 账户式   D. 报表式

7. 资产负债表编制的依据是(　　)。

 A. 资产总额=流动资产+固定资产   B. 利润=收入-费用

 C. 资产=负债+所有者权益   D. 余额试算平衡公式

8. 短期债权人在进行财务报表分析时最关心的是(　　)。

 A. 偿债能力   B. 营运能力   C. 获利能力   D. 资本结构

9. 下列不属于财务报告的是(　　)。

 A. 资产负债表   B. 利润表   C. 附注   D. 审计报告

10. 企业收益的主要来源是(　　)。

 A. 投资活动   B. 经营活动   C. 筹资活动   D. 投资收益

三、多项选择题

1. 企业财务报表主表包括(　　)。

A．资产负债表　　B．利润表　　　　C．利润分配表　　D．现金流量表

E．所有者权益变动表　　F．附注

2．资产负债表和利润表同属于(　　)。

A．对外报表　　　B．动态报表　　　C．月报　　　　　D．财务成果报表

3．在编制资产负债表时，下列项目中可根据有关总账科目的期末余额直接填列的有(　　)。

A．存货　　　　　B．固定资产　　　C．短期借款　　　D．交易性金融资产

4．下列项目中，影响企业营业利润的项目有(　　)。

A．销售费用　　　B．所得税费用　　C．投资收益　　　D．管理费用

5．按会计制度规定，在资产负债表中应作为"存货"项目列示的有(　　)。

A．生产成本　　　B．在建工程　　　C．材料采购　　　D．原材料

四、案例分析

(一) 单项练习

1．练习资产负债表中"货币资金"和"固定资产"项目的填制。

资料：光明公司某年8月份有关账户余额如表1-38所示。

表1-38　8月份账户余额表　　　　　　　　　　　单位：元

项　目	期末借方余额	期末贷方余额
库存现金	5 200	
银行存款	532 800	
其他货币资金	61 000	
固定资产	360 800	
累计折旧		73 000
固定资产减值准备		5 800

要求：计算填列光明公司资产负债表中"货币资金"和"固定资产"。

2．练习资产负债表中"应收账款""预收账款"项目的填制。

资料：光明公司某年3月31日有关账户的余额如表1-39所示。

表1-39　3月份账户余额表　　　　　　　　　　　单位：元

月　份	项　目	期末借方金额	期末贷方金额
3 月	应收账款——甲	15 230	
	应收账款——乙		10 000
	预收账款——A	20 000	
	预收账款——B		30 000
	坏账准备	2 031	

要求：计算填列光明公司某年3月份资产负债表"应收账款""预收账款"项目的金额。

3．练习资产负债表中"存货""长期借款"和"未分配利润"项目的填制。

资料：光明公司某年8月末有关账户的期末余额如表1-40所示。

表 1-40　期末账户余额表　　　　　　　　　　　单位：元

项　目	期末借方余额	期末贷方余额
原材料	55 240	
生产成本	22 350	
库存商品	50 380	
长期借款		280 000
其中：一年内到期的长期借款		60 000
本年利润		31 750
利润分配		8 000

要求：计算填制光明公司资产负债表中"存货""长期借款"和"未分配利润"3 个项目的金额。

4. 练习资产负债表中"应收账款""预付账款""应付账款"和"预收账款"4 个项目的填制。

资料：光明公司某年 8 月份有关账户的期末余额如表 1-41 所示。

表 1-41　8 月份账户余额表　　　　　　　　　　　单位：元

项　目	总账余额	明细账借方余额	明细账贷方余额
应收账款	11 040(借方)		
——A 单位		12 340	
——B 单位		6 000	
——C 工厂			7 300
应付账款	10 200(贷方)		
——甲公司			15 600
——乙公司			3 800
——丙企业		1 200	
——丁企业		8 000	

要求：计算填制该公司 8 月末资产负债表中"应收账款""预付款项""应付账款"和"预收账款"4 个项目的金额。

(二) 综合练习

练习一：

1. 目的：练习资产负债表的编制。

2. 资料：光明公司某年 8 月份有关账户资料如表 1-42 所示。

表 1-42　总账期末余额表　　　　　　　　　　　单位：元

项　目	借方余额	贷方余额
库存现金	2 700	
银行存款	200 700	
应收账款	49 210	
其他应收款	3 000	

续表

项 目	借方余额	贷方余额
原材料	150 000	
库存商品	90 000	
生产成本	31 050	
长期待摊费用	9 200	
持有至到期投资	74 000	
其中:一年内到期的长期债券投资	7 000	
固定资产	3 100 000	
累计折旧		854 000+
短期借款		600 000
应付账款		90 200
其他应付款		12 000
应交税费		10 000
应付利息		15 400
实收资本		1 000 000
盈余公积		430 000
资本公积		90 000
本年利润		838 260
利润分配	230 000	
合计	3 939 860	3 939 860

3. 要求:根据资料编制光明公司某年 8 月份的资产负债表。

练习二:

1. 目的:练习利润表的编制。

2. 资料:光明公司某年 8 月份有关利润表资料如表 1-43 所示。

表 1-43 损益类账户发生额　　　　　　　　　　　　　单位:元

项 目	结转"本年利润"数额	
	借 方	贷 方
主营业务收入	506 000	
主营业务成本		283 000
销售费用		16 000
营业税金及附加		36 000
其他业务收入	20 000	
其他业务成本		15 000
管理费用		45 000
财务费用		18 000
营业外收入	61 000	
营业外支出		45 000
投资收益	18 000	
所得税费用		21 000

3. 要求:根据资料编制光明公司某年 8 月份的利润表。

第二章

财务报表分析基础 《

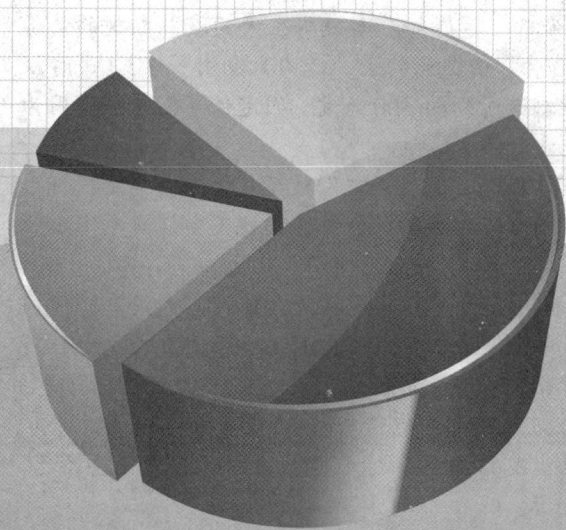

【本章内容】

进行财务报表分析，必须掌握财务报表分析的方式方法。本单元主要学习报表分析所要用到的各种常见分析方法，为以后章节的学习奠定基础。

【知识目标】

(1) 掌握财务报表阅读与分析的内涵。

(2) 掌握财务报表阅读与分析的意义。

(3) 掌握财务报表阅读与分析的主体、目的和内容。

(4) 掌握财务报表阅读与分析的原则、依据和程序。

(5) 掌握财务报表阅读与分析的方法。

【技能目标】

(1) 能熟练使用各种分析方法和计算公式。

(2) 能初步运用财务报表分析的基本方法进行财务报表的简单阅读与分析。

(3) 熟练掌握比较分析法、因素分析法、财务比率分析法以及综合分析法。

【案件导入】

财务经理一夜之间"扭亏为盈"

华谊有限公司是生产液晶电视的企业,最近两年连续亏损,2012 年和 2013 年对外公布的财务报表分别显示亏损 80 万元和 100 万元,若 2014 年继续亏损的话,金融机构将不再继续提供贷款。公司总经理为此非常着急,希望公司的财务经理拿出扭亏为盈的方案。

财务经理在对本公司的财务报表进行分析之后得知,本公司生产的液晶电视的售价为 3 000 元/台,2013 年生产并销售了 5 000 台,但企业的生产能力只利用了 1/3,每台液晶电视的变动成本为 2 000 元,全年固定性制造费用为 300 万元,固定销售和管理费用为 300 万元。

财务经理经过核算之后建议总经理 2014 年满负荷生产,即使不扩大销售、不提价也可以实现"扭亏为盈":2014 年将实现盈利 100 万元,这样金融机构就不会停止对本企业的贷款。

公司总经理为此非常纳闷:我们只是扩大了生产,并没有扩大销售,也没有降低成本,2013 年亏损的 100 万元怎么到了 2014 年一下子就变成了盈利 100 万元呢?总经理百思不得其解,怀疑财务经理在做假账,但财务经理否认自己做了假账,并对总经理说:"要想真正实现扭亏为盈,希望总经理追加 10 万元的广告宣传费和 15 万元的销售奖励来扩大销售,只要销量再增加 1 250 台,就可以实现真正的盈利。"总经理对此更是困惑不已。

问题:

(1) 财务经理的建议如何?按这个建议 2014 年将实现多少利润?

(2) 2013 年公司为什么亏损 100 万元?为什么追加 10 万元的广告宣传费和 15 万元的销售奖励就可以实现真正的盈利?

一、财务报表阅读与分析的内涵

(一) 财务报表阅读与分析的含义

企业相关利益主体以企业财务报告为主要依据,结合一定的评价标准,采用科学系统的分析方法,遵循规范的分析程序,通过对企业过去和现在的财务状况、经营成果和现金流量等重要指标的全面分析,为相关决策提供信息支持的一项经济管理活动的一门经济应用学科。

(二) 财务报表阅读与分析的意义

财务报表能够全面反映企业的财务状况、经营成果和现金流量以及所有者权益变动的情况,但是单纯从财务报表上的数据还不能直接或全面说明企业的财务状况,特别是不能说明企业经营状况的好坏和经营成果的高低,只有将企业的财务指标与有关的数据进行比较才能说明企业财务状况所处的地位,因此要进行财务报表分析。

做好财务报表分析工作,可以正确评价企业的财务状况、经营成果、现金流量和所有者权益变动情况，揭示企业未来的报酬和风险、企业的发展趋势；可以检查企业预算完成情况，考核经营管理人员的业绩，为建立健全合理的激励机制提供帮助。

财务报表阅读与分析是会计核算的继续与发展，在现今的地位极其重要，这主要体现在以下几个方面。

1. 为企业外部相关利益人进行决策提供依据

随着现代经济的发展，大量新业务不断涌现，业务结构复杂化程度越来越高，为了真实公允地反映经济业务内容，财务信息也日益繁杂，专业化程度日益提高。由于金融市场的发展，企业公众化程度也随之增加，大量的社会公众成为企业股东、债权人等相关利益人，所有外部企业相关利益人的决策都必须以财务信息为基础。通过对财务报表及相关资料所提供的信息进行分析可以为企业的相关利益人进行投资决策、信贷决策、销售决策和宏观经济决策提供依据。

2. 为企业内部业绩考核建立科学的评价机制

企业组织形式的复杂化要求有更加准确合理的内部评价和决策机制，而以往通过利润等一两个指标来判断企业内部管理层业绩的做法已经不能满足需要，财务分析刚好为此提供了一条可行的途径，为企业内部经营管理完善业绩评价机制，为监督和选择经营管理者提供依据。

可见，仅仅获得财务报告中的原始信息，难以满足企业相关利益主体的决策需要，而且也不能完全发挥财务报告的信息传递作用。所以，财务分析的目的就是通过对财务报告以及其他企业相关作息进行综合分析，得出简洁明了的分析结论，从而帮助企业内部管理及外部相关利益人进行决策与评价。

(三) 财务报表分析的主体

财务报表分析的主体实际上就是财务报表的使用人，如前所述，有多种类型，诸如权益投资人、债权人、经理人员、政府机构和其他与企业有利益关系的人士。他们首先对企业财务报表进行分析和评价，然后据此做出合理的经营决策，进行财务控制。不管企业的利益相关者和报表使用者有多少种分类，其中的企业投资者、债权人和经营者始终是基本的使用者。这个观点，从会计基本方程式中可以得到证明。

会计的基本方程式是"资产=负债+所有者权益"，这个方程式，实际上包含三类与企业存在直接利害关系的主体，并体现这三类主体的经济权责关系。其中，负债体现的是债权人的经济权责关系，所有者权益体现的是企业投资者的权责关系，资产体现的是企业经营管理者的权责关系。同时，这个方程式的内涵反映了企业所有权与经营权分离。因为，等式右边的负债与所有者权益，分别代表债权人和投资者对企业资产的求偿权和所有权，而等式左边的资产，则代表企业经营者独立的经营管理权。所有者虽与经营者分离，并且在大多数情况下所有者身处企业外部，并不直接参与企业经营管理，但却与企业之间存在直接的经济利益关系，是当然的企业报表的使用者。经营者虽不拥有资产的所有权，但却拥有资产的独立经营权和控制权，并且债权人和投资者将资产交由经营者经营管理，必然对经营者有所要求，以维护债权人和投资者的权益。要维护其权益，经营者必须妥善经营，有效地使用资产，确保资产的保值与增值。为此，经营者必然也是企业报表的使用者。

债权人、投资者和经营者，是从会计基本方程式中推导出来的三类使用者，并且从这个方程式也只能推导出这三类使用者，这正是把他们作为财务报表分析基本使用者的理由之所在。

二、财务报表分析的内容

财务报表分析的内容是指分析的客体。由于账务报表列报的内容主要是揭示和反映企业开展生产经营活动的过程和结果，包括企业的筹资活动、投资活动、经营活动和财务活动效率等方面。因此，围绕财务报表列报的上述内容，主要阅读和分析的内容如下。

(一) 对财务报表的解读

报表分析首先要建立在解读详尽的基础之上，通过详解财务报表，了解企业开展生产经营活动的过程和结果，再进一步了解该企业的报表是否真实可靠，以全面掌握该企业的真实经营状况。

【课堂活动 2-1】

请依据大众公司的资产负债表、利润表和现金流量表，回答以下问题：

(1) 利润表里的净利润，反映在资产负债表的哪些项目中，是如何计算得出的？

(2) 利润表里的营业收入，反映在现金流量表里的哪些项目中，是如何计算得出的？

归纳：

这个练习是为了让学生体会报表数据之间的钩稽关系。财务报表提供了重要的财务信息，但财务分析并不是直接使用报表上的数据，计算一些比率指标，然后分析得出结论，而是应当先尽力阅读财务报表及附注，明确每个项目数据的含义及编制过程，掌握报表数据的特征和结构，进而对这份财务报告做出质量判断。如前所述，对财务报表的解读可从三个方面切入：质量分析、趋势分析和结构分析。

对报表的解读一般也从这三个方面入手。

(1) 财务报表的质量如何，以此判断企业财务数据的真实性、合理性。可以从两个方面来进行质量判断，一是指报表的编制本身是否合乎法规、准则，表间项目、表与表各项目是否体现内在关联；二是表中数据与企业现实经济状况的吻合程度、不同期间数据的稳定状况、与同行不同企业数据的分布状况等。假设，现金流量表中的"期末现金及现金等价物余额"与资产负债表中的"货币资金"是否相符，如有不符，应有合理的解释；再假设，资产负债表中"应收账款"明显与利润表中主营业务收入及销售费用等不相匹配，应有合理的解释；等等。

【课堂活动 2-2】

请依据大众公司的资产负债表、利润表和现金流量表，做以下计算：

经营活动获得的部分利润占净利润的比重是多少，以此评价大众公司的净利润质量如何。

归纳：

财务报表涵盖了六个会计要素和现金流量状况，所以财务报表分析就要对财务状况质量、经营成果质量、现金流量表质量，表中数据与企业实际经济状况吻合程度、不同期间数据的稳定性、不同企业数据总体的分布等进行研究比对，即账面价值与"实际价值"之间的差异。

(2) 财务报表数据的趋势，是否为正常态势。一般要研究企业多期的财务报表，以某一期间作为基期，计算每期各项目相对基期同一项目的变动情况，观察该项目数据的变化趋势，揭示出各期企业经济行为的性质和发展方向。例如，取某企业 2010 年到 2014 年五年的营业收入数据，以 2010 年的数据作为比较的基数，观察这五年间营业收入的变动状况，是否呈现某种趋势，是无规律变动、大起大落，还是呈上升、发展的态势，或者相反，呈下降、萎缩的态势。

【课堂活动 2-3】

请依据大众公司的资产负债表、利润表和现金流量表，做以下计算：

现金流量表里的经营活动产生的现金流量净额，与上年相比，有没有增长，增长比例是多少，以此评价大众公司获取现金的能力。

归纳：

在多期比较财务报表的情况下，以某一年或某一期间作为基期数据，计算每期各项目相对基期同一项目的变动情况，观察该项目数据的变动趋势，揭示企业经济行为的性质和发展方向。

(3) 财务报表的结构状况，以此初步判断企业的财务能力。这是指财务报表各内容之间的相互关系，可以通过结构分析，整体上了解企业财务状况的组成、利润形成的过程、现金流量的来源，以此评价企业的财务能力。例如，流动资产占总资产的比重，过低是否反映企业当前面临较大的流动性风险，过高是否反映企业对长期资产投入不足，影响企业整体盈利能力等。

【课堂活动 2-4】

请依据大众公司的资产负债表、利润表和现金流量表，做以下计算：

(1) 资产负债表里的负债总额，与资产总额相比，占比是多少？

(2) 现金流量表里的"经营活动现金流量的净额"，占"现金与现金等价物净增加额"的比重是多少？

归纳：

将账务报表中某项目作基准，如资产负债表中的资产总额，利润表中的营业收入，现金流量表中的现金与现金等价物净增加额，将其他项目与其对比，得出占比情况，相关的财务信息。

(二) 对财务比率进行分析

财务比率是指根据表内或表间各项目之间存在的相互关系，计算出的一系列反映企业财务能力的各项指标。财务比率分析是财务报表阅读与分析的中心内容，即根据计算得出的各项指标，结合科学合理的评价标准进行比较分析，以期深入揭示企业的财务问题，客观评价企业的经济活动，预测企业的发展前景。财务比率分析主要包括以下内容。

1. 偿债能力

这个能力关系着企业的财务风险，可以判断企业在融资方案方面，是否有恰到好处的比例或取舍，是否既充分运用了财务杠杆，又能将财务风险掌控在合适的、安全的尺度。例如，企业的流动资产是流动负债的 2 倍，一般会认为该企业的短期偿债能力较强；再如，企业的负债占资产总额的 40%，通常认为该企业的长期偿债能力较强。

【课堂活动 2-5】

请依据大众公司的资产负债表、利润表和现金流量表，做以下计算：

(1) 资产负债表里的流动资产，与流动负债相比，比例是多少？

(2) 资产负债表里的负债总额，与所有者权益总额相比，比例是多少？

归纳：

偿债能力是关系企业财务风险的重要内容，企业使用负债融资，可以获得财务杠杆利益，提高净资产收益率，但同时也会使企业加大财务风险。如果企业陷入财务危机，不能如期偿还债务，企业相关利益人都会受到损害。企业的偿还能力包括长期偿债能力和短期偿债能力，两种偿债能力的衡量指标不同，企业既要关注即将到期的债务，还应当对未来远期债务有一定的规划。另外，企业的偿债能力不仅与企业的偿债结构有关，而且还与企业未来收益能力联系紧密，因此分析时应结合企业其他能力一起分析。

2. 盈利能力

盈利能力是指企业赚取利润的能力，企业存在的目的就是利润最大化，盈利能力是体现企业社会价值的重要方面。同时，盈利能力是考核管理当局业绩的重要指标之一。例如，在正常的市场机制下，企业的毛利率在 20%以上，通常认为该企业主营业务盈利能力较强；再如，企业的净利率在 10%左右，通常认为该企业的盈利能力较强。

【课堂活动 2-6】

请依据大众公司的资产负债表、利润表和现金流量表，做以下计算：

(1) 利润表里的营业收入减去营业成本，这个差与营业收入相比，比例是多少？

(2) 利润表里的净利润与资产负债表里的总资产平均额相比，比例是多少？

归纳：

盈利能力是指企业赚取利润的能力。首先，利润大小直接关系到企业所有相关利益人的利益，企业存在的目的就是最大限度地获利，所以盈利能力分析是财务分析中最重要的一项内容；其次，盈利能力还是评估企业价值的基础，企业价值的大小取决于企业未来获取利润的能力；再次，企业盈利能力指标还可以是评价内部管理层业绩的重要指标。在盈利能力分析中，应当明确企业盈利的主要来源和结构、盈利能力的影响因素、盈利能力的未来可持续状况等。

3. 营运能力

这是反映企业资产运用情况、资产运作效率高低的指标，通过营运能力分析，可以挖掘企业资产潜力，减少资金的占用和积压，使企业可以以较少的投入获得较大的收益。例如，企业的应收账款周转率，既要根据企业的信用政策也要观察周转比率和周转周期，通常收款期越短越好；再如，存货周转天数，也是期限越短越好，应收账款周转期与存货周转期，构成了企业的营业周期，在同行业类似规模企业之间比较，营业周期较短，则表明该企业营运能力较强。

【课堂活动 2-7】

请依据大众公司的资产负债表、利润表和现金流量表，做以下计算：

(1) 利润表里的营业收入，与资产负债表里的应收账款平均额相比，比例是多少？

(2) 利润表里的营业成本，与资产负债表里的存货平均额相比，比例是多少？

归纳：

营运能力是指企业资产运用、循环的效率高低。如果企业资产运用效率高、循环快，则企业可以以较少的投入获取较多的收益，减少资金的占用和积压。营运能力分析不仅关系企业的盈利水平，还反映了企业生产经营、市场营销等方面的情况。通过营运能力分析，可以发现企业资产利用效率的不足，挖掘企业潜力。营运能力分析包括流动资产营运能力分析和总资产营运能力分析。

4. 发展能力

发展的内涵是企业价值的增长，是企业通过自身生产经营逐渐扩大积累而形成的发展潜能。发展的能力不仅体现在规模上，更重要的是企业收益能力的上升，企业净收益的增长。例如，在正常的市场机制下，营业收入增长率逐年递增，表明企业正处在成长阶段，发展势头较好；再如，资本积累率逐年递增，表明企业发展途径正常，企业成长健康，体现了企业的自身价值和社会价值。

【课堂活动 2-8】

请依据大众公司的资产负债表、利润表和现金流量表，做以下计算：

(1) 资产负债表里的本年总资产增长额，与上年资产总额相比，比例是多少？

(2) 利润表里的营业收入增长额，与上年营业收入总额相比，比例是多少？

归纳：

企业的发展内涵是企业的价值的增长，是企业通过自身的生产经营，不断扩大积累而形成的发展潜能。企业发展不仅仅是规模扩大，更重要的是企业收益能力的上升，即净收益的增长。同时企业的发展能力受到企业的经营能力、制度环境、人力资源、分配制度等诸多因素的影响，所以在分析企业的发展能力时，还需要预测这些因素对企业发展的影响程度，将其变为可量化的指标进行表示。总之，对企业发展能力的评价是一个全方位、多角度的评价过程。

对于企业这四个能力方面的评价指标，常用的如表 2-1 所示。

表 2-1 常用的财务比率指标

比率指标名称		计算公式
偿债能力比率	流动比率	流动资产/流动负债
	速动比率	速动资产/流动负债
	现金比率	现金/流动负债
	资产负债率	负债总额/总资产
	产权比率	负债总额/所有者权益总额
	利息保障倍数	(利润总额+利息费用)/利息费用
	……	
盈利能力比率	营业毛利率	(营业收入-营业成本)/营业收入
	营业净利率	净利润/营业收入
	净资产收益率	净利润/平均净资产
	资产报酬率	净利润/平均总资产
	……	
营运能力比率	应收账款周转率	营业收入/应收账款平均余额
	存货周转率	营业成本/存货平均成本
	营业周期	应收账款周转天数+存货周转天数
	流动资产周转率	营业收入/流动资产平均余额
	固定资产周转率	营业收入/固定资产平均余额
	总资产周转率	营业收入/总资产平均余额
	……	
发展能力比率	营业收入增长率	本年营业收入增长额/上年营业收入总额
	资产增长率	本年总资产增长额/年初资产总额
	资本积累率	本年所有者权益增长额/年初所有者权益
	净收益增长率	当年留存收益的增长额/年初净资产
	……	

(三) 财务综合分析

在对以上四个方面进行深入分析的基础上，最后应当对企业给出一个总体的评价结果，通过分析各个能力之间的关系，得出企业整体财务状况及效果的结论。例如，计算企业可持续增长率，要用到营运能力指标、盈利能力指标、偿债能力指标，还要用到财务结构分析，以及企业分配机制。既要考量具体指标，又要进行综合评价。

【课堂活动 2-9】

请依据大众公司的资产负债表、利润表和现金流量表，做以下计算：

(1) 资产负债表里的总资产，与净资产(所有者权益)相比，比例是多少？

(2) 利润表里的净利润，与营业收入净额(主营业务收入净额)相比，比例是多少？

(3) 利润表里的营业收入净额(主营业务收入净额)，与资产负债表里的平均总资产相比，比例是多少?

以上三个计算结果相乘，又可得出一个计算结果。

归纳:

仅凭某个单方面的优劣难以评价一个企业的总体状况，综合分析就是解释各种财务能力之间的相互关系，得出企业整体财务状况及效果的结论，说明企业总体目标的事项情况。具体方法有杜邦分析法和沃尔分析法。

前面的练习就是财务报表综合分析里著名的杜邦财务分析体系，上面的计算，体现了杜邦分析指标:

$$净资产收益率=销售净利率×总资产周转率×权益乘数$$

(四) 财务报表分析运用比率分析法应注意的问题

财务比率分析计算简便，计算结果容易判断，并且可使某些指标在不同规模的企业之间进行比较，甚至在一定程度上能跨越行业间的差别进行比较。但采用这一方法时应注意以下几点。

1. 正确计算比率

计算比率的分子和分母必须具有相关性，并使其可比，建立一定的内在联系。如资产负债表与利润表中的数据存在一些不可比因素，余额与发生额分别表述的是某个时点的数据和某个时段的数据，因此要取余额的平均值，才能进行计算。例如，计算总资产周转率时，总资产这个数据要取该会计期间的平均值。

2. 保证指标的可比性

计算财务比率过程中，要注意对比口径的一致性，才能做出正确评价。例如，当计算固定资产周转率时，应考察企业的固定资产是采用租赁方式还是购置方式，因这类因素对指标的影响很大。

3. 与竞争对手比较

运用比率分析，经常需要选用一定的标准与之对比，如公认标准、预算标准、历史标准、行业标准等。但有时一个多元化公司难以找到一个行业为标准，最好的比较对象就是竞争对手。例如，新希望集团是一个多元化公司，对其财务报告进行分析，比较的对象可以选用正大集团，等等。

4. 注意说明问题的一致性

通过财务比率分析是要了解企业的全貌，因此不应仅仅根据某一比率来做出判断，更不能前后矛盾。在实际运用比率分析时，不能孤立观察某一个指标，必须以指标所揭示的信息为起点，结合其他有关资料及实际情况做深层次探究，才能做出正确判断与评价，更好地为决策服务。例如，当计算企业流动比率时，指标偏离正常值，不能因此就断定该企业短期偿债能力差，应当继续考量该企业的盈利能力指标以及营运能力指标，才能做出较为客观的评价。

三、财务报表分析的原则

财务报表分析是一个复杂的过程。管理者的内部信息对理解会计信息至关重要，管理者对会计的操纵权也可能使会计信息反映的问题与真实经济状况存在差异。一般的外部信息使用者很难掌握内部信息，更无法判断管理者所做的估计和判断的合理性，即使有审计报告予以公正，仍然无法排除其主观成分。这样，一般的外部信息使用者往往无法准确地认识具体企业的业绩状况。而有效地进行财务报表分析能提高分析者对企业业绩和未来前景的认识。

为了让财务报表分析数据真实可靠、分析公开公正、评价客观正确，在财务报表分析中，应遵循以下原则。

(一) 相关性原则

相关性原则又称有用性原则，是指财务报表分析的内容应当与分析的目的相关，要能满足有关各方面了解企业财务状况和经营成果的需要，满足企业加强内部管理的需要。提供的信息应当与信息使用者的需要相关，应有助于信息使用者进行决策，即应当是有用的，应按有关信息使用者的要求提供会计信息，在相关规定的范围内，会计信息使用者需要什么信息就要提供什么信息。

例如，投资者要了解企业盈利能力的信息，以决定是否投资或继续投资；银行等金融机构要了解企业的偿债能力，以决定是否对企业贷款；税务部门要了解企业的盈利及生产经营情况，以决定企业的纳税情况是否合理等。会计对外提供信息，是为了满足有关方面的需要。财务报表分析就要向有关方面提供有用的信息，满足信息需求者的要求。

(二) 可理解性原则

财务报表分析的结果只有能为信息的使用者所理解，才能更好地利用报表分析结果进行科学决策。具体来说，可理解性是指报表分析的结果直观、明确、易于理解，必须考虑到会计信息使用者的理解能力，要求财务报表分析过程中尽量采用通用的方法和计算口径，对行业财务制度中已规定的计算方法和口径，分析人员必须共同遵守。对于未做规定部分，应在探讨和实践的基础上尽可能达成一致做法，对于没有统一计算口径的指标，应注明所采用的分析计算方法，以便于使用者理解和运用。

(三) 定量分析和定性分析相结合原则

任何事物都是质和量的统一体，财务报表分析也不例外。把定性分析和定量分析有机结合起来，可以更好地把握企业的经济形势，有利于提高分析判断的全面性和准确性。

定性分析，主要是揭示现象质的规定性，对财务状况的总体或某个现象的基本特征或基本态势做出判断。比如，对投资活动是过热还是偏冷、财务结构是平衡还是失衡、成本水平是上升还是下降，等等，都必须做出判断，从而确定决策的取向。定性分析是

面向十二五高职高专会计专业规划教材

基础和前提，也是一个过程，通常先是感知现象，运用已有的理论框架和经验，进行逻辑分析和历史比较，对该现象做出大体判断。

定量分析，可以对初步的定性分析结果进行验证和量化，从而形成精确的判断。在这个意义上，定量分析是定性分析的重要支撑。同时，定量分析又有自己独立的功能，主要是可以揭示数据变量和数据关系的"度"，"过"或"不及"都会改变数据变量或数据关系的性质，从而为科学决策提供依据。

做定量分析时，首先，要对数据的质量进行分析判断，特别是对那些容易失真的数据要更加谨慎对待。"假账真算"，计算再精确，结果也难以准确。其次，要科学确定假设前提和参数。一旦假设前提不合理、参数设定不正确，定量分析的结果就可能造成误导。再次，要正确理解和合理使用数据。对一些数量指标，看到它在可以准确反映一个经济社会现象的同时，也可能掩盖其他方面的一些情况和问题。

(四) 客观性、全面性、联系性、发展性相结合原则

客观性、全面性、联系性、发展性相结合原则，是指在财务报表分析时应以实际发生的经济业务为依据，用全面的、联系的、发展的观点看待问题。分析中既要从实际出发，坚持实事求是，客观反映情况，反对不尊重事实、主观臆断、结论先行、搞数字游戏的做法；又要全面看问题，坚持一分为二，反对片面看问题，要兼顾成功经验和失败教训、有利因素与不利因素、主观因素与客观因素、经济问题与技术问题、内部问题与外部问题。既要注重事物的联系，坚持联系地看问题，反对孤立地看问题，注意局部与全局、偿债能力与盈利能力、报酬与风险的关系；又要发展地看问题，反对静止地看问题，注意过去、现在和将来的关系。

四、财务报表分析的依据

财务报告是指企业对外提供的反映企业某一特定日期的财务状况和某一会计期间的经营成果、现金流量等会计信息的文件。其组成包括会计报表及其附注和其他应当在财务会计报告中披露的相关信息和资料，如企业管理分析、定价政策、产业政策等。企业向外传递会计信息的主要途径和资料，是进行财务报表分析的主要依据，主要包括以下两个方面的内容。

1. 财务报告，即"四表一注"

财务报告是指资产负债表、利润表、现金流量表、所有者权益变动表、报表附注。

2. 其他相关资料

其他相关资料，如市场信息，行业信息，定额、计划、统计资料，上市公告，招股说明书等。

五、财务报表分析的程序

为了有效地分析会计信息，就必须建立规范而合理的分析程序，这将使分析工作能

够有序地顺利进行，对分析对象的正确判断，对分析结果做出恰当的评价，有着十分重要的意义。财务报表分析应遵循如下程序。

(一) 确立分析目的，明确分析内容

财务报表分析有全面分析和专题分析，也有以企业经营为中心的分析和以投资决策或贷款决策为中心的分析。各种分析都有其特定目的，明确的分析目的是分析工作的灵魂。分析过程中的各项工作都应当围绕实现分析目的而进行。分析目的确定之后，就应当根据目的确定分析的内容和范围，并明确分析的重点内容，分清主次和难易，并据此制定分析工作方案。工作方案一般包括：分析的目的和内容、分析人员的分工和职责、分析工作的步骤和完成各步骤的标准和时间等。周密的工作方案有利于分析工作的顺利进行。

(二) 收集资料，对资料进行筛选和甄别核实

收集、整理和核实资料是保障分析质量和分析工作顺利进行的基础性程序。一般来说，在分析的技术性工作开始之前就应占有主要资料，切忌资料不全就着手技术性分析。

整理资料是指根据分析的目的和分析人员的分工，将资料进行分类、分组，并做好登记和保管工作，以便使用和提高效率。

核实资料是这道程序的一个重要环节，目的是保证资料的真实、可靠和正确无误。对企业财务会计报告以及其他相关资料要全面审阅，如发现有不正确或不具有可比性之处，应要求改正或剔除、调整。经过注册会计师审计过的财务报表，必须认真审阅注册会计师的审计报告，特别关注审计报告中注册会计师的保留意见、否定意见和拒绝表示意见的三种意见的审计报告。对其他资料也应核实，摸清其真实、可靠程度，并分清有用和无用，对无用的资料或真实、可靠程度低的资料都应当舍弃不用。

(三) 确定分析评价标准

财务分析结论应当通过比较得出，单一的财务指标是难以说明经济实质的，所以确定合理的评价标准就非常重要。分析评价的标准包括经验标准、行业标准、历史标准、目标标准等。不同的标准有不同的优缺点，在进行财务分析时，应当结合分析对象的实际情况进行选择，并注意分析标准自身随着时间、地域等不同而发生的变动，要进行适当的调整，以适应分析对象和分析目的。

(四) 进行财务分析

围绕分析目的，运用恰当的分析方法，参照判断标准，对有关资料进行分析，形成分析结论，提出相关建议，这个环节是财务报表分析的主要工作阶段，也是大量数据计算和分析，形成初步评价意见的阶段。

首先要对资产负债表、利润表、现金流量表，以及会计报表附注进行解读。其中，对资产负债表侧重于分析资产的流动性；对利润表侧重于分析收入与费用的配比及真实

性；对现金流量表侧重于分析企业现金流量的合理性与持久性。在对财务报表的解读过程中，判断企业会计系统是否恰当地反映了真实经济状况的程度。通过对会计灵活性的确认和对会计政策适当性和会计估计合理性的评价，分析人员可以判断会计数据对真实经济状况的"歪曲"程度，并就此对会计数据的"歪曲"部分进行修正，提高下一步利用会计信息进行综合分析得出结论的可靠性。

在上述工作基础上，分析人员应采用各种分析工具对企业综合状况进行分析，包括偿债能力分析、盈利能力分析和营运能力分析，从而对企业的"健康状况"有一个全面的认识。有人认为分析会计信息一般是为了某一个特定的目的，并不需要对企业的全面情况进行分析，而只需要对企业某个侧面进行分析。例如，投资者认为只要企业的收益能力高就行了，信贷人员认为只要企业的现金流动不错，偿债能力较强就可以了。其实这是财务分析的一个相当大的误区。企业是一个整体，不能孤立地看待，而且分析的目的是为了未来决策之用，未来企业这个整体是动态变化的，企业某一方面情况的变化都会迅速影响到其他方面。收益能力的恶化或改善很可能非常迅速，并且马上能影响企业的偿债能力。反之，成长性前景很好的企业也可能因资金周转的困难而影响其生存，影响其成长性的实现。所以，不论分析者的目的如何，首先都需要对企业进行一次"全面体检"，判断一下"体质"如何，然后再根据分析目的的不同进行局部重点分析和深层次分析，否则就会造成"只见树木，不见森林"的现象。

财务报表分析往往针对具体的决策需要。在对企业进行全面了解后，还要根据决策性质的不同，进行有针对性的分析。例如，作为收购与兼并各方，企业的竞争优势及潜在利益、合并后的成本和收益均是分析的重点，这是谈判的重要依据及价格确定的重要参考。此类专题应用分析还有资产重组、债务重组、信用评估等。

(五) 编写并提交财务分析报告

财务分析报告是分析组织和人员，反映企业财务状况和经营成果意见的报告性书面文件。分析报告要对分析目的做出明确回答，评价要客观、全面、准确，要做必要的分析，说明评价的依据，即说明评价是怎么得出来的。对分析的主要内容，选用的分析方法、采用的分析步骤也要做简明扼要的叙述，以备审阅分析报告的人了解整个分析过程。此外，分析报告中还应当包括分析人员针对分析过程中发现的矛盾和问题，提出的改进措施或建议。如果能对今后的发展提出预测性意见，则分析报告就具有更大的作用。

六、财务报表分析的方法

财务分析的主要任务就是发现企业财务中存在的问题并找出问题产生的原因，为解决问题指明方向，而如何解决问题则不属于财务分析的范畴。相应地，财务分析方法也分成两类：一类是发现问题的方法；另一类是探究原因的方法。由于问题都是在相互比较中暴露出来的，所以发现问题的方法就是比较分析法。企业的生产经营管理活动是一个有机的整体，每一个财务数据的形成都要受到若干因素的影响，因此要探究问题产生的原因，就要从这些因素入手，所以探究问题产生的原因的方法统称为因素分析法。

(一) 比较分析法

比较分析法是将分析对象数值与具有可比性的判断标准数值相比较，通过二者之间的差异，找出存在的问题的一种分析方法。

1. 比较分析法的含义

比较分析法是财务报表分析中最常用的一种方法，也是财务分析的起点，是将实际的数值与特定的各种标准数值相比较，从数量上确定二者之间的差异，找出存在的问题，进行差异分析或趋势分析。

2. 比较分析法的基本步骤

1) 计算差异额

$$差异额=分析对象数值-判断标准数值$$

2) 计算差异率

$$差异率=差异额÷判断标准数值×100\%$$

差异额、差异率相互推算：

已知差异率，则

$$差异额=差异率×标准数$$

已知差异额，则

$$差异率=差异额÷标准数×100\%$$

3. 比较分析法的种类

比较分析法主要有水平分析法和垂直分析法两种。

1) 水平分析法

水平分析法，又称趋势分析法、横向比较法，是以本企业的历史数据作为判断标准，与分析对象相比较，观察其增减变动情况及变动幅度，以考察发展趋势、预测发展前景。其又分为定基比较和环比比较两种方式。

(1) 定基比较。定基比较是以某一历史数据作为固定的判断标准，将作为分析对象的各期数值分别与之相比较，计算出一系列反映增减变动的比率，据此观察发展动态，预测未来的发展趋势。

$$定基发展速度=报告期数值÷基期指标值×100\%$$

$$定基增长速度=(报告期数值-基期指标值)÷基期指标值×100\%$$

(2) 环比比较。环比比较是以上一期的历史数据作为判断标准，将作为分析对象的后一期数值与之相比较，计算出反映增减变动的比率，经过如此一系列的比较，据此观察发展动态，预测未来的发展趋势。

$$环比发展速度=报告期数值÷上期指标值×100\%$$

$$环比增长速度=(报告期数值-上期指标值)÷上期指标值×100\%$$

2) 垂直分析法

垂直分析法，又称动态分析法、纵向比较法，是计算财务报表中各项目金额占总额的百分比，反映财务报表中每一项目与其相关总量之间的比重及其变动情况，进而对各项目做出判断和评价。

在这种方法下，每项数据都与一个相关总量对应，并被表示为占这一总量的百分比形式。这种仅有百分比而不表示金额的财务报表称为"共同比财务报表"。编制共同比财务报表，既可用于同一企业不同时期纵向比较，又可用于不同企业之间的比较，同时，这一方法还能消除不同时期、不同企业之间业务规模差异的影响，有利于分析企业的各项指标水平。

通常情况下，资产负债表的共同比报表选用资产总额为总量基数，利润表的共同比报表则以营业收入为总量基数。

需要注意的是，对横向比较和纵向比较有另一种解释：企业自身实际与同行实际相比较，称为横向比较；企业自身实际与历史数据相比较，称为纵向比较。

4. 比较分析法的内容

1) 绝对额比较

绝对额是指具体数据，如总资产、流动资产、固定资产、流动负债、利润总额、净利润等这类财务报表各项目的金额，将其直接进行比较称为绝对额比较。

2) 结构(比重)比较

结构(比重)是指各项数据构成情况，或称该数据相对于某数据所占比重。如对于资产负债表，可以用资产各项目除以资产总额，计算出各项资产占总资产的比重；对于利润表，可以用所有项目除以营业收入，计算出各项目占营业收入的比重。通过结构比较，常常能发现有显著异常的数据，进而发现存在的问题，进一步分析问题的原因，能够指明分析方向，为深入剖析找到突破口，这是一种很有效的分析方法。

3) 比率比较

比率是两个有内在联系的数据相除的结果。财务比率是相对数，排除了规模的影响，使规模不同的企业之间具有可比性。比率分析是财务分析中最重要的分析方法之一。

5. 比较的标准

(1) 公认标准，如流动比率、速动比率等。

(2) 预算标准，如计划、定额、工时、台班等。

(3) 历史标准，如同期水平、历史最高水平、历史平均水平等。

(4) 行业标准，如食品制造业、物流企业、建筑业等。

6. 比较分析法值得注意的方面

作为比较基数，即判断标准，是可变的和可选择的，可以根据分析目的、条件和要求，选择恰当的标准进行比较。可选择的标准有计划标准、基期标准、历史标准、行业标准和其他标准，等等。

【课堂活动 2-10】

某房地产企业本年完成销售额 10 000 万元，为了考核其绩效，现将年初计划指标、上年同期指标、历史最高指标以及同行先进指标列示如表 2-2 所示，将实际完成数据与这些标准做比较，然后对本年度业绩做出评价。

表 2-2　某房地产企业计划指标、上年同期指标、历史最高指标以及同行先进指标　单位：万元

指　标	实　际	计　划	上年同期	历史最高	同行先进
销售额	10000	9 000	8 000	12 000	14 000
定量分析		比计划增减(%)	比上年增减(%)	比历史增减(%)	比同行增减(%)
		+1 000	+2 000	-2 000	-4 000
		+11%	+25%	-16.7%	-28.6%

归纳：

根据四组定量差异数据，可以做出四个定性判断。

(1) 本年超额完成计划目标，多完成 1 000 万元，超计划 11%。

(2) 本年比上年有很大增长，增长额 2 000 万元，增长率 25%。

(3) 但未达到历史最高水平，比历史最高水平少 2 000 万元，差 16.7%。

(4) 距同行先进水平差距更远，相差 4 000 万元，差 28.6%。

综合评价：

根据分析情况，可以肯定本年有成绩，但评价不能过高，既要指出差距，还要挖掘潜力。

(二) 因素分析法

因素分析法是依据分析指标与其影响因素的关系，从数量上确定各因素对分析指标的影响方向和影响程度的一种方法，包括比率因素分解法和差异因素分解法。

1. 比率因素分解法

比率因素分解法是指把一个财务比率分解为若干个影响因素的方法。例如，净资产报酬率可以分解为总资产利润率与权益乘数两个比率的乘积；总资产利润率又可进一步分解为资产周转率与销售利润率两个比率的乘积。

在财务报表分析中，财务比率的分解有着重要意义。财务比率是财务报表分析特有的概念，财务比率分解则是财务报表分析特有的方法。财务分析中，"杜邦分析法"就是比率分解法的代表。可以说，财务报表分析最重要的方法就是比率分析，包括比率的比较和比率的分解。

2. 差异因素分解法

为了了解比较分析中所形成差异的原因，需要使用差异因素分解法。

1) 差异因素分解法的含义

差异因素分解法是在比较分析法的基础上，对于比较过程中发现的差异，进一步探求其形成原因而经常采用的方法。因素分析法的基本方法是连环替代法。

2) 连环替代法的分析程序

连环替代法的分析程序如下。

(1) 确定分析对象及其构成因素。

(2) 根据影响分析对象因素之间的内在联系，建立分析模型。

(3) 以判断标准的各构成因素确立的模型作为计算基础，按因素顺序以实际指标的各

个因素逐次替换判断标准的各个因素。

(4) 将每次替换后所得的结果与前一次的计算结果相比较,两者之差即为某个因素的变动对分析对象差异的影响数。

(5) 综合各个因素影响数之和,即为该分析对象的对比差异数。

3. 采用因素分析法要注意的问题

1) 指标构成因素的相关性

即构成经济指标的因素,必须客观上存在因果关系,要能够反映形成该项指标差异的内在构成原因。

2) 因素替换顺序的规定性

替代因素时,须按照各因素的依存关系,排列成一定的顺序并依次替代,不可随意加以颠倒,否则会得出不同的计算结果。

3) 计算程序的连环性

在计算每一个因素的变动时,都是在前一次计算的基础上进行的,并采用连环比较的方法确定因素变化的影响结果。

4) 计算结果的假定性

在计算各因素变动的影响数时,会因替代计算顺序的不同而有差别,即其计算结果只是在某种假定前提下的结果,使用这一方法不可能使每个因素计算都达到绝对的精确。

【课堂活动 2-11】

某校经管系 2014 年度工商模拟市场实训大赛中,某班销售甲商品的资料如表 2-3 所示,试分析该商品销售利润计划的完成情况。

表 2-3　某班销售甲商品的资料

项　目	赛前计划	赛后实际
商品销售数量(个)	100	80
单位商品售价(元)	200	220
单位商品成本(元)	150	145

归纳:

首先确定计划完成情况:

计划利润: $100 \times (200-150) = 5\,000$(元)

实际利润: $80 \times (220-145) = 6\,000$(元)

超额完成: $6\,000-5\,000 = 1\,000$(元)

销售利润比计划利润超额 1 000 元,显然是由于价格、销量、成本共同作用的结果。需进一步测定各因素对销售利润指标的影响数。

据此,建立相应的分析模型如下:

销售利润=产品销售数量×单位产品售价-产品销售数量×单位产品成本

销售利润=产品销售数量×(单位产品售价-单位产品成本)

分析对象: $6\,000-5\,000 = 1\,000$(元)

计划数: 100×(200-150)=5 000(元)

替换销售量: 80×(200-150)=4 000(元)

销售量变动影响: 4 000-5 000=-1 000(元)

替换成本: 80×(200-150)=4 400(元)

成本变动的影响: (150-145)×80=400(元)

替换价格: 80×(220-145)=6 000(元)

价格变动影响: 6 000-4 400=1 600(元)

合计: -1 000+400+1 600=1 000(元)

分析结果表明,销售利润实际比计划增加了1 000元,其中,在成本和价格不变的情况下,销量减少20个,引起销售利润减少1 000元,在实际销量和计划价格的基础上,单位成本降低5元,由于成本降低使利润增加400元;在实际销量和实际价格的基础上,销售价格提高20元使利润增加1 600元。

七、理想财务报表的运用

企业都希望能拥有一个理想的财务状况、经营成果和现金流量,使之处于良好的循环状态。理想的财务状况、经营成果和现金流量,理应来自行业的平均水平,然后进行必要的推理分析和调整。理想资产负债表如表2-4所示。

表2-4 理想的资产负债表(简表)

项 目	比 例	项 目	比 例
流动资产	60%	负债	40%
速动资产	30%	流动负债	30%
盘存资产	30%	非流动负债	10%
非流动资产	40%	所有者权益	60%
		实收资本	20%
		盈余公积	30%
		未分配利润	10%
资产总计	100%	负债及所有者权益	100%

(一) 理想资产负债表的运用

1. 确定最佳资产负债率

通常认为负债应小于自有资本,这样,企业在经济环境恶化时才能够保持稳定。但是,过小的负债率会使企业失去经济繁荣时获取额外利润的机会,即反映出企业管理当局的经营策略比较保守。一般而言,自有资本占60%,负债占40%,是比较理想的状态。

2. 确定非流动资产占所有者权益的比率

通常情况下,固定资产的数额应小于自有资本,以占自有资本的2/3为好,这种比例关系,可使企业自有资本中有1/3用于流动资产,不至于靠拍卖固定资产来偿债。在固定资产占40%的情况下,流动资产要占60%。

3. 确定流动负债的百分比

一般认为流动比率以 2 为宜，在流动资产占 60%的情况下，流动负债是其 1/2，即占 30%。既然总负债占 40%左右，流动负债已占 30%，则长期负债应占 10%。

4. 确定流动资产内部的结构

由于速动比率以 1 为宜，则速动资产占总资产的比率与流动负债相同，也为 30%。余下的库存资产(主要是存货)也占总资产的 30%，这也符合存货占流动资产的一半的一般规律。

5. 确定所有者权益的构成

所有者权益在资产负债表中共有四项，实收资本(股本)、资本公积、盈余公积和未分配利润，各项目的构成理想指标是，实收资本应小于各项积累，以积累为投入资本的 2 倍为宜。这种比例可以减少分红的压力，使企业有可能重视长远发展，可在股市上树立良好的公司形象。因此，实收资本为股东权益(60%)的 1/3，即 20%，其余 2/3，即 40%为盈余公积和未分配利润。至于盈余公积和未分配利润之间的比例，并非十分重要，因为未分配利润数字经常变化。公积金一般应占总资产的 30%，未分配利润则占总资产的 10%。

(二) 理想利润表的运用

理想的利润表如表 2-5 所示。

表 2-5　理想利润表(简表)

项　目	比　例
一、营业收入	100%
减：营业成本	80%
减：期间费用	10%
二、营业利润	10%
加：营业外净损益	−1%
三、税前利润	9%
减：所得税费用	3.33%
四、净利润	6.67%

1. 假定营业收入为 100%，再确定毛利率

毛利率不宜过低有两个方面的原因，一方面市场激烈竞争可能会导致价格战，使产品售价下跌；另一方面，原材料和人工成本又长期看涨，售价下跌而成本上涨的结果会使企业的生存状况恶化，甚至因而发生亏损。毛利率较高还能容忍不当的管理，使期间费用有回旋的余地。毛利率在 20%以上是企业必须要达到的低限。

2. 在毛利中，约一半为期间费用

在毛利当中可用于期间费用的约占一半，即 10%，余下的 10%为营业利润。

3. 营业外收支占营业收入的 1%

营业外收支净额一般不大，并且通常支出大于收入，即按−1%处理。

4. 所得税率 25%

由于纳税调整等因素，实际缴纳要高一些，据经验，可假定营业利润的三分之一要纳税，即所得税费用占营业收入的 3.33%。

(三) 理想现金流量表的运用

如果把现金比喻为人体的血液，那么经营活动所产生的现金流量就是人体的造血功能，投资活动产生的现金流量就是人体的用血功能，而筹资活动所产生的现金流量就是人体的输血(或输入，或输出)功能。人体要健康，当然必须是造血功能强劲，尽可能少地用血，还能有富余的血液奉献社会。同样地，企业要健康发展和回报投资者，也应该是资金的来源主要取自经营活动产生的现金流量，然后将这些创造于经营活动的现金一部分用于再投资，即 10%用于投资活动，当然，资本性支出越少越好，然后将 30%分配股利给投资者，剩余的 60%留在企业里，继续创造财富。

理想的现金流量表如表 2-6 所示。

表 2-6　理想的现金流量表(简表)

项　目	比　例
经营活动产生的现金流量净额	100%
投资活动产生的现金流量净额	−10%
筹资活动产生的现金流量净额	−30%
现金及现金等价物净增加额	60%

(四) 理想资产负债表、理想利润表与理想现金流量表的结合运用

理想的资产负债表与理想的利润表是通过总资产周转率指标联系起来的，即总资产周转率是将两张表进行紧密联系的比率之一，其计算公式为

$$总资产周转率=营业收入÷平均总资产$$

其含义：1 元的资产能创造多少元的营业收入。

理想的资产负债表与理想的现金流量表是通过财务弹性分析指标联系起来的，即现金流量适合比率是将两张表进行紧密联系的比率之一，其计算公式为

现金流量适合比率=近 5 年经营活动现金净流量÷近 5 年资本支出、存货增加、现金股利之和

其含义：该比率越大，说明资金自给率越高。达到 1 时，说明企业可以用经营活动获取的现金满足企业生产经营扩充所需资金；若小于 1，说明企业是靠外部融资来补充生产经营扩充所需资金，等等，不一而足。这样的指标还有很多，不再赘述。

理想的财务报表相结合，即综合"四表一注"的所有数据，对企业某些活动或事项进行数据计算和评估，能够帮助我们更深入地了解和掌握企业的深层次的问题。

【课堂活动 2-12】

采用定比分析法，以 2010 年作为基期，对甲公司最近 5 年的营业收入情况采用定比分析方法进行分析。

甲公司连续五年营业收入如表2-7所示。

表2-7 甲公司2010年至2014年营业收入额 单位：元

项 目	2010年	2011年	2012年	2013年	2014年
营业收入	236 254	145 929	177 033	221 673	242 100

归纳：

通过上述计算，反映的趋势表明2011年营业收入较2010年猛降，此后逐年恢复，直到三年后到2014年才恢复到2010年水平；应进一步分析致使营业收入下降的主要原因，是否是因2010年营业收入过高而导致基数选择不合理。

通过趋势分析，可看到总趋势，还能精确表明各年的变动程度；注意基数的代表性。

定比分析表如表2-8所示。

表2-8 甲公司2010年至2014年营业收入趋势表(定比)

项 目	2010年	2011年	2012年	2013年	2014年
营业收入(%)	100.00	61.77	74.93	93.83	102.47

【课堂活动2-13】

甲公司连续五年营业收入如表2-9所示，采用环比分析法分析该公司营业收入趋势。

表2-7 甲公司2010年至2014年营业收入额 单位：万元

项 目	2010年	2011年	2012年	2013年	2014年
营业收入	236 254	145 929	177 033	221 673	242 100

归纳：

通过上述计算，反映的趋势表明2011年营业收入较上年下降较多，其余各年较上年均有较大幅度增长，2012年较上年增长21.31%，2013年较2012年增长25.22%，2014年增长幅度略低，但总体处于上升趋势。

环比分析表如表2-10所示。

表2-10 甲公司2010年至2014年营业收入趋势表(环比)

项 目	2010年	2011年	2012年	2013年	2014年
营业收入(%)	100.00	61.77	121.31	125.22	109.21

八、财务报表分析应注意的问题

(一) 重视行业标准

行业标准是以企业所在行业的特定指标作为财务分析对比的标准。在实际工作中，具体的使用方式有多种。行业标准可以是同行业公认的标准，也可以是同行业先进水平或平均水平。通过与行业标准相比较，可以说明企业在行业中所处的地位和水平，有利于揭示本企业与同行业其他企业的差距，也可以用于判断企业的发展趋势。

1. 行业平均财务比率的运用

行业平均财务比率是指运用统计方法计算出的某一特定行业的平均财务比率。在进行企业间分析时，可以直接运用行业平均财务比率作为标准财务比率，与被分析的企业财务比率进行对比，进而对企业的财务状况、经营成果与现金流量做出评价、解释和预测。

1) 行业分析先于报表分析

(1) 行业寿命周期分析：投入期、成长期、成熟期、衰退期，对行业的寿命周期划分可以运用一些行业统计数据，如竞争程度、进入成本等。

(2) 行业竞争程度分析。

行业竞争程度有如下方面，首先是潜在的进入者，这里涉及行业进入障碍程度，如规模经济、产品差别化、资金的需求、转换成本、分销渠道、原材料与技术优势、政府政策等。其次是替代品，有无替代品，是市场占有的重要因素。再次是购买者的议价能力，如客户是大户，如政府采购，其对市场的影响巨大。复次是供应者的议价能力，如供应商的产品是市场紧缺的，则对市场定价起决定因素。最后是行业内部现有竞争者间的抗衡，比如同是零售商，对市场的占有率及覆盖率由于自身的竞争力不同而大相径庭。

2) 行业地位分析

企业在行业地位的分析，主要是来自于市场占有率和市场覆盖率的分析，其次是技术领先度，以及生产规模和管理团队。

(1) 市场占有率和市场覆盖率。其计算公式为

$$市场占有率=(产品销售量/同种产品市场销售总量)\times100\%$$

$$市场覆盖率=(产品行销地区数/同种产品行销地区总数)\times100\%$$

(2) 技术领先度。企业创造了更先进的技术，必然提升行业地位。

(3) 生产规模。企业生产规模越大，表明市场占有率越高，行业地位也越高。

(4) 管理团队。企业管理团队，有其管理风格和管理水平，以及企业文化，都是影响行业地位的重要因素。

总之，行业平均财务比率是财务报表分析最基本的参照系，但现实经济生活中，有些企业行业界限模糊，又有新兴行业不断涌现，金融市场、资本市场的繁荣，都会给企业与行业的界定造成困难，因此，在报表分析时要增加考虑诸如竞争程度、竞争环境、行业地位、技术含量以及管理水平等非财务因素。

2. 运用行业比率应注意的问题

1) 关于财务比率的计算问题

如前所述，要考虑计算口径、可比性以及内在关联等因素。

2) 同行业不同企业可能会选择不同的会计政策

会计准则中规定，企业可以根据自身经营情况，自行选择有关会计政策，如存货发出的计量、固定资产的折旧方式、投资性房地产的计量模式等。在不同的会计政策下，计算比率便会产生差异。

3) 会计年度终结日不同

一般企业采用公历作为会计年度，但一些特殊行业，会有不同长度的会计年度。

4) 同行业不同公司的财务战略、经营战略存在许多差别

不同的战略管理和风险管理，来自于企业管理当局的管理风格，仅仅靠财务比率计算做出评价，不足以反映企业全貌。

5) 行业比率应作为一般性的评判标准

任何方法，都有其局限性，我们在运用行业比率对一家企业的财务状况和经营成果进行评价与分析时，应与其他方法结合使用。

(二) 财务报表分析的局限性

1. 财务报表本身的局限性

1) 历史成本不代表现行成本或变现价值

会计计量的五种属性，大多数企业资产在计量时更多的是采用历史成本，并未考虑时间价值的影响。

2) 通货膨胀率及物价水平变动

会计计量的假设前提是社会物价水平不变，这与现实有较大差异，会影响对企业有关指标计算上的偏差。

3) 谨慎性原则使会计预计损失而不预计收益

在全面收益观念中，企业的收益，不仅仅靠主营业务收入，更多地来自于新兴市场、新兴行业与交易，如股权交易、兼并重组以及金融产品的收益等，这些利得往往金额与影响都非常重大，对企业及市场影响巨大。

4) 会计分期导致只报告短期信息，而不提供长期潜力信息

会计报表提供的是分期的、暂时的信息，也是短期的信息，不能为信息用户提供长期的、发展态势的信息。

2. 比较基础的局限性

1) 同行业比较的局限性

行业平均数只有一般性的指导作用，不一定有代表性，不一定是合理性的标志。

2) 趋势分析的局限性

历史数据代表过去，并不代表合理性；经营环境是变化的。

3) 实际与计划差异分析的局限性

分析中出现差异，不一定是企业某项数据有问题，或许是执行中出了问题，也可能是由于预算不合理造成的。

3. 分析方法的局限性

具有可比性是分析的前提，而方法的运用是以各种条件不变为前提假设的。一旦前提条件变化或已不具备，分析的结果就会与实际背离。

4. 针对局限性采取的措施

针对局限性可以采取以下几个方面的措施。

(1) 去异求同，增强指标的可比性。

(2) 考虑物价变动，考虑资金、时间、价值等。

(3) 综合运用各种指标，发挥分析的总体功能效应。

(4) 不能仅凭一项或几项指标便做结论，应结合社会经济环境及企业具体经营目标综合权衡。

(5) 不能机械地遵循标准，要善于深入剖析异常现象。

【课堂活动2-14】

绘制一张比较利润表。

例如：某公司比较利润表(局部)如表2-11所示。

表2-11　比较利润表(局部)　　　　　　　　　　　　　　　单位：万元

项　目	本期金额	上期金额	变 动 额	变 动 率
一、营业收入	1 200	1 000	200	20%
减：营业成本	1 000	900		
减：营业税金及附加	100	90		
减：……				

归纳：

包含两个会计期间的各项目金额，增加或减少的变动额，以及变动率的报表，称为"比较财务报表"。

【课堂活动2-15】

根据表2-11的数据，绘制一张共同比利润表。

例如：某公司共同比利润表(局部)如表2-12所示。

表2-12　共同比利润表(局部)

项　目	本期金额	上期金额
一、营业收入	100%	100%
减：营业成本	83%	90%
减：营业税金及附加		
减：……		

归纳：

财务报表中包含各项目金额占总额的百分比，反映财务报表中每一项目与其相关总量之间的比重及其变动情况。这种仅有百分比而不表示金额的财务报表称为"共同比财务报表"。

课堂活动示例

2-1

利润表里，净利润为47 857 818元，反映在资产负债表的留存收益的两个项目：盈余公积和未分配利润：

盈余公积本期发生额=47 857 818×10%=4 785 781.8

未分配利润本期发生额=47 857 818×90%=43 072 036.2

盈余公积余额＝期初余额＋本期发生额=9 203 030+4 785 781.8+6 303 517(注)=20 292 329

未分配利润余额=期初余额+本期发生额=53 210 988+43 072 036=96 283 024

(注)6 303 517 系本年度所有者权益变动表中"直接计入所有者权益的利得和损失"反映出直接计入盈余公积的数据。

2-2

利润表里,净利润为 47 857 818 元,现金流量表里,经营活动产生的现金流量净额为 13 490 811,经营活动产生的现金流量净额与净利润的比值:

$$\frac{13\,490\,844}{47\,857\,818}=0.28<1$$

该比值反映该公司的净利润里所含现金,只占到28%,净利润的质量不高。

2-3

现金流量表里,本年经营活动产生的现金流量净额为 13 490 844,上年同期金额为 46 650 948,本年比上年:

增长额: 13 490 844-46 650 948=-33 160 104

增长率: -33 160 104÷46 650 948=-0.71

说明该公司今年由经营活动产生的现金净额,比上年同期少了三分之二之多,其增长趋势是负增长71%,是非常不利好的信息。

2-4

大众公司资产负债表里,负债总额为 230 529 333,资产总额为 643 580 458,则

230 529 333÷643 580 458=0.358 2=35.82%

这个指标反映的是大众公司的权益结构,是著名的资产负债率。

大众公司的现金流量表里,经营活动产生的现金流量净额为 13 490 844,现金与现金等价物净增加额为 119 006 847,则

13 490 844÷119 006 847=0.113 4=11.34%

这个指标反映了该公司经营业务获取现金的能力,只占到 11.34%,看起来比较差,还应结合筹资活动与投资活动,结合上年同期数据,综合做进一步的分析和判断。

2-5

(1) 资产负债表的流动资产与流动负债相比,则有

418 359 069÷229 729 333=1.82

这是流动比率,反映的是短期偿债能力。

(2) 资产负债表的负债总额与所有者权益总额相比,则有

230 529 333÷413 051 126=0.558 1=55.81%

这是产权比率,反映的是长期偿债能力。

2-6

(1) 利润表的营业收入减去营业成本之差，与营业收入之比，则有

(783 027 675-633 224 765)÷783 027 675=0.191 3=19.13%

这是毛利率，反映的是企业不考虑费用仅以成本配比收入，所获利润的空间，是企业的盈利能力指标之一。

(2) 利润表里的净利润与资产负债表里的平均资产总额相比，则有

47 857 818÷(643 580 458+343 748 492)÷2=47 857 818÷493 664 475=0.096 9=9.69%

这是资产报酬率，反映的是企业全部资产获取净利润的能力。这里所用平均资产，是在于利润表反映的某一会计期间的发生额，而资产负债表反映的是某一会计时点(期末)的余额，二者直接计算不具可比性，因此应取平均值。

2-7

(1) 利润表的营业收入与资产负债表的应收账款平均额相比，则有

783 027 675÷(122 254 586+88 686 682)÷2=7.42

这是应收账款周转率，反映的是营运能力。

周转率可以转换为周转天数，其计算为一年 360 天与周转率之比

360÷7.42=48(天)

(2) 利润表的营业成本与资产负债表的存货平均额相比，则有

633 224 765÷(133 372 899+85 244 074)÷2=5.79

这是存货周转率，反映的是营运能力，周转天数则有

360÷5.79=62(天)

2-8

(1) 资产负债表的本年总资产增长额及增长率，则有

增长额：643 580 458-343 748 492=299 831 967

增长率：299 831 967÷343 748 492=0.872 2=87.22%

(2) 利润表的营业收入本年增长额及增长率，则有

增长额：783 027 675-618 087 467=164 940 208

增长率：164 940 208÷618 087 467=0.266 9=26.69%

这是资产增长率和营业收入增长率指标，反映的是企业发展能力。

2-9

(1) 资产负债表的总资产与净资产(所有者权益)相比，则有

643 580 458÷413 051 126=1.56

这是企业的权益乘数。

(2) 利润表的净利润与营业收入净额相比，则有

47 857 818÷783 027 675=0.061 1=6.11%

这是企业的营业净利率。

(3) 利润表的营业收入净额，与资产负债表的平均总资产相比，则有

783 027 675÷(643 580 458+343 748 492)÷2=1.59

这是总资产周转率。

(1)×(2)×(3)=1.56×6.11%×1.59=15.13%

这是净资产收益率，是杜邦分析体系中的综合分析指标。

本 章 小 结

本章是学习的重点。首先，财务报表分析需要解决的一个重要前提，便是财务分析评价标准的选择。财务分析的评价标准如本章所述，主要包括经验标准、历史标准、行业标准、预算标准等。其次，财务报表分析所需利用的信息，除了来自"四表一注"外，还来自年度报告的其他资料，不仅包括财务信息，也包括大量的非财务信息。最后，要重点掌握财务报表分析的方法，如比较分析法、因素分析法、财务比率分析法以及综合分析法，要能够正确掌握各种分析计算。

【导入案例分析】

是的，财务经理的建议不错，不过银行也要做财务分析，他们会对该企业的盈利做出正确的评价。

具体分析应该是这样的：

2013 年：

2013 年收入 3 000 元乘以 5 000 元等于 1 500 万元，2 000 元乘以 5 000 元等于 1 000 万元，外加 300 万元+300 万元，共计 1 600 万元，2013 年亏损额 1 600 万元-1 500 万元=100 万元。

2014 年：

收入 3 000 元乘以 5 000 元等于 1 500 万元，2013 年每台成本 2 000 元，其中生产成本每台 1 200 元，固定生产材料费用为 2 000 元-1 200 元=800 元/台；2014 年生产 15 000 台，生产能力由过去的 1/3 达到 100%，这样总生产成本仍为 600 万元，如被 15 000 台除则每台的生产成本等于 400 元，固定生产材料费用是不变的，即 800 元，所以每台的成本是 1 200 元；2014 年全年的支出项目由 1 200 元乘以 15 000 台等于 1 800 万元，而剩余的 10 000 台除去生产材料固定价值外，已经额外产生的 400 元/台的附加生产价值，即剩余 10 000 台电视附加价值为 400 万元，可视为虚拟固定资产，应作为收入项资金 400 万元。因此 2014 年的盈利情况为：

(1) 销售仍以上年销售价格 3 000 元/台、销售数量 5 000 台为计，销售收入 1 500 万元+附加值 400 万元-支出 1 800 万元(每台生产成本 1 200 元乘以 15 000 台)=1 900 万元-1 800 万元=100 万元。至此，账面已经盈利 100 万元，但是实际收支并未实现盈利，实际存在亏损(1 800 万元-1 500 万元)=300 万元问题。

(2) 在销售 5 000 台的基础上再销售 1 250 台，即 1 250 台乘以 3 000 元等于 375 万元，375 万元-300 万元=75 万元，至此账面实际资金已经实现盈利 75 万元(广告费用未去除)。

(3) 公司采纳了财务经理的建议后，果然如期实现盈利。

分析至此，应进一步评价该公司 2014 年的利润质量。

参考答案：如果仅达到第一层面，即仅维持过去的销量，账面盈利而实际亏损，这个利润质量很差；如果能达到第二层面，即能够扩大销售 1 250 台，这个利润质量就在逐渐转好，达到了扭亏为盈；如果下一年再增销 5 000 台，那下一年的收益将会在 300 万元以上了。但我们要注意的是：盈利的前提是公司可以承受积压 10 000 台电视、3 000 万元资产搁置的风险。

【课后练习】

一、判断题

1. 债权人通常不仅关心企业的偿债能力，还关心企业的获利能力。 （　　）
2. 财务报表的横向分析是对报表同一时间不同项目的分析。 （　　）
3. 会计分期不同，对利润总额不会产生影响。 （　　）
4. 财务报告即外部财务报表。 （　　）
5. 比较财务报表是纵向分析法的运用。 （　　）

二、单项选择题

1. 企业外部财务报表一般不包括（　　）。
  A. 资产负债表   B. 成本报表
  C. 所有者权益变动表   D. 财务报表附注
2. 共同比财务报表是（　　）的一种重要形式。
  A. 纵向分析法   B. 横向分析法
  C. 比率分析法   D. 因素分析法
3. 反映某一主体一定会计期间的经营成果的财务报表是（　　）。
  A. 资产负债表   B. 利润表
  C. 现金流量表   D. 所有者权益变动表
4. 连环替代法属于（　　）中的一种。
  A. 比较分析法   B. 比率分析法
  C. 因素分析法   D. 横向分析法
5. 下列信息中，属于非财务信息的是（　　）。
  A. 利润分配情况   B. 资金增减情况
  C. 生产经营基本状况   D. 资金周转情况
6. 某企业本年和上年的甲产品销售数量分别为 3 000 件和 2 400 件，销售单价分别为 0.45 万元和 0.5 万元，则销售数量变动对销售收入的影响为（　　）。
  A. 300 万元   B. −300 万元
  C. 150 万元   D. −150 万元
7. 上题中，采用连环替代法，销售单价变动对销售收入的影响为（　　）。
  A. 300 万元   B. −300 万元
  C. 150 万元   D. −150 万元
8. 在财务报表分析中，使用多期数据进行比较分析是为了（　　）。
  A. 了解企业财务状况的发展趋势及变化

B. 查明某些特定项目在不同年度的差异

C. 分析企业各项目相对于基期的变化趋势

D. 比较各年所有项目的变化状态

三、多项选择题

1. 企业财务信息的主要使用者有( )。

A. 债权人　　　B. 投资者　　　C. 政府相关部门

D. 潜在投资者　E. 经营者

2. 财务报表分析的基本方法有( )。

A. 比较分析法　B. 本量利分析法　C. 因素分析法

D. 比率分析法　E. 变动成本法

3. 比较分析法的比较标准有( )。

A. 预算标准　　B. 历史标准　　C. 行业先进标准

D. 公认标准　　E. 行业平均标准

4. 在财务报表附注中应披露的会计估计有( )。

A. 现金及现金等价物的确定标准

B. 固定资产折旧及减值准备的计提

C. 坏账准备的提取标准

D. 预计负债的核算方法

E. 企业合并

5. 下列表述正确的有( )。

A. 选取最近两期的数据编制比较财务报表一般做差异分析用

B. 选取数期的数据编制比较财务报表一般做趋势分析用

C. 资产负债表的共同比报表通常采用资产总额为基数

D. 利润表的共同比报表通常采用利润总额为基数

E. 利润表的共同比报表通常采用营业收入为基数

四、计算分析题

1. A公司丙产品的生产成本及产量资料如表2-13所示。

表2-13　丙产品的生产成本及产量资料

项　目	本 年 数	上 年 数
单位成本(元)	8 000	9 000
产品产量(台)	150	120

要求:

(1) 计算本年和上年丙产品生产成本总差异。

(2) 采用连环替代法分解差异并进行简要分析。

2．B公司某年利润表如表2-14所示。

表2-14　B公司某年利润表　　　　　　　　　　　　单位：元

项　目	行　次	本　期　数	上　期　数
一、营业收入	1	1 161 800	1 095 460
减：营业成本	4	870 200	976 470
营业税金及附加	5	30 700	40 300
销售费用	10	35 000	27 300
管理费用	11	91 700	20 300
财务费用(收益以"－"号填列)	14	3 220	22 400
资产减值损失	15		
加：公允价值变动收益(损失以"－"号填列)	16		
投资收益(损失以"－"号填列)	18		30 000
二、营业利润(亏损以"－"号填列)	19	1 30 980	38 690
加：营业外收入	22	20 000	35 000
减：营业外支出	23	11 000	2 000
其中：非流动资产处置损失	25		
三、利润总额(亏损总额以"－"号填列)	27	139 980	71 690
减：所得税费用	28	34 995	17 922
四、净利润(净亏损以"－"号填列)	30	104 985	53 768

要求：

(1) 编制比较利润表并做简要评价。

(2) 编制共同比利润表并做简要评价。

第三章

资产负债表的分析

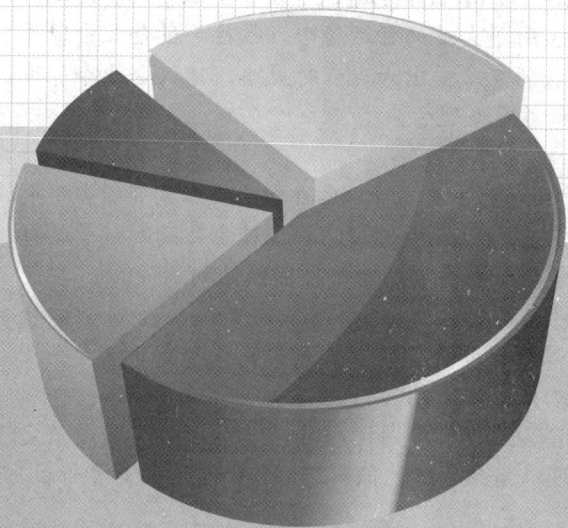

【本章内容】

对大众机械有限公司资产负债表的各大要素进行全面详解；在此基础上，对该张报表进行详尽和全面分析。

【知识目标】

(1) 掌握资产负债表中流动资产、非流动资产、流动负债、非流动负债、所有者权益各大要素。

(2) 熟悉资产负债表的内容和结构，掌握资产负债表的编制方法和阅读技巧，从而整理出有关方面需要的信息。

(3) 资产负债表有组成分析方法、趋势分析方法、融资结构分析方法、偿债能力分析方法、资产营运能力分析方法等。

【技能目标】

(1) 对资产负债表中的资产项目流动资产共 10 项、非流动资产共 17 项、流动负债共 12 项、非流动负债共 9 项、所有者权益共 9 项进行详细解读。

(2) 对大众机械有限公司资产负债表所有项目能够详细解读并分析优劣。

(3) 能够对大众公司资产负债表进行组成分析、趋势分析、融资结构分析、偿债能力分析、资产营运能力分析。

【案件导入】

现金就在资产负债表内

在经济衰退带来信贷紧缩的当儿，古老的谚语"现金为王"似乎更为受用。INSEAD 的两名教授指出，大多数企业并没有认识到他们的现金资源其实比想象的充裕，而且这些现金近在眼前——就在企业的资产负债表内。

凯文·凯瑟(Kevin Kaiser)和戴维·扬(S. David Young)通过对众多企业的调查发现，传统商业模式过多注重企业盈利，却因而占用了大量的营运资金，往往导致企业出现周转问题。他们最近在《哈佛商业评论》发表的文章提出六点应对策略，建议企业冷静审视自己的营运资金管理方式，从企业内部释放更多现金。

1. 不要过于强调盈利

"企业若仅仅注重盈利，将会导致对营运资金管理不善。库存和应收账款可能占用大量现金。"INSEAD 金融学教授凯瑟说，"供应商可能会透过降价诱使企业购入过量的存货，这样的话现金就被这些存货所套，而管理这些存货的费用也会侵蚀利润"。

"应该平衡当中的利弊。"INSEAD 会计与控制学教授戴维·扬补充说，"企业应该权衡由低价买进过量存货省下来的成本与管理这些存货的额外开支究竟孰高孰低。企业也应该时常提醒客户准时付账款，以缩短整体应收账期"。

这会不会惹恼客户呢？戴维·扬接受 INSEAD 智库网访问时说："当然，这需要一定的技巧。这也是一个接近客户的机会。你可以借此了解他们如何运作，与他们商量价位，真正地帮助他们实现目标。"

2. 不要仅凭销售增长来衡量员工的报酬

戴维·扬和凯瑟敦促企业抛弃仅仅按业绩表现奖励员工，以激励他们达到销售目标的传统做法。他们建议公司鼓励销售人员兼顾资产负债状况，帮助公司节省成本和保存营运资金。诚然，这种改变颇为艰巨，因为传统模式通常是以销售额来衡量销售人员报酬的。

戴维·扬和凯瑟表示，"现金收入比销售指标更重要"。他们建议，销售人员应该重新检视以提供长付款期来争取更大订单的做法；相反，他们应该为公司的营运资金管理尽一份力，想方设法缩短客户的付款期限，甚至力争货到付款的售货条件。

他们承认，这样做可能会损失一些客户，但缩短付款期限的好处足以弥补这方面带来的损失。

3. 确保客户愿意承担提高产品质量带来的额外成本

在产品质量上投入太多的时间和资源也会造成企业营运资金吃紧。戴维·扬说："我们当然希望产品质量好，但我们不能忘记公司为提高质量而产生的额外成本应该由客户来承担。如果客户不要求有额外的质量保障，他们就不愿承担额外的成本。这种情况下，公司就不得不自己承担生产周期延长、生产过程库存增加造成的额外成本了，而这些额外成本客户是看不到的。"

凯瑟补充说，"人们有时过于强调细节与完美。比如我们在调查中发现有一家意大利食品公司，他们声称公司的其中一项产品如果存放一年质量效果会更好。然而他们做的市场调查显示，客户根本感觉不到其中的差别，当然也就不愿承担此产品存放一年带来的额外成本"。

4. 处理应收账和应付账态度迥异

还有一点需要注意的是应收账款与应付账款的关系：即公司应付供应商的账款与公司应从客户那里收取的账款。在经济低迷时期，对待这两种账款的态度应该迥异。供应商向你提供生产所需的原材料，而客户则可以投向你的竞争对手。因此，孰重孰轻，要懂得权衡当中的利弊。

美国汽车产业就是一个很好的例子。"配件供应商比汽车公司更禁不起经济衰退的打击。汽车公司在竞争及市场低迷的双重压力下，压低供应商价格，最终把他们逼到破产境地。""与此同时，通用汽车宣告破产，因为汽车用户不愿承担通用产品的额外成本费用。"

5. 提防定标比超的弊端

每个人都需要一把丈量尺，但在泡沫经济的年代，很多公司一般采用一套简单的衡量尺度来评估其业绩。凯瑟和戴维·扬指出，这套丈量尺度在过去不够完善，如今更凸显不足。定标比超其实是很危险的，它可能给公司带来错觉，认为自己做得不错，殊不知，竞争对手已经赶超在前。

"通常比较基准只是一个平均数指标，如果过于注重定标比超，公司可能陷入坐井观天的局面，"戴维·扬称，"过于关注定标比超可能使公司无暇深入了解产业价值链，从而错失商机。通用汽车公司和美国汽车产业就是受累于此。丰田汽车则不然，他们不拿自己的表现与竞争对手对标，反之，他们创造了一种'不断完善'的自我检定标准，业务表现日趋完善，最终超越同行。"

6. 切忌盲目追求流动比率与速动比率

银行在评估借贷客户的信誉时，常常以流动比率和速动比率等作为考量指标，据以衡量借贷客户未来的还款能力。

"银行希望看到公司的资产对负债比率维持在高水准。这意味着公司库存多，应收账款大而负债少，那么万一公司无法偿还贷款，银行即可变现公司资产。"凯瑟说。

"我们称之为'死亡陷阱'，"戴维·扬补充说，"如果公司本来在30天后才需要向供应商支付一笔贷款却选择提早在10天内支付，如果公司买进价格较低的庞大库存而又给予客户较长的付款期，这些做法虽然提高了流动比率与速动比率，但最终将危及公司的生存。"

凯瑟和戴维·扬指出，以上六点策略要求企业重新审视其管理方式，甚至牺牲一定的利润。但在当今的经济环境下，企业的生存之道在于其创造性思维及团队合作精神。

"仅依据数字指标来激励员工不再奏效，"戴维·扬说，"更好的办法是利润的分享。"

凯瑟表示："销售目标固然重要，但不应该是奖励员工的唯一指标，因为那可能造成一些危及整体管理、不利于企业整体利益的行为。公司必须审时度势，灵活应变。否则，势必被淘汰出局。"

第一节　阅读资产负债表

一、详细解读资产负债表

理解财务报表是学会财务报表分析的前提，前面我们已经学习了编制财务报表，但面对某个企业的一张资产负债表，它到底反映了这个企业怎样的财务状况，这张表的质量到底如何，企业的经营质量到底如何，这是在财务分析实际工作中需要解决的首要问题。也就是说，要换一个角度或立场思考问题，要形成一个批判者的思维去观察、去审视、去体会、去分析。因此，对一张财务报表进行分析，首先就是要详细解读它。

资产负债表是财务报表分析的基本资料之一，该表反映了企业在某一个特定时间点所拥有的或所控制的经济资源及其分布情况，通过该表，可以了解企业的生产能力、偿债能力和资产的流动性，了解企业的财务状况和资金构成等。只有全面详细地解读资产负债表，才能对其进行全面深入的分析。

【课堂活动 3-1】

主题：阅读大众机械有限公司资产负债表

活动形式：

(1) 个人独立完成的内容：通读大众机械有限公司资产负债表，绘制比较资产负债表，1 个课时。

(2) 以小组形式完成的内容：讨论大众机械有限公司资产负债表，初步得出该表反映出的财务状况如何，有何问题，1 个课时。

(3) 以全体形式完成的内容：推选 6 名发言人，向全体汇报演讲，对该资产负债表的详解，2 个课时。

活动内容及要求：

1. 绘制工作底稿

画出大众机械有限公司比较资产负债表，即：计算出各项本年度的发生额，在表后加"增长额"列，将计算结果填入；计算出各项本年度的增长率，在表后加"增长率"列，将计算结果填入。

2. 详解

(1) 逐项分析表中的各项内容，并了解各项数据来自于哪些账户。

(2) 以速读和讨论相结合的形式完成对表中各项目的阅读；完成对该公司资产负债表的解读。

(3) 汇报演讲分为若干专题，演讲后回答问题，汇报演讲专题如下：

① 整体综述该表及所包括的各大要素；

② 流动资产及所包括的各项；

③ 非流动资产及所包括的各项；

④ 流动负债及所包括的各项；

⑤ 非流动负债及所包括的各项；

⑥ 所有者权益及所包括的各项。

3. 演讲细则

(1) 演讲者要准备报表分析详案，制作 PPT。

(2) A 专题。

先综述后详述：概述该份资产负债表的三大会计要素关系、比重；财务结构反映企业类型；数据是否合理、是否稳定；财务质量怎样；企业发展趋势怎样；等等。

(3) B、C、D、E、F 专题。

第一，熟练说出该表各项数据来自哪些会计科目、包含哪些详细内容；

第二，该项目的存在对企业有何意义；

第三，这项数据所占比重大还是小，有利还是不利；

第四，这项数据的增加或减少，有利还是不利；

第五，本数据反映的情况，说明有何潜在问题或潜在趋势；

第六，该数据反映的情况，说明企业是健康发展还是不健康发展；等等。

(4) 演讲时间：10 ~ 15 分钟。

二、归纳资产负债表的项目解读

根据学生的汇报演讲，做资产负债表详细归纳及补充。

(一) 流动资产项目阅读

1. 货币资金项目

货币资金项目是处于货币状态的那部分资产，它是企业流动性最强的资产，对其加强控制和管理，对于保障企业资产的安全具有极其重要的意义。货币资金具有流动性极强、收支频繁、营利性较低等特点。企业持有货币资金的动机主要是：交易动机、预防动机和投机动机。

货币资金并不是多多益善，如果货币资金过多，则意味着企业资金运作效率较低。实务中，人们常常把那些因为不善于理财和找不到很好的投资机会而拿着很多钱不知道该怎么花的企业称为"现金牛"，道理就在于此。货币资金本身意味着机会成本。企业应当根据自身需求，确定一个最佳货币资金持有量，以合理调度货币资金余缺，避免货币资金过多或过少给企业造成的不良后果。

企业持有货币资金规模过小，意味着企业获取现金能力较差，偿债能力和支付能力存在较大风险；过高则可能意味着企业正在丧失潜在的投资机会。在资产负债表中，货币资金的核算范围包括库存现金、银行存款和其他货币资金。

在资产负债表中列示时，本项目应根据"库存现金""银行存款""其他货币资金"账户期末余额的合计数填列。

解读内容：

(1) 该项目构成：如上所述的三部分。

(2) 年初数和年末数比较。

(3) 数字的变化：增加或减少，意味着什么。站在不同的角度，会产生不同的评价。比如债权人、投资人、企业管理当局、雇员等。

注意方面：

(1) 货币资金的规模及变动的原因，如销售扩大或缩小、信用政策变动、大笔支出提前准备等。

(2) 货币资金结构及其变化是否合理，如资产规模与业务量、筹资能力、运用货币资金能力、行业特点等。

(3) 企业是否存在歪曲现金余额的现象。

2. 交易性金融资产项目

交易性金融资产(Held for Trading Financial Assets)是指企业为了近期内出售而持有的债券投资、股票投资和基金投资。如以赚取差价为目的从二级市场购买的股票、债券、基金等。

交易性金融资产是以公允价值计量且其变动计入当期损益的，主要为交易目的而持有的股票、债券、基金等。对于非金融机构而言，交易性金融资产只能是微不足道的"副业"，而且最好是"辅业"，即辅助现金资产，用于调剂货币资金余缺，在保持流动性的前提下，获取一定的收益，避免资金闲置而给企业带来的机会损失。

解读内容：

(1) 项目构成、项目内容。

(2) 反映流动资金短期投向、变现能力、偿债能力。

(3) 年初数与年末数变化，分析流动资金构成。

注意方面：

(1) 规模是否适度，持有该资产的目的是通过有价证券获得额外收益，并能随时转换为现金，故规模不能过大。

(2) 业绩是否较好，即同时关注利润表里的"公允价值变动损益"和同期的"投资收益"，是"正"还是"负"。

(3) 是否有人为调节，如果同样的证券年复一年的列示为此项资产，值得怀疑。

3. 应收票据项目

应收票据是指企业持有的、尚未到期兑现的商业汇票，包括银行承兑汇票和商业承兑汇票两种形式。应收票据是一种载有一定付款日期、付款地点、付款金额和付款人的无条件支付的流通证券，也是一种可以由持票人自由转让给他人的债权凭证。与一般的应收款项相比，应收票据的流动性和安全性更强，更容易在市场上流通转让，供货方比较容易接受。有鉴于此，在过去，应收票据一般不考虑坏账风险，而是按照其原值反映，但其毕竟也是一种商业信用，依然存在着风险，因此根据新准则的规定，应收票据也要根据实际情况计提坏账准备，并按照扣除坏账准备后的净额列示。

在资产负债表中列示时，本项目应根据"应收票据"账户的期末余额，减去"坏账准备"账户中有关应收票据计提的坏账准备期末余额后的金额填列。

解读内容：

(1) 项目构成和内容，以及性质。

(2) 增加：赊销产生、收益未发生、降低资金周转速度；减少：资金收回、转入应收账款、贴现。

注意方面：

(1) 转入应收账款表明资金仍未回笼。

(2) 贴现应加以关注，票据贴现具有追索权，对企业而言，已贴现的商业汇票就是一种或有负债。

(3) 结合报表附注，了解贴现的票据，以判断企业将来的偿债能力。

4. 应收账款项目

应收账款(Receivables)是指企业在正常的经营过程中因销售商品、产品、提供劳务等业务，应向购买单位收取的款项，包括应由购买单位或接受劳务单位负担的税金、代购买方垫付的各种运杂费等。

在正常情况下，这种账款在一年内应该能够收回，因此一般归属于流动资产。但在现实经济生活当中，企业可能因为信用危机导致应收账款长期被占压而迟迟收不回来。为了体现应收账款的真实价值，应当估计其坏账损失，按照商业信用金额扣除所计提的坏账准备的净额列示。应收账款分析应与销售额分析、现金流分析联系起来。应收账款的起点是销售，终点是现金。正常的情况是销售增加引起应收账款增加，现金的存量和经营现金流量也会随之增加。如果一个企业应收账款日益增加，而销售和现金日益减少，则表示企业的营销政策可能已经出现问题，甚至变得比较可疑，有虚构收入、操纵利润的嫌疑。

在资产负债表中列示时，本项目应根据"应收账款"和"预收账款"账户所属各明细账户的期末借方余额合计数，减去"坏账准备"账户中有关应收账款计提的坏账准备期末余额后的金额填列。若"应收账款"账户所属明细账户期末有贷方余额的，应在资产负债表"预收账款"项目内填列。

解读内容：

(1) 项目构成及性质，一项债权，赊销而产生。

(2) 增加：销售收入增加，资金未增加，或资金流转障碍。减少：资金回笼，或坏账，或抵偿其他债务。

(3) 该项目金额应予以控制。

注意方面：

(1) 应收账款规模，与主营业务收入、行业特点、企业信用政策相关。

(2) 应收账款质量，即转化为现金的能力，账龄越长，坏账的可能性就越大，因此要关注债务人分布、是否长期挂账、关联方交易所占比重等。

(3) 坏账准备政策的影响，计提方法和计提比率是否恰当。

5. 预付账款项目

预付账款是指企业按照购货合同的规定，预先支付给卖方的款项。在日常核算中，有的企业由于主客观等原因，错用该科目或利用该科目隐瞒利润、推迟纳税等，对预付账款管理不善，从而影响了企业财务信息的真实性。

预付账款同样属于流动资产。预付账款作为企业的一笔债权，它所对应的通常并不是现金流入，而是为了获得货物或劳务供应，因此其在性质上并不属于货币性资产。预付账款如果较多，通常意味着企业为了稳定货源等而进行了一笔资金垫支。预付账款同样存在债权性风险，企业应当根据市场经济环境等考虑计提坏账准备，并按照其价值净额予以列示。

在资产负债表中列示时，本项目应根据"预付账款"和"应付账款"账户所属各明细账户的期末借方余额合计数，减去"坏账准备"账户中有关预付账款计提的坏账准备期末余额后的金额填列。若"预付账款"账户所属各明细账户期末有贷方余额的，应在资产负债表"应付账款"项目内填列。

解读内容：

(1) 项目构成，先付款后购货，稀缺或紧俏商品，一般变动不大，变现较差。

(2) 数额控制，增加：债权增加；减少：资金回笼。

注意方面：

(1) 预付账款项目，该事项市场供求状况。

(2) 规模是否合适。

(3) 不正常地偏大，则是否有转移资金、抽逃资金问题。

6. 应收利息项目

应收利息是指债券投资实际支付的价款中包含的已到付息期但尚未领取的债券利息。这部分应收利息不计入债券投资初始投资成本中。但实际支付的价款中包含尚未到期的债券利息，则计入债券投资初始投资成本中不需要单独核算的部分。

在资产负债表中列示时，本项目应根据"应收利息"账户的期末余额，减去"坏账准备"账户中有关应收利息计提的坏账准备期末余额后的金额填列。

解读内容：

(1) 项目内容：对外投资，由长期投资和短期投资形成，可回收性强，变现性高。

(2) 少比多好，多则虚增利息收入。

7. 其他应收款项目

其他应收款是企业应收款项的另一重要组成部分。其他应收款是指除买入返售金融资产、应收票据、应收账款、预付账款、应收股利、应收利息、应收代位追偿款、应收分保账款、应收分保合同其他应收款准备金、长期应收款等以外的其他各种应收及暂付款项。比如，企业与下属部门职工之间的各种垫付款项、备用金、内部往来项目及应收赔款、存出保证金等。本项目按照实际可能收到的相关价值金额反映，同时也应扣除相应的坏账准备。其他应收款金额如果过大，多属不正常现象，需要警惕企业变相的资金拆借行为，此时应当深入了解相应资金的安全性。

在资产负债表中列示时，本项目应根据"其他应收款"账户的期末余额，减去"坏账准备"账户中有关其他应收款计提的坏账准备期末余额后的金额填列。

解读内容：

(1) 项目性质：非购销活动产生的短期债权。

(2) 金额较小。

注意方面：

(1) 一般不会太多。

(2) 长期大量存在，则可能是关联方，特别是母公司非正常挪用资金、侵占资金、转移销售收入、偷逃税款等。

(3) 配合关注和分析来自关联方的应收账款。

8. 存货项目

存货是指企业在日常活动中持有以备出售的产成品或商品、处在生产过程中的在产品、在生产过程或提供劳务过程中耗用的材料、物料等。存货区别于固定资产等非流动资产的最基本的特征是，企业持有存货的最终目的是为了出售，不论是可供直接销售，如企业的产成品、商品等；还是需经过进一步加工后才能出售，如原材料等。

在资产负债表上，存货按照成本与可变现净值孰低计价。成本指的是取得存货的历史成本；可变现净值是指在日常活动中，存货估计售价减去至完工(主要是指原材料存货)时估计将要发生的成本、估计的销售费用以及相关税费后的金额。存货的这种计价方式主要是为了避免存货价值虚增，体现了稳健性原则。存货金额的大小应当采用辩证的观点来看，通常而言，在"适时制"和"零存货"等新的管理理念下，存货意味着较大的成本负担，而且也会给人造成"积压滞销"之嫌，但这也不排除企业在特殊情况下，为了"囤积居奇"或战略性目的而持有大量存货。

在资产负债表中列示时，本项目应根据"材料采购""原材料""低值易耗品""库存商品""周转材料""委托加工物资""委托代销商品""生产成本"等账户的期末余额合计，减去"受托代销商品款""存货跌价准备"账户期末余额后的金额填列。材料采用计划成本核算和库存商品采用计划成本核算或售价核算的企业，应按加上或减去材料成本差异、商品进销差价后的金额填列，还应当加(超支差异)减(节约差异)材料成本差异。

解读内容：

(1) 项目性质：实物资产、流动资产。

(2) 增加：滞销或积压，资金不能迅速回笼；减少：面临缺货危险。

注意方面：

(1) 存货内容与构成，其与市场状况、产业链关系、存货本身的技术层次。

(2) 存货计价，不同的计价，会使当期发生的存货、产生不同的成本，导致当期利润及资产的不同。

(3) 存货周转情况，销售是否有季节性、不同发出存货的计价、存货类别构成等因素。

(4) 存货跌价准备，可变现净值确定合理性、期末存货数量、存货用途划分等。

【知识链接 3-1】

不同存货计价方法对资产负债表和利润表的影响如表3-1所示。

表 3-1　不同存货计价方法对资产负债表和利润表的影响

项　目	对资产负债表的影响	对利润表的影响
先进先出法	存货价值基本得到反映	收益被高估
加权平均法	存货价值略被低估	收益略被低估
个别计价法	存货价值得到真实反映	收益得到真实反映

9. 一年内到期的非流动资产项目

一年内到期的非流动资产反映企业将于一年内到期的非流动资产项目金额。它包括一年内到期的持有至到期投资、长期待摊费用和一年内可收回的长期应收款。

在资产负债表中列示时，本项目应根据有关账户的期末余额填列。

解读内容：

(1) 项目内容：年内收回的长期债权投资。

(2) 增加：资金投向及回笼情况。

注意方面：

结合持有至到期投资和可供出售金融资产进行解读，分析投资资金投向及回笼情况。

10. 流动资产合计项目

解读内容：

(1) 流动资产规模。

(2) 流动资产在总资产中的比率。

(3) 增加：经营成果。

【知识链接 3-2】

补充在资产负债表分析中经常用到的两个概念如下。

1. 速动资产

速动资产包括货币资金、交易性金融资产、应收账款、其他应收款等，也即是流动资产扣除存货等变现能力较差的资产后的差额。

计算公式一：速动资产=货币资金+交易性金融资产+应收票据+应收账款

计算公式二：速动资产=流动资产-存货-待摊费用等

2. 盘存资产(存货)

盘存资产指的就是存货，是企业在正常生产经营活动中持有以备耗用或出售的，或者为了出售而正处于生产过程中的各类物资。

(二) 非流动资产项目阅读

1. 可供出售金融资产项目

可供出售金融资产通常是指企业初始确认时即被指定为可供出售的非衍生金融资产，以及没有划分为以公允价值计量且其变动计入当期损益的金融资产、持有至到期投资、贷款和应收款项的金融资产。比如，企业购入的在活跃市场上有报价的股票、债券和基金等，没有划分为以公允价值计量且其变动计入当期损益的金融资产或持有至到期投资等金融资产的，可归为此类。

在会计实务当中，可供出售金融资产通常是持有期限不能确定、持有意图不够明显的非流动资产。

在资产负债表中列示时，本项目应根据"可供出售金融资产"账户的期末余额，减去"可供出售金融资产减值准备"账户期末余额后的金额填列。

解读内容：

(1) 项目内容、项目特点：变现较强。

(2) 能够提高长期偿债能力。

注意方面：

(1) 分类是否恰当。

(2) 会计处理是否正确。

(3) 是否有粉饰业绩，如将升值的金融资产划分至交易性金融资产，将贬值的金融资产划分至可供出售的金融资产。

2. 长期应收款项目

"长期应收款"项目是指企业融资租赁产生的应收款项、采用递延方式具有融资性质的销售商品和提供劳务等产生的长期应收款项等。对于可能发生的坏账损失，企业应当予以扣除。长期应收款对于一般企业并不多见，在进行财务分析时应仔细探究那些名义上的长期应收款项目是否在实质上构成对其他单位的一种变相投资和资金占用。例如，在我国，很多企业将拨付给下属独立核算的分公司的长期资金列入长期应收款，但并没有明确的回收期限，其在实质上已经相当于长期股权投资。

在资产负债表中列示时，本项目应根据"长期应收款"账户期末余额，减去相应的"未实现融资收益"账户和"坏账准备"账户所属相关明细账户期末余额后的金额填列。

解读内容：

(1) 项目内容：融资租赁、融资性质销售和提供劳务。

(2) 增加：影响资金流转，不宜过多。

3. 持有至到期投资项目

持有至到期投资是指到期日固定、回收金额固定或可确定，并且企业有明确意图和能力持有至到期的非衍生金融资产。可见，被确认为持有至到期投资的项目具备苛刻的条件，并且这些条件缺一不可。持有至到期投资属于金融工具范畴，但与按照公允价值计量的交易性金融资产和可供出售的金融资产不同，在资产负债表中，持有至到期投资按照摊余成本计量。所谓"摊余成本"，是指其初始确认金额扣除已偿还本金，加上或减去相关累计摊销额并扣除已发生的减值损失后的金额。

在资产负债表中列示时，本项目应根据"持有至到期投资"账户的期末余额，减去一年内到期部分的余额，再减去"持有至到期投资减值准备"账户期末余额后的金额填列。

解读内容：

(1) 项目内容和性质，定期收取利息获取长期稳定的收益。

(2) 到期收回本金，则投资风险较小。

注意方面：

(1) 对债权相关条款的履约行为进行分析，能否付息及还本。

(2) 分析债务人的偿债能力。

(3) 持有期内投资收益的确认。

4. 长期股权投资项目

长期股权投资主要是指企业持有的对子公司、合营企业、联营企业的投资。对于企业持有的对被投资单位不具有控制、共同控制或重大影响，并且在活跃市场中没有报价、公允价值不能可靠计量的权益性投资，也被纳入"长期股权投资"项目反映。在财务会计中，投资是指企业为了获得收益或实现资本增值向被投资单位投放资金的经济行为。这与一般经济生活当中的投资用语不同，长期投资强调的是一个对外投资的问题，如果投资出去以后投资企业成为被投资单位的股东，这样的投资一般被称为股权投资。在日常会计核算中，长期股权投资是一个比较复杂的问题，反映到资产负债表中，该项目的金额代表的含义也比较混乱。比如，它可能反映的是原始投资额(成本法)，也可能反映的是随着被投资单位净资产公允价值的变动而按照持股比例予以调整后的金额(权益法)，有时也可能反映的是所拥有的被投资方账面净资产的份额(同一控制下企业合并形成的长期股权投资)，等等，建议会计报表使用者能够结合附注信息对长期股权投资项目予以分析。

在资产负债表中列示时，本项目应根据"长期股权投资"账户期末余额，减去"长期股权投资减值准备"账户期末余额后的金额填列。

解读内容：

(1) 项目内容及性质，关注初始计量、后续计量及投资收益的核算方法。

(2) 增加：反映企业实力，且资金充足；过多，则可能导致自身发展潜力缺乏。

注意方面：

(1) 营利性分析，投资方向影响——与被投资方同向增长，或者与被投资方互补。

(2) 年度内的重大变化，如新增、收回、转让。

(3) 非货币性投资，可能实施资产重组战略。

(4) 投资收益确认方法的影响，如权益法下投资收益的确认将会产生资产"泡沫"。

(5) 变现性分析，如长期股权投资减值准备计提的情况。

5. 投资性房地产项目

投资性房地产是指企业为赚取租金或资本增值，或者两者兼有而持有的房地产。其范围包括已出租的土地使用权、持有准备增值后转让的土地使用权和已出租的建筑物等。需要注意的是，房地产开发企业开发的商品房并不是投资性房地产，而是该企业的存货。

在会计核算中，投资性房地产有两种后续计量模式：成本模式和公允价值。采用公允价值计量模式，需要同时满足以下两个条件：一是投资性房地产所在地有活跃的房地产交易市场；二是企业能够从房地产交易市场上取得同类或类似房地产的市场价格及其他相关信息，从而对投资性房地产的公允价值做出科学合理的估计。该适用条件是比较苛刻的，一般在大中城市城区中的房地产才适用于采用公允价值计量模式，而且一个企业所有的房地产只能选用一种模式计量，不能两种模式同时并用。因此，在资产负债表上，投资性房地产一般是按照成本(减去累计折旧和减值损失)计量的，允许采用公允价值计量投资性房地产，往往涉及企业损益的变化，需要通过附注信息对此予以合理关注。

企业采用成本模式计量投资性房地产的，在资产负债表中列示时，本项目应根据"投资性房地产"账户期末余额，减去"投资性房地产累计折旧(摊销)"和"投资性房地产减值准备"账户期末余额后的金额填列。

解读内容：

(1) 项目内容和性质，实质上属于让渡资产使用权的经济行为。

(2) 增加：——行业景气时，超额回报；

　　　　　——行业不景气时，长期套牢。

注意方面：

(1) 该项资产的分类是否正确。

(2) 计量模式的采用是否正确。

(3) 公允价值模式没有税盾作用，大多企业不会采用，但不排除有企业运用公允价值调节业绩。

6. 固定资产项目

固定资产是指企业为生产商品、提供劳务、出租或经营管理而持有的，使用寿命超过一个会计年度的有形资产。固定资产是企业经营规模大小的标志，是企业最重要的生产力要素之一，是企业经济效益和竞争力的源泉。在资产负债表上，固定资产按照固定资产原值减去累计折旧和固定资产减值准备后的净额列示。累计折旧计提有很多种方法，企业通常基于税收方面的考虑而选用不同的折旧方法，对于由此导致的固定资产账面价值的变化，会计报表使用者需要结合附注信息予以分析，必要时可以还原固定资产的原始价值，以便考核企业的经营实力，正确评估固定资产的整体运行情况，对其使用效率和综合竞争力水平予以全面而公允的评价。

在资产负债表中列示时，本项目应根据"固定资产"账户期末余额，减去"累计折旧"和"固定资产减值准备"账户期末余额后的金额填列。

解读内容：

(1) 项目内容与性质。

(2) 增加：扩大经营规模；减少：转产、减小规模。

注意方面：

(1) 取得方式及财务状况，购建、接受投资、融资租入。

(2) 分布和配置是否合理，生产用、非生产用等。

(3) 规模是否合理，并非越大越好。

(4) 原值年内的变化情况。

(5) 变现能力状况，如有增值潜力和无增值潜力的固定资产，变现能力完全不同。

(6) 盈利能力状况，如生产能力、先进程度、工艺水平等。

(7) 与其他资产组合的盈利能力状况，如与无形资产的组合等。

7. 在建工程项目

"在建工程"项目反映企业期末各项未完工程的实际支出，包括交付安装的设备价值、未完建筑安装工程已经耗用的材料、物资和费用支出、预付出包工程的价款等的可收回金额。

在资产负债表中列示时，本项目应根据"在建工程"账户期末余额，减去"在建工程减值准备"账户期末余额后的金额填列。

解读内容：

(1) 项目内容：各项基础设施建设的资金，金额巨大。

(2) 变动大小不能以金额来衡量，是否合理规划。

注意方面：

(1) 借款费用资本化。

(2) 固定资产投资变动率，在建工程本质上是正在形成的固定资产，占用的资金属于长期资金，会使大量流动资金沉淀，关注其工期长短及与固定资产项目关系。

8. 工程物资项目

"工程物资"项目是指企业尚未使用的各项工程物资的实际成本。工程物资是为了购建固定资产而专门购入的，不能包括在存货项目中。

在资产负债表中列示时，本项目应根据"工程物资"账户期末余额填列。虽然工程物资和原材料在形态上具有相似之处，但工程物资还不具备固定资产的形态，所以不能为企业的生产和管理服务。

解读内容：

(1) 项目内容。

(2) 应结合在建工程项目分析。

9. 固定资产清理项目

"固定资产清理"项目是指企业因出售、毁损、报废等原因转入清理但尚未清理完毕的固定资产的净值，以及固定资产清理过程中所产生的清理费用和变价收入等各项金额的差额。

在资产负债表中列示时，本项目应根据"固定资产清理"账户期末借方余额填列。若"固定资产清理"账户期末为贷方余额的，应以"-"号填列。

解读内容：

(1) 项目内容：除出售、报废外，还包括对外投资、非货币资产交换、债务重组等转出的固定资产价值。

(2) 可能是借方余额，也可能是贷方余额。

10. 生产性生物资产项目

"生产性生物资产"项目反映企业持有的生产性生物资产。

在资产负债表中列示时，本项目应根据"生产性生物资产"账户期末余额，减去"生产性生物资产累计折旧"和"生产性物资减值准备"账户期末余额后的金额填列。

解读内容：

(1) 项目内容：农业企业经常拥有。

(2) 是固定资产还是存货资产，视情况而定。

11. 油气资产项目

"油气资产"项目是指企业持有的矿区权益和油气及其相关设施的原价减去累计折耗和累计减值准备后的净额。

在资产负债表中列示时，本项目应根据"油气资产"账户期末余额，减去"累计折耗"账户期末余额和相应减值准备后的金额填列。

解读内容：

(1) 项目内容：石油、天然气开采企业。

(2) 矿区权益及油气井及相关设施账面价值。

12. 无形资产项目

无形资产是指企业拥有或控制的、没有实物形态的、可辨认的非货币性资产。它包括商标权、著作权(版权)、专利权、土地使用权、非专利技术、特许权等。与固定资产类似，无形资产是能够给企业带来较长期的经济利益的资产。随着科技进步和知识创新的步伐的加快，所以有形资产比相对一部分企业而言将会越来越大，并且构成企业价值和核心竞争力的主要来源。

在资产负债表中列示时，本项目应根据"无形资产"账户期末余额，减去"累计摊销"和"无形资产减值准备"账户期末余额后的金额填列。

解读内容：

(1) 项目内容与性质：初始计量的灵活性和后续计量的摊销性。

(2) 一般金额较大。

(3) 增加：——高新技术企业的实力和发展的势头，利好；

　　　　　——但不宜过多。

注意方面：

(1) 关注其账面价值大于实际价值或相反，实际价值大于账面价值，即部分价值未入账，形成账外无形资产。

(2) 其盈利与否具有很大的不确定性。

(3) 其变现性的确定，如不可转让的无形资产就不具有变现能力。

(4) 与其他资产组合的增值性。

13. 开发支出项目

"开发支出"项目是指企业开发无形资产过程中能够资本化，形成无形资产成本的支出部分。

在资产负债表中列示时，本项目应根据"研发支出"账户中所属的"资本化支出"明细账户期末余额填列。

解读内容：

(1) 项目内容：能够予以资本化的部分。

(2) 增加：企业自主研发实力，自主创新过程。

14. 商誉项目

目前，在会计上核算的商誉仅仅是指在非同一控制下企业合并中所支付的合并成本大于合并中取得的被购买方可辨认净资产公允价值份额的差额。根据新准则的规定，商誉入账后不要求摊销，而是在期末进行减值测试。

在资产负债表中列示时，本项目应根据"商誉"账户期末余额，减去相应减值准备后的金额填列。

解读内容：

(1) 项目内容：企业合并中发生，是各种未入账的不可单独确认的无形资产的混合。

(2) 后续计量不摊销，做减值测试。

注意方面：

(1) 企业合并时的出价是否合理，对被合并企业的可辨认净资产公允价值的确认是否恰当。

(2) 其价值在未来是否具可持续性。

(3) 关注企业的盈利趋势。

15. 长期待摊费用项目

"长期待摊费用"项目是指企业已经支付或发生的，但应当由本期和以后各期负担的，分摊期限不小于一年的各项费用。会计报表使用者对于较大金额的长期待摊费用应予以重视，观察企业是否将一些费用递延到后期处理，以达到粉饰现时报表或有意识地进行平滑收益和盈余管理的目的。

在资产负债表中列示时，本项目应根据"长期待摊费用"账户期末余额，减去将于一年内(含一年)摊销的数额后的金额填列。

解读内容：

(1) 项目内容：如经营租赁租入固定资产的改良支出。

(2) 其数额越大，企业未来的费用负担越重。

注意方面：

是否存在人为地将其作为利润调节器的情况。

16. 递延所得税资产项目

"递延所得税资产"项目是指企业由于会计和税法之间的差异，导致会计根据税法的规定需要在当期交纳更多的所得税(相对于会计利润和账面净资产的增加数而言)，但以后期间相对会少交纳所得税的金额，即会计上所谓的由于资产(负债)账面价值小于(大于)计税基础所形成的可抵扣暂时性差异而造成的预期未来经济利益。本着权责发生制和配比原则，在会计实务中，应在其经济利益形成的当期予以确认计量，并在报表中予以列示。

在资产负债表中列示时，本项目应根据"递延所得税资产"账户期末余额填列。

解读内容：

(1) 项目内容：可抵扣暂时性差异。

(2) 以未来期间可能取得用以抵扣此项目的应纳税所得额为限。

注意方面：

(1) 产生的原因是否合理。

(2) 企业在以后期间能否取得足够可利用当期可抵扣暂时性的应纳税所得额。

17. 其他非流动资产项目

"其他非流动资产"项目是指企业除长期股权投资、固定资产、在建工程、工程物资、无形资产等资产以外的其他非流动资产。

解读内容：

(1) 项目内容：特准储备物资、涉及诉讼财产、银行冻结财产。

(2) 一般情况下无此项目。

注意方面：

通常情况下属于质量不高的资产，占企业总资产比重不宜过大。

18. 非流动资产合计项目

非流动资产合计根据各非流动资产项目相加得出。通过阅读此项可以总体了解非流动资产的规模及在总资产中的比率，从而总括地认识非流动资产在报告企业中的地位。

(1) 其变动反映非流动资产综合变动结果。

例如，此项目本期数据与上期相比是增加还是减少，表明企业长期资金的占用，以及企业的经营规模的变化情况。

(2) 了解其比率、确认在企业中的地位。

例如，此项目本期数据与上期相比，其占总资产的比重的变化情况，反映企业资产结构状况，结合行业特征，可以判断企业的资产配置是否合理，等等。

(三) 流动负债项目阅读

1. 短期借款项目

短期借款是借款的一种形成，与之相对的是长期借款。就我国的会计实务而言，短期借款是指企业为维持正常的生产经营所需的资金或为抵偿某项债务而向银行或其他金融机构等外单位借入的、还款期限在一年以下(含一年)的各种借款。短期借款主要有经营周转借款、临时借款、结算借款、票据贴现借款、卖方信贷、预购定金借款和专项储备借款等。

解读内容：

(1) 项目内容：向金融机构借入的一年以下期限的、需付出利息代价的借款。

(2) 反映企业金融负债信息。

注意方面：

(1) 其数量是否与流量资产相关项目需要量相适应。

(2) 借款的偿还时间与偿还能力。

2. 交易性金融负债项目

交易性金融负债是指企业采用短期获利模式进行融资所形成的负债。比如应付短期债券等。作为交易双方而言，甲方的金融债权就是乙方的金融负债，由于融资方需要支付利息，因比，就形成了金融负债。交易性金融负债是企业承担的交易性金融负债的公允价值。

解读内容：

(1) 项目内容：以公允价值计量且变动计入当期损益的金融负债，收回或回购的短期债券。

(2) 公允价值计价。

3. 应付票据项目

应付票据是指企业在商品购销活动和对工程价款进行结算因采用商业汇票结算方式而发生的，由出票人出票，委托付款人在指定日期无条件支付确定的金额给收款人或者票据的持票人。它包括商业承兑汇票和银行承兑汇票。应付票据按是否带息分为带息应付票据和不带息应付票据两种。

解读内容：

(1) 项目内容：商业汇票。

(2) 特点：①不带息与带息；②期限最长六个月，超过应转入应付账款。

注意方面：

(1) 企业是否发生过延期支付到期票据的情况。

(2) 是银行承兑汇票还是商业承兑汇票，如是后者居多，应分析企业的信用状况和资金匮乏与否。

(3) 如果是关联方交易，应了解交易事项、价格、目的等，是否存在使用票据方式进行融资行为。

4. 应付账款项目

应付账款是指因购买材料、商品或接受劳务供应等而发生的债务。这是买卖双方在购销活动中由于取得物资与支付贷款在时间上不一致而产生的负债。

解读内容：

(1) 项目内容：经营活动中支付的价、税等款项。

(2) 信用负债，变动不宜过大。

注意方面：

(1) 此项目的发生是否与企业的购货之间存在比较稳定的关系。

(2) 是否存在急剧增加，或付款期限拖延的情况。

5. 预收账款项目

预收账款科目核算企业按照合同规定或交易双方的约定，而向购买单位或接受劳务的单位在未发出商品或提供劳务时预收的款项。预售账款一般包括预收的货款、预收购货定金等。企业在收到这笔钱时，商品或劳务的销售合同尚未履行，因而不能作为收入入账，只能确认为一项负债，即贷记"预收账款"账户。企业按合同规定提供商品或劳务后，再根据合同的履行情况，逐期将未实现收入转成已实现收入，即借记"预收账款"账户，贷记有关收入账户。预收账款的期限一般不超过一年，通常应作为一项流动负债反映在各期末的资产负债表上，若超过一年(预收在一年以上提供商品或劳务)则称为"递延贷项"，单独列示在资产负债表的负债与所有者权益之间。

解读内容：

(1) 项目内容：先收款，后发货。

(2) 商品供应必须到位，与企业规模相匹配，此项金额不宜过多，否则影响企业信誉。

注意方面：

关注是否关联方交易，如是关联方，进一步关注是否因企业销售产品所形成，否则其实质是企业之间的一种变相借贷方式。

6. 应付职工薪酬项目

应付职工薪酬是企业根据有关规定应付给职工的各种薪酬，按照"工资、奖金、津贴、补贴""职工福利""社会保险费""住房公积金""工会经费""职工教育经费""解除职工劳动关系补偿""非货币性福利""其他与获得职工提供的服务相关的支出"等应付职工薪酬项目进行明细核算。

解读内容：

(1) 项目内容：工资、福利、社保、住房公积金、工会经费、职工福利费、非货币性福利、辞退福利、股份支付。

(2) 变动不宜过大。

注意方面：

(1) 企业是否将提供给职工的全部货币与非货币性福利全部计入，是否少计、漏计。

(2) 辞退福利是否有负债，数据估计是否合理准确。

(3) 现金结算的股份支付是否按照权益工具的公允价值计量，是否在可行权日后的每个资产负债表日以及结算日，是否对其公允价值重新计量。

7. 应交税费项目

企业必须按照国家规定履行纳税义务，对其经营所得依法缴纳各种税费。这些应缴税费应按照权责发生制原则进行确认、计提，在尚未缴纳之前暂时留在企业，形成一项负债(应该上缴国家暂未上缴国家的税费)。企业应通过"应交税费"科目，总括反映各种税费的缴纳情况，并按照应交税费项目进行明细核算。该科目的贷方登记应交纳的各种税费，借方登记已交纳的各种税费，期末贷方余额反映尚未交纳的税费；期末如为借方余额，则反映多交或尚未抵扣的税费。

解读内容：

(1) 项目内容：增值税、所得税等，包括企业代扣的个人所得税。

(2) 增减变动属正常现象，反映销售情况。

注意方面：

(1) 税款内容及构成。

(2) 结合实现利润情况，分析各项税金计算正确及合理性。

8. 应付利息项目

应付利息是指企业按照合同约定应支付的利息。它包括吸收存款、分期付息到期还本的长期借款、企业债券等应支付的利息。本项目可按存款人或债权人进行明细核算。应付利息与应计利息的区别：应付利息属于借款，应计利息属于企业存款。

解读内容:

(1) 项目内容: 吸收存款、长期借款和企业债券等应支付的利息。

(2) 一般变动不大。

9. 应付股利项目

应付股利是指企业根据董事会提请股东大会批准的利润分配方案中尚未支付的现金股利或利润。

解读内容:

(1) 股票股利不涉及负债,实质为股东权益结构调整。

(2) 现金股利才是此项。

10. 其他应付款项目

其他应付款是指企业在商品交易业务以外发生的应付和暂收款项。它指企业除应付票据、应付账款、应付工资、应付利润等以外的应付、暂收其他单位或个人的款项。

解读内容:

(1) 项目内容: 除应付账款和预收账款之外暂收或应付的款项,如押金、保证金。

(2) 一般情况变动不大。

注意方面:

(1) 与主营业务债务相比,其数额不宜过大,时间不宜过长。

(2) 有无利用该项进行非法资金拆借、转移营业收入等行为。

11. 一年内到期的非流动负债项目

一年内到期的非流动负债是反映企业各种非流动负债在一年之内到期的金额。它包括一年内到期的长期借款、长期应付款和应付债券。本项目应根据上述账户分析计算后填列,计入(收录)流动负债中。

解读内容:

项目内容: 如长期借款还有不到一年到期(含一年)。

12. 其他流动负债项目

其他流动负债是指不能归属于短期借款、应付短期债券、应付票据、应付账款、应付所得税、其他应付款、预收账款这七款项目的流动负债,如果以上各款流动负债的金额未超过流动负债合计金额5%者,必须并入其他流动负债内。

13. 流动负债合计项目

流动负债合计项目反映的是企业流动负债的整体水平,通过阅读这一项目,不同的报表信息使用者,会做出适当的投资或经营策略。

解读内容:

(1) 项目内容: 总体把握企业的短期负债水平。

(2) 经营者: 及时调配资金,及时还债;

     债权人: 短期还款能力,确定放贷规模;

     股东: 了解企业现金流量,投资决策。

(四) 非流动负债项目阅读

1. 长期借款项目

长期借款是指企业向银行或其他金融机构借入的期限在一年以上(不含一年)或超过一年的一个营业周期以上的各项借款。我国股份制企业的长期借款主要是向金融机构借入的各项长期性借款,如从各专业银行、商业银行取得的贷款;除此之外,还包括向财务公司、投资公司等金融企业借入的款项。

解读内容:

(1) 项目内容: 向金融机构借入一年期以上。

(2) 增减变动视具体情况变动。

注意方面:

(1) 长期借款用途,其增加是否与长期资产增加相匹配,是否存在用于流动资产现象。

(2) 数额是否有较大波动,原因是什么。

(3) 企业的盈利能力。

(4) 有无抵押或担保条款。

2. 应付债券项目

应付债券是指企业为筹集长期资金而实际发行的债券及应付的利息。它是企业筹集长期资金的一种重要方式。企业发行债券的价格受同期银行存款利率的影响较大,一般情况下,企业可以面值、溢价和折价发行债券。

解读内容:

(1) 项目内容: 发行债券。

(2) 金额较大,财务风险提高,企业偿还压力大。一经发生不会有大的变动,到期时偿还本金会有较大变动。

注意方面:

(1) 债券的有关条款。

(2) 利息调整的处理,对实际利息费用的确认是否准确。

(3) 是否有可赎回条款,如有,企业是否具有可用于赎回的资金准备。

(4) 是否有可转换条款,如有,应检查企业当前的股票价格与条款中规定的转换价格之间的差异,以此可初步判断债券到期转换与否。

3. 长期应付款项目

长期应付款(Long-Term Payables)是在较长时间内应付的款项。而在会计业务中,长期应付款是指除了长期借款和应付债券以外的其他多种长期应付款。它主要有应付补偿贸易引进设备款和应付融资租入固定资产租赁费等。

解读内容:

(1) 项目内容: 融资租入、分期付款购入、补偿贸易引进设备应付款。

(2) 一经发生,金额较大,变动较小,且逐年减少。

4. 专项应付款项目

专项应付款是指企业接受国家作为企业所有者拨入的具有专门用途的款项所形成的

不需要以资产或增加其他负债偿还的负债。

解读内容:

(1) 项目内容:政府投入具有专项用途的款项。

(2) 专款专用、金额较大、变化不大,过程或结束时减少。

(3) 政府重点扶持。

注意方面:

(1) 专款内容。

(2) 是否专款专用。

5. 预计负债项目

预计负债来自于或有负债,是指根据或有事项等相关准则确认的各项预计负债。它包括对外提供担保、未决诉讼、产品质量保证、重组义务以及固定资产和矿区权益弃置义务等产生的预计负债。

解读内容:

(1) 项目内容:提供担保、未决诉讼、产品质量保证、重组义务、亏损性合同等原因形成。

(2) 不经常发生,属非常规报表项目。

6. 递延所得税负债项目

递延所得税负债项目是指企业在核算所得税时,产生的应纳税暂时性差异而形成的所得税负债。本项目是《新会计准则》颁布后,企业会计核算的新增内容,具体规定与旧准则不同,解读时应结合资产、负债项目的计价等资料认真分析和领会。递延所得税负债项目应当按照应纳税暂时性差异项目进行明细核算,同时要结合企业所得税全部的会计核算与账务处理进行分析。

解读内容:

(1) 项目内容:应纳税暂时性差异所产生。

(2) 在未来期间转回时,会增加转回期间的应纳税所得额,增加应付税费。

注意内容:

(1) 关注资产和负债的计税基础和账面价值,核实递延所得税负债是否真实。

(2) 是否存在少记、漏记等。

7. 其他非流动负债项目

其他非流动负债项目是指企业除长期借款、应付债券等项目以外的其他非流动负债。其他非流动负债项目应根据有关科目的期末余额填列。其他非流动负债项目应根据有关科目期末余额减去将于一年内(含一年)到期偿还数后的余额填列。非流动负债各项目中将于一年内(含一年)到期的非流动负债,应在"一年内到期的非流动负债"项目内单独反映。

解读内容:

(1) 项目内容:上述之外的非流动负债的具体款项。

(2) 结合报表附注分析。

8. 负债合计项目

负债合计是指流动负债与非流动负债的合计。它总体反映企业负债的规模与水平，反映经营者经营理念。

(五) 所有者权益类项目阅读

1. 实收资本(股本)项目

实收资本是指投资者按照企业章程或合同、协议的约定，实际投入企业的资本。它是企业注册登记的法定资本总额的来源，表明所有者对企业的基本产权关系。实收资本是企业永久性的资金来源，是保证企业持续经营和偿还债务的最基本的物质基础，是企业抵御各种风险的缓冲器。

股本，亦作股份；股份资本，是经公司章程授权、代表公司所有权的全部股份，既包括普通股，也包括优先股，为构成公司股东权益的两个组成部分之一。股本的大小会随着送股和配股而增加，但市价不会改变，这是由于送、配股后除权的原因。

解读内容：

(1) 项目内容：收到投入资本或发行的股票面值。

(2) 变化不大，一般不会减少。

注意方面：

(1) 其增减变动情况。

(2) 初始成立的投资额。

(3) 接受非货币性资产计价。

2. 资本公积项目

资本公积是指企业在经营过程中由于接受捐赠、股本溢价以及法定财产重估增值等原因所形成的公积金。资本公积是与企业收益无关而与资本相关的贷项。资本公积是指投资者或者他人投入到企业、所有权归属于投资者，并且投入金额超过法定资本部分的资本。

解读内容：

(1) 项目内容：资本溢价、长期股权投资权益法下被投资单位资本公积变动、可供出售金融资产的公允价值变动、以权益结算的股份支付、可转换的转换权价值、认股权证等。

(2) 出资额超出注册资本部分。

注意方面：

(1) 资本公积的构成，其主要构成来自何事项。

(2) 增值的合理性和合法性。

(3) 是否有其他项目混入其中，造成资产负债率下降。

(4) 关注非分红性股东入资和非利润性的资产增资。

3. 盈余公积项目

盈余公积是指公司按照规定从净利润中提取的各种积累资金。盈余公积根据其用途不同分为公益金和一般盈余公积两类。公益金专门用于公司职工福利设施的支出。按现行规定，上市公司按照税后利润的 5%～10%的比例提取法定公益金。

解读内容：

(1) 项目内容：属于企业的留存收益，各年会平稳增加，用于弥补亏损和转增资本。

(2) 法定盈余公积达注册资本 50%可不再提取。

4. 未分配利润项目

未分配利润是企业未做分配的利润。它在以后年度可继续进行分配，在未进行分配之前，属于所有者权益的组成部分。从数量上来看，未分配利润是期初未分配利润加上本期实现的净利润，减去提取的各种盈余公积和分出的利润后的余额。

解读内容：

(1) 项目内容：净利润分配后历年滚存。

(2) 增加：经营平稳上升、经营稳健；减少：进行了分配，经营亏损。

注意方面：

(1) 是否遵守公司法规定的分配顺序及比例。

(2) 结合历年情况分析动态变化。

5. 外币报表折算差额项目

外币报表折算差额是指在编制合并财务报表时，把国外子公司或分支机构以所在国家货币编制的财务报表折算成以记账本位币表达的财务报表时，由于报表项目采用不同汇率折算而形成的汇兑损益。

解读内容：

(1) 项目内容：折算汇率不同等因素产生的差异。

(2) 外币报表折算损益是一种未实现损益，它一般不在账簿中反映，只反映在报表中。

6. 归属于母公司所有者权益合计项目

出合并报表的公司就是母公司，报表中如有归属于母公司的收益项目往往指的就是合并报表。其计算公式如下：

归属于母公司所有者权益净利润=母公司净利+子公司归属母公司收益的份额

又：

子公司归属母公司收益=子公司公允价值口径下净利润×母公司持股比例(计入报表数)

即：

母公司分得的利润=子公司净利润×股利发放率×母公司持股比例

这样就可算出母公司在报表中从子公司实际分得利润的数额。

解读内容：

项目内容：母、子公司制企业所专用项目。

7. 少数股东权益项目

少数股东权益，简称少数股权。在母公司拥有子公司股份不足 100%，即只拥有子公司净资产的部分产权时，子公司股东权益的一部分属于母公司所有，即多数股权，其余一部分仍属于外界其他股东所有，由于后者在子公司全部股权中不足半数，对子公司没有控制能力，故被称为少数股权。少数股东权益有两种情况：①没有达到控股比例的公司股东权益，即公司 51%以上控股权益外的其他股东权益。②公司股东在未完全控股的分公司、子公司中的权益。在合并附属公司的财务报表时，附属公司中的非本公司股份权益被认同为公司对外负债。

解读内容：

项目内容：编制合并报表的母公司专用项目。

8. 所有者权益合计项目

所有者权益是企业所有者的净资产，是自有资金总和。在资产负债表上，其表现为：资产-负债=所有者权益。它包括实收资本、资本公积、盈余公积、未分配利润四项内容。

解读内容：

(1) 项目内容：总括反映企业权益中归属于投资者所有的部分，投资者应享有的权益。

(2) 变动情况反映企业经营状况，增加：利好。

9. 负债和所有者权益合计项目

该项目反映的是企业权益的整体构成，负债表达的是债权人的权益，所有者权益表达的是企业所有人或股东的权益，二者的投入构成了企业的全部资产。

解读内容：

(1) 项目内容：与资产总计相对应。

(2) 增减变动反映企业经营状况，增加：运行平稳；减少：出现困境。

课堂活动 3-1 工作底稿示例 1

大众机械有限公司比较资产负债表如表 3-2 所示。

表 3-2　比较资产负债表

会企 01 表

编制单位：大众机械有限公司　　　　2015 年 12 月 31 日　　　　单位：元

资　产	年　末	年　初	变 动 额	变 动 率
流动资产：				
货币资金	124 006 031	23 436 513	100 569 518	429.11%
交易性金融资产				
应收票据	4 000 000		4 000 000	
应收账款	122 254 586	88 686 682	33 567 704	37.85%
预付账款	30 460 752	38 714 700	-8 253 948	-21.32%
应收股利				
应收利息				
其他应收款	4 264 800	4 596 432	-331 632	-7.21%
存货	133 372 899	85 244 074	48 128 825	56.46%
一年内到期的非流动资产				
其他流动资产				
流动资产合计	418 359 069	240 678 401	177 680 668	73.82%
非流动资产：				
可供出售金融资产				

资 产	年 末	年 初	变 动 额	变 动 率
持有至到期投资				
投资性房地产				
长期股权投资	19 600 000	1 000 000	18 600 000	1 860.00%
长期应收款				
固定资产	150 780 119	89 871 411	60 908 708	67.77%
在建工程	5 242 209	2 519 096	2 723 113	108.01%
工程物资				
固定资产清理				
生产性生物资产				
油气资产				
无形资产	46 528 999	8 120 138	38 408 861	493.01%
开发支出				
商誉				
长期待摊费用	1 278 333		1 278 333	
递延所得税资产	1 791 728	1 559 445	232 283	14.90%
其他非流动资产				
非流动资产合计	225 221 389	103 070 090	122 151 299	118.51%
资产总计	643 580 458	343 748 491	29 983 197	87.22%
负债和所有者权益				
流动负债:				
短期借款	21 161 698	43 196 019	-22 034 221	-51.01%
交易性金融负债				
应付票据	88 007 638	59 678 601	28 329 037	47.47%
应付账款	113 190 015	79 894 849	33 295 166	41.67%
预收账款	9 417 196	5 243 722	4 173 474	79.59%
应付职工薪酬	5 018 022	9 986 680	-4 968 658	-49.75%
应交税费	-12 181 159	-7 048 040	-5 133 119	-72.83%
应付利息	41 930	77 046	-35 114	-45.58%
应付股利				
其他应付款	5 073 992	3 000 000	2 073 992	69.13%
一年内到期的非流动资产		14 024 640	-14 024 640	-100.00%
其他流动负债				
流动负债合计	229 729 332	208 053 519	21 675 813	10.42%
非流动负债:				
长期借款		16 033 110	-16 033 110	-100.00%
应付债券				
长期应付款	800 000	800 000	-	0.00%
专项应付款				
预计负债				
递延所得税负债				
其他非流动负债				

续表

资　产	年　末	年　初	变动额	变动率
非流动负债合计	800 000	16 833 110	−16 033 110	−95.25%
负债合计	230 529 333	224 886 629	5 642 704	2.51%
所有者权益：				
实收资本	75 280 000	56 280 000	19 000 000	33.76%
资本公积	221 195 772	167 844	221 027 928	1316.86%
减：库存股				
盈余公积	20 292 329	9 203 030	11 089 299	120.50%
未分配利润	96 283 024	53 210 988	43 072 036	80.95%
外币报表折算差额				
归属于母公司所有者权益	413 051 125		413 051 125	
少数股东权益				
所有者权益合计	413 051 126	118 861 863	294 189 263	247.51%
负债和所有者权益合计	643 580 458	343 748 492	299 831 966	87.22%

课堂活动 3-1 工作底稿示例 2

大众机械有限公司资产负债表项目解读

一、流动资产类项目的阅读

1. 货币资金项目的阅读

该公司年初货币资金项目金额是 23 436 513 元，年末是 124 006 031 元，年度净增加 100 569 518 元，2015 年度增加了 1 亿之多的货币资金，似乎是好事，但究竟如何，必须通过进一步分析，才能得出结论。

2. 交易性金融资产项目的阅读

该公司无此类投资。

3. 应收票据项目的阅读

2014 年度为 0，2015 年度内突然增加了 400 万元，可能是大量赊销导致的，具体情况还需进一步分析判断。

4. 应收账款项目的阅读

该项目由年初的 88 686 682 元，变为年末的 122 254 586 元，净增加 33 567 904 元，2015 年度净增加了 3 356 万元之多，可能是大量赊销结果，如果不研究债权收回，可能会导致资金流转困难。

5. 预付账款项目的阅读

预付款项由年初的 38 714 700 元，减少到年末的 30 460 752 元，减少了 8 253 948 元。2015 年度减少了 825 万元之多，是利好消息。

6. 应收利息项目的阅读

无此项。

7. 其他应收款项目的阅读

此项目由年初的 4 596 432 元变为年末的 4 264 800 元，此项变化不大，属正常。

8. 存货项目的阅读

存货项目由年初的 85 244 074 元，增加到 133 372 899 元，净增 48 128 825 元，2015 年度净增 4 812 万元之多，一般来说是不利的，需进一步具体分析。

9. 一年内到期的非流动资产项目的阅读

无此项。

10. 流动资产合计项目的阅读

此项目由年初的 240 678 401 元增加到年末的 418 359 069 元，增加了 177 680 668 元，2015 年度增加了 17 768 万元之多，是利好消息，也是经营成果的体现，但最终结论要做进一步分析。

二、非流动资产类项目的阅读

1. 可供出售金融资产项目的阅读

无此项。

2. 长期应收款项目的阅读

无此项。

3. 长期股权投资项目的阅读

长期股权投资项目由年初的 1 000 000 元，增加到年末的 19 600 000 元，净增加 18 600 000 元，2015 年度净增加 1 860 万元，可能是企业资本政策改变的结果，至于是否合理，需做进一步分析。

4. 投资性房地产项目的阅读

无此项。

5. 固定资产项目的阅读

固定资产由年初的 89 871 411 元，增加到 150 780 119 元，净增加 60 908 708 元，2015 年度净增加了 6 000 多万元，可能是企业销售前景看好，从而扩大投资规模，增加固定资产的资金投入，具体情况还需进一步分析和判断。

6. 在建工程项目的阅读

在建工程项目由年初的 2 519 096 元增加到 5 242 209 元，净增加 2 723 113 元，2015 年度净增加了 272 万元之多，年度内翻了一番，这种变化可能与企业加大投资规模相关，因为企业固定资产也是大大增加，具体情况仍须进一步分析。

7. 工程物资项目的阅读

无此项。

8. 固定资产清理项目的阅读

无此项。

9. 生产性生物资产项目的阅读

不涉及此项。

10. 油气资产项目的阅读

不涉及此项。

11. 无形资产项目的阅读

无形资产在报告年度发生了较大变化，由年初的 8 120 138 元增加到 46 528 999 元，净增加 3 840 万元之多，显示了该公司的技术实力和发展劲头，是利好消息，如果对于非高技术企业，本项目不宜过多。

12. 开发支出项目的阅读

无此项。

13. 商誉项目的阅读

无此项。

14. 长期待摊费用项目的阅读

2015 年度发生了 127 万元之多，应结合报表附注进一步解读。

15. 递延所得税资产项目的阅读

发生以及转回须结合具体项目进行分析。

16. 其他非流动资产项目的阅读

无此项。

17. 非流动资产合计项目的阅读

非流动资产合计由年初的 103 070 090 元，增加到 225 221 389 元，本年度净增加 12 000 万元之多，翻了一番多，说明企业长期资金的占用规模显著提高，企业的经营规模急速扩大。

三、流动负债类项目的阅读

1. 短期借款项目的阅读

该项目由年初的 43 196 019 元，减少到年末的 21 161 698 元，减少了 22 034 221 元，本年度减少了 2 200 多万元，说明企业流动资金充足，近期偿还借款较多，是利好消息。

2. 交易性金融负债项目的阅读

无此项。

3. 应付票据项目的阅读

应付票据由年初的 59 678 601 元，增加到 88 007 638 元，增加了 28 329 037 元，本年度增加了 2 800 多万元，一般而言为正常，具体情况须进一步分析。

4. 应付账款项目的阅读

本年度增加了 3 300 多万元，说明企业赊购规模有所扩大，但还须结合其他资料进一步分析增加的债务是否在企业的合理偿债能力内、该项目金额是否合理。

5. 预收账款项目的阅读

本年度增加了 417 万元之多，一般而言是正常的，说明销售良好，但应注意是否与企业的生产能力相匹配。

6. 应付职工薪酬项目的阅读

应付职工薪酬项目由年初的 9 986 680 元降低到年末的 5 018 022 元，本年度降低应是正常情况，如果提高，则应加以注意。

7. 应交税费项目的阅读

应交税费项目由年初的 -7 048 040 元，变为年末的 -12 181 159 元，本年度一直为负数，说明预交税费大于应交税费；期末下降了 72.83%，主要是因为本期国产设备抵免企业所得税，以及本期结转至下期继续抵扣的增值税进项税额所致。

8. 应付利息项目的阅读

应付利息项目由年初的 77 046 元，变为年末的 41 930 元，变动很小，为正常现象。

9. 其他应付款项目的阅读

其他应付款项目由年初的 3 000 000 元变为年末的 5 073 992 元，年末有所增加，对该企业而言，变化不大，但也应进一步分析变化的原因。

10. 一年内到期的非流动负债项目的阅读

年初此项目为 14 024 640 元，年末为零，期初为 4 000 多万元，期末为 0，说明到期已归还，无余额。

11. 其他流动负债项目的阅读

无此项。

12. 流动负债合计项目的阅读

该项目由年初的 208 053 519 元，变为 229 729 332 元，净增加 21 675 813 元。本年度净增加了 2 000 多万元，随着该企业产销规模的逐渐扩大，流动负债呈现较为正常的增长趋势。

四、非流动负债类项目的阅读

1. 长期借款项目的阅读

长期借款项目年初为 16 033 110 元，年末无余额。本年度期初有 1 600 万元，期末为 0，说明已经到期并归还，本年度未增加新的长期借款，既可说明企业有很大的借款空间，也可说明企业经营比较稳健，长期借入资金较少；或者企业资金比较雄厚。具体属于哪种情况，有待结合其他资料做进一步分析。

2. 应付债券项目的阅读

无此项。

3. 长期应付款项目的阅读

长期应付款项目年初与年末金额相同，为 800 000 元，2015 年度年初与年末同为 80 万元，无变化，可能是未到还款期，也可能是其他原因，具体情况要结合其他相关资料分析判断。

4. 专项应付款项目的阅读

无此项。

5. 预计负债项目的阅读

无此项。

6. 递延所得税负债项目的阅读

无此项。

7. 其他非流动负债项目的阅读

无此项。

8. 非流动负债合计项目的阅读

非流动负债由年初的 16 833 110 元减少到 800 000 元，净减少 16 033 110 元。2015

年度减少至 80 万元，净减少 1 600 万元之多，说明企业长期债务资本 2015 年度大幅降低。

9. 负债合计项目的阅读

由年初的 224 886 629 元，增加到 230 529 333 元，净增加 5 642 704 元，2015 年度净增加了 564 万元之多，这一数字是流动负债净增加与非流动负债的减少共同影响的结果，说明流动负债在 2015 年度增加幅度较大。

五、所有者权益类项目的阅读

1. 实收资本(股本)项目的阅读

此项目由年初的 56 280 000 元，增加到年末的 75 280 000 元，本年度增加了 1 900 万元的注册资本金。

2. 资本公积项目的阅读

该项目由年初的 167 844 元，增加到年末的 221 195 772 元，2015 年度由年初的 16 万元，增至年末的 22 000 万元之多，增幅超过 1 000 倍，原因应结合其他资料做一步分析。

3. 盈余公积项目的阅读

盈余公积项目由年初的 9 203 030 元，增加到年末的 20 292 329 元。2015 年度由年初 900 多万元，增至年末的 2 000 多万元，说明企业该年度经营较好，按法律规定计提了相应比例的盈余公积，使该数额平稳增加，是利好消息。

4. 未分配利润项目的阅读

本项目由年初的 53 210 988 元，增加到年末的 96 283 024 元。2015 年度由年初 5 300 多万元，增至年末的 9 600 多万元，说明企业该年度经营较好，使该数额平稳增加，是利好消息。

5. 外币报表折算差额项目的阅读

无此项。

6. 归属于母公司所有者权益合计项目的阅读

年初无此项目，年末为 413 051 125 元。年末为 4 100 多万元，说明企业可能在此年度投资了子公司，具体情况还须通过相关资料得以证实。

7. 少数股东权益项目的阅读

无此项。

8. 所有者权益合计项目的阅读

所有者权益由年初的 118 861 863 元，增加到年末的 413 051 126 元。2015 年度由年初的 11 800 多万元，增加到年末的 41 300 多万元，说明企业经营状况良好，所有者权益大幅提高，是利好消息，投资人和债权人及其他报表信息使用者均希望看到这样的信息。

9. 负债和所有者权益合计项目的阅读

本项目由年初的 343 748 492 元，增加到 643 580 458 元。2015 年度由年初的 34 300 多万元，增加至年末的 64 300 多万元，属利好消息。

六、资产负债表综合的阅读

该企业流动资产大于流动负债将近 1 倍，说明该企业偿还短期债务没有问题。

该企业非流动负债仅 80 万元，与其长期资产相比微不足道，可见该企业几乎没有长期债务风险，但是否有利于企业提高资产报酬率，尚待进一步分析。

该企业负债 2 亿元，所有者权益即净资产 4 亿元，说明该企业财务风险小，经营比较稳健。

该企业资产总额年末比年初增加了 1 倍，翻了一番，说明该企业正在发展阶段，且发展势头强劲。

第二节　资产负债表的分析

一、分析资产负债表

【课堂活动 3-2】

主题：分析大众机械有限公司资产负债表

活动形式：

(1) 个人独立完成的内容：绘制共同比资产负债表，1 个课时。

(2) 以小组形式完成的内容：讨论这张表，初步得出该表反映出的财务状况如何，有何问题，1 个课时。

(3) 以全体形式完成的内容：推选六名发言人，向全体汇报演讲，对该资产负债表的分析，2 个课时。

活动内容及要求：

(1) 编制共同比资产负债表。

每位同学在上次完成的资产负债表后加上表格"结构(%)"列，将计算结果填入表中。具体如下例。

① 资产类：计算出各项所占总资产的比重；同时，按其流动与非流动两大类，分别占流动资产和非流动资产的比重。

例如：货币资金：占总资产

年初：23 436 512÷343 748 492×100%=6.8%

年末：124 006 031÷643 580 458×100%=19.27%

② 负债类：计算出各项所占总负债的比重；同时，按其流动与非流动两大类，分别占流动负债和非流动负债的比重。

(2) 分组，6~7 人一组：以小组为单位，各组承担不同的角色：投资者、股东、商业银行、债券持有者、公司 CEO、雇员及工会、税务局、国资委、财政局、供应商、客户、竞争对手、会计师事务所、社会公众等。

(3) 以分析和讨论相结合的形式完成对资产负债表的专项分析；以致完成对该公司整个资产负债表的分析判断。

(4) 汇报演讲分成若干专题，演讲后回答问题，汇报演讲专题如下：

① 资产组成分析；

② 负债组成分析；

③ 融资结构分析;

④ 偿债能力分析;

⑤ 营运能力分析;

⑥ 趋势分析。

(5) 各组确定演讲人，汇报完成后交上演讲稿。

(6) 演讲细则:

① 事先准备详案，包括图表、计算推导过程，制作PPT;

② 概述专项分析的内容，如名称、相关概念、涉及的报表项目、侧重反映的是哪方面的解析内容等;

③ 详解该项分析的金额、数据来源、分析目的、计算方法、计算过程、要强调的问题等，要做到: 定量与定性相结合; 根据专项分析的内容绘制小型图表; 可以分别站在不同的角度分析，如股东、债权人、公司CEO、雇员和工会等;

④ 介绍报表编制中有哪些技巧、需要注意的方面等;

⑤ 简要归纳对这个实训课题的体会。

(7) 演讲时间: 10～15分钟。

二、归纳资产负债表的分析内容

分析资产负债表主要是从"资产负债表组成分析""资产负债表趋势分析""资产负债表结构分析""资产负债表相关财务比率分析——偿债能力、营运能力"等方面展开的。根据学生的汇报演讲，做资产负债表分析的详细归纳及补充。大众机械有限公司资产负债表见表1-5。

(一) 资产负债表初步分析

1. 资产负债表初步分析的内容

资产负债表初步分析主要有以下几个方面内容。

一是从筹资角度分析其筹资内容及其结构，初步了解企业财务风险、资金成本、财务杠杆等财务状况。

二是从投资角度初步分析资产规模和结构变动趋势是否合理，对进一步评价企业资金运用的合理性提供线索。

三是通过筹资与投资活动的综合分析，掌握企业资金来源与运用的适应程度，评价企业的风险与收益的适应程度。

2. 资产负债表分析的手段

资产负债表分析的手段有组成分析、水平分析、结构分析、趋势分析、融资结构分析以及财务比率分析中的偿债能力、营运能力等财务比率的计算，最后形成定性的评价。

(二) 资产负债表组成分析

资产负债表组成分析就是对企业的各项要素在相关总项目中所占的比例进行分析和

评价。例如，资产这个要素代表企业所能控制的资源，资源要充分发挥功能，就必须合理配置。

资产负债表组成分析常采用的方法有以下两种。

1. 垂直分析法

垂直分析法是一种分析方法。在一张财务报表中，用表中各项目的数据与总体(或称报表合计数)相比较，以得出该项目在总体中的位置、重要性与变化情况。

垂直分析法的步骤如下。

(1) 计算出表中各项目在总体中所占的比重。

(2) 通过该比例判断该项目在报表中所占位置、其重要性如何。

(3) 将该比例与基期或上一年度的比例数据相对比，观察其变化趋势。

2. 水平分析法

水平分析法是指将反映企业报告期财务状况的信息(特别指会计报表信息资料)与反映企业前期或企业某一历史时期财务状况的信息进行对比，研究企业各项经营业绩或财务状况的发展变动情况的一种财务分析方法。

水平分析法的基本要点：将报表资源中不同时期的同项数据进行对比。

(三) 资产负债表水平分析

资产负债表水平分析就是将分析期的资产负债表各项目数值，与基期(上年或计划、预算)数进行比较，计算出变动额、变动率以及该项目对资产总额、负债总额和所有者权益总额的影响程度。

通过水平分析，对资产负债表变动情况的分析评价。

1. 从投资或资产角度进行分析评价

(1) 分析总资产规模的变动状况，以及各类、各项资产的变动状况。

(2) 发现变动幅度较大，或对总资产影响较大的重点类别和重点项目。

(3) 分析资产变动的合理性与效率性。

(4) 考察资产规模变动与所有者权益、总额变动的适应程度，进而评价企业财务结构的稳定性和安全性。

(5) 分析会计政策变动的影响。

2. 从筹资或权益角度进行分析评价

(1) 分析权益总额的变动状况以及各类、各项筹资的变动状况。

(2) 发现变动幅度较大，或对权益影响较大的重点类别和重点项目。

(3) 注意分析评价表外业务的影响。

3. 从资产负债表变动原因进行分析评价

通过水平分析，可以观察出企业资本结构变动的原因，比如，与上年相比加大了举债规模，或者获得追加投资而扩大了资本规模，或者经营成果获得留存收益规模等。其有以下四种类型的变动原因。

(1) 负债变动型。

(2) 追加投资变动型。

(3) 经营变动型。

(4) 股利分配变动型。

(四) 资产负债表结构分析

资产负债表结构分析是指通过计算资产负债表中各项目占总资产或权益总额的比重，进而分析评价企业资产结构和权益结构变动的合理程度。

静态分析：以本期资产负债表为对象。

动态分析：将本期资产负债表与选定的标准进行比较。

通过结构分析，了解资产负债表结构变动情况并进行分析评价，这主要是从资产结构、负债结构、股东权益结构等几个方面进行具体分析评价。

1. 资产结构的分析评价

(1) 从静态角度观察企业资产的配置情况，通过与行业平均水平，或可比企业的资产结构比较，评价其合理性。

(2) 从动态角度分析资产结构的变动情况，对资产的稳定性做出评价。

2. 资本结构的分析评价

(1) 从静态角度观察资本的构成，结合企业盈利能力和经营风险，评价其合理性。

(2) 从动态角度分析资本结构的变动情况，分析其对股东收益产生的影响。

3. 资产结构的具体分析评价

(1) 经营资产与非经营资产的比例关系。

(2) 固定资产和流动资产的比例关系：适中型、保守型、激进型。

(3) 流动资产的内部结构与同行业平均水平，或财务计划确定的目标为标准。

4. 负债结构的具体分析评价

负债结构分析应考虑的因素有以下几种。

(1) 负债结构与负债规模。

(2) 负债结构与负债成本。

(3) 负债结构与债务偿还期限。

(4) 负债结构与财务风险。

(5) 负债结构与经济环境。

(6) 负债结构与筹资政策。

5. 典型负债结构分析评价

(1) 负债期限结构分析评价。

(2) 负债方式结构分析评价。

(3) 负债成本结构分析评价。

6. 权益结构的具体分析评价

(1) 股东权益结构分析应考虑的因素有以下几种。

① 股东权益结构与股东权益总量；

② 股东权益结构与企业利润分配政策；

③ 股东权益结构与企业控制权；

④ 股东权益结构与权益资本成本；

⑤ 股东权益结构与经济环境。

(2) 股东权益结构分析评价。

7. 资产结构与资本结构适应程度的分析评价

1) 封闭型结构分析

封闭型结构是指企业全部资产的资金来源，这些资金都是长期资本，即所有者权益和极少非流动负债。

优点：风险低。

缺点：资本成本较高；筹资结构弹性弱。

适用范围：很少被企业采用。

2) 稳健型(也称保守型)结构分析

非流动资产依靠长期资金解决，流动资产需要长期资金和短期资金共同解决(见表 3-3)。

优点：风险较小，负债资本相对较低，并具有一定的弹性。

适用范围：大部分企业。

3) 风险型(也称激进型)结构

流动负债不仅用于满足流动资产的资金需要，且用于满足部分非流动资产的资金需要(见表 3-4)。

优点：资本成本最低。

缺点：财务风险较大。

适用范围：企业资产流动性很好，且经营现金流量较充足。

4) 平衡型(也称适中型)结构

非流动资产用长期资金满足，流动资产用流动负债满足(见表 3-5)。

优点：当二者适应时，企业风险较小，且资本成本较低。

缺点：当二者不适应时，可能使企业陷入财务危机。

适用范围：经营状况良好，流动资产与流动负债内部结构相互适应的企业。

不同类型的资产与资本平衡类型有三种，即保守型结构、激进型结构和适中型结构，如图 3-1～图 3-3 所示。

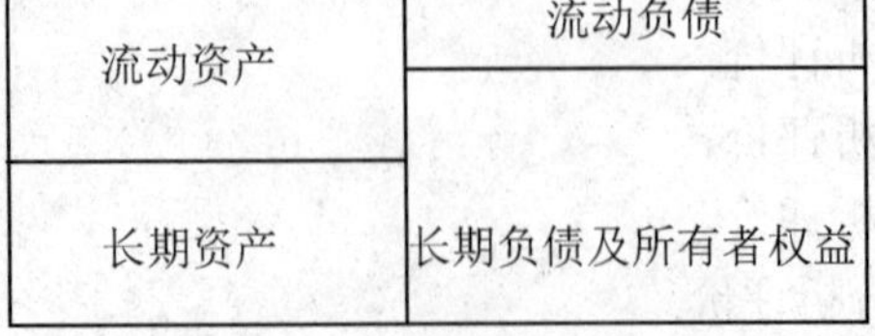

流动资产	流动负债
长期资产	长期负债及所有者权益

图 3-1　保守型结构示意图

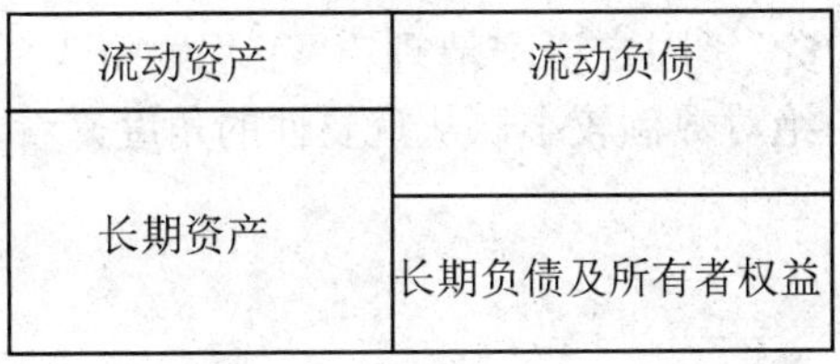

流动资产	流动负债
长期资产	长期负债及所有者权益

图 3-2　激进型结构示意图

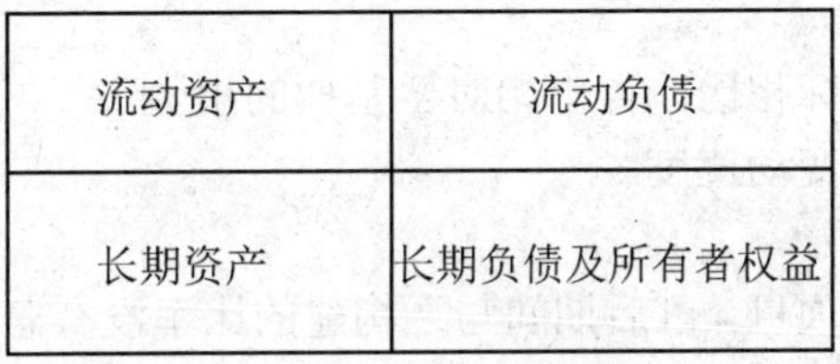

流动资产	流动负债
长期资产	长期负债及所有者权益

图 3-3　适中型结构示意图

(五) 资产负债表趋势分析

资产负债表的趋势分析就是根据分析对象，即企业连续若干年的资产负债表，比较各期的有关项目金额，以揭示当期的财务状况信息。

趋势分析方法，通常采用编制比较财务报表的方法进行。分析资产负债表，可以是对比较资产负债表的分析，也可以是对共同比资产负债表中相对数的比较分析，可以是财务比率的比较，可以做定比分析，也可以做环比分析，这些统称为比较资产负债表分析。

1. 比较资产负债表分析

1) 含义

比较资产负债表分析是将连续若干期间的资产负债表数额或者内部结构比率进行列示，用以考察企业财务状况的变化趋势。

2) 特点

该方法比较的方式非常简单。

3) 具体方法

(1) 资产负债表连续期间的金额并列起来。

(2) 分析者观察和比较相同项目增减变动的金额及幅度。

(3) 把握企业资产、负债和所有者权益的变动趋势。

2. 定比趋势分析

1) 具体方法

(1) 选择分析期的第一期为基期，将该期的所有指标设定为一个指数(可以是 100，也可以是 1)。

(2) 每期与基期的指标相比，得出相对于基期的指数。

(3) 判断变动趋势和变动速度。

2) 应当注意的问题

(1) 对于基期为零的项目，以后期间与之构建的比率没有意义，所以对此类项目不适用定比趋势分析。

(2) 企业的"应付工资""固定资产清理""工程物资"等账户从指数上看变动很大，但是因为这些项目的绝对数额较小，从重要性的角度来看，在财务分析时不需要着重考虑。

3. 环比趋势分析

1) 具体方法

(1) 以分析期的上一期为基期，将该基期的所有指标设定为一个指数(可以是100，也可以是1)。

(2) 每期与基期的指标相比，得出相对于基期的指数。

(3) 判断变动趋势和变动速度。

2) 应当注意的问题

(1) 对于基期为零的项目，以后期间与之构建的比率没有意义，所以对此类项目不适用环比趋势分析。

(2) 企业的"应付工资""固定资产清理""工程物资"等账户从指数上看变动很大，但是因为这些项目的绝对数额较小，从重要性的角度来看，在财务分析时不需要着重考虑。

(六) 资产负债表融资结构分析

融资结构是指公司各项资金来源之间的配比关系。它是资产负债右方的基本结构，主要包括短期负债、长期负债和所有者权益等项目之间的关系。公司的融资结构揭示了公司资产的产权归属和债务保证程度，反映了公司融资风险的大小。

不同利益主体对财务报表的使用目的不同，使融资结构分析的侧重点及其作用也有所差异。

1. 对企业债权人而言

对企业债权人而言，融资结构分析的主要目的是判断其自身的债权的偿还保证程度，即确认企业能否按期还本付息。在市场经济条件下，企业总要面临风险，这就要求企业必须拥有一定的主权资本，以承担经营亏损，应付意外的外来打击。一般而言，所有者权益在企业资本结构中所占的比例越高，对债权人的债权保障程度就越高；反之亦然。所有者权益是一种剩余权益，在资产的要求权需要偿付时，债权人具有优先偿还权。并且，债权人的报酬率是固定的，企业调整融资结构不会引起其利益的变动，而只会改变债权人所面临的风险。因此，债权人希望融资结构中的所有者权益比重越大越好。

2. 对企业投资人而言

对企业投资人而言，融资结构分析的主要目的是判断自身所承担的终极风险与可能获得的财务杠杆利益，以确定投资决策。第一，企业所有者是企业的终极风险承担者，企业的资产只有先偿还债务后，其剩余部分才归所有者拥有。因而，投资者十分关心其投入资本能否保全。第二，由于企业的借款利息费用数额固定，且税前支付，当企业的资本利润率高于利息成本时，投资者就能够通过财务杠杆作用获得杠杆收益，即利用负债融资获取高收益。因此，企业投资人进行融资结构分析时面临着风险与收益的两难选择：是否转移资本或追加资本，以使自身既承担较小的投资风险，又可获得较高的投资收益。

3．对企业经营者而言

对企业经营者而言，融资结构分析的主要目的是优化融资结构和降低融资成本。第一，优化融资结构，表现为吸收更多的主权资本，提高企业承担财务风险的能力。融资结构分析的基本作用就是明确划分资金的不同来源，揭示各种资金的不同性质。所有者权益作为企业对外清偿债务、承担风险的后盾，是企业保持良好财务形象的基础，只有保持良好的财务形象，企业才能获得源源不断的投资和贷款。第二，企业在提高企业承担财务风险能力的同时，还应讲求融资效益，即通过融资结构分析，尽量降低企业融资成本。由于负债融资的成本一般低于主权资本融资，而主权资本融资的风险又低于负债融资，企业因此也会面临两难选择。对此，融资结构分析的最终目的便可归结为：如何确定和保持最佳融资结构，以使企业的综合财务风险最低，而相应的融资成本也最低。

4．对政府有关经济管理部门而言

对政府有关经济管理部门而言，融资结构分析的主要目的是判断企业是否可以进入有限制的领域进行经营或财务运作。政府有关经济管理部门为保证经济协调运转，维护市场秩序，通常会对企业的经营与理财活动规定各种规则，其中，一些规则就与企业的融资结构相关。例如，企业若想发行债券或成为上市公司，其资产总额中必须保持一定数额的所有者权益。

5．对经营关联企业而言

对经营关联企业(如企业的购货单位和供货单位)而言，融资结构分析的主要目的是判断其业务往来企业是否有足够的支付能力和供货能力，以确定是否继续与其发生业务往来。供货单位分析的着眼点为该企业在购入商品后，能否及时、足额地支付货款；而购货单位则通过融资结构主要分析该企业的财务信用是否良好，财务状况是否稳定，能否保证其正常的生产经营，从而保障购货单位其进货渠道的通畅和生产经营。

由上述分析可知，一定的融资结构对企业的不同利益主体而言，意义各异，而融资结构对企业偿债能力的影响显得尤为重要。

(七) 资产负债表偿债能力分析

企业的偿债能力是指企业用其资产偿还长期债务与短期债务的能力。企业有无支付现金和偿还债务的能力，是企业能否生存和健康发展的关键。

企业偿债能力是反映企业财务状况和经营能力的重要标志。偿债能力是企业偿还到期债务的承受能力或保证程度，包括偿还短期债务和长期债务的能力。

1．短期偿债能力

短期偿债能力是指企业以流动资产对流动负债及时足额偿还的保证程度，即企业以流动资产偿还流动负债的能力，反映企业偿付日常到期债务的能力，是衡量企业当前财务能力，特别是流动资产变现能力的重要指标。

1) 增强短期偿债能力的表外因素

增强短期偿债能力的表外因素有以下几个方面。

(1) 可动用的银行贷款指标。银行已同意、企业未办理贷款手续的银行贷款限额，可以随时增加企业的现金，提高支付能力。这一数据不反映在财务报表中，但会在董事会决议中披露。

(2) 准备很快变现的非流动资产。企业可能有一些长期资产可以随时出售变现，而不出现在"一年内到期的非流动资产"项目中。例如，储备的土地、未开采的采矿权、目前出租的房产等，在企业发生周转困难时，将其出售并不影响企业的持续经营。

(3) 偿债能力的声誉。如果企业的信用很好，在短期偿债方面出现暂时困难比较容易筹集到短缺的现金。

2) 降低短期偿债能力的表外因素

降低短期偿债能力的表外因素有以下几个方面。

(1) 与担保有关的或有负债，如果数额较大并且可能发生，就应在评价偿债能力时给予关注。

(2) 经营租赁合同中承诺的付款，很可能是需要偿付的义务。

(3) 建造合同、长期资产购置合同中的分阶段付款，也是一种承诺，应视同需要偿还的债务。

3) 短期偿债能力的分析指标

(1) 流动比率。

流动比率表示每 1 元流动负债有多少流动资产作为偿还的保证。它反映公司流动资产对流动负债的保障程度。其计算公式为：

$$流动比率=流动资产合计÷流动负债合计$$

一般情况下，该指标越大，表明公司短期偿债能力越强。通常该指标在 200%左右较好。1998 年，沪深两市该指标平均值为 200.20%。在运用该指标分析公司短期偿债能力时，还应结合存货的规模大小、周转速度、变现能力和变现价值等指标进行综合分析。如果某一公司虽然流动比率很高，但其存货规模大、周转速度慢，有可能造成存货变现能力弱，变现价值低，那么，该公司的实际短期偿债能力就要比指标反映的弱。

(2) 速动比率。

速动比率表示每 1 元流动负债有多少速动资产作为偿还的保证。它进一步反映流动负债的保障程度。其计算公式为：

$$速动比率=(流动资产合计-存货净额)÷流动负债合计$$

一般情况下，该指标越大，表明公司短期偿债能力越强。通常该指标在 100%左右较好。1998 年沪深两市该指标平均值为 153.54%。

在运用该指标分析公司短期偿债能力时，应结合应收账款的规模、周转速度和其他应收款的规模，以及它们的变现能力进行综合分析。如果某公司速动比率虽然很高，但应收账款周转速度慢，且它与其他应收款的规模大、变现能力差，那么该公司较为真实的短期偿债能力要比该指标反映的差。

由于预付账款、待摊费用、其他流动资产等指标的变现能力差或无法变现，所以，如果这些指标规模过大，那么在运用流动比率和速动比率分析公司短期偿债能力时，还应扣除这些项目的影响。

(3) 现金比率。

现金比率表示每 1 元流动负债有多少现金及现金等价物作为偿还的保证。它反映公司可用现金及变现方式清偿流动负债的能力。其计算公式为：

$$现金比率=(货币资金+短期投资)÷流动负债合计$$

该指标能真实地反映公司实际的短期偿债能力，该指标值越大，反映公司的短期偿债能力越强。1998年沪深两市该指标平均值为56.47%。

2. 长期偿债能力

1) 影响企业长期偿债能力的因素

分析一个企业长期偿债能力，主要是为了确定该企业偿还债务本金和支付债务利息的能力。影响企业长期偿债能力的因素有企业的资本结构和企业的获利能力两个方面。

(1) 资本结构。

资本结构是指企业各种资本的构成及其比例关系。在西方资本结构理论中，由于短期债务资本的易变性，而将其作为营业资本管理。西方的资本结构仅指各种长期资本的构成及其比例关系。在我国，从广义上理解资本结构的概念更为恰当。其原因有两种：一是我国企业的流动负债比例很大，如果单纯从长期资本的角度分析，难以得出正确的结论；二是从广义的角度理解资本结构这一概念，已为我国官方文件所运用，国家进行的"优化资本结构"工作就是如此。

企业筹资的渠道和方式尽管有很多种，但企业全部资本归结起来不外乎是权益资本和债务资本两大部分。

权益资本和债务资本的作用不同。权益资本是企业创立和发展最基本的因素，是企业拥有的净资产，它不需要偿还，可以在企业经营中永久使用。同时权益资本也是股东承担民事责任的限度，如果借款不能按时归还，法院可以强制债务人出售财产偿债，因此权益资本就成为借款的基础。权益资本越多，债权人越有保障；权益资本越少，债权人蒙受损失的可能性越大。在资金市场上，能否借入资金以及借入多少资金，在很大程度上取决于企业的权益资本实力。

由于单凭自有资金很难满足企业的需要，所以实际中很少有企业不利用债务资本进行生产经营活动的，负债经营是企业普遍存在的现象。从另一个角度来看，债务资本不仅能从数量上补充企业资金的不足，而且由于企业支付给债务资本的债权人收益(如债券的利息)，国家允许在所得税前扣除，就降低了融资资金成本。同时由于负债的利息是固定的，不管企业是否盈利以及盈利多少，都要按约定的利率支付利息。这样，如果企业经营得好，就有可能获取财务杠杆利益。这些都会使企业维持一定的债务比例。企业的债务资本在全部资本中所占的比重越大，财务杠杆发挥的作用就越明显。一般情况下，负债筹集资金成本较低，弹性较大，是企业灵活调动资金余缺的重要手段。但是，负债是要偿还本金和利息的，无论企业的经营业绩如何，负债都有可能给企业带来财务风险。由此可见，资本结构对企业长期偿债能力的影响一方面体现在权益资本是承担长期债务的基础；另一方面体现在债务资本的存在可能带给企业财务风险，进而影响企业的偿债能力。

(2) 融资结构。

融资结构主要有以下几种形式。

第一种是保守型融资结构。这是指在资本结构中主要采取权益资本融资，且在负债融资结构中又以长期负债融资为主。在这种融资结构下，企业对流动负债的依赖性较低，从而减轻了短期偿债的压力，财务风险较低；同时权益资本和长期负债融资的成本较高，企业的资金成本较大。可见，这是一种低财务风险、高资金成本的融资结构。

第二种是中庸型融资结构。这是指在资本结构中，权益资本与债务资本融资的比重主要根据资金的使用用途来确定，即用于长期资产的资金由权益资本融资和长期负债融资提供，而用于流动资产的资金主要由流动负债融资提供，使权益资本融资与债务资本融资的比重保持在较为合理的水平上。这种结构是一种中等财务风险和资金成本的融资结构。

第三种是风险型融资结构。这是指在资本结构中主要(甚至全部)采用负债融资，流动负债也被大量长期资产所占用。显然，这是一种高财务风险、低资金成本的融资结构。

企业的资本结构是影响企业长期偿债能力的重要因素。

2) 长期偿债能力的分析指标

(1) 获利能力。

企业能否有充足的现金流入供偿债使用，在很大程度上取决于企业的获利能力。企业对一笔债务总是负有两种责任：一是偿还债务本金的责任；二是支付债务利息的责任。

(2) 长期偿债能力比率。

长期偿债能力比率可以通过流动资产变现来偿付，因为大多数流动资产的取得往往以短期负债为其资金来源。而企业的长期负债大多用于长期资产投资，在企业正常生产经营条件下，长期资产投资形成企业的固定资产能力，一般来讲，企业不可能靠出售资产作为偿债的资金来源，而只能依靠企业生产经营所得。另外，企业支付给长期债权人的利息支出，也要从所融通资金创造的收益中予以偿付。可见，企业的长期偿债能力是与企业的获利能力密切相关的。一个长期亏损的企业，正常生产经营活动都不能进行，保全其权益资本肯定是困难的事情，保持正常的长期偿债能力也就更无保障了。一般来说，企业的获利能力越强，长期偿债能力越强；反之，则长期偿债能力越弱。如果企业长期亏损，则必须通过变卖资产才能清偿债务，最终要影响投资者和债权人的利益。因此，企业的盈利能力是影响长期偿债能力的重要因素。

应该特别指出的是，现金流量状况决定了偿债能力的保证程度，现金流量对长期偿债能力的影响将在本书第七章中论及。

(3) 资产负债率。

资产负债率是负债总额除以资产总额的百分比，也就是负债总额与资产总额的比例关系。资产负债率反映在总资产中有多大比例是通过借债来筹资的，也可以衡量企业在清算时保护债权人利益的程度。资产负债率这个指标反映债权人所提供的资本占全部资本的比例，也被称为举债经营比率。其计算公式为：

$$资产负债率=负债总额÷资产总额×100\%$$

表达资产总额中有多大比例是通过负债筹资形成的，用于衡量企业利用债权人提供资金进行经营活动的能力，也可反映债权人发放贷款的安全程度。

资产负债率是衡量企业负债水平及风险程度的重要标志。它包含以下几层含义。

① 资产负债率能够揭示出企业的全部资金来源中有多少是由债权人提供的。

② 从债权人的角度来看，资产负债率越低越好。

③ 对投资人或股东来说，负债比率较高可能带来一定的好处[财务杠杆、利息税前扣除、以较少的资本(或股本)投入获得企业的控制权]。

④ 从经营者的角度来看，他们最关心的是在充分利用借入资金给企业带来好处的同时，尽可能降低财务风险。

⑤ 企业的负债比率应在不发生偿债危机的情况下，尽可能择高。

⑥ 一般认为，资产负债率的适宜水平是 40%～60%。

由此可见，在企业管理中，资产负债率的高低也不是一成不变的，它要看从什么角度分析，债权人、投资者(或股东)、经营者各不相同；要看国际国内经济大环境是顶峰回落期还是见底回升期；还要看管理层是激进者、中庸者还是保守者，所以多年来也没有统一的标准。

(4) 净资产负债率(产权比率)。

净资产负债率高，是一种高风险、高回报的财务结构；净资产负债率低，则是一种低风险、低回报的财务结构。该指标同时也表明债权人投入的资本受到股东权益保障的程度，或者说是证券经营机构清算时对债权人利益的保障程度。国家规定，债权人的索偿权要在股东之前。

净资产负债率是指企业负债与企业净资产的比重。这是用以反映总资产结构的指标，净资产负债过高时则说明企业负债过高。它也是衡量企业长期偿债能力的一个重要指标，反映了企业清算时，企业所有者权益对债权人利益的保证程度。

$$净资产负债率=负债总额÷净资产总额$$

即：

$$产权比率=负债总额÷股东权益总额$$

这是负债总额与股东权益总额的比率。

该指标反映了债权资本和股权资本的相对比率关系。

(5) 长期负债率。

长期负债率是反映企业长期偿债能力的指标之一。它通常是用企业的非流动负债与资产总额的比率进行计算的。其计算公式为

$$长期负债率=非流动负债÷非流动资产×100\%$$

该指标反映了企业在清算时可用于偿还非流动负债的资产保证，该指标越低，企业的长期偿债能力越强，债权人的安全性也就越高。从稳健原则出发，计算该指标时，非流动资产中应剔除无形资产部分。即：

$$长期负债率=非流动负债÷(非流动资产-无形资产)×100\%$$

(6) 股东权益比率。

股东权益比率反映在总资产中有多大比例是投资人或股东投入的，其反映企业净资产的比重和对债务的保障程度。

$$股东权益比率=股东权益÷资产总额×100\%$$

股东权益比率与资产负债率正好相反。

股东权益比率+资产负债率=股东权益÷资产总额+负债/资产总额=1

(7) 权益乘数。

权益乘数反映企业所有人或股东投入的资本在资产总数中所占的比重。如果没有负债，该比率则为1。

$$权益乘数=资产平均总额÷所有者权益$$

这说明企业资产总额是所有者权益的多少倍，反映企业投资者权益对债权人权益的保障程度。权益总资产率与股东权益比率互为倒数。

比率越低，说明股东投入的资本在资产总额中所占的比重越大，表明企业长期偿债能力越强，债权人风险越小。

$$偿债保障比率=负债总额÷经营活动现金净流量$$

(8) 资本周转率。

资本周转率表示可变现的流动资产与长期负债的比例。它反映公司清偿长期债务的能力。其计算公式为

$$资本周转率=(货币资金+短期投资+应收票据)÷长期负债合计$$

一般情况下，该指标值越大，表明公司近期的长期偿债能力越强，债权的安全性越高。由于长期负债的偿还期限长，所以在运用该指标分析公司的长期偿债能力时，还应充分考虑公司未来的现金流入量、经营获利能力和盈利规模的大小。如果公司的资本周转率很高，但未来的发展前景并不乐观，即未来可能的现金流入量少，经营获利能力弱，且盈利规模小，那么，公司实际的长期偿债能力将变弱。

(9) 清算价值比率。

清算价值比率表示企业有形资产与负债的比例。它反映公司清偿全部债务的能力。其计算公式为

$$清算价值比率=(资产总计-无形及递延资产合计)÷负债合计$$

一般情况下，该指标值越大，表明公司的综合偿债能力越强。1998年沪深两市该指标平均值为309.76%。由于有形资产的变现能力和变现价值受外部环境的影响较大且很难确定，所以运用该指标分析公司的综合偿债能力时，还需充分考虑有形资产的质量及市场需求情况。如果公司有形资产的变现能力差、变现价值低，那么公司的综合偿债能力就会受到影响。

(10) 利息支付倍数。

利息支付倍数表示息税前收益对利息费用的倍数。它反映公司负债经营的财务风险程度。其计算公式为

$$利息支付倍数=(利润总额+财务费用)÷财务费用$$

一般情况下，该指标值越大，表明公司偿付借款利息的能力越强，负债经营的财务风险越小。1998年沪深两市该指标平均值为36.57%。由于财务费用包括利息收支、汇兑损益、手续费等项目，且还存在资本化利息，所以在运用该指标分析利息偿付能力时，最好将财务费用调整为真实的利息净支出，这样所反映的公司的偿付利息能力最准确。

(八) 资产营运能力分析

营运能力是指企业的经营运行能力，即企业运用各项资产以赚取利润的能力。企业营运能力的财务分析比率有存货周转率、应收账款周转率、营业周期、流动资产周转率和总资产周转率等。

这些比率揭示了企业资金运营周转的情况，反映了企业对经济资源管理、运用的效率高低。企业资金周转越快，流动性越高，企业的偿债能力越强，资产获取利润的速度就越快。

根据营运能力分析的含义与目的，企业营运能力分析的内容主要包括以下三个部分。

1. 全部资产营运能力分析

全部资产营运能力分析就是要对企业全部资产的营运效率进行综合分析。全部资产营运能力分析包括对反映全部资产营运能力的指标进行计算与分析；对反映资产营运能力的各项指标进行综合对比分析。

企业全部资产营运能力主要是指投入或使用全部资产所取得的产出的能力。由于企业的总产出，一方面从生产能力角度考虑，可用总产值表示；另一方面从满足社会需要角度考虑，可用总收入表示。因此，反映全部资产营运能力的指标主要是指全部资产产值率、全部资产收入率和全部资产周转率。

1) 全部资产产值率的计算与分析

全部资产产值率是指企业占用每百元资产所创造的总产值。其计算公式为

$$全部资产产值率＝总产值÷平均总资产×100\%$$

该指标反映了总产值与总资产之间的关系。在一般情况下，该指标值越高，说明企业资产的投入产出率越高，企业全部资产运营状况越好。反映总产值与总资产关系还可用另一指标表示，即百元产值占用资金。其计算公式为

$$百元产值占用资金＝平均总资产÷总产值×100\%$$

该指标越低，反映全部资产营运能力越好。对该指标的分析，可在上式基础上，从资产占用形态角度进行分解，即：

$$百元产值占用资金＝平均总资产÷总产值×100\%$$
$$＝流动资产÷总产值＋固定资产÷总产值＋其他资产÷总产值$$

依据上式，可分析全部资产产值率或百元产值占用资金变动受各项资产营运效果的影响。

2) 全部资产收入率的计算与分析

全部资产收入率是指占用每百元资产所取得的收入额。其计算公式为：

$$全部资产收入率＝总收入÷平均总资产×100\%$$

该指标反映了企业收入与资产占用之间的关系。通常，全部资产收入率越高，反映企业全部资产营运能力越强，营运效率越高。该指标比全部资产产值率更能准确反映企业全部资产的营运能力，因为企业总产值往往既包括完工产品产值，又包括在产品产值；既包括已销售的商品产值，又包括库存产品产值。在市场经济条件下，企业产品只有销售出去，收入实现才是真正意义的产出。

对全部资产收入率的分析，正是要考虑收入与产值的关系。其因素分解式为：

全部资产收入率=总收入÷平均总资产×100%

=(总产值÷平均总资产)×(总收入÷总产值)×100%

=全部资产产值率×产品销售率

可见，企业要取得较高的资产收入率，一方面要提高全部资产产值率；另一方面要提高产品销售率。

3) 全部资产周转率分析

从周转速度角度来看，全部资产收入率也称全部资产周转率(总资产周转率)。其计算方法与全部资产收入率相同，即：

全部资产周转率=总周转额(总收入)÷平均总资产×100%

在全部资产中，周转速度最快的应属流动资产，因此，全部资产周转速度受流动资产周转速度影响较大。从全部资产周转速度与流动资产周转速度的关系，可确定影响全部资产周转率的因素如下：

全部资产周转率=(销售收入÷平均流动资产)×(平均流动资产÷平均总资产)

=流动资产周转率×流动资产占总资产的比重

可见，全部资产周转率的快慢取决于两大因素：一是流动资产周转率。因为流动资产的周转速度往往高于其他类资产的周转速度，加速流动资产周转，就会使总资产周转速度加快；反之，则会使总资产周转速度减慢。二是流动资产占总资产的比重。因为流动资产周转速度快于其他类资产周转速度，所以，企业流动资产所占比例越大，总资产周转速度越快；反之，则越慢。

2. 流动资产营运能力分析

反映流动资产营运能力的指标有全部流动资产周转率、全部流动资产垫支周转率、流动资产周转加速效果分析、存货周转率分析、应收账款周转率分析。

1) 全部流动资产周转率的计算与分析

流动资产周转率，既是反映流动资产周转速度的指标，也是综合反映流动资产利用效果的基本指标。它是一定时期流动资产平均占用额和流动资产周转额的比率，是用流动资产的占用量和其所完成的工作量的关系来表明流动资产的使用经济效益。

(1) 流动资产周转率计算。

流动资产周转率的计算，一般可以采取以下两种计算方式：

流动资产周转率=流动资产周转额÷流动资产平均余额

流动资产周转天数(周转期)=计算期天数(360)÷流动资产周转率

=流动资产平均余额×计算期天数÷流动资产周转额

流动资产的周转次数或天数均表示流动资产的周转速度。流动资产在一定时期的周转次数越多，亦即每周转一次所需要的天数越少，周转速度就越快，流动资产营运能力就越好；反之，周转速度则慢，流动资产营运能力就越差。

从上述公式可知，流动资产周转期的计算必须利用"计算期天数""流动资产平均余额""流动资产周转额"三个数据。对于计算期天数，为了计算方便，全年按360天计算，全季按 90 天计算，全月按 30 天计算。对于流动资产平均余额的确定：一要注意范围，不同的周转率，流动资产的范围就不同；二要注意用平均占用额，而不能用期末或期初占用额。周转额一般是指企业在报告期中有多少流动资产完成了，即完成了出货币到商品，再到货币这一循环过程的流动资产数额。它应用销售额来表示，既可用销售收入，也可用销售成本来表示。因此，企业全部流动资产周转率的计算公式是：

$$全部流动资产周转次数=销售收入÷全部流动资产平均余额$$

$$全部流动资产周转天数=全部流动资产平均余额×计算期天数÷销售收入$$

或

$$全部流动资产垫支周转次数=销售(营业)成本÷全部流动资产平均余额$$

$$全部流动资产垫支周转天数=全部流动资产平均余额×计算期天数÷销售成本$$

(2) 流动资产周转率分析。

进行流动资产周转率因素分析，首先应找出影响流动资产周转率的因素。根据流动资产周转率的计算公式，可分解出影响全部流动资产总周转率的因素如下：

$$流动资产周转次数=销售(营业)收入÷流动资产平均余额$$

$$=(销售成本÷流动资产平均余额)×计算期天数÷销售成本$$

$$=流动资产垫支周转次数×计算期天数÷销售成本$$

可见，影响流动资产周转次数的因素，一是垫支周转次数；二是成本收入率。流动资产垫支周转次数准确地反映了流动资产在一定时期可周转的次数；成本收入率说明了企业的所费与所得之间的关系。当成本收入率大于 1 时，说明企业有经济效益，此时流动资产垫支周转次数越快，流动资产营运能力越好；反之，则说明企业所得弥补不了所费，这时流动资产垫支次数加快，反而不利于企业经济效益的提高。确定这两个因素变动对流动资产周转次数的影响，可用连环替代法或差额计算法。其计算公式如下：

流动资产垫支周转次数影响=(本期流动资产垫支周转次数−基期流动资产垫支周转次数)×计算期天数÷销售成本

成本收入率变动的影响=本期流动资产垫支周转次数×计算期天数÷基期成本收入率

在流动资产周转次数分析基础上，进一步对流动资产垫支周转次数进行分析。影响流动资产垫支周转次数的因素可从以下分解式中得出：

$$流动资产垫支周转次数=销售成本÷流动资产平均占用额$$

$$=(销售成本÷平均存货)×(平均存货÷流动资产平均占用额)$$

$$流动资产平均占用额=存货周转次数×存货构成率$$

运用差额计算法可确定存货周转次数和存货构成率变动对流动资产垫支周转次数的影响程度。

2) 存货周转率分析

存货周转率是指企业在一定时期内存货占用资金可周转的次数，或存货每周转一次所需要的天数。因此，存货周转率指标有存货周转次数和存货周转天数两种形式。其计算公式如下：

$$存货周转次数=销售成本÷平均存货$$

其中

$$平均存货=(期初存货+期末存货)÷2$$

存货周转天数=计算期天数÷存货周转次数

$$=计算期天数×平均存货÷销售成本$$

应当注意，存货周转次数和周转天数的实质是相同的。但是其评价标准却不同，存货周转次数是个正指标，因此，周转次数越多越好(但过高的周转率也可能说明重要管理方面存在其他的一些问题)。

影响存货周转率的因素很多，但它主要还是受材料周转率、在产品周转率和产成品周转率的影响。这三个周转率的计算公式如下：

材料周转率=当期材料消耗额÷平均材料库存

在产品周转率=当期完工产品成本÷平均在产品成本

产成品周转率=销售成本÷平均产成品库存

这三个周转率的评价标准与存货评价标准相同，都是周转次数越多越好，周转天数越少越好。通过不同时期存货周转率的比较，可评价存货管理水平，查找出影响存货利用效果变动的原因，从而不断提高存货管理水平。

在企业生产均衡和产销平衡情况下，存货周转率与三个阶段周转率之间的关系可用下式表示：

存货周转天数=材料周转天数×材料消耗÷总产值生产费+在产品周转天数+产成品周转天数

运用因素分析法可确定出各因素变动对存货周转率的影响。

3) 应收账款周转率分析

应收账款周转率分析，主要应通过对应收款周转率的计算与分析进行说明。其计算公式如下：

应收账款周转率=赊销收入净额÷应收账款平均余额

其中

赊销收入净额=销售收入-现销收入-销售退回、折让、折扣

应收账款平均余额=(期初应收账款+期末应收账款)÷2

该数值为未扣除坏账准备的应收账款余额。

应收账款周转率可以用来估计应收账款变现的速度和管理的效率。回收迅速既可以节约资金，也可以说明企业信用状况好，不易发生坏账损失。一般认为周转率越高越好。

反映应收账款周转速度的另一个指标是应收账款周转天数，或应收账款平均收款期。其计算公式为

应收账款周转天数=计算期天数(360)÷应收账款周转次数

$$=应收账款平均余额×360÷赊销收入净额$$

按应收账款周转天数进行分析，则周转天数越短越好。

影响该指标的正确计算有四个因素：第一，季节性经营的企业使用这个指标时不能反映实际情况(淡季应收账款水平偏低)；第二，大量使用分期付款结算方式；第三，大量

地使用现金结算的销售；第四，年末大量销售或年末销售大幅度下降。这些因素都会对该指标计算结果产生较大的影响。财务报表的外部使用人可以将计算出的指标与该企业前期指标、与行业平均水平或其他类似企业的指标相比较，判断该指标的高低。但仅根据指标的高低分析不出上述各种原因。

4）营业周期分析

营业周期是指从取得存货开始到销售存货并收回现金为止的这段时间。营业周期的长短取决于存货周转天数和应收账款周转天数。其计算公式为

$$营业周期=存货周转天数+应收账款周转天数$$

把存货周转天数和应收账款周转天数加在一起计算出来的营业周期，指的是需要多长时间能将期末存货全部变为现金。一般情况下，营业周期越短，说明资金周转速度越快，管理效率越高，资产的流动性越强，资产的风险降低；营业周期越长，说明资金周转速度越慢，管理效率越低，风险上升。因此，分析研究企业的营业周期，并想方设法缩短营业周期，对于增强企业资产的管理效果具有重要意义。

3. 固定资产营运能力分析

固定资产周转率是指企业年销售收入净额与固定资产平均净值的比率。它是反映企业固定资产周转情况，从而衡量固定资产利用效率的一项指标。其计算公式为

$$固定资产周转率=销售收入净额÷固定资产平均余额$$

$$固定资产平均余额=(年初固定资产余额+年末固定资产余额)÷2$$

固定资产周转率高，表明企业固定资产利用充分，同时也表明企业固定资产投资得当，固定资产结构合理，能够充分发挥效率；反之，如果固定资产周转率不高，则表明固定资产使用效率不高，提供的生产成果不多，企业的营运能力不强。

运用固定资产周转率时，需要考虑固定资产净值因计提折旧而逐年减少、因更新重置而突然增加的影响；在不同企业间进行分析比较时，还要考虑采用不同折旧方法对净值的影响等。

1）固定资产利用效率分析

(1) 固定资产产值率分析。

固定资产产值率是指一定时期内总产值与固定资产平均总值之间的比率，或每百元固定资产提供的总产值。其计算公式为

$$固定资产产值率=总产值÷固定资产平均总值$$

公式中的分母项目是采用固定资产原值还是采用固定资产净值，目前尚有两种观点。一种观点主张采用固定资产原值计算，理由是：固定资产生产能力并非随着其价值的逐步转移而相应降低，比如，一种设备在其全新时期和半新时期往往具有同样的生产能力；再如，用原值便于企业不同时间或不同企业进行比较，如果采用净值计算。则会失去可比性。另一种观点主张采用固定资产净值计算，理由是：固定资产原值并非一直都被企业占用着，其价值小的磨损部分已逐步通过折旧收回，只有采用净值计算，才能真正反映一定时期内企业实际占用的固定资金。实际上，单纯地采用哪一种计价方法都难免偏

颇。为了既从生产能力又从资金占用两个方面来考核企业的固定资产利用水平,必须同时采用原值和净值两种计价标准,才能从不同角度全面地反映企业固定资产利用的经济效益。

公式表示每百元固定资产提供多少产值,提供得多,表明固定资产利用效果高;反之就低。反映总产值与固定资产关系还可用另一指标表示,即百元产值固定资金占用。其计算公式为

$$百元产值占用固定资金=平均固定资产总值÷总产值×100\%$$

公式表示每百元产值占用多少固定资产,占用少,固定资产利用效果就高;反之就低。

固定资产产值率是一个综合性指标,它受多种因素的影响,在众多的因素中固定资产本身的因素最为重要。全部固定资产原值平均余额中,生产用固定资产占多少,在生产用固定资产中,生产设备占多少,都会影响到固定资产的利用效果。将固定资产产值率进行如下分解:

固定资产产值率=总产值÷固定资产平均总值

=(总产值÷生产设备平均总值)×(生产设备平均总值÷生产用固定资产平均总值)×(生产用设备平均总值÷固定资产平均总值)

=生产设备产值率×生产设备占生产用固定资产的构成率×生产用固定资产构成率

从分解后的公式中可以看出,生产设备产值率是反映生产设备能力和时间的利用的效果,它的数值大小直接影响着生产用固定资产的利用效果,进而影响全部固定资产的产值率。生产设备占生产用固定资产的比重和生产用固定资产占全部固定资产平均总值的比重,反映了企业固定资产的结构状况和配置的合理程度,其比重越大,则全部固定资产产值率就越高。因此,在分析固定资产产值率时应从固定资产的配置和利用两个方面进行。特别是要提高生产设备的利用效果,不断提高其单位时间的产量,才能提高固定资产产值率。

固定资产产值率的分析是以实际数与计划数、上期实际数或历史最好水平进行比较的,从中找出影响该指标的不利因素,由此对企业固定资产利用效果做出评价。

必须说明的是,固定资产产值率是一个比较综合的指标,容易计算。在考核固定资金利用效果中具有一定的作用。但是,也应该看到这个指标的局限性,由于按工厂法计算的总产值在有些情况下不能真实地反映企业的生产成果,这也就连锁影响了固定资产产值率指标的正确性。

(2) 固定资产收入率分析。

固定资产收入率也称固定资产周转率或每百元固定资产提供的收入,是一定时期所实现的收入同固定资产平均占用总值之间的比率。其计算公式为

固定资产收入率=销售收入÷固定资产平均总值(或固定资产平均净值)

固定资产收入率指标的数值越高,就表示一定时期内固定资产提供的收入越多,说明固定资产利用效果越好。这是因为收入指标比总产值和销售收入更能准确地反映经济

效益，因此固定资产收入率能更好地反映固定资产的利用效果。

固定资产收入率的分析可根据下列因素分解式进行：

固定资产收入率=(总产值÷固定资产平均总值)×(总收入÷总产值)

=固定资产产值率×产品销售率

可见，企业要取得较高的固定资产收入率，一方面要提高全部固定资产产值率；另一方面要提高产品销售率。

2) 固定资产变动情况分析

固定资产变动分析主要是对固定资产的更新、退废及增长情况进行分析，分析时主要通过以下几个指标进行。

(1) 固定资产增长率。

固定资产增长率是指一定时期内增加的固定资产原值对原有固定资产数额的比率。其计算公式为

固定资产增长率=(期末固定资产总值-期初固定资产总值)÷期初固定资产总值×100%

固定资产的增长应结合具体原因进行分析，看其增长是否合理。一般来说，企业增加生产设备，生产也应相应地增长，这样才能保证固定资产使用的经济效益。如果是非生产用固定资产，也应考虑企业的经济承受能力。

(2) 固定资产更新率。

固定资产更新率是指一定时期内新增加的固定资产原值与期初全部固定资产原值的比率。其计算公式为

固定资产更新率=本期新增固定资产原值÷年初固定资产原值×100%

固定资产更新率是反映企业现有固定资产中，经过更新的占多大比重，也反映了固定资产在一定时期内更新的规模和速度。在评价企业固定资产更新的规模和速度时，也应结合具体情况进行分析，企业为了保持一定的生产规模和生产能力，必须对设备进行更新是合理的，但如果更新设备只是为了盲目扩大生产，就不合理了。

(3) 固定资产退废率。

固定资产退废率是指企业一定时期内报废清理的固定资产与期初固定资产原值的比率。其计算公式为

固定资产退废率=本期退废的固定资产原值÷期初固定资产原值×100%

企业固定资产的退废应与更新相适应，这样才能维持再生产。退废数额中不包括固定资产盘亏和损坏的数额。

(4) 固定资产损失率。

固定资产损失率是指企业一定时期内盘亏、毁损的固定资产所造成的损失数与期初固定资产原值的比率。其计算公式为

固定资产损失率=本期盘亏、毁损固定资产价值÷期初固定资产原值×100%

固定资产损失率反映企业固定资产盘亏及毁损而造成的固定资产损失程度。在分析

时，应查清原因，分清责任，并根据分析结果采取相应的改进措施，以减少、杜绝盘亏毁损现象。

(5) 固定资产净值率。

固定资产净值率是指一定时期内固定资产净值总额与固定资产原值总额的比率。其计算公式为

固定资产净值率(成新率)=固定资产净值÷固定资产原值×100%

固定资产净值率提高，说明企业技术设备的更新较快。固定资产净值率降低，说明企业的技术设备陈旧。

三、资产负债表分析应注意的问题

(一) 偿债能力分析方面

1. 流动比率易受人为因素控制

例如：C 公司年末流动资产为 900 万元，流动负债为 500 万元。

其流动比率：900÷500=1.8

C 公司为粉饰财务状况，在年末用 300 万元货币资金偿还应付账款，此时，其流动比率：600÷200=3.0

2. 速动比率易受人为因素控制

速动比率又称为酸性测试比率。在理论与实务中，有观点认为预付款项不应归为速动资产，因此项经济事项的完成与当期现金流量无关，因此，在速动资产中剔除了预付账款；该指标同样易受人为粉饰财务状况。

例如：C 公司期末实际速动资产为 250 万元，流动负债为 200 万元，速动比率为 250÷200=1.25。

在接近报表日以银行存款偿还短期借款 100 万元，速动比率为 150÷100=1.5。

(二) 影响短期偿债能力的特别项目

影响短期偿债能力的特别项目主要有以下几个方面。

(1) 可动用的银行贷款指标(该项必须在财务状况说明书中说明)。

(2) 准备很快变现的长期资产。

(3) 偿债能力的声誉。

(4) 已贴现商业承兑汇票形成的或有负债。

(5) 未决诉讼、债务担保形成的或有负债。

(三) 资产负债率指标的缺陷

资产负债表指标的缺陷主要体现在以下三个方面。

(1) 是静态指标，无法反映未来偿债能力。

面向十二五高职高专会计专业规划教材

(2) 没有考虑偿还期限。

例如：A、B 公司贷款均为 100 万元，A 公司 5 年偿还，B 公司 10 年偿还。

(3) 未考虑资产结构。

(四) 权益乘数与资产负债率、产权比率的关系

(1) 若资产总额不变，权益乘数与资产负债率呈同方向变动。

(2) 若资产总额不变，负债越高，权益乘数越高，产权比率也就越高，表明股东权益对债权人权益的保障程度越低。

$$权益乘数-产权比率=1$$
$$权益乘数=1+产权比率$$
$$资产负债率+1\div权益乘数=1$$

(五) 影响长期偿债能力的特别项目

影响长期偿债能力的特别项目主要有以下几个方面。

(1) 融资租赁与经营租赁。

(2) 或有项目。

(3) 担保责任引起的长期负债。

(六) 营运能力主要评价指标

1. 应收账款周转率应注意的问题

(1) 减值准备问题。

(2) 年末余额可靠性。

(3) 周转率的评价标准。

2. 存货周转率

(1) 与历史水平相比较。

(2) 按一定的时间周期计算。

(3) 存货明细资料的解释。

(4) 周转率大小做出合理判断。

3. 营业周期

(1) 不同的存货计价方法。

(2) 计提坏账准备的方法及比例。

(3) 赊销与现销。

4. 流动资产周转率

(1) 流动资产占用过高、过低都会不利。

(2) 应与行业平均水平、企业历史水平进行对比。

5. 固定资产周转率

(1) 折旧数据和折旧政策。

(2) 固定资产净值逐年减少的情况。

(3) 固定资产周转率的陡然上升。

(4) 通货膨胀导致固定资产周转率提高。

(5) 一般情况下，固定资产周转率越高越好。

6. 总资产周转率

(1) 资金占用流动性大的企业，总资产平均余额应采用按月或按季计算。

(2) 如该项突然上升，而销售收入无变化，应考虑是报废大量固定资产所致。

(3) 该项较高也可能是总资产太少。

(4) 该项较低应处置多余、闲置的资产。

(5) 与企业历史水平和行业平均水平比较。

(6) 资产结构变化使前后各期口径不一，失去可比性。

(七) 阅读和分析资产负债表应注意的问题

阅读和分析资产负债表应注意以下几个方面的问题。

(1) 以综合的、联系的眼光进行分析和评价。

(2) 定性和定量分析相结合。

(3) 注意相关性和实用性。

(4) 结合绝对变动和相对变动，找出规律和趋势。

(5) 结合其他报表和资料，进行全面认识和分析。

课堂活动 3-2 工作底稿示例 1

绘制大众机械有限公司共同比资产负债表如表 3-3 所示。

表 3-3　共同比资产负债表

会企 01 表

编制单位：大众机械有限公司　　　　　　　2015 年 12 月 31 日　　　　　　　　单位：元

项　目	年　末	年　初	结　构	
			年　末	年　初
流动资产：				
货币资金	124 006 031	23 436 513	19.27%	6.82%
交易性金融资产				
应收票据	4 000 000		0.62%	
应收账款	122 254 586	88 686 682	19.00%	25.80%
预付账款	30 460 752	38 714 700	4.73%	11.26%
应收股利				
应收利息				

续表

项　目	年　末	年　初	结　构	
			年　末	年　初
其他应收款	4 264 800	4 596 432	0.66%	1.34%
存货	133 372 899	85 244 074	20.72%	24.80%
一年内到期的非流动资产				
其他流动资产				
流动资产合计	418 359 069	240 678 401	65.00%	70.02%
非流动资产：				
可供出售金融资产				
持有至到期投资				
投资性房地产				
长期股权投资	19 600 000	1 000 000	3.05%	0.29%
长期应收款				
固定资产	150 780 119	89 871 411	23.43%	26.14%
在建工程	5 242 209	2 519 096	0.81%	0.73%
工程物资				
固定资产清理				
生产性生物资产				
油气资产				
无形资产	46 528 999	8 120 138	7.23%	2.36%
开发支出				
商誉				
长期待摊费用	1 278 333		0.20%	
递延所得税资产	1 791 728	1 559 445	0.28%	0.45%
其他非流动资产				
非流动资产合计	225 221 389	103 070 090	35.00%	29.98%
资产总计	643 580 458	343 748 491	100.00%	100.00%
负债和所有者权益				
流动负债：				
短期借款	21 161 698	43 196 019	3.29%	12.57%
交易性金融负债				
应付票据	88 007 638	59 678 601	13.67%	17.36%
应付账款	113 190 015	79 894 849	17.59%	23.24%
预收账款	9 417 196	5 243 722	1.46%	1.53%
应付职工薪酬	5 018 022	9 986 680	0.78%	2.91%
应交税费	-12 181 159	-7 048 040	-1.89%	-2.05%
应付利息	41 930	77 046	0.01%	0.02%
应付股利				
其他应付款	5 073 992	3 000 000	0.79%	0.87%
一年内到期的非流动负债		14 024 640		4.08%
其他流动负债				

项　目	年　末	年　初	结　构	
			年　末	年　初
流动负债合计	229 729 332	208 053 519	35.70%	60.52%
非流动负债:				
长期借款		16 033 110	0.00%	4.66%
应付债券				
长期应付款	800 000	800 000	0.12%	0.23%
专项应付款				
预计负债				
递延所得税负债				
其他非流动负债				
非流动负债合计	800 000	16 833 110	0.12%	4.90%
负债合计	230 529 333	224 886 629	35.82%	65.42%
所有者权益:				
实收资本	75 280 000	56 280 000	11.70%	16.37%
资本公积	221 195 772	167 844	34.37%	0.05%
减: 库存股				
盈余公积	20 292 329	9 203 030	3.15%	2.68%
未分配利润	96 283 024	53 210 988	14.96%	15.48%
外币报表折算差额				
归属于母公司所有者权益	413 051 125		64.18%	0.00%
少数股东权益				
所有者权益合计	413 051 126	118 861 863	64.18%	34.58%
负债和所有者权益合计	643 580 458	343 748 492	100.00%	100.00%

课堂活动 3-2 工作底稿示例 2

大众机械有限公司资产负债表分析

(一) 资产组成分析

(1) 就总资产而言,静态分析如表 3-4 所示。

表 3-4　资产负债表静态分析　　　　　　　　　　　单位: %

项　目	2015 年比例	2014 年比例
流动资产	65	70
非流动资产	35	30
无形资产	7.23	2.36
固定资产	23.43	26.15
流动资产与固定资产比例结构	2.77 : 1	2.68 : 1

表 3-4 表明该公司的资产保持了很高的流动性,同时也具有一定的生产规模,而且流动资产呈上升趋势,说明该公司正在扩大企业的规模。

该公司的无形资产比例不高，但呈上升趋势，说明该公司作为一家出口型的生产企业，正在提升无形资产在生产经营中的重要作用。

该公司的流动资产与固定资产的比例结构与两年间的变化如表 3-4 所示，这种结构是否合理，还应该结合该公司的行业特点等相关信息作出正确的判断。

(2) 流动资产组成分析。

利用水平分析法和垂直分析法对流动资产的规模和结构分别进行分析，了解流动资产的规模变动和组成的变化趋势。

根据表 3-5 和表 3-6 进行水平分析。

表 3-5　流动资产组成分析表　　　　　　　　　　　　单位：元

项　目	年　末	年　初	结　构	
			年　末	年　初
流动资产：				
货币资金	124 006 031	23 436 513	29.64%	9.74%
交易性金融资产				
应收票据	4 000 000		0.96%	
应收账款	122 254 586	88 686 682	29.22%	36.85%
预付账款	30 460 752	38 714 700	7.28%	16.09%
应收股利				
应收利息				
其他应收款	4 264 800	4 596 432	1.02%	1.91%
存货	133 372 899	85 244 074	31.88%	35.42%
一年内到期的非流动资产				
其他流动资产				
流动资产合计	418 359 069	240 678 401	100.00%	100.00%

表 3-6　流动资产变动分析表　　　　　　　　　　　　单位：元

项　目	年　末	年　初	变动额
流动资产：			
货币资金	124 006 031	23 436 513	100 569 518
交易性金融资产			
应收票据	4 000 000		4 000 000
应收账款	122 254 586	88 686 682	33 567 704
预付账款	30 460 752	38 714 700	-8 253 948
应收股利			
应收利息			
其他应收款	4 264 800	4 596 432	-331 632
存货	133 372 899	85 244 074	48 128 825
一年内到期的非流动资产			
其他流动资产			
流动资产合计	418 359 069	240 678 401	177 680 668

根据表 3-5 和表 3-6 的分析，得出表 3-7。

表 3-7　流动资产变动额

单位：元

项　目	变　动　额	变动比例
流动资产	177 680 668	73.82%
其中：货币资金	100 569 518	
应收账款	33 567 904	92.35%
存货	48 128 825	

由表 3-7 可知，该公司流动资产本年度大大增加，对于流动资产的大幅度增长，要结合流动资产内部各项目进行进一步深入分析，看是否存在不合理的流动资金占用。

2015 年度增长原因主要来自于货币资金、应收账款和存货三项的大幅增长，货币资金增长了 1 亿元之多，应收账款增长了 3 300 多万元，存货增长了 4 800 多万元，三项占流动资产的增长比例为 92.35%。

根据表 3-8 进行垂直分析：

速动资产=货币资金+应收票据+应收账款+预付账款+其他应收款

表 3-8　速动资产与存货比例分析表

项　目	2015 年比例	2014 年比例
速动资产	68.12%	64.59%
存货	31.88%	35.41%

流动资产组成中：

由表 3-8 可知，该公司速动资产比例是较高的，一方面可能有助于提高资金流动性；另一方面可能表明有过多的资金滞留于速动资产上，使企业资金使用率偏低。存货占比有所下降，说明企业加强了对存货资金的管理。

(3) 非流动资产组成分析。

运用水平分析法，了解企业非流动资产的增减变动情况和变动原因。其情况如表 3-9 和表 3-10 所示。

表 3-9　非流动资产组成分析表

单位：元

项目	年　末	年　初	结　构 年　末	结　构 年　初
非流动资产：				
可供出售金融资产				
持有至到期投资				
投资性房地产				
长期股权投资	19 600 000	1 000 000	8.70%	0.97%
长期应收款				
固定资产	150 780 119	89 871 411	66.95%	87.19%
在建工程	5 242 209	2 519 096	2.33%	2.44%
工程物资				

续表

项　目	年　末	年　初	结　构	
			年　末	年　初
固定资产清理				
生产性生物资产				
油气资产				
无形资产	46 528 999	8 120 138	20.66%	7.88%
开发支出				
商誉				
长期待摊费用	1 278 333		0.57%	
递延所得税资产	1 791 728	1 559 445	0.80%	1.51%
其他非流动资产				
非流动资产合计	225 221 389	103 070 090	100.00%	100.00%

表 3-10　非流动资产变动额与变动幅度分析表　　　　　单位：元

项　目	变 动 额	变动幅度
非流动资产	122 151 299	118.51%
其中：长期股权投资	18 600 000	
固定资产	60 908 708	119.12%
无形资产	38 408 861	

该公司 2015 年度非流动资产大幅度增长，要结合非流动资产内部各项目进行进一步分析。如表 3-10 所示，增加的原因主要是长期股权投资、固定资产和无形资产三项，增幅非常大。

运用垂直分析法对企业非流动资产内部组成及组成变动进行分析。

非流动资产中：

如表 3-11 所示，该公司非流动资产中以上三项加起来占比 96.31%，其中固定资产占比 66.95%，说明该公司非流动资产主要是投资于企业内部，也说明企业的发展势头正旺；同时，无形资产比重高达 20.66%，比例较高，说明企业重视培育无形资产，无形资产越多，表明其可持续发展能力就越强。另外，长期股权投资也在增长，表明企业对外投资的实力不断增强，企业对外扩张的势头正在形成。

表 3-11　非流动资产比例分析表

项　目	2015 年比例	2014 年比例
长期股权投资	8.7%	0.97%
固定资产	66.95%	87.19%
无形资产	20.66%	7.88%

(4) 负债组成分析。

根据表 3-12 的分析，从负债总体上看，如表 3-13 所示，该公司流动负债比例很大，且有所增长，表明该公司流动资金充足，短期还款能力较强。

表 3-12　负债组成分析表　　　　　　　　　　　　　单位：元

项　目	年　末	年　初	结　构	
			年　末	年　初
流动负债：				
短期借款	21 161 698	43 196 019	9.18%	19.21%
交易性金融负债				
应付票据	88 007 638	59 678 601	38.18%	26.54%
应付账款	113 190 015	79 894 849	49.10%	35.53%
预收账款	9 417 196	5 243 722	4.09%	2.33%
应付职工薪酬	5 018 022	9 986 680	2.18%	4.44%
应交税费	-12 181 159	-7 048 040	-5.28%	-3.13%
应付利息	41 930	77 046	0.02%	0.03%
应付股利				
其他应付款	5 073 992	3 000 000	2.20%	1.33%
一年内到期的非流动负债		14 024 640		6.24%
其他流动负债				
流动负债合计	229 729 332	208 053 519	99.65%	92.51%
非流动负债：				
长期借款		16 033 110		7.13%
应付债券				
长期应付款	800 000	800 000	0.35%	0.36%
专项应付款				
预计负债				
递延所得税负债				
其他非流动负债				
非流动负债合计	800 000	16 833 110	0.35%	7.49%
负债合计	230 529 333	224 886 629	100.00%	100.00%

表 3-13　流动负债比例分析表

项　目	2015 年比例	2014 年比例
流动负债	99.65%	92.52%
非流动负债	0.35%	7.48%

（5）流动负债组成分析。

利用水平分析法和垂直分析法对流动负债的规模和结构分别进行分析，进而了解流动负债的规模变动和组成的变化趋势。

根据表 3-14 进行水平分析。

如表 3-15 所示，该企业流动负债中应付账款和应付票据所占比例较高，说明该企业的流动负债主要是进货业务中发生的无利息负担的债务，而短期借款比例下降，说明企业流动资金充足，财务风险较低。

表3-14 流动负债组成分析表 单位：元

项　目	年　末	年　初	结　构	
			年　末	年　初
流动负债：				
短期借款	21 161 698	43 196 019	9.21%	20.76%
交易性金融负债				
应付票据	88 007 638	59 678 601	38.31%	28.68%
应付账款	113 190 015	79 894 849	49.27%	38.40%
预收账款	9 417 196	5 243 722	4.10%	2.52%
应付职工薪酬	5 018 022	9 986 680	2.18%	4.80%
应交税费	-12 181 159	-7 048 040	-5.30%	-3.39%
应付利息	41 930	77 046	0.02%	0.04%
应付股利				
其他应付款	5 073 992	3 000 000	2.21%	1.44%
一年内到期的非流动负债		14 024 640		6.74%
其他流动负债				
流动负债合计	229 729 332	208 053 519	100.00%	100.00%

表3-15 流动负债比例分析表

项　目	2015 年比例	2014 年比例
应付账款	49.27%	38.40%
应付票据	38.31%	28.68%
短期借款	9.21%	20.76%

(6) 非流动负债组成分析。

非流动负债组成分析如表3-16所示。

表3-16 非流动负债组成分析表 单位：元

项　目	年　末	年　初	结　构	
			年　末	年　初
非流动负债：				
长期借款		16 033 110		95.25%
应付债券				
长期应付款	800 000	800 000	100.00%	4.75%
专项应付款				
预计负债				
递延所得税负债				
其他非流动负债				
非流动负债合计	800 000	16 833 110	100.00%	100.00%

由表3-16可得出表3-17。

表 3-17 长期应付款比例

项　目	2015 年比例	2014 年比例
长期应付款(仅此一项)	1%	

由表 3-17 可知，该公司 2015 年度只有长期应付款一项非流动负债，且数据与 2014 年相同，无新增非流动负债，说明企业经营稳健，流动资金充足。

(二) 融资结构分析

融资结构分析如表 3-18 所示。

表 3-18 融资结构分析表　　　　　　　　　单位：元

项　目	年　末	年　初	结　构	
			年　末	年　初
流动负债：				
短期借款	21 161 698	43 196 019	3.29%	12.57%
交易性金融负债				
应付票据	88 007 638	59 678 601	13.67%	17.36%
应付账款	113 190 015	79 894 849	17.59%	23.24%
预收账款	9 417 196	5 243 722	1.46%	1.53%
应付职工薪酬	5 018 022	9 986 680	0.78%	2.91%
应交税费	-12 181 159	-7 048 040	-1.89%	-2.05%
应付利息	41 930	77 046	0.01%	0.02%
应付股利				
其他应付款	5 073 992	3 000 000	0.79%	0.87%
一年内到期的非流动负债		14 024 640		4.08%
其他流动负债				
流动负债合计	229 729 332	208 053 519	35.70%	60.52%
非流动负债：				
长期借款		16 033 110	0.00%	4.66%
应付债券				
长期应付款	800 000	800 000	0.12%	0.23%
专项应付款				
预计负债				
递延所得税负债				
其他非流动负债				
非流动负债合计	800 000	16 833 110	0.12%	4.90%
负债合计	230 529 333	224 886 629	35.82%	65.42%
所有者权益：				
实收资本	75 280 000	56 280 000	11.70%	16.37%
资本公积	221 195 772	167 844	34.37%	0.05%
减：库存股				
盈余公积	20 292 329	9 203 030	3.15%	2.68%
未分配利润	96 283 024	53 210 988	14.96%	15.48%

续表

项　目	年　末	年　初	结　构	
			年　末	年　初
外币报表折算差额				
归属于母公司所有者权益	413 051 125		64.18%	0.00%
少数股东权益				
所有者权益合计	413 051 126	118 861 863	64.18%	34.58%
负债和所有者权益合计	643 580 458	343 748 492	100.00%	100.00%

融资结构是企业各部分融资占融资总额的比重，或是各部分融资的比例关系。

(1) 将某期融资结构计算出来，与上期、计划或者是与同行业平均水平、标准水平进行比较，从中评价企业的融资政策，特别是资本构成或变动以及对投资人、债权人的影响。

(2) 将融资结构进行变化趋势分析，透过相应的变化趋势，了解企业的融资策略和融资重心，预计未来的融资方向。

由此计算得出表 3-19。

表 3-19　负债比例表

项　目	2015 年比例	2014 年比例
负债	35.82%	65.42%
其中：流动负债	35.82%	60.53%
自有资金	64.18%	34.58%

相比之下，两年结构比例变化几乎完全相反，说明该企业的融资结构由 2014 年的负债资金主要是流动负债占绝对优势，转为本年度的自有资金占绝对优势，说明其融资策略由过去的流动负债为主、自有资金为辅，调整为自有资金为主、流动负债为辅的融资策略。

表明该公司盈利实力不断增强，投资者经营规模不断扩大，高成长性给企业带来丰厚的留存收益，用这部分资本再投资，财务风险相对下降，从而形成投资效益的良性循环。

该公司 2015 年度发行了新股，自有资金充足，这也是导致负债资金下降的原因。

(三) 偿债能力分析

1. 短期偿债能力分析

1) 企业短期偿债能力的影响因素

(1) 流动资产规模和构成如表 3-20 所示。

表 3-20　流动资产规模和构成一览表　　　　　　　单位：元

项　目	金　额	比　例
速动资产	284 986 170	68.12%
存货	133 372 899	31.88%
流动资产总额	418 359 069	100%

如表 3-20 所示，该公司速动资产占比较大，说明短期偿债能力很强。

(2) 流动负债规模和构成如表 3-21 所示。

表 3-21　流动负债规模和构成一览表

项　目	金　额	比　例
需支付利息项目(短期借款)	21 161 698	9.21%
无利息项目	208 567 634	91.79%
流动负债总额	229 729 332	100%

如表 3-21 所示，该公司流动负债中，需要支付利息的短期借款金额与占比很小，说明企业短期偿债压力较低。

2) 短期偿债能力指标的计算与分析

(1) 流动比率=流动资产÷流动负债。

该指标反映流动资产在流动负债到期时可变现用于偿还流动负债的能力。

大众公司流动比率：

2015 年流动比率=182%

2014 年流动比率=116%

流动比率呈上升趋势，说明该公司短期偿债能力是比较好的。

(2) 速动比率=速动资产÷流动负债。

该指标反映流动资产中可以立即用于偿还流动负债的能力。

大众公司速动比率：

2015 年速动比率=124%

2014 年速动比率=74.71%

速动比率较高，且呈上升趋势，说明该公司短期偿债能力是比较好的。

(3) 现金比率=货币资金÷流动负债。

该指标反映可直接用于偿还流动负债的能力。

大众公司现金比率：

2015 年现金比率=53.98%

2014 年现金比率=11.26%

现金比率较高，且呈上升趋势，说明该公司短期偿债能力是比较好的。

2. 长期偿债能力

1) 企业长期偿债能力的影响因素

(1) 长期负债规模和结构如表 3-22 所示。

表 3-22　长期负债规模和结构一览表

项　目	2015 年比例	2014 年比例
长期借款		95.25%
长期应付款		4.75%
长期负债总额	800 000 (占负债总额 0.35%)	16 833 110(占负债总额 7.48%)

如表 3-22 所示，该公司非流动负债规模较小，长期偿债压力较小。

(2) 非流动资产的规模和构成如表 3-23 所示。

表 3-23　非流动资产的规模和构成一览表

项　目	2015 年比例	2014 年比例
非流动资产规模	35% (占资产总额)	30% (占资产总额)
非流动负债规模	0.12% (占权益总额)	4.9% (占权益总额)

如表 3-23 所示，该公司非流动资产远远大于非流动负债，表明其长期偿债能力强。

长期偿债能力最终要落实到企业是否具有盈利能力上，只有盈利的企业才有偿债的资源。是否盈利主要通过资产报酬率进行评价，资产报酬率即资产的获利能力。资产报酬率数值越大越好。

总资产报酬率又称总资产利润率、总资产回报率、资产总额利润率。它是指企业一定时期内息税前利润与资产平均总额的比率。它用以评价企业运用全部资产的总体获利能力，是评价企业资产运营效益的重要指标。总资产报酬率的计算公式如下：

资产报酬率=息税前利润÷平均资产总额

=(净利润+利息费用+所得税)/平均资产总额×100%

2) 企业长期偿债能力的指标计算与分析

(1) 资产负债率=负债总额÷资产总额。

该指标既可用于衡量企业利用债权人的资金进行经营活动的能力，也可反映债权人发放贷款的安全程度。

大众公司资产负债率：

2015 年资产负债率=35.82%

2014 年资产负债率=65.42%

两年之间的变化，说明该企业经营趋于稳健，长期偿债能力提高很多。

(2) 净资产负债率=负债总额÷净资产总额。

该指标反映企业清算时，企业所有者权益对债权人利益的保证程度。

大众公司净资产负债率：

2015 年净资产负债率=55.81%

2014 年净资产负债率=189%

该公司净资产负债率 2014 年偏高，虽然经营比较稳定，但财务风险很高；2015 年度指标接近正常，经营比较稳健。

(3) 长期负债率=非流动负债÷非流动资产。

该指标反映企业清算时可用于偿还非流动负债的资产保证。

大众公司长期负债率：

2015 年长期负债率=0.36%

2014 年长期负债率=16.33%

从稳健原则出发，剔除无形资产部分，即：

长期负债率=非流动负债÷(非流动资产-无形资产)

稳健原则下的长期负债率：

2015 年长期负债率=0.45%

2014 年长期负债率=17.73%

该公司长期负债率在两个年度都比较低，2015 年度有少量提高，说明企业经营比较稳健，长期偿债能力强。

(四) 资产营运能力分析

1. 全部资产营运能力

全部资产周转率=总收入÷平均总资产×100%

＝(总收入÷平均流动资产)×(平均流动资产÷平均总资产)

＝流动资产周转次数×流动资产占总资产的比重

大众公司总资产周转率=158.62%

2. 流动资产营运能力

营运能力还要通过流动资产周转率来进行考量。

流动资产周转次数=流动资产周转额(营业收入)÷流动资产平均余额

流动资产垫支周转次数=营业成本÷流动资产平均余额

＝(营业成本÷平均存货)×(平均存货÷流动资产平均余额)

＝存货周转次数×存货构成率

流动资产周转天数=计算期天数÷流动资产周转次数

＝流动资产平均余额×计算期天数÷流动资产周转额(营业收入)

流动资产垫支周转天数=流动资产平均余额×计算期天数÷营业成本

注：流动资产周转额常用"营业收入"或"营业成本"表示。

"营业成本"用于"流动资产垫支周转次数"。流动资产周转率如表 3-24 所示。

表 3-24　流动资产周转率分析表　　　　　　　　　　　单位：元

项　目	2015 年	项　目	2015 年
营业收入	783 027 675	流动资产周转次数(次)	2.38
流动资产平均余额	329 518 735	流动资产垫支周转次数(次)	1.92
其中：平均存货	109 308 486	存货周转次数(次)	5.79
营业成本	633 224 765	存货构成率(%)	33.17

如表 3-24 所示，2015 年度流动资产周转次数为 2.38 次，周转天数为 360÷2.38=152(天)，周转较慢，存货周转次数为 5.79 次，周转天数为 360÷5.79=63(天)，两个多月周转一次，其周转是否较慢，还须结合同类企业的相同项目进行比较分析后做出评价。

3. 固定资产营运能力

固定资产周转率=营业收入÷固定资产平均余额

固定资产周转天数=360÷固定资产周转率

固定资产周转次数=一定时期营业收入÷固定资产平均余额

固定资产周转期(天数)=计算期天数÷固定资产周转次数

＝计算期天数×固定资产平均余额÷一定时期营业收入

大众公司固定资产周转率=6.51%

固定资产周转天数=56 天

通过上述计算，说明该公司固定资产营运能力强，周转期短，周转速度快，固定资产创收能力强。

(五) 资产负债表趋势分析

资产负债表趋势分析是指对资产负债表各项目及结构比例的变化，分析研究其发展趋势的分析活动。它主要分为水平分析法和垂直分析法。

用学生所绘制的比较资产负债表和共同比资产负债表，参考如下。

1. 资产负债表水平变动分析

资产负债表如表 3-25 所示。

表 3-25　比较资产负债表

比较资产负债表

会企 01 表

编制单位：大众机械有限公司　　　　　2015 年 12 月 31 日　　　　　单位：元

项　目	年　末	年　初	变 动 额	变 动 率
流动资产：				
货币资金	124 006 031	23 436 513	100 569 518	429.11%
交易性金融资产				
应收票据	4 000 000		4 000 000	
应收账款	122 254 586	88 686 682	33 567 704	37.85%
预付账款	30 460 752	38 714 700	-8 253 948	-21.32%
应收股利				
应收利息				
其他应收款	4 264 800	4 596 432	-331 632	-7.21%
存货	133 372 899	85 244 074	48 128 825	56.46%
一年内到期的非流动资产				
其他流动资产				
流动资产合计	418 359 069	240 678 401	177 680 668	73.82%
非流动资产：				
可供出售金融资产				
持有至到期投资				
投资性房地产				
长期股权投资	19 600 000	1 000 000	18 600 000	1 860.00%
长期应收款				
固定资产	150 780 119	89 871 411	60 908 708	67.77%
在建工程	5 242 209	2 519 096	2 723 113	108.01%
工程物资				
固定资产清理				
生产性生物资产				

续表

项　目	年　末	年　初	变动额	变动率
油气资产				
无形资产	46 528 999	8 120 138	38 408 861	473.01%
开发支出				
商誉				
长期待摊费用	1 278 333		1 278 333	
递延所得税资产	1 791 728	1 559 445	232 283	14.90%
其他非流动资产				
非流动资产合计	225 221 389	103 070 090	122 151 299	118.51%
资产总计	643 580 458	343 748 491	29 983 197	87.22%
流动负债：				
短期借款	21 161 698	43 196 019	−22 034 221	−51.01%
交易性金融负债				
应付票据	88 007 638	59 678 601	28 329 037	47.47%
应付账款	113 190 015	79 894 849	33 295 166	41.67%
预收账款	9 417 196	5 243 722	4 173 474	79.59%
应付职工薪酬	5 018 022	9 986 680	−4 968 658	−49.75%
应交税费	−12 181 159	−7 048 040	−5 133 119	−72.83%
应付利息	41 930	77 046	−35 114	−45.58%
应付股利				
其他应付款	5 073 992	3 000 000	2 073 992	69.13%
一年内到期的非流动负债		14 024 640	−14 024 640	−100.00%
其他流动负债				
流动负债合计	229 729 332	208 053 519	21 675 813	10.42%
非流动负债：				
长期借款		16 033 110	−16 033 110	−100.00%
应付债券				
长期应付款	800 000	800 000	−	0.00%
专项应付款				
预计负债				
递延所得税负债				
其他非流动负债				
非流动负债合计	800 000	16 833 110	−16 033 110	−95.25%
负债合计	230 529 333	224 886 629	5 642 704	2.51%
所有者权益：				
实收资本	75 280 000	56 280 000	19 000 000	33.76%
资本公积	221 195 772	167 844	221 027 928	1 316.86%
减：库存股				
盈余公积	20 292 329	9 203 030	11 089 299	120.50%
未分配利润	96 283 024	53 210 988	43 072 036	80.95%
外币报表折算差额				

续表

项　目	年　末	年　初	变　动　额	变　动　率
归属于母公司所有者权益	413 051 125		413 051 125	
少数股东权益				
所有者权益合计	413 051 126	118 861 863	294 189 263	247.51%
负债和所有者权益合计	643 580 458	343 748 492	299 831 966	87.22%

如表 3-25 所示，该公司本年度总资产增加接近 3 亿元，增幅达 87.22%，其中流动资产增加 17 700 万元之多，增幅达 73.82%，非流动资产增加 12 000 万元，增幅达 118.51%。说明该公司的资产增幅很高，非流动资产增幅超过流动资产增幅，说明该公司的规模不断扩大，固定资产投资规模大于流动资产的投资规模，反映了企业迅猛发展的态势。

流动资产中，增幅最大的是货币资金，这一方面表明公司保持了很强的流动性；另一方面也表明企业货币资金利用率低。增幅第二的是存货，这一方面可能是因为企业存货积压；另一方面也可能是企业特殊经营形式所致，但存货资产大幅增加对企业流动资金周转速度是很大的障碍，会直接降低企业的资金周转速度，进一步降低资金利用率。

非流动资产中，增幅最大的是长期股权投资，增加了 18.6 倍，说明对外投资力度加大。增幅第二的是无形资产，增加了 4.73 倍，说明企业重视无形资产，增加无形资产投资，可增强企业发展后劲，提升企业竞争实力。排名第三的是在建工程，增幅翻了一番，表明企业正在扩大固定资产投资规模，以增强企业发展实力。增幅第四的是固定资产，增幅达 67.77%，与在建工程相加，合计增幅接近 2 倍，这反映了企业雄厚的经济实力。

从负债和所有者权益来看，2015 年度负债增加 564 万元，所有者权益增加接近 3 亿元，说明该公司资产的增加主要是投资人投入，表明企业的发展实力，也表明通过权益筹资，是企业经营稳健的表现。具体项目中，流动负债增加，增加了一成，非流动负债减少，减少了九成多，说明以流动负债为主、非流动负债为辅，且非流动负债呈下降趋势，表明公司经营稳健。所有者权益中，增加最多的是资本公积，净增 2 亿多元，增幅达 13 倍多，此项是资本溢价所致，表明投资者认可该企业的经营，看好该企业。增加第二的是盈余公积和未分配利润，两项目净增 5 400 多万元，增幅达 2 倍多，说明企业经营成果显著，且经营稳健，净利润大多作为留存收益，为增强企业发展后劲。股本增幅为33%，是发行新股所致。

综合以上分析，该公司经营稳健，经营形势和经营前景乐观，企业规模不断扩大，经济实力不断提升，企业的发展后劲强。但该企业也面临一些问题，如货币资金持有过高，影响资金利用率，存货增加较多，应加强管理，提高周转率。长期股权投资增加较多，是否会影响企业内部实力，还须结合其他资料及同行业相关指标进行综合分析。

2. 资产负债表垂直变动分析

共同比资产负债表如表 3-26 所示。

表 3-26 共同比资产负债表

会企 01 表

编制单位：大众机械有限公司   2015 年 12 月 31 日   单位：元

项　目	年　末	年　初	结　构	
			年　末	年　初
流动资产：				
货币资金	124 006 031	23 436 513	19.27%	6.82%
交易性金融资产				
应收票据	4 000 000		0.62%	
应收账款	122 254 586	88 686 682	19.00%	25.80%
预付账款	30 460 752	38 714 700	4.73%	11.26%
应收股利				
应收利息				
其他应收款	4 264 800	4 596 432	0.66%	1.34%
存货	133 372 899	85 244 074	20.72%	24.80%
一年内到期的非流动资产				
其他流动资产				
流动资产合计	418 359 069	240 678 401	65.00%	70.02%
非流动资产：				
可供出售金融资产				
持有至到期投资				
投资性房地产				
长期股权投资	19 600 000	1 000 000	3.05%	0.29%
长期应收款				
固定资产	150 780 119	89 871 411	23.43%	26.14%
在建工程	5 242 209	2 519 096	0.81%	0.73%
工程物资				
固定资产清理				
生产性生物资产				
油气资产				
无形资产	46 528 999	8 120 138	7.23%	2.36%
开发支出				
商誉				
长期待摊费用	1 278 333		0.20%	
递延所得税资产	1 791 728	1 559 445	0.28%	0.45%
其他非流动资产				
非流动资产合计	225 221 389	103 070 090	35.00%	29.98%
资产总计	643 580 458	343 748 491	100.00%	100.00%
流动负债：				
短期借款	21 161 698	43 196 019	3.29%	12.57%
交易性金融负债				
应付票据	88 007 638	59 678 601	13.67%	17.36%

续表

项　目	年　末	年　初	结　构	
			年　末	年　初
应付账款	113 190 015	79 894 849	17.59%	23.24%
预收账款	9 417 196	5 243 722	1.46%	1.53%
应付职工薪酬	5 018 022	9 986 680	0.78%	2.91%
应交税费	-12 181 159	-7 048 040	-1.89%	-2.05%
应付利息	41 930	77 046	0.01%	0.02%
应付股利				
其他应付款	5 073 992	3 000 000	0.79%	0.87%
一年内到期的非流动负债		14 024 640		4.08%
其他流动负债				
流动负债合计	229 729 332	208 053 519	35.70%	60.52%
非流动负债：				
长期借款		16 033 110	0.00%	4.66%
应付债券				
长期应付款	800 000	800 000	0.12%	0.23%
专项应付款				
预计负债				
递延所得税负债				
其他非流动负债				
非流动负债合计	800 000	16 833 110	0.12%	4.90%
负债合计	230 529 333	224 886 629	35.82%	65.42%
所有者权益：				
实收资本	75 280 000	56 280 000	11.70%	16.37%
资本公积	221 195 772	167 844	34.37%	0.05%
减：库存股				
盈余公积	20 292 329	9 203 030	3.15%	2.68%
未分配利润	96 283 024	53 210 988	14.96%	15.48%
外币报表折算差额				
归属于母公司所有者权益	413 051 125		64.18%	0.00%
少数股东权益				
所有者权益合计	413 051 126	118 861 863	64.18%	34.58%
负债和所有者权益合计	643 580 458	343 748 492	100.00%	100.00%

根据表 3-26，逐项分析如下。

(1) 货币资金项目占比情况，说明企业有丰富的现金流，短期偿债能力强，但也说明企业资金的使用效率偏低。

(2) 应收票据无此项，说明销售收现率降低，企业应加强这方面的管理。

(3) 应收账款项目比 2014 年降低，说明企业加强了应收账款项目的管理，从而提高了企业的资金周转率。

(4) 预付款项的占比为 4.73%，比 2014 年下降了 6.53%，表明企业资金周转速度加快了。

(5) 其他应收款项目占比也比 2014 年降低，表明企业加强了该项目的管理，提高了流动资金的周转率。

(6) 存货项目占比下降，说明企业已经开始加强存货资金的管理，这同样有助于提高流动资金周转率。

(7) 流动资产合计项目的占比比 2014 年下降，这应该是企业加大非流动资产投入的缘故，尤其是增加固定资产等项目的投资的结果，总体上看，流动资金的占比仍然不低，这一项目是流动资产各项综合变化的结果，进行分析时应具体项目具体分析。

(8) 长期股权投资项目的占比提高幅度较大，说明企业发生了重大的对外投资项目，同时也表明企业的资金闲置或企业进行战略投资以求达到某种经营目的。

(9) 固定资产项目占比下降，这可能与增加长期股权投资的占比有关，因为企业的资金是有限的，此项多则彼项一定会少，关键取决于经营者的投资决策的方向。

(10) 在建工程项目的占比提高，说明企业加大了固定资产的投资力度。

(11) 无形资产的占比提高，增幅较大，表明企业重视无形资产的投资，且加大了对其投资的力度，这是一个有发展潜力的企业的明智选择。

(12) 长期待摊费用项目的占比是新增项目，这可能是发生了诸如经营租入固定资产的改良支出等资金的流出。

(13) 递延所得税资产项目的占比下降，针对这一项目企业应根据具体情况进行分析，因为它是由于企业的资产或负债的计量与计税基础的差异引起的综合变化，因此不能仅仅靠综合变化的结果来评价其优劣。

(14) 非流动资产合计项目的占比提高，这是所有非流动资产项目综合变动的结果，一般来说这一比例可能偏低，具体情况应与同行业其他企业相比，或结合企业发展的机遇或时机才能得出最终结论。

(15) 短期借款项目的占比降低，说明企业流动资金充足，短期的借款债务较少，企业的融资政策有所改变。

(16) 应付票据项目的占比降低，企业应较多利用此项目的负债，因为它一般不带利息，但债务期限较短，企业应根据实际情况做出选择。

(17) 应付账款项目的占比下降，可能与企业的货币资金充足有关，具体应结合企业经营的内外部环境而定，降低或提高的小幅波动亦是正常现象，欲研究其变动趋势还应取得多期数据进行分析和判断。

(18) 预收款项的占比降低，说明企业的融资政策较为稳健，降低了偿还短期债务的压力，这是企业流动资金充足的表现。

(19) 应付职工薪酬项目的占比下降，表明企业重视员工的切身利益或可能是企业的裁员所致，具体要结合企业的实际情况做出判断。

(20) 应交税费项目本期与上期均为负数，且本期增加金额较大，形式上说明企业多交了税金，实质上是因该公司本期销项税额不足以抵扣进项税额的大幅增加，以及本期购进国产设备可抵免所得税税额增加所致。

(21) 应付利息项目的占比变动不大，但金额变动较大，因此应与水平分析法相结合做出评判。

(22) 其他应付款项目占比略有下降，应结合具体项目进行详细分析。

(23) 长期借款项目 2015 年为零，说明企业 2015 年既无新增长期借款，又不存在以前发生的未还借款，表明企业的自有资金充足，经营稳健，融资策略稳健。

(24) 负债合计项目占比下降幅度较大，说明企业的融资以自有资金为主，经营形势乐观，自有资金充足。负债合计项目下降的主要原因还是由流动负债的下降直接导致的。

(25) 实收资本或股本项目的占比下降，这一比例较高，因为这一项目的基数大，小幅波动带来的是大幅的增减变化。应具体分析变化的原因，做出合理的评价。

(26) 资本公积项目的占比大幅增加，可能是企业溢价发行股票所致，说明企业经营前景广阔，经营形势良好，为投资者青睐，甘愿出大价钱取得公司的股权。

(27) 盈余公积项目的占比增加，表明企业经营效果好，经营盈利高，从而增加了盈余公积的提取。

(28) 未分配利润项目占比略有降低，可能是企业利润分配的影响。

(29) 所有者权益合计项目的占比提高了 30%，这是企业经营成果提高、增发新股等的综合影响的结果。

综上所述，企业资产的增加首先是企业的净利润增加所致，其次是增发新股等因素，而不是负债资金的增加所致，说明企业处在高速发展时期，经营形势乐观，经营成果喜人，保持了强势的增长实力。

本 章 小 结

资产负债表是财务报表分析的基本资料，资产负债表利用会计平衡原则，经过分录、转账、分类账、试算、调整等会计程序后，以特定日期的静态企业情况为基准，浓缩成一张报表，这张表反映了企业的财务状况，是分析企业的重要资料。要求学生把本章作为重点和难点章节学习。

资产负债表对企业评估的重要性是显而易见的，投资者通过研究资产负债表可得到大量的企业经营状况信息：①它显示出有多少资本金投资于该企业；②它揭示了公司财务状况是宽松还是紧缩，即营运资金状况；③它包含有关资本结构的详细资料；④它能够有效地核查报告收益的真实性；⑤它提供了收入来源分析的依据。

【课后练习】

一、判断题

1. 当企业负债中短期债务占较大的比重时，企业应保持比较低的货币资金数额。
（   ）

2. 对于联营企业和合营企业的投资应当采用权益法核算。　　　　（   ）

3. 从财务分析的角度来看，对于存货的市场价值应当采用重置成本比较妥当。
（   ）

4. 营运资本指标的分析既可进行纵向比较，又可进行横向比较。　（   ）

5. 一个企业的流动比率越高，说明企业的短期偿债能力肯定越强。　（   ）

6. 速动比率是流动比率分析的一个重要辅助指标。（　　）

7. 产权比率越低，表明企业的长期偿债能力越强，债权人权益保障程度越高。（　　）

8. 利息保障倍数指标分母中的利息费用只包括计入财务费用中的利息费用，不包括已资本化的利息费用。（　　）

9. 总资产收入率与总资产周转率的经济实质是一样的。（　　）

10. 在其他条件不变时，流动资产比重越高，总资产周转速度越快。（　　）

11. 资产周转次数越多，周转天数越多，表明资产周转速度越快。（　　）

12. 成本收入率越高，流动资产周转速度越快。（　　）

13. 固定资产净值越低，固定资产周转率就越高。（　　）

二、单项选择题

1. 反映某一会计主体在某一特定时点财务状况的会计报表是(　　)。

    A. 资产负债表　　　　　　　　　B. 利润表

    C. 所有者权益变动表　　　　　　D. 现金流量表

2. 交易性金融资产持有的目的是为了近期内出售获利，所以交易性金融资产的计价方式是(　　)。

    A. 历史成本法　　　　　　　　　B. 公允价值法

    C. 预期收益法　　　　　　　　　D. 加权平均法

3. 如果持有的货币资金量过大，则导致企业整体盈利能力(　　)。

    A. 不变　　　　B. 上升　　　　C. 下降　　　　D. 不确定

4. 应收票据是企业因销售商品、提供劳务而收到的(　　)。

    A. 商业汇票　　B. 银行本票　　C. 转账支票　　D. 现金支票

5. 在正常情况下，大多数存货的账面价值与可变现净值相比较(　　)。

    A. 账面价值较高　　　　　　　　B. 可变现净值较高

    C. 二者相等　　　　　　　　　　D. 没有可比关系

6. 存货是一项流动资产，判断存货数据质量高低的一个标准是(　　)。

    A. 存货能否在短期内变现　　　　B. 评价存货未来价值

    C. 观察存货是否超过使用期　　　D. 判断存货的资金占用量

7. 一般情况下，不构成速动资产项目的是(　　)。

    A. 货币资金　　　　　　　　　　B. 应收账款

    C. 交易性金融资产　　　　　　　D. 存货

8. 对于企业持有的对子公司的投资，以及对被投资单位不具有共同控制或重大影响，且在活跃市场中没有报价、公允价值不能可靠计量的长期股权投资，企业应当采用(　　)核算。

    A. 市价法　　　B. 权益法　　　C. 成本法　　　D. 加权法

9. 对于短期借款的偿还主要的保障是企业的(　　)。

    A. 资本结构　　B. 偿债期限　　C. 流动资产　　D. 权益乘数

10. 预计负债来自于(　　)。

面向十二五高职高专会计专业规划教材

A．或有事项　　　B．应付账款　　　C．未来交易　　　D．短期负债

11．过去的交易或事项形成的潜在义务，其存在须通过未来不确定事项的发生与否予以证实指的是(　　)。

A．或有负债　　　B．或有事项　　　C．预计负债　　　D．预计事项

12．资产负债表中所有者权益项目排列的依据是(　　)。

A．权益的顺序　　　　　　　B．偿还的紧迫性

C．稳定程度　　　　　　　　D．流动性

13．理论上，速动比率应维持的最佳比率是(　　)。

A．2∶1　　　B．1∶1　　　C．0.5∶1　　　D．0.25∶1

14．在计算资产负债率时，负债实际是指(　　)。

A．流动负债　　　B．长期负债　　　C．全部负债　　　D．短期负债

15．下列项目中，可以分析、评价长期偿债能力的指标是(　　)。

A．流动比率　　　B．速动比率　　　C．现金比率　　　D．已获利息倍数

16．下列可用于短期偿债能力的比率分析的是(　　)。

A．资产负债率　　　B．产权比率　　　C．流动比率　　　D．权益乘数

17．某企业期末现金为 160 万元，期末流动负债为 240 万元，期末流动资产为 320 万元，则该企业的现金比率为(　　)。

A．66.67%　　　B．50%　　　C．133.33%　　　D．200%

18．权益乘数越大，表明企业的长期偿债能力(　　)。

A．越强　　　B．越弱　　　C．不确定　　　D．不变

19．某企业年末有关资料为：总资产 100 万元，流动负债 20 万元，长期负债 40 万元，则该企业的产权比率为(　　)。

A．1.5　　　B．0.5　　　C．2　　　D．2.5

20．产权比率与权益乘数的关系是(　　)。

A．产权比率×权益乘数=1

B．权益乘数=1÷(1-产权比率)

C．权益乘数=(1+产权比率)÷产权比率

D．权益乘数=1+产权比率

21．不影响短期偿债能力的表外因素有(　　)。

A．准备变现的长期资产　　　　B．良好的商业信用

C．融资租赁　　　　　　　　　D．已贴现的应收票据

22．从资产流动性方面反映总资产效率的指标是(　　)。

A．总资产产值率　　　　　　　B．总资产收入率

C．总资产周转率　　　　　　　D．产品销售率

23．影响总资产周转率的因素除流动资产周转率外，还有(　　)。

A．总资产报酬率　　　　　　　B．固定资产周转率

C．固定资产产值率　　　　　　D．产品销售率

24. 流动资产占总资产的比重是影响( )指标变动的重要因素。

    A. 总资产周转率   B. 总资产产值率

    C. 总资产收入率   D. 总资产报酬率

25. 反映资产占用与收入之间关系的指标是( )。

    A. 流动资产产值率   B. 流动资产周转率

    C. 固定资产产值率   D. 总资产产值率

26. 影响流动资产周转率的因素是( )。

    A. 产出率   B. 销售率   C. 成本收入率   D. 收入成本率

三、多项选择题

1. 下列属于货币资金的是( )。

    A. 库存现金   B. 银行存款   C. 其他货币资金

    D. 预收款项   E. 尚未出售的股票

2. 企业保持一定货币资金的动机主要有( )。

    A. 交易动机   B. 预防动机   C. 投资动机

    D. 应对宏观调控动机   E. 应对通货膨胀动机

3. 决定企业持有货币资金数量的因素有( )。

    A. 企业规模   B. 行业特征   C. 企业融资能力

    D. 企业负债结构   E. 企业营运能力

4. 坏账准备的计提应当关注( )。

    A. 计提方法   B. 坏账期限   C. 计提比率

    D. 坏账明细   E. 坏账管理成本

5. 对存货质量分析，应当关注( )。

    A. 存货的可变现净值与账面金额之间的差异

    B. 存货的周转状况

    C. 存货的构成

    D. 存货的技术构成

    E. 存货的完整性

6. 属于非流动资产的金融资产有( )。

    A. 可供出售金融资产   B. 持有至到期投资

    C. 可转换公司债券   D. 以公允价值计量的金融资产

    E. 长期股权投资

7. 固定资产必须同时具有的特征是( )。

    A. 折旧方式固定

    B. 为生产商品、提供劳务、出租或经营管理而持有的

    C. 使用寿命超过一个会计年度

    D. 无形损耗可以估计

    E. 可以出售

8. 允许资本化的借款包括(　　)。
   A. 短期借款　　　　B. 银行借款　　　C. 专门借款
   D. 一般借款　　　　E. 无息借款

9. 下列选项属于流动负债的是(　　)。
   A. 短期借款　　　　B. 应付账款　　　C. 预收账款
   D. 应交税费　　　　E. 预计负债

10. 下列选项属于应交税费的有(　　)。
    A. 增值税　　　　　B. 消费税　　　　C. 教育费附加
    D. 营业税　　　　　E. 城市维护建设税

11. 或有负债被确认为预计负债的条件包括(　　)。
    A. 该义务是企业承担的过时义务
    B. 该义务是企业承担的现时义务
    C. 债权人能够明确
    D. 履行该义务很可能导致经济利益流出企业
    E. 该义务的金额能够可靠地计量

12. 与流动负债相比, 长期负债具有的特点是(　　)。
    A. 偿还期限很长　B. 偿还金额很大　C. 利息率高
    D. 可以贴现　　　E. 流动性强

13. 反映短期偿债能力的指标包括(　　)。
    A. 营运资本　　　　B. 流动比率　　　C. 速动比率
    D. 资产负债率　　　E. 现金比率

14. 可以分析、评价长期偿债能力的指标是(　　)。
    A. 资产负债率　　　B. 流动比率　　　C. 产权比率
    D. 权益乘数　　　　E. 速动比率

15. 影响长期偿债能力的表外因素有(　　)。
    A. 为其他企业的贷款担保　　　B. 融资租赁　　　C. 经营租赁
    D. 可转换债券　　　　　　　　E. 或有负债

16. 速动资产包括(　　)。
    A. 存货　　　　　　B. 货币资金　　　C. 交易性金融资产
    D. 应收账款　　　　E. 预收款项

17. 流动比率有局限性的原因是(　　)。
    A. 流动资产中存货有可能积压　　　B. 应收账款有可能出现呆账
    C. 相对比值　　　　　　　　　　　D. 静态分析指标
    E. 可以在不同企业之间比较

18. 反映企业营运能力的指标有(　　)。
    A. 总资产收入率　　　　　　　　　B. 固定资产收入率
    C. 流动资产周转率　　　　　　　　D. 存货周转率

E. 应收账款周转率

19. 影响存货周转率的因素有( )。

A. 材料周转率　　　　　　　　B. 在产品周转率

C. 总产值生产费　　　　　　　D. 产品生产成本

E. 产成品周转率

20. 应收账款周转率越高越好,因为它表明( )。

A. 收款迅速　　　　　　　　　B. 减少坏账损失

C. 资产流动性高　　　　　　　D. 销售收入增加

E. 利润增加

21. 存货周转率偏低的原因可能是( )。

A. 应收账款增加　　　　　　　B. 降价销售

C. 产品滞销　　　　　　　　　D. 销售政策发生变化

E. 大量赊销

22. 反映流动资产周转速度的指标有( )。

A. 流动资产周转率　　　　　　B. 流动资产垫支周转率

C. 存货周转率　　　　　　　　D. 存货构成率

E. 应付账款周转率

四、简述题

1. 如何理解资产质量的概念?

2. 如何分析交易性金融资产的质量?

3. 如何对存货进行质量分析?

4. 如何对企业的流动资产整体质量进行分析?

5. 如何对固定资产质量进行分析?

6. 如何对资产结构质量进行分析?

五、案例分析题

1. 上市公司 A 公司资产总额中的债权已经超过了资产总额的 75%,而其债权总额中,应收母公司款项就已经达到了 80% 以上,2015 年 7 月,A 公司的母公司由于严重资不抵债而面临破产清算的危险。

要求:请对 A 公司在此情况下的债权质量以及这种债权质量对 A 公司未来的影响做出分析与评价。

2. 有人说:存货积压对近期财务状况的表现将起积极的促进作用,但从长期来看,存货积压肯定是不好的,极有可能造成来年的亏损。

要求:请分析存货积压可能带来的财务后果。

六、计算分析题

1. A 公司年末的流动资产是 7 330 万元,流动负债是 3 700 万元,存货为 4 600 万元,货币资金为 550 万元,交易性金融资产为 400 万元。

要求:试计算 A 公司该年度的营运资本、流动比率、速动比率和现金比率,并进行分析和评价。

2．成祥公司年末部分财务数据为：流动负债为 60 万元，流动比率为 2，速动比率为1.2，营业成本为 100 万元，年初存货为 52 万元。

要求：计算本年度存货周转次数和存货周转天数。

3．某公司有关财务信息为：速动比率为 2，非流动负债是交易性金融资产的 4 倍；应收账款为 4000 元，是速动资产的 50%、流动资产的 25%，与固定资产价值相等；所有者权益总额等于营运资本，实收资本是未分配利润的 2 倍。

要求：根据以上资料填制完成表 3-27 所示的项目。

表 3-27　某公司的资产负债表　　　　　　　　　　　　　单位：元

项　目	金　额	项　目	金　额
货币资金		应付账款	
交易性金融资产		非流动负债	
应收账款	4 000	实收资本	
存货		未分配利润	
固定资产			
资产总计		负债和所有者权益合计	

4．某公司 2010—2012 年有关财务数据如表 3-28 所示。

表 3-28　有关财务数据　　　　　　　　　　　　　单位：元

项　目	2012 年	2011 年	2010 年
营业收入	80 000	90 000	95 000
营业成本	50 000	55 000	48 000
存货	20 000	22 000	19 000
流动资产总额	45 000	48 000	50 000

要求：根据表 3-28 资料计算该公司流动资产周转率，并分析变动的原因。

5．某公司年度财务报表主要资料如表 3-29 和表 3-30 所示。

表 3-29　资产负债表(简表)　　　　　　　　　　　　　单位：元

项　目	期末余额	项　目	期末余额
库存现金	764	应付账款	516
应收账款	1 156	应付票据	336
存货	700	其他流动负债	468
固定资产净额	1 170	长期负债	1 026
		实收资本	1 444
资产总计	3 790	负债和股东总计	3 790

表 3-30   利润表(简表)   单位:元

项　目	本 期 数	上 期 数
一、营业收入	26 000	21 000
减:营业成本	13 200	11 000
营业税金及附加	1 680	1 470
销售费用	1 960	1 765
管理费用	1 100	1 000
财务费用(收益以"-"号填列)	500	400
投资收益(损失以"-"号填列)	700	700
二、营业利润(亏损以"-"号填列)	8 260	6 065
加:营业外收入	900	800
减:营业外支出	120	90
三、利润总额(亏损总额以"-"号填列)	9 040	6 775
减:所得税费用	2 260	1 694
四、净利润(净亏损以"-"号填列)	6 780	5 081

要求:

(1) 计算该公司本年度的偿债能力指标,填列表 3-31。

表 3-31   某公司的偿债能力指标计算表

偿债能力指标	该 公 司	行业平均水平
营运资本(万元)		500
流动比率		2
速动比率		1
现金比率		0.36
资产负债率		0.5
产权比率		1
权益乘数		2
长期资本负债率		0.18
利息保障倍数		4
非流动负债与营运资本比率		0.62

(2) 根据填列好的下表,将该公司偿债评价指标与行业平均水平相比较,分析、评价其偿债能力。

6. 宝源股份有限公司某年简化资产负债表、利润表和历史财务比率如表 3-32~表 3-34 所示。

表 3-32   资产负债表(简表)   单位:元

资　产	期 末 数	期 初 数	负债和股东	期 末 数	期 初 数
流动资产			流动负债		
货币资金	61 110	527 800	应付票据	540 000	400 500
应收票据	400 090	560 000	应付账款	780 000	890 000
应收账款	970 000	1 100 000	其他流动负债	45 000	500 000

续表

资 产	期 末 数	期 初 数	负债和股东	期 末 数	期 初 数
存货	1 200 000	1 500 000	长期借款	1 800 000	1 500 000
流动资产合计	2 631 200	3 687 800	负债合计	3 165 000	3 290 500
固定资产	3 850 000	4 000 000	股东权益		
非流动资产合计	3 850 000	4 000 000	股东权益合计	3 316 200	4 397 300
资产合计	6 481 200	7 687 800	负债和股东合计	6 481 200	7 687 800

表 3-33 利润表(简表) 单位:元

项 目	金 额
一、营业收入	22 500 000
减:营业成本	12 800 000
销售费用	4 000 000
管理费用	3 500 000
财务费用	1 500 000
二、营业利润	700 000
减:所得税费用	175 000
净利润	525 000

表 3-34 历史财务比率

财务比率	年 份			行业平均值
	前 年	去 年	今 年	
应收账款周转天数(天)	15.2	15.5		20
存货周转次数(次)	7.1	6		8
流动资产周转率(次)	5.4	6.7		1.5
固定资产周转率(次)	5.5	6.2		5.7
营业资本周转率(次)	13	18		15
总资产周转率(次)	2.5	2.6		2.7

要求:根据以上资料计算反映该公司"今年"营运能力的应收账款周转率、存货周转率、营业资本周转率、流动资产周转率、固定资产周转率、营运资本周转率和总资产周转率,并对各指标进行简要分析。

第四章

利润表的分析 《

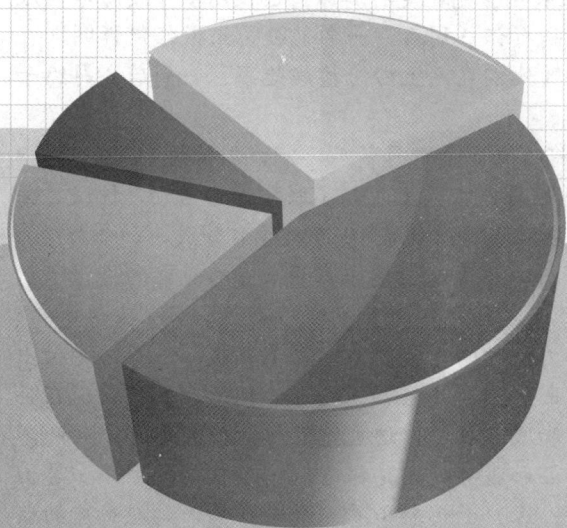

【本章内容】

(1) 对大众机械有限公司利润表的各大要素进行全面详解。

(2) 对大众机械有限公司利润表进行全面分析。

【知识目标】

(1) 掌握利润表中收入、费用、利润等各大会计要素所包含的项目内容。

(2) 熟悉利润表的内容和结构，掌握利润表的编制方法和阅读技巧，从而整理出有关方面需要的信息。

(3) 掌握利润表组成分析方法、趋势分析方法、结构分析方法、盈利能力分析方法、自身发展能力分析方法以及上市公司利润表的特殊分析等。

【技能目标】

(1) 利润表收入项目共 3 项、成本项目共 1 项、费用项目共 7 项、3 个利润层次以及 2 个每股收益，对所有项目进行详细解读。

(2) 能够解读大众机械有限公司利润表的所有项目，进而分析优劣。

(3) 能够对大众公司利润表的组成进行分析，以及对趋势、利润结构、盈利能力、自身发展能力进行具体分析。

【案件导入】

遇见"互联网+"

2009 年 8 月 20 日，通用汽车公司在宣布了未来两年新车计划不到两周后声称，因听到潜在客户在网上评论说别克(Buick)新款运动型多功能轿车(SUV)缺乏该品牌应有的豪华气质，公司决定取消此前宣布的推出该款新车的计划。

2010 年 10 月 12 日，盖璞(Gap)休闲装系列终究还是打算保持已使用多年的海军蓝底加白字的标识，此举仅仅发生在公司更换新标识一周后。一周前公司未做任何说明即在网上发布了新标识。这惹恼了粉丝们，导致他们在网上纷纷抱怨此事。一周后公司终于换回了原标识。

2011 年 9 月下旬，继美国银行宣布将收取现金卡月费后，客户们愤愤不平。莫莉·卡契波尔就是其中一位。这位 22 岁的华盛顿居民在网上发起了联合署名活动，抗议美国银行收取 5 美元月费的计划。结果一呼百应，一周内就有 10 万人签名赞成，一个月后，网上多达 30 万人响应此举。同年 11 月 1 日，美国银行发布声明，宣布放弃向借记卡用户每月收费 5 美元的计划。

研发一款新车要付出大量的人力、物力、时间，就因为客户不喜欢，所有这些付出哪怕是白费，也要立刻叫停新车计划；企业 logo 原本应该是企业自己所有，然而现在企业却不能随意变动；银行要对自己的产品和服务收费，这也无可厚非，可是客户对此不满的结果，不是客户放弃使用该银行的产品和服务，而是银行取消了收费计划……类似的故事越来越频繁地出现在人们的视线中，客户的形象似乎越来越强势，站在对应的立场上，企业的脚步似乎一点点在退缩，那么问题来了，这些现象背后的本质是什么呢？

DUANG！一个重要原因就是"互联网+"！这已经成了近年许多课堂上的高频词汇。

走过"产品为王"和"渠道为王"的时代，而今我们面临的是"用户为王"的时代。用户主权成了"互联网+"的最大特点，是技术的发展改变了身为用户的我们选择产品和服务的方式，从而也改变了我们和企业的相对地位。从互联网的蓬勃发展再到移动互联网的大爆发，传统企业真正感到了来自互联网的压力。谁掌握终端用户谁就有主动权，在渠道被无限压缩的前提下，制造企业的优势又被零售商进一步攫取，企业的生存环境发生了巨大变化。许多人由此发问：此前财务分析理论中提出，财务分析师可以将信息使用者分为各种等级，而投资人、债权人和经理人永远是高回报率的用户，而今企业为之付出高额成本的很多用户甚至并未给企业创造过任何财务价值，但企业却不能舍弃他们，这是否表明过去的理论在"互联网+"时代已经不再适用了呢？

当然不！互联网技术的发展将用户的核心地位凸显出来，一切以网络平台为基准，社会生活进入了大数据时代，反映的就是"关注度""阅读量"，以及其他"数据"。在网络里，所有人都是用户，都具有主权位置，我们更能清晰地看到用户的价值是多方面的，除了财务上的终身价值，还有知识价值，除了社会价值，还有准入价值，正是大数据时代"互联网+"引发了人们对用户更多维度的审视。

所以，企业应该尽可能全面地了解竞争环境的变化对企业管理实务的冲击。比如我们作为客户，自身也早已深有体会。我们可以对企业狂轰滥炸式的广告攻势说"不"，只要我们愿意，企业斥巨资做出的广告就根本无法在我们面前出现；如果哪个产品或服务让我们感到不满，我们可以在网络上投诉，引起更多的社交媒体关注，甚至找到自己的同盟，从而迫使企业做出改变；我们在做出购买决策时，开始更多地依赖口碑，特别是亲朋好友的评价，如果某个产品后面没有任何评价，我们也许就会把它从购物车中删除……当网络用户作为一个整体掌握主权后，企业的任何管理举措就得随之变革，这其中最突出的变革就是对网络口碑和社交媒体的关注，毕竟社交媒体已经渐渐成为宣传的主战场。

第一节 阅读利润表

一、解读利润表

利润表是财务报表分析的基本资料之一，该表反映的是企业在某一个特定时间段财务收支和盈利水平的情况，通过该表，可以了解企业的获利能力、偿债能力和投资价值，了解企业的经营业绩和经营成果的分配等。只有全面详细地解读利润表，才能对利润表进行全面深入的分析。

【课堂活动 4-1】

主题：阅读大众机械有限公司利润表

活动形式：

(1) 个人独立完成的内容：通读大众机械有限公司利润表，绘制比较利润表，1 个课时。

(2) 以小组形式完成的内容：讨论大众机械有限公司利润表，初步得出该表反映出的经营成果如何，有何问题，1 个课时。

(3) 以全体形式完成的内容：推选三名发言人，向全体汇报演讲，对该利润表的详解，2 个课时。

活动内容及要求：

(1) 画出大众机械有限公司比较利润表，即：计算出各项本年度的发生额，在表后加"增长额"列，将计算结果填入；计算出各项本年度的增长率，在表后加"增长率"列，将计算结果填入。

(2) 逐项分析表中各项内容，各项数据来自于哪些账户。

(3) 以速读和讨论相结合的形式完成对表中各项目的阅读；完成对该公司利润表的解读。

(4) 汇报演讲分成若干专题，演讲后回答问题，汇报演讲专题如下：

① 整体综述该表及所包括的各大要素、利润的层次；

② 营业收入、营业成本及营业税金的解读；

③ 期间费用及其他各项的解读。

(5) 演讲细则。

演讲者要准备报表分析详案，制作 PPT。

① 专题：概述这份利润表反映的经营成果质量如何、不同期间数据是否稳定、该企业盈利能力如何、该企业发展趋势如何、该企业的利润结构如何，等等。

② ③专题：第一，熟练说出该表各项数据来自哪些会计科目、包含哪些详细内容；第二，该项目的存在，对企业有何意义；第三，这项数据所占比重大或小，是有利还是不利；第四，这项数据的增加或减少，是有利还是不利；第五，本数据反映的情况，说明有何潜在问题或潜在趋势；第六，反映的情况，说明企业是健康发展还是不健康发展；等等。

(6) 演讲时间：10～15分钟。

二、归纳利润表的项目解读

利润表项目的解读，主要是确定利润形成过程和利润结果质量高低。其主要体现在以下两个方面。

第一，利润结果是否有现金支持。

第二，利润构成是否来自于未来持续性强的经济业务。

根据同学们的汇报演讲，做利润表详细归纳及补充。详细内容见大众机械有限公司利润表。

(一) 营业收入项目阅读

营业收入是指企业在从事销售商品、提供劳务和让渡资产使用权等日常经营业务过程中所形成的经济利益的总流入。其分为主营业务收入和其他业务收入。

(1) 营业收入是企业补偿生产经营耗费的资金来源。

营业收入的实现关系到企业在生产活动中的正常进行，加强营业收入管理，可以使企业的各种耗费得到合理补偿，有利于再生产活动的顺利进行。

(2) 营业收入是企业的主要经营成果，是企业取得利润的重要保障。

加强营业收入管理是实现企业财务目标的重要手段之一。

(3) 营业收入是企业现金流入量的重要组成部分。

加强营业收入管理，可以促使企业深入研究和了解市场需求的变化，以便做出正确的经营决策，避免盲目生产，这样可以提高企业的素质，增强企业的竞争力。

在利润表中列示时，本项目应根据"主营业务收入"和"其他业务收入"账户本期发生额的合计数填列。

解读内容：

(1) 应结合附表及其他相关资料阅读。如根据附注中"利润表项目注释"，可以了解主营业务收入和其他业务收入各自的金额。

(2) 与基期比较，若该项目增加，则说明企业经营状况良好，经营前景乐观，投资者可以考虑投资计划。

注意方面：

(1) 营业收入确认是否符合企业会计准则规定。

(2) 营业收入是否与应收账款配比。

(3) 营业收入构成情况，是否符合市场需要的产品或服务，以及销售数量和销售价格对收入的影响。

(4) 收入是否来自于关联方交易。

(二) 营业成本项目阅读

营业成本是指企业所销售商品或者提供劳务的成本。营业成本应当与所销售商品或者所提供劳务而取得的收入进行配比。营业成本又分为主营业务成本和其他业务成本，它们是与主营业务收入和其他业务收入相对应的一组概念。

销售产品、商品和提供劳务的营业成本，是由生产经营成本形成的。工业企业产品生产成本(也称制造成本)的构成主要包括以下几个方面。

(1) 直接材料。直接材料包括企业生产经营过程中实际消耗的直接用于产品的生产、构成产品实体的原材料、辅助材料、备品备件、外购半成品、燃料、动力、包装物以及其他直接材料。

(2) 直接工资。直接工资包括企业直接从事产品生产人员的工资、奖金、津贴和补贴。

(3) 其他直接支出。其他直接支出包括直接从事产品生产人员的职工福利费等。

(4) 制造费用。企业可以根据自身需要，对成本构成项目进行适当调整。

解读内容：

(1) 营业成本=主营业务成本+其他业务成本。

应结合附表及其他相关资料阅读。如"利润表项目注释"，可以了解主营业务成本和其他业务成本各自的金额。

(2) 是否与营业收入相匹配。

(3) 与基期比较，该项目与营业收入增加的幅度是否基本平衡。

注意方面：

(1) 营业成本的确认，是否与营业收入同期；是否未确认收入，而确认了成本，不论其存货是否发出。

(2) 成本的计量方法，存货的发出方法。如果实际成本计价，是采用何种方法；如果是采用计划成本计价，制定的计划成本是否切合实际。

(3) 有否人为调节、操纵现象：如是否作为资产挂账或相反将资产作为费用、是否随意变更成本计算方法和费用分配方法，等等。

(三) 营业税金及附加项目阅读

营业税金及附加项目反映的是企业经营主要业务应负担的营业税、消费税、城市维护建设税、资源税、土地增值税和教育费附加等。三资企业此项指标只含消费税和资源税。填报此项指标时应注意，实行新税制后，会计上规定应交增值税不再计入此项，无论是一般纳税企业还是小规模纳税企业均应在"应交增值税明细表"中单独反映。房产税、车船使用税、土地使用税、印花税在"管理费用"等科目核算，不在本科目核算。

企业按规定计算确定的与经营活动相关的税费，借记本科目，贷记"应交税费"等科目。企业收到返还的消费税、营业税等原记入本科目的各种税金，应按实际收到的金额，借记"银行存款"科目，贷记本科目。

期末，应将本科目余额转入"本年利润"科目，结转后本科目应无余额。由于分期收款销售商品核算方法与以前不同，新增加科目"长期应收款"。

解读内容：

(1) 主要反映营业税、消费税、城建税、教育费附加等流转税。

(2) 由于税率是确定的解法，该项目应注意是否与营业收入成比例。

(3) 由于生产经营活动是相对稳定、持续发展的，如果该项增加，应与营业收入增加基本保持平衡。

注意方面：

(1) 税中税的计算依据是否正确。

(2) 与营业收入项目是否对应。

(四) 销售费用项目阅读

销售费用是指企业在销售产品、自制半成品和提供劳务等过程中发生的各项费用。它包括由企业负担的包装费、运输费、广告费、装卸费、保险费、委托代销手续费、展览费、租赁费(不含融资租赁费)和销售服务费、销售部门人员工资、职工福利费、差旅费、折旧费、修理费、物料消耗、低值易耗品摊销以及其他经费等。与销售有关的差旅费应计入销售费用。

设有独立销售机构(如门市部、经理部)的工业企业，其独立销售机构所发生的一切费用均列入销售费用。未设立独立销售机构且销售费用很小的工业企业，按规定，可将销售费用并入管理费。商业企业在商品销售过程中所发生的各项费用属于商品流通费，一般不计入商品的销售成本，而是通过商品的售价来直接补偿。在安全投资的经济分析中，销售费用是计算经济效益的基础数据。

解读内容：

(1) 销售费用是与销售业务相关的经营费用。

(2) 销售费用是期间费用，与营业收入关系很强，应观察其变化情况是否与营业收入成比例变动。

(3) 该项增加与营业收入的变化应基本保持平衡。

注意方面：

(1) 分层分析，不能片面追求费用降低率，如与业务活动相关的运输费、包装费、保险费，与销售人员待遇有关的薪酬、差旅费、办公费，与开拓市场有关的展览费、广告费等，应与相关经营事项相匹配。

(2) 新地域、新产品投入较多的销售费用，应与今后期间收入增加效应相匹配。

(3) 研究此项是节约开支、提高效益的措施。

(五) 管理费用项目阅读

管理费用是指企业行政管理部门为组织和管理生产经营活动而发生的各项费用。管理费用属于期间费用，在发生的当期就计入当期的损益。

解读内容：

(1) 管理费用包括开办费、公司经费、工会经费、董事会费、诉讼费、业务招待费、房产税、车船使用税、土地使用税、印花税、技术转让费、矿产资源补偿费、研究费用、排污费等。

(2) 通过比较变动情况，分析变动是否合理。

(3) 有无降低空间。

(4) 该项若在企业营业收入持续上升的形势下，管理费用反而下降，说明企业重视节约开支。

注意方面：

(1) 分项归类分析，如企业开支水平与企业规模是否适应；如用于未来发展项目的研究费用、职工教育经费等的下降是否会限制企业今后的发展。

(2) 固定性管理费用效率分析。

(六) 财务费用项目阅读

财务费用是指企业在生产经营过程中为筹集资金而发生的各项费用。它包括企业生产经营期间发生的利息支出(减利息收入)、汇兑净损失(有的企业如商品流通企业、保险企业进行单独核算，不包括在财务费用内)、金融机构手续费，以及筹资发生的其他财务费用，如债券印刷费、国外借款担保费等。但在企业筹建期间发生的利息支出，应计入开办费；与购建固定资产或者无形资产有关的，在资产尚未交付使用或者虽已交付使用但尚未办理竣工决算之前的利息支出，计入购建资产的价值；清算期间发生的利息支出，计入清算损益。

解读内容：

(1) 财务费用包括利息、汇兑损益、汇兑手续费、现金折扣等，以及不能资本化的借款费用。

(2) 可分析开支的可能性。

(3) 该项增加时，应结合企业筹集资金的规模和方式，同时要对资本市场进行综合分析，观察此项费用的增加是否属于合理变动。

注意方面：

(1) 该项分析应与企业资本结构分析相结合，注意资本化的财务费用是应合理计入资产还是计入本项。

(2) 购销中发生的现金折扣，是否为合理取得，有无现金流动紧张而放弃现金折扣现象。

(3) 外币业务中汇率的影响，观察企业对外币资产和负债的管理能力。

(七) 资产减值损失项目阅读

资产减值损失是指因资产的账面价值高于其可收回金额而造成的损失。《新会计准则》规定资产减值范围主要是固定资产、无形资产以及除特别规定外的其他资产减值的处理。《资产减值准则》改变了固定资产、无形资产等的减值准备计提后可以转回的做法，资产减值损失一经确认，在以后会计期间不得转回，消除了一些企业通过计提秘密准备来调节利润的可能，限制了利润的人为波动。

解读内容：

(1) 如果计提该项，应提供减值损失的相关证明材料。

(2) 若该项增加，应进一步取得相关证明材料深入分析，合理规划。

注意方面：

(1) 关注报表附注中的资产减值明细表，明确其构成。

(2) 是否存在计提不足或过度计提的状况。

(3) 与历史状况对比，观察减值准备的异常变化，是否应用资产减值来调节利润。

(八) 公允价值变动损益项目阅读

公允价值变动损益是指企业以各种资产，如投资性房地产、债务重组、非货币交换、交易性金融资产等公允价值变动形成的应计入当期损益的利得或损失，即公允价值与账面价值之间的差额。该项目反映了资产在持有期间因公允价值变动而产生的损益。

解读内容：

(1) 交易性金融资产、交易性金融负债、投资性房地产(以公允价值计量的)、衍生工具、套期保值业务等公允价值变动产生的应计入当期损益的利得或损失。

(2) 应结合利润表、附注相关具体项目的明细资料具体分析。

注意方面：

(1) 这些项目在日后出售时，应将其转入投资收益，即未实现的价值变动转为已实现的部分。

(2) 该项出现正值并不表明企业一定获得未实现的投资收益；反之，不一定是未实现的投资损失。

(3) 获取的公允价值是否合理。

(4) 是否将不适合使用公允价值计量的资产或负债划分为此类。

(九) 投资收益项目阅读

投资收益是对外投资所取得的利润、股利和债券利息等收入减去投资损失后的净收益。严格地讲，所谓投资收益，是指以项目为边界的货币收入等，它既包括项目的销售收入，又包括资产回收(即项目寿命期末回收的固定资产和流动资金)的价值。投资可分为实业投资和金融投资两大类，人们平常所说的金融投资主要是指证券投资。

解读内容：

(1) 反映对外投资发生的投资损失或投资收益。

(2) 应结合具体投资项目进行分析。

(3) 分析投资发生损失的原因，做出合理的投资决策。

注意方面：

(1) 企业投资目的正常与否，除投资公司外，一般企业不应动用正常生产经营资金进行投资。

(2) 投资收益一般不具有可持续性，不宜对其评价过高。

(3) 项目构成情况分析，如有公允价值转入的内容，还应结合公允价值变动损益做出分析判断。

(十) 汇兑损益项目阅读

汇兑损益亦称汇兑差额，就是由于汇率的浮动所产生的结果。企业在发生外币交易、兑换业务和期末账户调整及外币报表换算时，由于采用不同货币，或同一货币不同比价的汇率核算时产生的、按记账本位币折算的差额。简单地讲，汇兑损益是在各种外币业务的会计处理过程中，因采用不同的汇率而产生的会计记账本位币金额的差异。

解读内容：

(1) 该项反映外币交易因汇率变动而产生的收益或损失。

(2) 应结合外币业务、国际形势和汇率变化等分析和研究。

注意方面：

(1) 正确计算记账汇率，现汇买入卖出的中间价作为外汇唯一的折合和记账标准。

(2) 是否有采用不同的记账汇率的现象，如有则会造成不同的成本、不同的收入，造成会计数据不具可比性。

(十一) 营业利润项目阅读

营业利润项目金额来自于利润表多步式结构设计，从营业收入作为起点，减去成本费用项目，加上或减去投资收益等项目得到。其计算公式为

营业利润=营业收入-营业成本-营业税金及附加-销售费用-管理费用-财务费用-资产减值损失+公允价值变动净收益+投资净收益

解读内容：

(1) 应通过对比不同期间的变化，找出节约增效的途径和措施。

(2) 该项增加，表明企业经营顺畅，但是否有更大的利润空间，应进一步分析和研究。

注意方面：

利润表中有三个不同的利润层次，应对此项构成和计算过程掌握清楚。

(十二) 营业外收入项目阅读

营业外收入是指与企业生产经营活动没有直接关系的各种收入。营业外收入并不是由企业经营资金耗费所产生的，不需要企业付出代价，实际上是一种纯收入，不需要与有关费用进行配比。因此，在会计核算上，应当严格区分营业外收入与营业收入的界限。通俗一点讲就是，除企业营业执照中规定的主营业务以及附属的其他业务之外的所有收入视为营业外收入。

营业外收入主要包括：非流动资产处置利得、非货币性资产交换利得、出售无形资

产收益、债务重组利得、企业合并损益、盘盈利得、因债权人原因确实无法支付的应付款项、政府补助、教育费附加返还款、罚款收入、捐赠利得等。

解读内容：

(1) 主要包括非流动资产处置利得、非货币性资产交换利得、债务重组利得、政府补助、盘盈利得、捐赠利得等。

(2) 应结合报表附注等相关内容分析。

注意方面：

(1) 分析其发生的原因，其收支不具配比性。

(2) 该项目发生的数额不应过大。

(3) 是否存在关联方交易、违法经营等行为。

(十三) 营业外支出项目阅读

营业外支出是指企业发生的与企业日常生产经营活动无直接关系的各项支出。营业外支出主要来自于意外事件。这类事件发生会对企业造成重大损失，阅读和分析该项目要对损失的真实性、产生的原因加以关注。

解读内容：

(1) 主要包括非流动资产处置损失、非货币性资产交换损失、债务重组损失、盘亏损失、公益性捐赠支出、非常损失等。

(2) 结合报表附注等相关内容分析。

注意方面：

(1) 分析其发生的原因，其收支不具配比性。

(2) 该项目发生的数额不应过大。

(3) 是否存在关联方交易、违法经营等行为。

(十四) 利润总额项目阅读

利润总额是指企业在生产经营过程中各种收入扣除各种耗费后的盈余，反映企业在报告期内实现的盈亏总额。利润总额是一家公司在营业收入中扣除折扣、成本消耗及营业税后的剩余，这就是人们通常所说的盈利，它与营业利润间的关系为

利润总额=营业利润+营业外收入-营业外支出

解读内容：

(1) 当利润总额为负时，企业一年经营下来，其收入还抵不上成本开支及应缴的营业税，这就是通常所说的企业发生亏损。

(2) 当利润总额为零时，企业一年的收入正好与支出相等，企业经营不亏不赚，这就是通常所说的盈亏平衡。

(3) 当利润总额大于零时，企业一年的收入大于支出，这就是通常所说的企业盈利。

注意方面：

(1) 利润表中有三个不同的利润层次，此项为第二层次，应对此项构成和计算过程掌

握清楚。

(2) 分析利润总额中的正常利润和非正常利润。

(十五) 所得税费用项目阅读

所得税费用是指企业经营利润应交纳的所得税。"所得税费用"，核算企业负担的所得税，是损益类科目；这一般不等于当期应交所得税，因为可能存在"暂时性差异"。如果只有永久性差异，则等于当期应交所得税。根据国家征税政策，月度所得税征缴采取月度汇算清缴的方法实现，即多退少补的政策。具体表现为：企业设立一个汇算清缴账户，并存入一定的金额，在核算出当期的所得税时税款通过汇算清缴账户结算，即使后期存在差异，也会在下一个会计期间返还或者补全。

解读内容：

(1) 所得税费用包含当期所得税和递延所得税，即

$$所得税费用=当期所得税+递延所得税$$

(2) 当期应交所得税=应纳税所得额×所得税税率(25%)。

其中：应纳税所得额=税前会计利润(即利润总额)+纳税调整增加额-纳税调整减少额，这一部分是当年交到税务局的部分。

(3) 递延所得税=(递延所得税负债期末余额-递延所得税负债期初余额)-(递延所得税资产期末余额-递延所得税资产期初余额)，这一部分是按照权责发生制计算的当期不用交，但是企业应当承担的所得税。

注意方面：

(1) 结合递延所得税资产、递延所得税负债以及应交税费项目共同分析。

(2) 资产负债表的计税基础是否公允，例如：①发生了非同一控制下的企业合并，递延所得税应调整商誉，②可供出售金额资产公允价值变动导致的递延所得税计入所有者权益，这①②两项资产负债账面价值与计税基础导致的递延所得税不能计入所得税。

(3) 递延所得税资产不应超过未来期间可用于抵扣暂时性差异的应纳税所得额，因超出部分在后期不能转回，故不能作为本期递延所得税资产。

(十六) 净利润项目阅读

净利润是指在利润总额中按规定交纳了所得税以后公司的利润留存，一般也称为税后利润或净收入。

解读内容：

净利润是一个企业经营的最终成果，净利润多，企业的经营效益就好；净利润少，企业的经营效益就差。净利润是衡量一个企业经营效益的主要指标。

净利润的计算公式为

$$净利润=利润总额-所得税费用$$

注意方面：

(1) 净利润中的现金流量比重。

(2) 对于上市公司一般查看归属母公司的净利润。

(十七) 每股收益项目阅读

每股收益即每股盈利(EPS)，又称每股税后利润、每股盈余，指税后利润与股本总数的比率。它是普通股股东每持有一股所能享有的企业净利润或须承担的企业净亏损。每股收益通常被用来反映企业的经营成果，衡量普通股的获利水平及投资风险，是投资者等信息使用者据以评价企业盈利能力、预测企业成长潜力，进而做出相关经济决策的重要的财务指标之一。

该比率反映了每股创造的税后利润。比率越高，表明所创造的利润越多。若公司只有普通股时，净收益是税后净利，股份数是指流通在外的普通股股数。如果公司还有优先股，应从税后净利中扣除分派给优先股东的股利。

解读内容:

(1) 每股收益根据股数取值的不同，有全面摊薄每股收益和加权平均每股收益两种计算方式。全面摊薄每股收益是指计算时取年度末的普通股份总数，理由是新发行的股份一般是溢价发行的，新老股东共同分享公司发行新股前的收益。加权平均每股收益是指计算时股份数采用按月对总股数加权计算的数据，理由是由于公司投入的资本和资产不同，收益产生的基础也不同。

(2) 计算每股收益时要注意以下问题。第一，编制合并会计报表的公司，应以合并报表中的数据计算该指标。第二，如果公司发行了不可转换优先股，则计算时要扣除优先股数及其分享的股利，以使每股收益反映普通股的收益状况，已做部分扣除的净利润，通常被称为"盈余"，扣除优先股股利后计算出的每股收益又称为"每股盈余"。第三，有的公司具有复杂的股权结构，除普通股和不可转换优先股以外，还有可转换优先股、可转换债券、购股权证等。可转换债券的持有者，可以通过转换使自己成为普通股股东，从而造成公司普通股总数增加。第四，购股权证持有者，可以按预定价格购买普通股，也会使公司普通股份增加。普通股增加会使每股收益变小，称为"稀释"。计算这种复杂的股权结构的每股收益时，应按照有关部门的规定进行，没有相关规定的，应按国际惯例计算该指标，并说明计算方法和参照依据。

(3) 实践中，上市公司常常存在一些潜在的可能转化成上市公司股权的工具，如可转债、认股期权或股票期权等，这些工具有可能在将来的某一时点转化成普通股，从而减少上市公司的每股收益。稀释每股收益，即假设公司存在的上述可能转化为上市公司股权的工具都在当期全部转换为普通股股份后计算的每股收益。相对于基本每股收益，稀释每股收益充分考虑了潜在普通股对每股收益的稀释作用，以反映公司在未来股本结构下的资本盈利水平。

(4) 每股收益，是衡量上市公司盈利能力最重要的财务指标。它反映普通股的获利水平。在分析时，可以进行公司间的比较，以评价该公司相对的盈利能力；可以进行不同时期的比较，了解该公司盈利能力的变化趋势；可以进行经营实绩和盈利预测的比较，掌握该公司的管理能力。

注意方面：

(1) 每股收益不反映股票所含有的风险。

(2) 股票是一个"份额"概念，不同股票的每一股在经济上不等量，它们所含有的净资产和市价不同，使换取每股收益的投入量不相同，这样就限制了在公司间比较每股收益。分析和比较应尽量在同行业之间进行。

(3) 每股收益多，不一定意味着多分红，还要看公司股利分配政策。

(4) 每股收益计算的局限性对于本期内发生送股和配股的公司，每股收益与前期比可能有大幅下降，但这种变化只是由企业发行在外的股票数量变动引起的，并不能说明企业的盈利能力下降。

课堂活动 4-1 工作底稿示例 1

大众机械有限公司比较利润表如表 4-1 所示。

表 4-1　比较利润表

编制单位：大众机械有限责任公司　　　　2015 年 12 月　　　　　　单位：元

项目	行次	本期数	上年同期数	变动额	变动率
一、营业收入	1	783 027 675.40	618 087 467.27	164 940 208.13	0.27
减：营业成本	4	633 224 765.34	500 938 948.94	132 285 816.40	0.26
营业税金及附加	5	2 550 720.65	1 753 126.38	797 594.27	0.45
销售费用	10	46 719 056.36	28 541 170.02	18 177 886.34	0.64
管理费用	11	28 325 883.65	28 921 141.19	−595 257.54	−0.02
财务费用(收益以"−"号填列)	14	7 389 036.46	5 641 656.50	1 747 379.96	0.31
资产减值损失	15	3 203 113.79	1 484 899.07	1 718 214.72	1.16
加：公允价值变动收益(损失以"−"号填列)	16				
投资收益(损失以"−"号填列)	18	−4 117 708.61	180 787.23	−4 298 495.84	−23.78
二、营业利润(亏损以"−"号填列)	19	57 497 390.54	50 987 312.40	6 510 078.14	0.13
加：营业外收入	22	5 741 289.19	1 395 776.51	4 345 512.68	3.11
减：营业外支出	23	1 988 396.40	1 210 782.10	777 614.30	0.64
其中：非流动资产处置损失	25				
三、利润总额(亏损总额以"−"号填列)	27	61 250 283.33	51 172 306.81	10 077 976.52	0.20
减：所得税费用	28	13 392 465.19	14 009 085.25	−616 620.06	−0.04
四、净利润(净亏损以"−"号填列)	30	47 857 818.14	37 163 221.56	10 694 596.58	0.29
五、每股收益	31	47 857 818.14	37 163 221.56	10 694 596.58	0.29
(一)基本每股收益	32	0.69	0.66	0.03	0.05
(二)稀释每股收益	33	0.69	0.66	0.03	0.05

课堂活动 4-1 工作底稿示例 2

大众机械有限公司利润表项目解读

1. 营业收入项目的阅读

该公司营业收入总额为 783 027 675.40 元，比上年 618 087 466.27 元，净增 164 940 209.13 元。本年度净增 1 600 万元之多，说明该公司经营情况平稳上升，经营前景广阔。

2. 营业成本项目的阅读

营业成本为 633 224 765.34 元，比上年 500 938 948.94 元，净增 132 285 816.40 元。该项目本年度净增 13 000 多万元，与营业收入增加的幅度基本平衡，具体情况需要进一步分析解读。

3. 营业税金及附加项目的阅读

营业税金及附加为 2 550 720.65 元，比上年 1 753 126.38 元，净增 797 594.27 元。本年度净增了 79 万元之多，与营业收入的增加基本保持平衡，具体情况须进一步分析解读。

4. 销售费用项目的阅读

销售费用为 46 719 056.36 元，比上年 28 541 170.02 元，净增 18 177 886.34 元。本年度此项净增 1 817 万元之多，与营业收入的变化基本保持平衡，如果企业要研究节约开支，提高效益的措施，仍需要进一步分析和研究。

5. 管理费用项目的阅读

管理费用为 28 325 883.65 元，比上年 28 921 141.19 元，降低了 595 257.54 元。本年度此项比上年降低了 59 万元之多，在企业营业收入持续上升的形势下，企业的管理费用反而下降，说明企业重视节约开支，至于具体是哪些因素的影响，还应进一步结合相关资料深入分析。

6. 财务费用项目的阅读

财务费用为 7 389 036.46 元，比上年 5 641 656.50 元，净增 1 747 379.96 元。本年度此项净增 174 万元之多，这一变化应结合企业资金筹集和资本市场综合分析是否属于合理变动，须进一步研究与分析。

7. 资产减值损失项目的阅读

该项目为 3 203 113.79 元，上年为 1 484 899.07 元。本项目比上年增加了一倍多，应进一步取得相关证明材料深入分析，合理规划。

8. 公允价值变动损益项目的阅读

本年度无此项。

9. 投资收益项目的阅读

本项目为-4 117 708.61 元，即为-411 万元之多，说明是投资损失，企业应分析发生损失的原因，从而做出合理的投资决策。

10. 汇兑损益项目的阅读

无此项。

11. 营业利润项目的阅读

营业利润为 57 497 390.54 元，比上年 50 987 312.40 元，净增 6 510 078.14 元。本年度净增加 651 万元之多，说明企业经营顺畅，但是否有更大的利润空间，须进一步研究和分析。

12. 营业外收入项目的阅读

该项目为 5 741 289.19 元，即本年度此项为 574 万元之多，应进一步分析和研究。

13. 营业外支出项目的阅读

该项目为 1 988 396.40 元，即本年度该项为 198 万元之多，具体情况还须进一步分析和判断。

14. 利润总额项目的阅读

利润总额为 61 250 283.33 元，上年为 51 172 306.81 元，净增 10 077 976.52 元。本年度净增加了 1 007 万元之多，说明企业经营形势乐观，至于还能否进一步提高，仍须进一步分析才能得出结论。

15. 所得税费用项目的阅读

所得税费用为 13 392 465.19 元，即此项本年度为 1 339 万元之多，可以结合所得税纳税申报表进行阅读与分析。

16. 净利润项目的阅读

净利润为 47 857 818.14 元，此项本年度比上年有大幅度提高，至于提高的原因应进一步运用财务分析的专门方法查找。

17. 每股收益项目的阅读

每股收益为 0.69 元，比上年增加 0.03 元。此项比上年增加了 0.03 元，这是相当不容易的事情，作为企业的管理者应该引以为荣，但仍须具体分析增加的真实因素，探讨持续增加的途径和方法。

第二节 分析利润表

一、利润表分析示例

当我们详细解读利润表之后，紧接着就应该尽快找到利润表的重点，继而深入地展开分析。分析往往由整体到局部、由概要到精确，一步步地剖析深入，选用适当的方法，最终正确地评价企业的利润质量、盈利能力、利润动态、企业发展能力等。需要强调的是，对上市公司的分析评价，会涉及一系列与上市公司利润有关的特殊的财务比率指标。

【课堂活动 4-2】

主题：分析大众机械有限公司的利润表

活动形式：

(1) 个人独立完成的内容：绘制共同比利润表，1 个课时。

(2) 以小组形式完成的内容: 讨论这张表, 初步得出该表反映出的经营成果如何, 有何问题, 1 个课时。

(3) 以全体形式完成的内容: 推选六名发言人, 向全体汇报演讲对该利润表的分析, 2 个课时。

活动内容及要求:

(1) 编制共同比利润表。

(2) 每位同学在完成的利润表后加上 "结构(%)" 列, 将计算结果填入表中, 计算出各项所占比重。

(3) 举例: 计算出各会计期间毛利率是多少。

① 本年数: (783 027 675.4−633 224 765.34)÷783 027 675.40×100%=19.13%

② 上年数: (618 087 466.27−500 938 948.94)÷618 087 466.27×100%=18.95%

(4) 进行专项分析, 并做好准备向全班做分析演讲。

(5) 讨论。以小组为单位进行专项讨论并专项分析。

(6) 汇报。各小组发言人代表小组分析演讲。

(7) 汇报演讲分成若干专题, 演讲后回答问题。

(8) 各组分别承担专项分析内容:

① 利润表结构分析。

② 盈利能力分析。

③ 自身发展能力分析(一)。

④ 自身发展能力分析(二、可持续增长率)。

⑤ 利润表趋势分析。

⑥ 上市公司利润表分析。

(9) 汇报演讲时间: 8~10 分钟。

各组确定演讲人, 汇报完成后上交演讲稿。

(10) 演讲细则。

① 事先准备详案, 包括图表、计算推导过程, 制作 PPT。

② 概述专项分析的内容, 如名称、相关概念、涉及的报表项目、侧重反映的是哪方面的解析内容等。

③ 详解该项分析的金额、数据来源、分析目的、计算方法、计算过程、要强调的问题等, 要做到: 第一, 定量与定性相结合; 第二, 根据专项分析的内容绘制小型图表; 第三, 可以分别站在不同角度分析, 如股东、债权人、公司 CEO、雇员和工会等。

④ 介绍报表编制中有什么技巧、注意的方面等。

⑤ 简要归纳对这个实训课题的体会。

⑥ 演讲时间: 10~15 分钟。

二、归纳利润表的分析

分析利润表的方法与分析资产负债表是一样的, 主要是从 "利润表结构分析" "利润表趋势分析" "利润表相关财务比率分析——盈利能力、发展能力" 以及 "上市公司利润表特殊分析"等方面展开。根据同学们的汇报演讲，做利润表分析的详细归纳及补充。

(一) 利润表结构分析

利润表采用多步式结构，这种排列顺序有助于报表信息使用者清晰明了地分析企业的利润形成及各部分利润在形成净利润中的地位。

一是列示营业收入，即主营与其他全部营业收入，这是形成利润的保证和前提。

二是列示营业利润的形成过程，即取得营业收入的同时企业付出了多大的代价。这应包括营业成本、税金、费用、损失、收益等，再现企业经营的总体过程。

三是列示利润总额的形成过程，反映利润总额与营业利润以及营业外收支的关系。营业利润是利润总额的生命，若此项占比高，则经营形势乐观，经营前景光明，经营状况平稳。营业外收支占比高，则企业经营不看好。

四是列示净利润的形成过程，这是企业利润分配的源泉和基础，是投资者最关心的指标之一。

五是列示每股收益，即普通股股东享有的每股净利润，它是普通股股东关心的指标之一。

(二) 企业盈利能力分析

盈利能力是指企业在一定时期内赚取利润的能力，也称为企业的资金或资本增值能力，通常表现为一定时期内企业收益数额的多少及其水平的高低。利润率越高，盈利能力就越强。企业经营业绩的好坏最终可通过企业的盈利能力来反映，无论是企业的经营者，还是股东、债权人，都非常关心企业的盈利能力，通过对盈利能力的分析，可以发现经营管理环节出现的问题。对公司盈利能力的分析，就是对公司利润率的深层次分析。

衡量或反映企业盈利能力的指标有：反映资本(资产)经营盈利能力的财务比率指标，如净资产收益率、负债利息率等；反映资产经营盈利能力的指标，如总资产报酬率等；反映商品经营能力的指标，如收入利润率等。

1. 资本经营盈利能力分析

资本经营盈利能力是指企业所有者通过投入资本经营获取利润的能力。反映资本经营盈利能力的基本指标是净资产收益率，即本期净利润与本期净资产的比率。其计算公式为：

$$净资产收益率 = 净利润 \div 平均净资产 \times 100\%$$

该指标是反映企业盈利能力的核心指标。企业经营的根本目标是所有者权益或股东价值最大化，而净资产收益率既可直接反映资本增值能力，又可影响企业股东价值的大小。该指标越高，反映企业盈利能力越强。评价时，参照指标一般选取社会平均利润率、行业平均利润率或资本成本率等。

1) 影响资本经营盈利能力的因素

影响资本经营盈利能力的因素主要包括总资产报酬率、负债利息率、企业资本结构、企业所得税率等。

2) 资本经营盈利能力因素分析

总资产报酬率的影响体现为，总资产报酬率越高，净资产收益率越高。因为净资产是企业全部资产扣除负债后的余额，总资产报酬率必然影响净资产收益率，且呈现正向变动关系。

负债利息率、资本结构或负债与净资产之比对净资产收益率的影响体现为，当总资产报酬率高于负债利息率时，加大负债与净资产之比，对净资产收益率产生有利影响，即可提高净资产收益率；反之，当总资产报酬率低于负债利息率时，加大负债与净资产之比，对净资产收益率产生不利影响，即降低净资产收益率。因为当总资产报酬率高于负债利息率时，由于负债的抵税作用，会使净资产收益率提高，而负债与净资产之比加大则能更有效地利用负债的抵税作用，提高净资产收益率。

所得税税率对净资产收益率的影响体现为，所得税税率提高，净资产收益率下降；反之，所得税税率降低，净资产收益率上升。

资本结构有多种表现形式，这里讲的资本结构是指负债与所有者权益之比，二者的比值反映了企业的融资结构和融资策略，资本结构的另一表现形式是权益乘数，即资产与负债之比，也代表了企业的融资结构，权益乘数对净资产收益率有倍率影响，反映了财务杠杆对利润水平的影响。

综合以上因素对净资产收益率的影响表现为：

净资产收益率=净利润÷平均净资产×100%

=[总资产报酬率+(总资产报酬率-负债利息率)×负债÷净资产]×

(1-所得税税率)

其中：所得税税率=[(利润总额-净利润)÷利润总额]

负债利息率=财务费用中的利息支出÷负债

总资产报酬率=息税前利润÷平均总资产×100%

需要注意的是，这里的负债利息率和所得税税率不是直接引用贷款的利息率或国家法律规定的所得税率，这是从企业投资者的角度而言的，两个项目最终均导致净利润下降，从而影响投资者的利益，但相对于债权人和经营者来说，则另当别论。

2. 资产经营盈利能力分析

资产经营盈利能力是指企业运营资产所产生的利润的能力。反映资产经营能力的指标是总资产报酬率，即息税前利润与平均资产之间的比率。利用资产负债表和利润表的相关资料即可计算出总资产报酬率。其计算公式为

总资产报酬率=(利润总额+利息支出)÷平均总资产×100%

总资产报酬率为什么包括利息支出呢？

因为企业经营的总资产取得的收入，最终增加净利润，但同时首先应承担利息支出，即总资产产生的利益要先保障债权人的利益，再提供给投资人享有。债权人享有的部分表现为利息支出，投资者享有的部分表现为净利润。

评价这一指标时，应结合企业自身前期的比率、同行业其他企业的比率等进行比较，并进一步分析，找出不利和有利的因素，以提高企业的总资产报酬率，从而提高企业的

资产经营盈利能力。

资产经营盈利能力受总资产周转率和销售息税前利润率的影响。其计算公式为

$$总资产报酬率=\frac{销售收入}{平均总资产}\times\frac{利润总额+利息支出}{销售收入}\times100\%$$

其中：

$$总资产周转率=\frac{销售收入}{平均总资产}\times100\%$$

$$销售息税前利润率=\frac{利润总额+利息支出}{销售收入}\times100\%$$

总资产周转率是反映企业营运能力的指标，可说明企业资产的运用效率，是企业资产经营效果的直接体现。

销售息税前利润率反映了企业商品生产经营的盈利能力，产品盈利能力越强，销售利润率越高。

总资产报酬率受到上述两个因素的综合影响。

3. 商品经营盈利能力分析

商品经营是相对资产经营和资本经营而言的。分析商品经营盈利能力不考虑企业的筹资或投资问题，只研究利润与收入或成本之间的关系。因此，反映商品经营盈利能力的指标可分为两类：一类是收入利润率，即各种利润额与收入之间的比率；另一类：成本利润率，即各种利润额与成本之间的比率。

1) 收入利润率

这类指标包括主营业务利润率、营业收入利润率、息税前利润率、营业净利润率等。这类指标是正指标，指标值越高越好。分析评价时应参照行业平均值、企业目标值等进行判断，不可妄加草率判断。

$$主营业务利润率=\frac{主营业务利润}{主营业务收入}\times100\%$$

$$营业收入利润率=\frac{营业利润}{营业收入}\times100\%$$

$$息税前利润率=\frac{利润总额+利息费用}{营业收入}\times100\%$$

$$营业净利润率=\frac{净利润}{营业收入}\times100\%$$

2) 成本利润率

这类指标包括营业成本利润率、营业成本费用利润率、全部成本费用利润率、全部成本费用净利润率等。这类指标反映企业投入与产出之比，即所得与所费的比率，是正指标，指标值越高越好。分析评价时，可结合企业管理要求进行判断。

$$营业成本利润率=\frac{营业利润}{营业成本}\times100\%$$

$$营业成本费用利润率=\frac{营业利润}{营业成本+费用总额}\times100\%$$

$$全部成本费用利润率=\frac{营业利润}{营业成本费用+营业外支出}\times100\%$$

$$全部成本费用净利润率=\frac{净利润}{营业成本费用+营业外支出}\times100\%$$

需要注意的是，营业成本费用总额是利润表中营业成本、营业税金及附加、销售费用、管理费用、财务费用、资产减值损失等成本费用项目之和。

(三) 企业自身发展能力分析

企业的发展能力，也称企业的成长性，是企业通过自身的生产经营活动，不断扩大积累而形成的发展潜能。

企业能否健康发展取决于多种因素，包括外部经营环境，企业内在素质及资源条件等。企业发展能力指标有销售增长率、资产增长率、收益增长率、可持续增长率等。

1. 销售增长率分析

销售增长率是指企业本年销售增长额与上年销售增长额之间的比率，反映销售的增减变动情况，是评价企业成长状况和发展能力的重要指标。

销售增长率是衡量企业经营状况和市场占有能力、预测企业经营业务拓展趋势的重要指标，也是企业扩张增量资本和存量资本的重要前提。该指标越大，表明其增长速度越快，企业市场前景越好。销售增长率的分析又分为销售增长率的趋势分析和同业分析，其中趋势分析一般选取三年或三年以上的数据进行分析。其计算公式为

$$销售增长率=\frac{本年销售额-上年销售额}{上年销售额}\times100\%$$

2. 资产增长率分析

在企业销售增长的前提下，一般会导致企业资产的增长，而企业资产的增长体现为企业投资规模的增长。对于一个健康成长的企业来说，其投资规模应该是呈不断增加的趋势。如企业处在成长期，通常存在许多良好的投资机会，此时企业会加大投资规模；如公司处在成熟期或衰退期，通常缺乏投资机会，此时企业一般不会考虑增加投资规模。

资产增长率计算公式为

$$资产增长率=\frac{本年资产增加额}{上年资产总额}\times100\%$$

资产增长率是用来考核企业资产规模增长幅度的财务指标，资产增长率为正数，说明企业本年度资产规模增加；资产增长为负数，说明企业本年资产规模减少；资产增长率为零，说明企业资产增长没有发生变化。

分析资产增长率指标常用的方法有两种。

第一，可以分别计算负债的增加和所有者权益的增加占资产增加额的比重，并进行比较。如果所有者权益增加额所占比重大，就说明企业资产的增加主要来源于所有者权益的增加，反映企业资产的增长状况良好；反之，负债增加额所占比重大，说明企业资

产增加主要来源于负债的增加，反映企业资产的增长状况不好。这几个因素的指标计算，可以通过比较资产负债表进行比较分析。

第二，可以采用所有者权益增长率即资本积累率来分析。其计算公式为

$$资本积累率=\frac{本年所有者权益增加额}{年初所有者权益总额}\times100\%$$

资本积累率是用于衡量企业所有者权益增长幅度的指标，资本积累率越高，表明企业本年度所有者权益增加得越多，可以反映企业资产增长状况良好；资本积累率越低，表明企业本年度所有者权益增加得越少，反映资产增长状况不是很理想。

为全面认识企业资产规模的增长趋势和增长水平，应将企业不同时期的资产增长率加以比较，即进行增长率的趋势分析，因为一个健康成长的企业，其资产规模应是不断增长的，若时增时减，则说明企业经营不稳定，也说明企业并不存在良好的发展能力。

3. 收益增长率分析

一个企业的价值主要取决于企业的盈利及其增长能力，企业的盈利即收益的增长是反映企业增长能力的重要方面。而企业的收益通常表现为营业利润、利润总额、净利润等指标，据此，收益增长率也有不同的表现形式。在实践中，一般选择营业利润增长率和净利润增长率两个指标。

1) 营业利润增长率

一般来说，企业的创立或发展总是从单一产品开始的，而处于成长期的企业多数都是主营业务突出、经营比较单一的。当企业进入成熟期时，其经营格局就会逐步由单一经营向多元化经营发展。因此，利用企业的主营业务利润增长率和营业利润增长率可以反映企业不同时期的成长性。在成长初期，采用主营业务利润率较为恰当；而在成长即将进入成熟期或已进入成熟期时，采用营业利润率来考察企业的成长性则较为合适。

$$主营业务利润增长率=\frac{本年主营业务利润增长额}{上年主营业务利润}\times100\%$$

$$营业利润增长率=\frac{本年营业利润增长额}{上年营业利润}\times100\%$$

主营业务利润增长率或营业利润增长率越高，表明企业主营业务利润或营业利润增长越快，表明企业的主营业务突出或企业的日常经营稳定增长，企业的增长顺利；主营业务利润或营业利润增长率越低，表明企业主营业务发展停滞或日常经营不稳定，企业的业务扩展能力弱，成长不顺利。

要分析主营业务利润增长率或营业利润增长率的优劣，应结合企业的主营业务收入与主营业务成本、主营业务税金及附加或营业收入与营业成本、营业税金及附加、销售费用、管理费用、财务费用等期间费用进行具体分析。对于主营业务利润增长率而言，若通过分析发现主营业务利润增长率低于主营业务收入增长率，则表明企业的主营业务成本、主营业务税金及附加等超过了主营业务收入的增长率，说明企业的主营业务能力不强，企业发展潜力值得怀疑。对于营业利润而言，若通过计算分析发现企业的营业利润增长率低于营业收入增长率，表明企业的营业成本、营业税金及附加、期间费用等增长超过了营业收入的增长，企业的发展能力令人质疑，应进一步分析，找出制约企业发

展能力的因素，以提高企业自身的发展能力，增强竞争实力。

2) 净利润增长率

由于净利润是企业经营业绩的成果，因此净利润的增长是企业成长性的基本表现。其计算公式为

$$净利润增长率=\frac{本年净利润增长额}{上年净利润}\times100\%$$

净利润增长越高，表明企业的收益增长得越多，说明企业的业绩突出，市场竞争能力越强；相反，净利润增长率越低，企业收益增长得越少，说明企业的经营业绩不佳，市场竞争能力越弱。

要全面衡量一个企业的净利润增长率的优劣，全面分析其净利润的增长趋势和增长水平，仅仅计算和分析企业一个时期的净利润增长率是不够的，因为企业某个时期的净利润可能会受一些偶然因素或非正常因素的影响，从而无法反映出企业净利润的总体增长趋势。正确分析企业净利润的增长趋势应该选取企业多年净利润的资料，进行净利润增长率指标的分析，才能发现其变化的趋势，从而得出企业是否具有良好的净利润发展趋势。若通过多年资料的分析发现净利润增长率一直平稳上升，则说明企业具有良好的净利润发展趋势，企业具有良好的自我发展趋势；若其中有或增或减或不增长等情况出现，则表明企业净利润增长不稳定，说明企业的盈利能力不稳定，不具备良好的增长趋势。

4．可持续增长率分析

1) 可持续增长率的概念

可持续增长率是指不增发新股并保持目前经营效率和财务政策条件下公司销售所能增长的最大比率。其中，经营效率是指资产周转率和销售净利率；财务政策是指资产负债率和留存收益率。

由于企业要以发展求生存，因此销售增长是任何企业都无法回避的问题。企业增长的财务意义是资金增长。在销售增长时企业往往需要补充资金，这主要是因为销售增长通常会引起存货和应收账款等资产的增加。销售增长得越多，需要的资金就越多。

从资金来源上看，企业增长的实现方式有三种。

(1) 完全依靠内部资金增长。

有些小企业无法取得借款，有些大企业不愿意借款，它们主要是靠内部积累实现增长。完全依靠内部来源支持的增长率就是"内涵增长率"。可是一个企业内部的财务资源是有限的，这往往会限制企业的发展，无法充分利用扩大企业财富的机会。

(2) 主要依靠外部资金增长。

从外部来源筹资，包括增加债务和股东投资，也可以提高增长率，主要依靠外部资金实现增长是不能持久的。增加负债会使企业的财务风险增加、筹资能力下降，最终会使借款能力完全丧失；增加股东投入资本，不仅会分散控制权，而且会稀释每股盈余，除非追加投资有更高的回报率，否则不能增加股东财富。

(3) 平衡增长。

平衡增长就是保持目前的财务结构和与此有关的财务风险，按照股东权益的增长比

例增加借款，以此支持销售增长。这种增长率一般不会消耗企业的财务资源，是一种可持续的增长速度。

2) 可持续增长率的内容

可持续增长率就是平衡增长的企业增长的实现方式。这个方式可以概括为一个概念、两个公式、五个假设、五个等于、基期事项、四点变化。

(1) 一个概念。

可持续增长率是指不增发新股并保持目前经营效率和财务政策条件下公司销售所能增长的最大比率。

经营效率：指资产周转率和销售净利率；

财务政策：指资产负债率和留存收益率。

(2) 两个公式。

公式一：

可持续增长率=销售增加额÷基期销售额

　　　　　＝(净利润÷期初股东权益)×留存收益率

　　　　　＝(净利润×留存收益率)÷期初股东权益

　　　　　＝期初权益资本净利率×本期收益留存率

　　　　　＝销售净利率×总资产周转率×期初权益期末总资产乘数×收益留存率

除期初权益、期末总资产乘数中的期初权益外，其余皆是期末数。

公式二：

可持续增长率=权益净利率×留存收益率÷(1-权益净利率×留存收益率)

　　　　　＝销售净利率×总资产周转率×期末权益乘数×留存收益率÷(1-销售净利率×总资产周转率×期末权益乘数×留存收益率)

(3) 五个假设。

① 公司目前的资本结构是一个目标结构，并且打算继续维持下去；

② 公司目前的股利支付率是一个目标支付率，并且打算继续维持下去；

③ 不愿意或者不打算发售新股，增加债务是其唯一的外部筹资来源；

④ 公司的销售净利率将维持当前水平，并且可以涵盖负债的利息；

⑤ 公司的资产周转率将维持当前的水平。

在五个假设条件成立时，销售的实际增长率等于可持续增长率。

(4) 五个等于。

在可持续增长率条件下，五个假设成立，则有五个等于：

销售增长率=资产增长率=负债增长率=所有者权益增长率=股利增长率(或留存收益增长率)

(5) 基期事项。

可持续增长率，是基于基期的水平，预测下年度的销售增长率，所以，无论是采用哪个公式，公式中的有关数据均指基期数。即站在基期的角度预测报告期的销售增长率。

(6) 四点变化。

第一，在保持基期经营效率(资产周转率、销售净利率)和资产负债率不变，并且不从外部进行股权融资的前提下，可以根据公式二在已知可持续增长率的情况下，计算股利支付率，即留存收益率。

第二，在保持基期的总资产周转率和财务政策(资产负债率、留存收益率)不变，并且不从外部进行股权融资的前提下，可以根据公式二在已知可持续增长率的情况下，计算销售净利率。

第三，外部筹集债务资金，即资产负债率发生变化，根据公式二计算出的权益乘数(进而可计算出资产负债率)仅为新增销售额部分的资产负债率，而非全部资产的资产负债率，因此，还要根据：

$$资产负债率=(负债+新增负债)÷(资产+新增资产)$$

将其换算为全部资产的资产负债率。

第四，外部筹集股权资金，不符合可持续增长率第③个假设条件，即不能用可持续增长率的公式计算。只能根据外部融资需求=资产增加−负债增加−留存收益增加计算外部股权融资额。

可持续增长的思想，不是说企业的增长不可以高于或低于可持续增长率，问题在于企业管理人员必须事先预计并且加以解决在公司超过可持续增长之上的增长所导致的财务问题。超过部分的资金只有两种解决办法：提高经营效率，或者改变财务政策。提高经营效率并非总是可行的，改变财务政策是有风险和极限的，因此超常增长只能是短期的。尽管企业的增长时快时慢，但从长期来看总是受可持续增长率制约的。任何企业都应控制销售的增长，使之与企业的财务能力平衡，而不应盲目追随市场。

企业的管理虽然不能仅仅依靠公式，但是公式能够为企业管理提供简便的方法，帮助企业迅速找出管理中潜在的问题。可持续增长率模型对企业增长进行控制提供了这样一个衡量标准。

3) 可持续增长率的计算

(1) 根据期初股东权益计算可持续增长率。

限制销售增长的是资产，限制资产增长的是资金来源(包括负债和股东权益)。在不改变经营效率和财务政策的情况下(即企业平衡增长)，限制资产增长的是股东权益的增长率。因此，可持续增长率的计算公式可推导如下：

可持续增长率=资产增长率

=净资产增长率(股东权益增长率)

=股东权益本期增加额÷期初股东权益

=本期净利润×本期收益留存比率÷期初股东权益

=期初净资产收益率×本期收益留存率

=期初总资产收益率×期初权益乘数×本期收益留存率

=期初总资产周转率(次数)×本期销售净利率×期初权益乘数×本期收益留存率

应当注意的是，这里的"权益乘数"是用"期初权益"计算的，而不要用"期末权益"计算。

【例 4-1】M 公司 2010—2014 年的主要财务数据如表 4-2 所示。

表 4-2　根据期初股东权益计算的可持续增长率　　　　单位：万元

年　　　度	2010	2011	2012	2013	2014
收入	1 000.00	1 100.00	1 650.00	1 375.00	1 512.50
税后利润	50.00	55.00	82.50	68.75	75.63
股利	20.00	22.00	33.00	27.50	30.25
留存利润	30.00	33.00	49.50	41.25	45.38
股东权益	330.00	363.00	412.50	453.75	499.13
负债	60.00	66.00	231.00	82.50	90.75
总资产	390.00	429.00	643.50	536.25	589.88
可持续增长率的计算：					
销售净利率(%)	5.00	5.00	5.00	5.00	5.00
销售/总资产	2.5641	2.5641	2.5641	2.5641	2.5641
总资产/期初股东权益	1.3000	1.3000	1.7727	1.3000	1.3000
收益留存率	0.6	0.6	0.6	0.6	0.6
可持续增长率(%)	10.00	10.00	13.64	10.00	10.00
实际增长率(%)		10.00	50.00	-16.67	10.00

根据可持续增长率公式(期初股东权益)计算如下：

可持续增长率(2011 年)=销售净利率×期初资产周转率×期初权益乘数×收益留存率= 5%×2.5641×1.3×0.6=10%

实际增长率(2011 年)=(本年销售-上年销售)÷上年销售=(1 100-1 000)/1 000=10%

其他年份的计算方法与此相同。

(2) 根据期末股东权益计算可持续增长率。

可持续增长率也可以全部用期末数和本期发生额计算，而不使用期初数。其推导过程如下：

由于：企业增长所需资金的来源有增加负债和增加股东权益两个

所以：资产增加额=股东权益增加额+负债增加额　　　　　　　①

假设：资产周转率不变，即资产随销售正比例增加

则有：资产增加额÷本期资产总额=销售增加额÷本期销售额

　　　资产增加额=(销售增加额÷本期销售额)×期末资产总额　　②

假设：不增发新股，销售净利率不变

则有：

股东权益增加额=留存收益增加额

　　　　　　=(基期销售额+销售增加额)×(净利润÷销售额)×收益留存率

　　　　　　=(基期销售额+销售增加额)×销售净利率×收益留存率　　③

假设：财务结构不变，即负债和股东权益同比例增加

则有：

负债的增加额=股东权益增加额×(期末负债÷期末股东权益)

$$=[(基期销售额+销售增加额)×销售净利率×收益留存率]×$$

$$(期末负债÷期末股东权益)\qquad④$$

将②、③、④代入①：

期末资产总额×(销售增加额÷本期销售额)

=(基期销售额+销售增加额)×销售净利率×收益留存率+(基期销售额+销售增加额)×销售净利率×收益留存率×(期末负债÷期末股东权益)

=(基期销售额+销售增加额)×销售净利率×收益留存率×(1+期末负债÷期末股东权益)

整理以后得

销售增加额=[(基期销售额+销售增加额)×期末总资产周转率×销售净利率×收益留存率×期末总资产]÷期末股东权益

令 A=期末总资产周转率×销售净利率×收益留存率×期末总资产÷期末股东权益

销售增加额=(基期销售额+销售增加额)×A

销售增加额=基期销售额×A÷(1-A)

因此：

可持续增长率=(期末总资产周转率×销售净利率×收益留存率×期末权益乘数)÷(1-期末总资产周转率×销售净利率×收益留存率×期末权益乘数)

使用【例4-1】的数据，根据本公式计算的可持续增长率如表4-3所示。

表4-3 根据期末股东权益计算的可持续增长率   单位：万元

年度	2010	2011	2012	2013	2014
收入	1 000.00	1 1000.00	1 650.00	1 375.00	1 512.50
税后利润	50.00	55.00	82.50	68.75	75.63
股利	20.00	22.00	33.00	27.50	30.25
留存利润	30.00	33.00	49.50	41.25	45.38
股东权益	330.00	363.00	412.50	453.75	499.13
负债	60.00	66.00	231.00	82.50	90.75
总资产	390.00	429.00	643.50	536.25	589.88
可持续增长率的计算：					
销售净利率(%)	5.00	5.00	5.00	5.00	5.00
销售/总资产	2.5641	2.5641	2.5641	2.5641	2.5641
总资产/期末股东权益	1.1818	1.1818	1.5600	1.1818	1.1818
收益留存率	0.6	0.6	0.6	0.6	0.6
可持续增长率(%)	10.00	10.00	13.64	10.00	10.00
实际增长率(%)		10.00	50.00	-16.67	10.00

根据可持续增长率(期末股东权益)公式计算如下：

可持续增长率(2011 年)=(期末总资产周转率×销售净利率×收益留存率×期末权益乘数)÷(1-期末总资产周转率×销售净利率×收益留存率×期末权益乘数)=(2.5641%×0.05×0.6× 1.1818)÷(1-2.5641%×0.05×0.6×1.18)=10%

其他各年的可持续增长率的计算方法与此相同。

通过比较表 4-2 和表 4-3 可以看出，用两个公式计算的可持续增长率是一致的。

4) 可持续增长率与实际增长率

可持续增长率与实际增长率是两个不同的概念。可持续增长率是由企业当前经营效率和财务政策决定的内在增长能力；实际增长率是本年销售额比上年销售额的增长百分比。

可持续增长率与实际增长率具有一定的联系，主要表现在以下几个方面。

(1) 如果某一年的经营效率和财务政策与上年相同，则实际增长率等于上年的可持续增长率。

(2) 如果某一年的 4 个财务比率中有一个或多个数值增加，则实际增长率就会超过上年的可持续增长率。

(3) 如果某一年的 4 个财务比率中有一个或多个数值下降，则实际增长率就会低于上年的可持续增长率。

超常增长之后，低潮必然接踵而来，对此事先要有所准备。如果不愿意接受这种现实，继续勉强冲刺，现金周转的危机很快就会来临。

可持续增长率的高低，取决于公式中的 4 项财务比率：

销售净利率和资产周转率的乘积是资产净利率，它体现了企业运用资产获取收益的能力，决定于企业的综合实力。至于采用"薄利多销"还是采用"厚利少销"的方针，是企业政策选择问题。

收益留存率和权益乘数的高低是财务政策选择问题，取决于决策人对收益与风险的权衡。企业的实力和承担风险的能力，决定了企业的增长速度。

因此，实际上一个理智的企业在增长率问题上并没有多少回旋余地，尤其是从长期来看更是如此。一些企业由于发展过快陷入危机甚至破产；另一些企业由于增长太慢遇到困难甚至被其他企业收购，这说明不当的增长速度足以毁掉一个企业。

(四) 利润表的趋势分析

利润表趋势分析，即通过对比多期利润表中的相关数据，找出形成利润的各个项目的变动趋势，进而探讨节约开支、增加收入以提高投入产出率、销售利润率和不断增加利润的活动。

利润表的趋势分析，应综合运用因素分析法、水平分析法、垂直分析法等多种方法实现。

1. 水平分析法

水平分析就是将分析期的利润表各项目数值，与基期(上年或计划、预算)数进行比较，计算出变动额、变动率以及该项目对营业收入、营业成本，以及各个利润层次的影响程度。通过水平分析，可对利润变动情况进行评价。

1) 从营业收入角度进行分析评价

(1) 分析营业收入规模的变动状况，以及其中主营业务及其他业务的收入变动状况。

(2) 发现其中变动幅度较大，或对营业收入影响较大的重点类别和重点项目。

(3) 分析变动的合理性与效率性。

(4) 考察收入规模变动与成本费用变动的适应程度，进而评价企业增收节支的管理能力。

(5) 分析会计政策变动的影响。

2) 从营业成本以及期间费用角度进行分析评价

(1) 分析成本费用的变动状况以及各类、各项费用的变动状况。

(2) 发现变动幅度较大，或对收益影响较大的重点类别和重点项目。

(3) 注意分析评价表外业务的影响。

3) 从各利润层次的变动进行分析评价

从利润形成过程逐项进行分析。

2．垂直分析法

利润表垂直分析主要从各项财务成果结构变化的原因入手，如从主营业务利润结构变化、营业利润和利润总额结构的变化来分析。另外还要分析财务费用、管理费用、补贴收入等因素的变化给营业利润、利润总额和净利润结构带来的影响。

(五) 上市公司利润表特殊分析

上市公司的经营目标是追求企业价值的最大化，即股东财富最大化，上市公司股东对企业价值的衡量要通过对其盈利能力的分析来实现，而对上市公司盈利的分析须借助一系列特有的指标来进行，如每股收益、每股净资产、市盈率、市净率、每股股利、股利发放率、股利报酬率、普通股权益报酬率、股利保障倍数、留存盈利比率等，进而做出是否投资的决策。

1．每股收益

1) 每股收益的含义与计算

每股收益即每股盈利，又称每股税后利润、每股盈余，指税后利润与股本总数的比率。它是普通股股东每持有一股所能享有的企业净利润或须承担的企业净亏损。每股收益通常被用来反映企业的经营成果，衡量普通股的获利水平及投资风险，是投资者等信息使用者据以评价企业盈利能力、预测企业成长潜力，进而做出相关经济决策的重要的财务指标之一。该数据反映在利润表中 9 列示于"基本每股收益"和"稀释每股收益"项目。

每股收益的计算公式为

$$每股收益 = \frac{净利润 - 优先股股息}{发行在外的普通股加权平均数} \times 100\%$$

分子中从净利润中扣除优先股股息，分母中采用普通股加权平均数。

该指标只用于同一企业不同时期纵向比较，以反映盈利的变动。而不同企业之间由于所采用的会计政策不同会使该指标产生较大的差异。

并不是每股盈利越高越好，因为每股有股价受市场规律影响而上下波动甚至剧烈振荡。对每股收益要做持续地、具体地分析。

2) 每股收益因素分析

$$每股账面价值=\frac{普通股权益}{流通股数}$$

$$普通股权益报酬率=\frac{净利润-优先股股息}{普通股权益}$$

因此：

$$每股收益=每股账面价值\times普通股权益报酬率$$

2. 每股净资产

每股净资产是指股东权益与总股数的比率。其计算公式为

$$每股净资产=\frac{股东权益总额-优先股股息}{发行在外普通股的加权平均数}$$

例如：某公司净资产为 15 亿元，总股本为 10 亿股，其税后利润为 2 亿元，计算每股净资产、净资产收益率。

每股净资产=15÷10=1.5 元

净资产收益率=2÷15=13.33%

每股净资产值反映了每股股票代表的公司净资产价值，它是支撑股票市场价格的重要基础。每股净资产值越大，表明公司每股股票代表的财富越雄厚，通常创造利润的能力和抵御外来因素影响的能力越强。净资产收益率是公司税后利润除以净资产得到的百分比，用以衡量公司运用自有资本的效率。还以上述公司为例，其税后利润为 2 亿元，净资产为 15 亿元，净资产收益率为 13.33%。净资产收益率越高，表明股东投入的单位资本所获收益越多。上例 13.33%表明，股东每投入 1 元钱便有 0.13 元的回报。

3. 市盈率

市盈率是指在一个考察期(通常为 12 个月的时间)内，股票的价格和每股收益的比率。投资者通常利用该比例值估量某股票的投资价值，或者用该指标在不同公司的股票之间进行比较。其计算公式为

$$市盈率=每股市场价格÷每年每股盈利$$

需要注意的是，这里的股票是指普通股。

例如：某股票的市价为 24 元，而过去 12 个月的每股盈利为 3 元，其市盈率=24÷3=8。

1) 存款利率与市盈率之间的关系

市盈率=每股市价÷每股收益

利率=利息÷本金

把每股市价看成是本金(即投入资金)，那么每股收益就是投入的资金获得的收益(相当于利息)。于是：

市盈率=本金÷利息=1÷利率

在 4.14%的年利率水平下，市场市盈率相当于是 24.16 倍。

2) 各国银行利率与市盈率的关系

(1) 各国股市的市盈率是可以相差很大的。如 2015 年 5 月 29 日的各国股市市盈率，俄罗斯为 5 倍多，日本为 20 倍，德国为 19 倍。

(2) 市盈率与各国的宏观经济增长速度有关。GDP 增长快的国家，市盈率就会高一些；反之，就会低很多。

(3) 市盈率与各国的货币政策密切相关。宽松扩张型货币政策，市盈率就会高；从紧收缩型货币政策，市盈率就会很低。

(4) 市盈率与各国的汇率政策有关。本币不能自由兑换时，货币政策宽松，市盈率就会高很多；货币政策紧缩时，市盈率就会低很多。反之，本币可以完全自由兑换时，各国市盈率就会尽可能与海外股市接轨。

(5) 市盈率与各国证券市场的规章制度和金融政策有关。很多发达国家允许以股票抵押去贷款再来买股票(垫头交易)，这些国家的股市风险很大，这些国家和发展中国家不允许做垫头交易的市盈率就会很不相同。

市盈率和银行存款利率是倒数关系(格雷厄姆的安全边际可以计算)。

4. 市净率

市净率指的是每股股价与每股净资产的比率。市净率可用于投资分析，一般来说，市净率较低的股票，投资价值较高；相反，则投资价值较低。在判断投资价值时还要考虑当时的市场环境以及公司的经营情况、盈利能力等因素。

由于市净率是市价与每股净资产之间的比值，意味着股票价格相对于公司的净资产的比率，其比值越低风险越低。因此，市净率低意味着投资风险小，万一上市公司倒闭，清偿的时候可以收回更多成本。所以，市净率低好。市净率在评估高风险企业时，尤其企业资产大量为实物资产时受到重视。其计算公式为：

$$市净率=股票市价÷每股净资产$$

例如：股票"中国中铁"2010 年 5 月 4 日收盘价为 5.16 元，每股净资产为 2.94 元，市净率是多少？

市净率=5.16÷2.94=1.76

5. 每股股利

每股股利是股利总额与流通股股数的比值。其计算公式为

每股股利=股利总额÷流通股股数

=当期发放的现金股利总额÷流通股股数

每股股利是反映股份公司每一普通股获得股利多少的一个指标，指标值越大表明获利能力越强。影响每股股利多少的因素主要是企业股利发放政策与利润分配政策。如果企业为扩大再生产、增强企业后劲而多留利，每股股利就少；反之则多。股利总额是用于对普通股进行分配的现金股利的总额，流通股股数是企业发行在外的普通股股份平均数。

每股股利在投资中的应用要进行相应的计算调整。比如，在公司分配方案的公告中，每股股利通常表述为"每 10 股发放现金股利××元"，所以投资者需要将分配方案中的现金股利再除以 10 才可以得到每股股利。此外，如果公司一年中有两次股利发放，需要将两次股利相加后除以总股本得出年度每股股利。

计算每股股利有两个方面的作用，一是可以衡量公司股利发放的多寡和增减；二是可以作为股利收益率指标的分子，计算股利收益率是否诱人。每股股利与每股收益一样，

由于分母是总股本，所以也会有因为股本规模扩大导致的摊薄效应。对于投资者而言，不论公司股本是否扩大，都希望每股股利保持稳定，尤其对于收益型股票，每股股利的变动是投资者选股的重要考量。

6. 股利发放率

股利发放率是普通股每股股利与每股净收益的百分比。其计算公式为

股利发放率＝每股股利÷每股收益×100%

＝股利发放总额÷净利润×100%

该指标反映普通股股东从每股的全部净收益中分得多少，就单独的普通股投资者来讲，这一指标比每股净收益更能直接体现当前利益。股息发放率的高低要依据各公司对资金需要量的具体状况而定。

7. 股利报酬率

股利报酬率是股利与股价的比率。它表示按市价计算，公司的股东实际可获得的盈利率。

这里的报酬率不是指发行公司的获利能力，而是指投资者用以评估投入的资金，所能得到的利益的百分比率，即按市价计算，投资人可获得的赢利率。其计算公式为

股利报酬率＝每股股利÷每股市价×100%

一般来说，股票市价上涨，报酬率偏低，因为股价上涨后，再升高的幅度毕竟有限；而在低档时计算其报酬率则较高。因此，报酬率的计算，也只能作为投资者投资的参考。衡量股价的方法很多，而且股价是受各种内在及外在因素的综合影响。在正常的投资环境中，计算报酬率作为投资的参考是很有必要的；但在不正常的投资环境下，如长期持续的通货膨胀，股价不断上涨，报酬率的计算则没有实际意义。

8. 普通股权益报酬率

普通股权益报酬率又称净值报酬率、净资产收益率、股东权益报酬率等。它是指普通股的投资者委托公司管理人员应用其资金所能获得的投资报酬率。

普通股权益报酬率是指净利润扣除应发放的优先股股息的余额与普通股权益之比。如果公司未发行优先股，普通股权益报酬率就等于股东权益报酬率或自有资本报酬率。其计算公式为

普通股权益报酬率＝(净利润－优先股股利)÷普通股权益平均额×100%

或

股东权益报酬率＝净利润÷平均股东权益总额×100%

这一比率，是杜邦分析体系的核心内容，它代表投资者净资产的获利能力。

该指标从普通股的角度反映企业的盈利能力，指标值越高，说明盈利越强，普通股可得收益也越多，或者用于扩大再生产的潜力越大。

该指标可以衡量出普通股权益所得报酬率的大小，因而最为股票投资者关心。这一比率还可用于检测一个公司产品利润的大小及销售收入的高低，其比率越高，说明产品的利润越大；反之则不然。

从计算公式中可知，普通股权益报酬率的变化受净利润、优先股股息和普通股权益平均余额三个因素的影响。一般情况下，优先股股息比较固定，因此应着重分析其他两

个因素，即净利润和普通股权益平均余额。

【例4-2】A公司2014年和2015年度的有关资料如表4-4所示。

表4-4　A公司2014年和2015年度有关资料

项　　目	2014年	2015年
净利润	200万元	250万元
优先股股息	50万元	50万元
普通股股利	150万元	200万元
发行在外普通股股数	300万股	350万股
每股账面价值	5元	5.14元

根据所给资料，可得

2014年度普通股权益报酬率=

(净利润-优先股股息)÷(每股账面价值×发行在外普通股股数)

=(200-50)÷(5×300)×100%=10%

2015年度普通股权益报酬率=

(净利润-优先股股息)÷(每股账面价值×发行在外普通股股数)

=(250-50)÷(5.14×350)×100%=11.11%

可见，2015年度普通股权益报酬率比2014年度增加了1.11%，对于其变动原因，可采用因素分析法进行如下分析：

(1) 由于净利润变动对普通股权益报酬率的影响：

(250-200)÷1500×100%=3.33%

(2) 由于普通股权益平均余额变动对普通股权益报酬率的影响：

200÷1500-200÷1800×100%=2.22%

两因素共同作用的结果，即3.33%-2.22%=1.11%

使普通股权益报酬率升高了1.11%。

9. 股利保障倍数(现金股利保障倍数)

股利保障倍数=普通股每股收益÷普通股每股股利

该倍数越大，表明公司支付股利的能力越强。

现金股利保障倍数=(每股营业现金净流量÷每股现金股利)×100%

这是指经营活动净现金流量与现金股利支付额之比。支付现金股利率越高，说明企业的现金股利占结余现金流量的比重越小，企业支付现金股利的能力越强。

该指标表明企业用年度正常经营活动所产生的现金净流量来支付股利的能力，比率越大，表明企业支付股利的现金越充足，企业支付现金股利的能力也就越强。

该指标还体现了支付股利的现金来源及其可靠程度，是对传统的股利支付率的修正和补充。由于股利的发放与管理当局的股利政策有关，因此，该指标对财务分析只起参考作用。由于我国很多公司(尤其是ST公司)根本不支付现金股利，导致这一指标的分母为零，所以在预测我国上市公司财务危机时该指标可不做考虑。

【知识链接】

ST 股是指境内上市公司连续两年亏损，被进行特别处理的股票。*ST 股是指境内上市公司连续三年亏损的股票。

由于"特别处理"的英文是 Special Treatment(缩写是 ST)，因此这些股票就简称为 ST 股。

股票中 SST、*ST 等的含义：

*ST——公司经营连续三年亏损，退市预警。

ST——公司经营连续两年亏损，特别处理。

S*ST——公司经营连续三年亏损，退市预警，还没有完成股改。

SST——公司经营连续两年亏损，特别处理，还没有完成股改。

S——还没有完成股改。

【例 4-3】假设 D 公司每股营业现金净流量为 0.076，每股现金股利为 0.05 元，计算现金股利保障倍数。

现金股利保障倍数＝0.076÷0.05＝1.52

若同业平均现金股利保障倍数为 3，相比之下，D 公司的股利保障倍数不高。如果遇有不景气，可能没有现金维持当前的股利水平，或者要靠借债才能维持。

10. 留存盈利比率

留存盈利比率是企业留存盈利(税后净利润减去全部股利的余额)与企业净利润的比率。其计算公式为

$$留存盈利比率＝(净利润－全部股利)÷净利润×100\%$$

上式中，留存盈利是指企业的税后留利，包括法定盈余公积金、公益金和任意盈余公积金等；它不是指每年累计下来的盈利，而是指当年利润中留下的部分。全部股利则包括发放的优先股股利和普通股股利。

留存盈利比率用于衡量当期净利润总额中有多大的比例留存在企业用于发展，它体现了企业的经营方针。从长远利益考虑，为积累资金扩大经营规模，留存盈利比率应该大些。如果认为可以通过其他方式筹集资金，那么为了不影响投资人的当前收益，留存盈利比率应该小些。

(六) 与利润表有关的财务比率指标分析归纳

1. 营业利润率指标

(1) 该项指标在各行业大不相同，要将个别营业利润率与行业水平相对比。

(2) 该项指标的高低与营业利润成正比，与营业收入成反比，企业在扩大销售、增加收入的同时，要注意改进经营管理，提高获利水平。

2. 总资产报酬率

(1) 利息支出的本质是企业纯收入的分配，应将利息支出加回到利润总额中。

(2) 所有者权益的融资成本是股利，负债的融资成本是利息支出，为使分子、分母计

算口径一致，分子中应包括利息支出。

(3) 息税前利润可以避免因资本结构不同而导致不同的利润。

(4) 该指标未能反映企业最终所得，不能完全满足投资者的分析要求。

(5) 评价该指标要与资产结构、经济周期、企业特点、企业战略相结合。

3. 净资产报酬率

(1) 这是杜邦分析体系中的龙头指标。

(2) 在相同的总资产报酬率水平下，不同的资本结构会造成不同的净资产报酬率。

课堂活动 4-2 工作底稿示例 1

大众机械有限公司共同比利润表如表 4-5 所示。

表 4-5　共同比利润表

编制单位：大众机械有限责任公司　　　　　　2015 年 12 月　　　　　　单位：元

项目	行次	本期数	上年同期数	本期占比(%)	上年同期占比(%)
一、营业收入	1	783 027 675	618 087 467	100.00	100.00
减：营业成本	4	633 224 765	500 938 949	80.87	81.05
营业税金及附加	5	2 550 720	1 753 126	0.33	0.28
销售费用	10	46 719 056	28 541 170	5.97	4.62
管理费用	11	28 325 883	28 921 141	3.62	4.68
财务费用(收益以"-"号填列)	14	7 389 036	5 641 657	0.94	0.91
资产减值损失	15	3 203 114	1 484 899		0.41
加：公允价值变动收益(损失以"-"号填列)	16				
投资收益(损失以"-"号填列)	18	-4 117 709	180 787	-0.53	0.03
二、营业利润(亏损以"-"号填列)	19	57 497 390	50 987 312	7.34	8.25
加：营业外收入	22	5 741 289	1 395 777	0.73	0.23
减：营业外支出	23	1 988 396	1 210 782	0.25	0.20
其中：非流动资产处置损失	25				
三、利润总额(亏损总额以"-"号填列)	27	61 250 283	51 172 307	7.82	8.28
减：所得税费用	28	13 392 465	14 009 085	1.71	2.27
四、净利润(净亏损以"-"号填列)	30	47 857 818	37 163 222	6.11	6.01
五、每股收益	31				
(一)基本每股收益	32	0.69	0.66	0.03	0.05
(二)稀释每股收益	33	0.69	0.66	0.03	0.05

课堂活动 4-2 工作底稿示例 2

大众机械有限公司利润表分析

(一) 利润表结构分析

进行利润表结构分析通常需要编制共同比利润表,由此采用垂直分析法。即以利润表中的数据资料,通过计算各利润构成因素占营业收入的比重,分析说明企业净利润的结构及增减变动的合理程度。根据该公司的利润表编制的共同比利润表如表 4-5 所示。

从表 4-5 中可看出大众公司各项财务成果的构成情况,2015 年度营业成本占营业收入的比重为 80.87%,比 2014 年度的 81.05%下降了 0.18 个百分点;营业税金及附加、销售费用、财务费用、资产减值损失都不同程度地提高了在营业收入中的比重,这些项目的提高会对企业营业利润的提高产生抑制作用。若持续下去,则可能导致营业利润持续走低,最终影响企业的利润总额,甚至出现亏损。管理费用占比与 2014 年相比下降了1.06%,下降的幅度较大,这对于提高企业的营业利润率是有利的影响,企业应积极探讨继续降低相关支出的策略,以期达到营业利润的持续增长;投资收益的占比为负数,说明企业的对外投资发生了损失,应分析投资失利的原因,将有限的资金投入到比较有发展空间和实力的企业,以增强自身实力。营业利润的占比为 7.34%,比 2014 年的 8.25%依然呈现下降趋势,这主要是由于营业利润的下降所致。净利润的占比为 6.11%,与 2014年度占比 6.01%相比反而提高了,这主要是所得税税率下降的原因所致,这从企业的长远发展来看并不乐观,因为企业的所得税作为企业应取得应纳税所得额的一种必要支出,是企业应纳税所得增减变动的直接反映。总之,该企业的净利润的占比最终是上升了,尽管其中存在不足,但作为企业的经营管理者和投资者来说,必须正视企业面临的问题,从中找到解决的措施。

(二) 企业盈利能力分析

1. 资本经营盈利能力分析

净资产收益率=净利润÷平均净资产×100%

$$=47\ 857\ 818÷(413\ 051\ 126+118\ 861\ 863)÷2×100\%$$

$$=47\ 857\ 818÷265\ 956\ 494.5×100\%$$

$$=18\%$$

因为,影响净资产收益率的因素有总资产报酬率、负债利息率、企业资本结构、企业所得税率等

净资产收益率=[总资产报酬率+(总资产报酬率-负债利息率)×负债÷净资产]×(1-所得税税率)

负债利息率=财务费用中的利息支出÷负债

所得税税率=(利润总额-净利润)÷利润总额

$$=(61\ 250\ 283-47\ 857\ 818)÷61\ 250\ 283×100\%$$

$$=21.87\%$$

所以，净资产收益率

= [14%+(14%-0.2%)×55.81%]×78.13%

=17%

注意这里的负债利息率和所得税率不是直接引用贷款的利息率或国家法律规定的所得税率，这是由于两个项目最终会导致净利润下降，影响投资者的利益，所以做这样的推算而不是直接引用比率。而相对于债权人和经营者来说，另当别论。由于计算过程较多，所用比率均有一定误差，因此与上式计算结果会产生误差。

2. 资产经营盈利能力分析

总资产报酬率=息税前利润÷平均总资产×100%

=(61 250 283+7 389 036)÷(643 580 458+343 748 491)÷2×100%

=68 639 319÷493 664 474.5×100%

=14%

因为分子分母同乘以营业收入，即可以形成以下公式：

总资产报酬率=(营业收入÷平均总资产)×(利润总额+利息支出)÷营业收入

=总资产周转率×营业息税前利润率

=1.59×8.8%

=14%

3. 商品经营盈利能力分析

主营业务利润率=主营业务利润÷主营业务收入×100%

=(770 521 806-619 125 659)÷770 521 806×100%

=19.64%

营业收入利润率=营业利润÷营业收入×100%

=57 497 391÷783 027 675×100%

=7.34%

息税前利润率=(利润总额+利息费用)÷营业收入×100%

=(61 250 283+7 389 036)÷783 027 675×100%

=8.76%

营业净利润=净利润÷营业收入×100%

=47 857 818÷783 027 675×100%

=6.11%

营业成本利润率=营业利润÷营业成本×100%

=57 497 390÷633 224 765×100%

=9.08%

营业成本费用利润率=营业利润÷(营业成本费用+营业外支出)×100%

=57 497 390÷(633 224 765+92 305 518)×100%

=7.92%

全部成本费用利润率=营业利润÷(营业成本费用+营业外支出)×100%

$\qquad$ =57 497 390÷(725 530 283+1 988 396)×100%

$\qquad$ =7.90%

全部成本费用净利润率=净利润÷(营业成本费用+营业外支出)×100%

$\qquad$ =47 857 818÷(725 530 294+1 988 396)×100%

$\qquad$ =6.58%

综合上述财务指标来看,该企业资本盈利能力较好。净资产收益率达到了12%,资产盈利能力较好;总资产报酬率达到 14%,商品经营盈利能力也很可观;主营业务利润率达到了近 20%,其他指标也反映出盈利水平较高。但在现实工作中,还应结合行业水平做进一步分析。

(三) 企业自身发展能力分析

1. 销售增长率分析

销售增长率=(本年销售额-上年销售额)÷上年销售额×100%

$\qquad$ =(783 027 675-618 087 467)÷618 087 467×100%

$\qquad$ =27%

2. 资产增长率分析

资产增长率=本年总资产增加额÷年初资产总额×100%

$\qquad$ =(643 580 458-343 748 491)÷343 748 491×100%

$\qquad$ =87%

负债的增加占资产增加额的比重

=(230 529 333-224 886 629)÷(643 580 458-343 748 491)×100%

=1.5%

所有者权益的增加占资产增加额的比重

=(413 051 126-118 861 862)÷(643 580 458-343 748 491)×100%

=98%

资本积累率=本年所有者权益增加额)÷年初所有者权益总额

$\qquad$ =(413 051 126-118 861 862)÷118 861 862

$\qquad$ =2.48(倍)

3. 收益增长率分析

营业利润增长率=本年营业利润增长额÷上年营业利润×100%

$\qquad$ =(57 497 390-50 987 312)÷50 987 312×100%

$\qquad$ =12.8%

净利润增长率=本年净利润增长额÷上年净利润×100%

$\qquad$ =(47 857 818-37 163 222)÷37 163 222×100%

$\qquad$ =29%

综合上述指标来看,销售增长率为 27%,表明该企业经营状况良好,市场占有能力在扩大。资产增长率为 87%,表明本年度企业资产规模增长很大,根据负债增长与所有者权益增长比重来看，主要是权益资本增长所致。资本积累率为 2.48 倍，表明企业本年增加了很大的权益资本，结合相关资料，可以断定是由于增发了新股所致。营业利润增长率为 12.8%，净利润增长率为 29%，表明企业日常经营稳定增长，企业扩展能力强，增长顺利，尤其净利润增长较多，说明企业业绩突出，市场竞争力强。

4. 可持续增长率分析

1) 根据期初股东权益计算可持续增长率

可持续增长率=期初净资产收益率×本期收益留存率

$$=37\ 163\ 221 \div 118\ 861\ 863 \times 1 \times 100\%$$

$$=31\% \times 1$$

$$=31\%$$

2) 根据期末股东权益计算的可持续增长率

可持续增长率=

$$\frac{期末总资产周转率 \times 销售净利率 \times 本期收益留存率 \times 期末权益乘数}{1-期末总资产周转率 \times 销售净利率 \times 本期收益留存率 \times 期末权益乘数} \times 100\%$$

$$=\frac{2.28 \times 0.06 \times 1 \times 1.558}{1-2.28 \times 0.06 \times 1 \times 1.558}$$

$$=27.7\%$$

计算得出的可持续增长率如表 4-6 所示。

表 4-6　2014 年和 2015 年度的计算结果　　　　　　　　单位：元

年度	2014	2015
销售收入	618 087 467	783 027 675
净利润	37 163 222	47 857 818
留存收益	37 163 222	47 857 818
股东权益	118 861 862	413 051 126
总资产	343 748 491	643 580 458
期末总资产周转率		227.79
销售净利率(%)	6.01	6.11
期末权益乘数	2.89	1.56
期末净资产收益率(%)	31.27	11.59
本期收益留存比率	1	1
可持续增长率(%)		27.7
实际增长率(%)		26.69

注：误差来自于上年度的资产总额，应该取数为平均值，但无前年数据。

由于该公司本年度增发了新股，致使公司的资本结构发生了变化，计算该指标的假设条件已经不完备了，所以在计算可持续增长率时，数据会产生误差。但我们仍可看出该公司的内在发展能力仍是强劲的。

(四) 利润表的趋势分析

1. 根据利润表，运用水平分析法进行利润表趋势分析

根据比较利润表，按照利润形成过程进行分析。

(1) 营业收入与 2014 年相比，本年净增 16 400 多万元，增幅达 26.69%，它是企业营业利润增加的前提和基石。

(2) 营业成本项目，与 2014 年相比净增 13 200 多万元，增幅达到 26.41%，它的增幅基本与营业收入保持一致。若此项目的增幅超过营业收入的增幅，对营业利润将造成不利的影响。

(3) 营业税金及附加项目，与 2014 年相比净增 797 594 元，增幅达到 45.5%，超过了营业收入的增幅，对净利润的增加具有不利影响。但此项目也应结合当年的国家税收政策进行分析。它的增加可能是宏观调控的结果，非企业所能控制。

(4) 销售费用项目，与 2014 年相比净增 18 177 886 元，增幅达到 63.69%，远远超过了营业收入的增幅，为不利因素，但还须根据具体情况进一步分析其大幅度增加的原因，进而提高企业营业利润率。

(5) 管理费用项目，与 2014 年相比减少 595 258 元，减幅达到 2.06%，为有利变动，有助于提高企业营业利润率。说明企业重视节约开支，只有在增加收入的同时减少开支，才能实现利润的增加。

(6) 财务费用项目，与 2014 年相比净增 1 747 379 元，增幅达到 30.97%，超过了当年的营业收入增幅，为不利变化。企业应进一步分析上升的原因，以提高营业利润率。

(7) 资产减值损失项目，与 2014 年相比净增 1 718 214 元，增幅达到 115.71%，即翻了一番还多，这可能是由于企业采取了更为稳健的会计政策，也可能是企业资产的陈旧过时而致，具体情况须进一步分析。

(8) 投资收益项目，与 2014 年相比减少 4 298 495 元，减幅达到 23.78%，主要是由投资收益转为投资损失，说明企业对外投资效益较差，外部投资不仅未给企业带来额外的收益，反而降低了收益，因此企业对外投资须谨慎。

(9) 营业利润项目，与 2014 年相比净增 6 510 078 元，增幅达到 12.77%，低于营业收入的增幅，这也是通过前面各项的分析得出的结论，是营业收入的增加与各可抵扣项目的大幅度增加和小幅降低(只有管理费用降低了)以及对外投资收益项目大幅度损失等因素综合变化的结果。

(10) 营业外收入项目，与 2014 年相比净增 4 345 513 元，增幅达到 311.33%，超过两倍。作为偶然项目的营业外收入的增加虽然对利润总额的增加具有积极作用，但它是不稳定的、不经常发生的，因此，应当正确认识这一项目的增加，它并不能带来企业利润的长期增加。

(11) 营业外支出项目，与 2014 年相比净增 777 614 元，增幅达到 64.22%，远低于营业外收入的增幅，它与营业外收入两者的净额会导致利润总额大幅度增加减少。但必须此项目对利润总额的不利影响保持清醒的认识，并通过相应的措施来降低不利影响，提高企业利润率。

(12) 利润总额项目，与 2014 年相比净增 10 077 976 元，增幅达到 19.69%，超过了营业利润的增幅，原因是营业外收支净额净增加的缘故。

(13) 所得税费用项目，与 2014 年相比减少了 61 6 620 元，减幅达到 4.4%，这主要是因为从 2015 年开始企业所得税税率由 33% 调低至 25% 所致。

(14) 净利润项目，与 2014 年相比净增 10 694 596 元，增幅达到 28.78%，超过了利润总额的增长幅度，比营业收入的增幅高 2.09%，比营业利润的增幅 12.77% 高一倍还多，原因：一是营业外收入的增幅过高，二是所得税费用的减少。

(15) 每股收益项目，与 2014 年相比净增 0.03 元，增幅达到 4.54%，低于净利润的增幅，可能是企业发行新股所致。

2. 根据利润表，运用垂直分析法进行利润表趋势分析

根据共同比利润表所示，我们进行逐项分析如下。

(1) 营业成本占营业收入的比重为 80.87%，比 2014 年的 81.05% 降低了 0.18%，说明企业营业成本率呈下降趋势。

(2) 营业税金及附加项目占营业收入的比重为 0.33%，比 2014 年的 0.28% 上升了 0.05%，可能是国家税收政策所致。

(3) 销售费用项目占营业收入的比重为 5.97%，比 2014 年的 4.62% 增加了 1.35%，可能是企业在销售的宣传方面投入较多的缘故，是否有继续提高的趋势还应根据具体情况进一步分析才能清楚。作为理性的经营管理者来说，应分析探讨使销售费用的上升低于营业收入的上升，这样的促销才是有意义的，才会有助于提高企业的利润增长率。

(4) 管理费用项目占营业收入的比重为 3.62%，比 2014 年的 4.68% 下降了 1.06%，说明企业已经逐渐重视节约日常管理支出，以求提高经济效益，管理支出呈现下降趋势，这对企业提高营业利润增长率是有利的。

(5) 财务费用项目占营业收入的比重为 0.94%，比 2014 年的 0.91% 提高了，可能是企业带息负债增加的原因所致。是否呈现上升趋势，还须进一步分析和了解具体情况，并结合企业的融资策略进行判断。若融资成本过高，对企业的投资者而言则是不利的，同时也会给企业的经营带来巨大的财务风险，进而影响营业利润的持续增长。

(6) 资产减值损失项目占营业收入的比重为 0.41%，比 2014 年的 0.24% 增加了 0.17%，可能是企业采取了更为稳健的会计政策，也可能是企业的资产陈旧过时等原因所致。但现实是此项目呈上升趋势对营业利润的增长是不利的，企业应进一步分析原因，研究解决对策，以提高营业利润率。

(7) 投资收益项目占营业收入的比重为 0.53%，比 2014 年的 0.03% 下降了 0.56%，可能是企业的对外投资发生了较大的损失，也可能是企业所处的投资环境发生了不利的变化或其他情况。具体还有待进一步探讨和研究。

(8) 营业利润项目占营业收入的比重为 7.34%，比 2014 年的 8.25% 降低了 0.91%，这是上述各项目的增减变化综合影响的结果。其中，营业成本、管理费用的下降对营业利润的提高具有正面的促进作用；而营业税金及附加、销售费用、财务费用、资产减值损失的增加与投资收益的下降则对营业利润具有负面的制约作用，最终导致企业的营业利

润的比重比 2014 年下降近 1%，这种情形延续下去对企业未来发展将产生不利的影响。因为利润总额增加的源泉是营业利润的增加，保持企业持续增长依靠的就是营业利润的持续增长。

(9) 营业外收入项目占营业收入的比重为 0.73%，比 2014 年的 0.23%提高了 0.5%，但是我们应注意这一项目非企业正常经营所得，为偶然事件，若企业利润总额的提高是依赖营业外收入的增加所致，企业的发展形势不容乐观。从 2015 年该项目的占比与 2014 年该项目的占比比较结果看，已经显示出了这种局面，因此企业的利润增长趋势令人怀疑。

(10) 营业外支出项目占营业收入的比重为 0.25%，比 2014 年的 0.20%提高了 0.05%，虽然它的增加最终会导致利润总额的降低，但因为这个项目为偶发事项的支出，不具有多大的威胁。但因其已引起利润总额的下降，仍需要进一步分析具体情况，找出解决问题的对策，防止不利因素影响企业利润的持续增长。

(11) 利润总额项目占营业收入的比重为 7.82%，比 2014 年的 8.28%降低了 0.46%。这主要是营业利润项目的占比下降所致。因此，应进一步探讨增加营业利润率的方法和举措，以求企业利润保持持续增长的态势。

(12) 所得税费用项目占营业收入的比重为 1.71%，比 2014 年的 2.27%下降了 0.56%，主要是因为从 2015 年起企业所得税税率由 33%调低至 25%，同时由于企业的经营活动充分享受了国家的税收优惠政策，双重作用导致所得税费用率下降。

(13) 净利润项目占营业收入的比重为 6.11%，比 2014 年的 6.01%增加了 0.1%，这是所得税费用率下降的原因所致，但从企业长远发展来看，企业的生命不是研究如何避税，而应是非常积极地提高收入，节约开支从而提高利润总额，最终以多交税为荣，因为多交税才是企业经营效益不断提高的有力证明。税收与所得税费用和利润是直接相关的。

综上所述，该企业在 2015 年的营业收入比 2014 年的营业收入有大幅度提高的前提下，营业利润率反而降低，因此作为经营管理者应深刻分析原因，研究解决对策。

(五) 上市公司利润表的特殊分析

大众机械有限公司为上市公司，对该公司进行特有指标分析如下。

(1) 每股收益=(净利润−优先股股息)÷发行在外的普通股加权平均数

$$=47\ 857\ 818.14÷75\ 280\ 000$$

$$=0.63$$

(2) 每股净资产=(股东权益总额−优先股股息)÷发行在外的普通股加权平均数

$$=413\ 051\ 126÷75\ 280\ 000$$

$$=5.49$$

(3) 市盈率=每股市场价格÷每年每股盈利

假设市场价格为 20 元/股，则该公司股票市盈率=20÷0.63 =31.75(元)。

(4) 市净率=股票市价÷每股净资产

$$=20÷5.49=3.64$$

(5) 每股股利=股利总额÷流通股股数

该公司本年度未发放现金股利，此指标无。

(6) 股利发放率＝每股股利÷每股收益

该公司本年度未发放现金股利，此指标无。

(7) 股利报酬率＝每股股利÷每股市价

该公司本年度未发放现金股利，此指标无。

(8) 普通股权益报酬率＝(净利润-优先股股利)÷普通股权益平均额

$$=47\ 857\ 818÷265\ 956\ 495$$

$$=18\%$$

(9) 现金股利保障倍数＝每股营业现金净流量÷每股现金股利

该公司本年度未发放现金股利，此指标无。

(10) 留存盈利比率＝(净利润-全部股利)÷净利润

该公司本年度未发放现金股利，该指标为 1。

本 章 小 结

利润表是财务报表分析的基本资料，利润表是通过"收入-费用=利润"的会计平衡原则，经过分录、转账、分类账、试算、调整等会计程序后，以会计分期的假设前提，以某个会计期间的动态企业情况为基准，浓缩成的一张报表。这张表反映了企业的经营成果，是分析企业的重要资料，要求学习者对本章要作为重点和难点来学习。

解读利润表时，可以从收入项目和费用项目来分析公司未来的盈利情况和对公司未来的发展做出预测。企业的盈利能力越强，则其给予股东的回报越高，企业价值越大；同时盈利能力越强，带来的现金流量越多，企业的偿债能力得到加强，所以利润表财务分析对于判断公司未来的发展前景有很大帮助。

【课后练习】

一、判断题

1．影响每股股利多少的因素，除企业获利大小外，还取决于其股利发放政策。

（　　）

2．一般说来，市盈率指标越低，表明该股票的投资风险越大。　　　　（　　）

3．每股市价是股票的账面价值，是根据成本计算的，每股净资产是指这些资产现在的价值，它是证券市场上交易的结果。　　　　　　　　　　　　　　（　　）

4．如果本期资产负债表中"未分配利润"少于上期，说明企业本期经营亏损。

（　　）

5．资产周转次数越多，周转天数越多，表明资产周转速度越快。　　（　　）

6．成本收入率越高，流动资产周转速度越快。　　　　　　　　　　（　　）

7．固定资产净值越低，固定资产周转率就越高。　　　　　　　　　（　　）

8．利润表就是反映企业在某一会计时点的经营成果的财务报表。　　（　　）

面向十二五高职高专会计专业规划教材

9．只有企业利润主要来自于那些未来持续性较强的经济业务时，利润的质量才比较高。　　　　　　　　　　　　　　　　　　　　　　　　　　（　　）

10．一般企业的营业税费金额与营业收入应相匹配，即使金额相对较小，也是分析的重点。　　　　　　　　　　　　　　　　　　　　　　　　　　（　　）

11．现金比率可以反映企业的即时付现能力，因此在评价企业变现能力时都要计算现金比率。　　　　　　　　　　　　　　　　　　　　　　　　　（　　）

12．计算每股收益使用的净收益，既包括正常活动损益，也包括特别项目收益，其中特别项目不反映经营业绩。　　　　　　　　　　　　　　　　　　（　　）

13．当负债利息率大于资产的收益率时，财务杠杆将产生正效应。　（　　）

14．在销售利润率不变的情况下，提高资产利用率可以提高资产报酬率。（　　）

15．净资产报酬率是所有比率中综合性最强的、最具有代表性的一个指标，它也是杜邦财务分析体系的核心。　　　　　　　　　　　　　　　　　　（　　）

16．股票市场效率越低，财务报表分析对投资者的价值越大。　　　（　　）

17．上市公司的成本费用利润率越低，表明公司的获利能力越强。　（　　）

18．每股收益越高，意味着股东可以从上市公司分得越高的股利。　（　　）

19．企业能否持续增长，对投资者、经营者至关重要，而对债权人相对不重要，因为他们更关心企业的变现能力。　　　　　　　　　　　　　　　　　　（　　）

20．可持续增长率是企业收益在未来时期所能够达到的最大增长速度。（　　）

二、单项选择题

1．下列指标中不能反映企业的获利能力的是(　　)。
    A．普通股每股收益　　　　　　B．总资产周转率
    C．成本费用利润率　　　　　　D．净利润率

2．某服装批发企业年末低价清仓甩卖存货，则将直接出现(　　)的情况。
    A．应收账款周转率增加　　　　B．毛利率下降
    C．销售毛利率增加　　　　　　D．流动比率增加

3．某企业有普通股 20 000 万股，当年实现的利润总额为 100 000 万元，股票市场上该股股票价格为 60 元/股，则该企业的市盈率为(所得税率 25%)(　　)。
    A．10　　　　　B．12　　　　　C．16　　　　　D．30

4．某公司某年实现净利润 22 000 万元，年末普通股股数为 6 000 万股，年度内普通股数没有变化，则该公司的每股收益为(　　)。
    A．3　　　　　　B．3.8　　　　　C．4.2　　　　　D．3.7

5．某企业净利润为 1 000 万元，所得税费用为 250 万元，利息支出为 300 万元，年初和年末所有者权益均为 5 500 万元，则净资产收益率为(　　)。
    A．16.7%　　　　B．18.2%　　　　C．13.0%　　　　D．23.9%

6．某公司年初资产总额为 2 600 万元，年末资产总额为 3 640 万元，净利润为 624 万元，所得税为 208 万元，利息支出为 26 万元，则总资产报酬率为(　　)。
    A．32.5%　　　　B．30%　　　　C．27.5%　　　　D．20%

7. 企业创造利润的核心，最具有未来可持续性的是(　　)。

A．营业收入　　　B．利息收入　　　C．投资收益　　　D．每股收益

8. 下列不属于企业的主营业务收入的是(　　)。

A．销售商品收入　　　　　　　　B．投资收益

C．提供劳务收入　　　　　　　　D．金融部门的手续费

9. 在比较利润表的基础上，可以进一步通过(　　)来了解企业连续期间的经营成果，同时可以观察企业收入费用指标在一定时间内的变动趋势、变动方向和变动速度。

A．比较分析　　　　　　　　　　B．比率分析

C．定比趋势分析　　　　　　　　D．环比趋势分析

10. 营业利润与营业利润率的关系是(　　)。

A．正比例关系　　　　　　　　　B．反比例关系

C．相等关系　　　　　　　　　　D．无关

11. 企业利润总额中属于最基本、最经常，同时也是最稳定的因素是(　　)。

A．其他业务收入　　　　　　　　B．营业收入

C．投资收益　　　　　　　　　　D．营业利润

12. 假设某公司普通股 2008 年的平均市场价格为 17.8 元，其中年初价格为 16.5 元，年末价格为 18.2 元，当年宣布的每股股利为 0.25 元，则该公司的股票获利率是(　　)。

A．25%　　　　B．0.08%　　　　C．10.96%　　　　D．1.7%

13. 假设某公司 2008 年普通股的平均市场价格为 17.8 元，其中年初价格为 17.5 元，年末价格为 17.7 元，当年宣布的每股股利为 0.25 元，则股票获利率为(　　)。

A．1.40%　　　　B．2.53%　　　　C．2%　　　　D．3.1%

14. 以下对市盈率表述正确的是(　　)。

A．过高的市盈率蕴含着较高的风险

B．过高的市盈率意味着较低的风险

C．市盈率越高越好

D．市盈率越低越好

15. 以下(　　)指标是评价上市公司获利能力的基本核心指标。

A．每股收益　　　B．净资产收益率　　C．每股市价　　D．每股净资产

16. 股票获利率中的每股利润是(　　)。

A．每股收益　　　　　　　　　　B．每股股利

C．每股股利÷每股市场利得　　　D．每股利得

17. 不会分散原有股东的控制权的筹资方式是(　　)。

A．吸收权益投资　　　　　　　　B．发行长期债券

C．接受固定资产捐赠　　　　　　D．取得经营利润

18. 在正常情况下，如果同期银行存款利率为 4%，那么市盈率应为(　　)。

A．25%　　　　B．30%　　　　C．40%　　　　D．50%

19. 资本结构具体是指企业的(　　)的构成和比例关系。

A. 权益资本与长期负债　　　　　B. 长期债权投资与流动负债

C. 长期应付款与固定资产　　　　D. 递延资产与应付账款

20. 要想取得财务杠杆效应，资本利润率与借款利息率应满足( )关系。

A. 资本利润率大于借款利息率　　B. 资本利润率小于借款利息率

C. 资本利润率等于借款利息率　　D. 两者毫无关系

21. 能够反映企业发展能力的指标是( )。

A. 总资产周转率　　　　　　　　B. 资本积累率

C. 已获利息倍数　　　　　　　　D. 资产负债率

三、多项选择题

1. 对股份制企业，反映其获利能力的比率有( )。

A. 总资产净利率　　　　　　　　B. 市盈率

C. 股东权益报酬率　　　　　　　D. 销售净利率

2. 下列指标中比率越高，说明企业获利能力越强的有( )。

A. 总资产净利率　　　　　　　　B. 成本费用利润率

C. 负债比率　　　　　　　　　　D. 应收账款周转率

3. 在分析营业收入时，需要注意的问题有( )。

A. 企业营业收入确认的具体标准

B. 企业营业收入的品种构成

C. 企业营业收入的区域构成

D. 企业营业收入中来自于关联方的比重

E. 行政手段造成的收入占企业收入的比重

4. 分析企业投资报酬情况时，可使用的指标有( )。

A. 市盈率　　　B. 股票获利率　　　C. 市净率

D. 销售利润率　　E. 资产周转率

5. 影响每股收益的因素包括( )。

A. 优先股股数　　B. 可转换债券的数量　　　C. 净利润

D. 优先股股利　　E. 普通股股数

6. 能够引起企业市盈率发生变动的因素有( )。

A. 企业财务状况的变动　　　　　B. 同期银行存款利率

C. 上市公司的规模　　　　　　　D. 待业发展

E. 股票市场的价格波动

7. 下列事项中，能导致普通股股数发生变动的是( )。

A. 企业合并　　　B. 库藏股票的购买

C. 可转换债券转为普通股　　　　D. 股票分割　　　E. 增发新股

8. 下列项目中，不属于企业资产规模增加的原因的是( )。

A. 企业对外举债　　B. 企业发放股利　　C. 企业发行股票

D. 企业实现盈利　　E. 企业偿还贷款

9. 可以用来反映企业增长能力的财务指标有(   )。

    A. 资产增长率   B. 销售增长率   C. 资本积累率

    D. 净利润增长率   E. 主营业务利润增长率

10. 反映企业盈利能力的指标有(   )。

    A. 净利润   B. 净资产收益率   C. 利息保障倍数

    D. 成本利润率   E. 营业利润

11. 反映上市公司盈利能力的指标有(   )。

    A. 每股收益   B. 普通股权益报酬率   C. 股利发放率

    D. 总资产报酬率   E. 价格与收益比率

12. 反映商品经营盈利能力的指标是(   )。

    A. 总资产报酬率   B. 销售收入利润率   C. 净资产收益率

    D. 销售成本利润率   E. 营业利润

13. 发放股票股利，可能产生下列影响(   )。

    A. 引起每股收益下降   B. 使公司留存大量资金

    C. 股票价格下跌   D. 股东权益总额发生变化

    E. 股东权益各项目的比例发生变化

四、简答题

1. 企业利润表的基本内容和具体结构如何？

2. 如何理解企业利润的质量？

3. 企业利润质量下降有哪些特征？

4. 与利润表相关的财务比率有哪些？各自说明了什么问题？

5. 企业利润的高低是否反映企业的获利能力的强弱？

五、计算分析题

(一) 单项练习

1. 某企业 A 产品本期的毛利率与上年同期相比有较大增长，已知该产品最近两期的相关资料如表 4-7 所示。

表 4-7 A 产品毛利资料

项　目	单　位	上年同期	本　期
销售数量	件	20 000	35 000
销售单价	元	350	340
单位销售成本	元	220	200
单位销售毛利	元	130	140

要求：采用因素分析法对 A 产品的毛利额的变动原因进行分析。

2. 已知某公司的有关报表数据如表 4-8 所示。

要求：试根据上述资料计算公司的营业毛利率、营业利润率、总资产报酬率、长期资本报酬率等获利能力指标，并在此基础上对公司的相关获利能力进行评价。

表 4-8　报表数据　　　　　　　　　　　　　　　　　单位：元

项　目	2015 年	2014 年
利润表项目：		
营业收入	24 000	21 000
营业成本	17 000	16 000
管理费用	3 700	3 200
财务费用	500	480
销售费用	450	430
营业外收支净额	250	290
所得税	590	470
资产负债表项目：		
平均资产总额	23 000	17 000
平均非流动负债总额	9 000	5 300
平均所有者权益总额	8 200	6 500

注：假设财务费用全部为利息支出。

3. 已知四方股份公司有关报表数据如表 4-9 所示，并且每股价格资料(年末收盘价)
2012 年为 34.90 元，2011 年为 17.18 元。

表 4-9　四方股份公司有关报表资料　　　　　　　　　单位：元

项　目	2011 年	2012 年
净资产	1 956 619 659.86	2 075 269 458.13
普通股股数/股	434 021 898	434 021 898
资产总额	2 356 299 606.85	2 471 735 152.41
营业收入	1 095 149 294.61	1 215 628 500.64
净利润	118 335 010.97	183 753 089.94
普通股股利总额	108 505 491.85	65 103 291.67

注：四方公司 2010 年的净资产为 1 996 535 792.46 元。

要求：结合表 4-9 中的数据资料，计算四方股份公司 2012 年、2011 年的以下投资获
利能力指标。

(1) 净资产报酬率、每股收益、每股股利、股利支付率、市盈率。

(2) 在以上指标基础上对公司的投资获利能力进行评价。

4. 练习每股收益的计算。

资料：已知华夏公司 2014 年的净利润额为 824 万元，应付优先股股利为 30 万元。
假设该公司流通在外普通股股数情况如表 4-10 所示。

表 4-10　华夏公司普通股情况表　　　　　　　　　　单位：元

时　间	股　数
1~6 月	1 468.700
7~12 月	1 136 550
合计	

要求：试计算该公司的每股收益。

5. 练习每股收益、市盈率的计算。

资料：某上市公司上年年末股本总额为 1 亿元(全为普通股，每股面值 1 元)，实现销售收入 3 亿元，净利润 5 000 万元，预计今年比去年销售收入增长 5%，净利润增长 10%，股本不变。另外，该公司最近三年的平均市盈率为 30 倍。

要求：

(1) 计算上年的每股收益。

(2) 计算今年预计的每股收益。

(3) 运用市盈率估价法计算今年该上市公司股票的市价。

6. 练习每股净收益的计算。

资料：甲、乙、丙三个企业的资本总额相等，均为 20 000 000 元，息税前利润也都相等，均为 1 200 000 元。但三个企业的资本结构不同，其具体组成如表 4-11 所示。

表 4-11　各公司资本结构情况表　　　　　　　单位：元

项　　目	甲公司	乙公司	丙公司
总资本	20 000 000	20 000 000	20 000 000
普通股股本	20 000 000	15 000 000	10 000 000
发行的普通股股数	2 000 000	1 500 000	1 000 000
负债(利率 8%)	0	5 000 000	10 000 000

要求：假设企业所得税税率为 25%，试计算各公司的财务杠杆系数及每股净收益。

(二) 综合练习

1. 资料：表 4-12 是天力公司 2015 年度和 2014 年度的利润表。

表 4-12　利润表

编制单位：天力公司　　　　　　　　　　　　　　　　　　　　　单位：万元

项　　目	2015 年	2014 年
一、营业收入	41 438	48 401
减：营业成本	26 991	33 230
营业税金及附加	164	267
销售费用	1 380	1 537
管理费用	2 867	4 279
财务费用	1 615	1 855
资产减值损失		51
加：投资收益	990	1 250
二、营业利润	9 411	8 332
加：营业外收入	694	365
减：营业外支出	59	33
三、利润总额	10 046	8 664
减：所得税费用	3 315	2 455
四、净利润	6 731	6 209

天力公司董事长认为，2015 年度销售收入上升而利润下降不是正常情况，同时管理费用大幅度增加也属异常，要求有关人士进行解释。

要求：

(1) 编制结构百分比财务报表，计算百分比至小数点后两位。

(2) 简要评述两年的各项变动，并分析其原因。

2. 资料：表 4-13 是某企业 2010—2013 年有关的会计资料。

表 4-13　某企业 2010—2013 年有关的会计资料　　　　　单位：万元

项　目	2010 年	2011 年	2012 年	2013 年
资产总额	1 711	2 061	2 759	3 879
所有者权益	996	1 235	1 679	2 394
主营业务收入	5 720	7 742	10 839	15 516
净利润	498	688	991	1 516

要求：分析评价该企业的增长能力。

3. 资料：某公司 2010 年、2011 年、2012 年、2013 年的资产总额分别为 200 万元、296 万元、452 万元、708 万元；四年的负债分别为 78 万元、120 万元、179 万元、270 万元。

要求：分析该公司资产的增长能力。

4. 资料：某公司 2015 年度有关经营成果资料如表 4-14 所示。

表 4-14　利润表

编制单位：某公司　　　　　　　　　　2015 年　　　　　　　　　　单位：万元

项　目	本期金额	上期金额
一、营业收入	1 396 902	1 253 496
减：营业成本	1 153 535	1 052 033
营业税金及附加	15 450	7 334
销售费用	3 143	2 148
管理费用	133 513	117 624
财务费用	-25 485	114 732
资产减值损失	5 283	2 341
加：公允价值变动收益(损失以 "-" 号填列)		
投资收益(损失以 "-" 号填列)	26 876	75 008
其中：对联营企业和合营企业的投资收益		
汇兑收益(损失以 "-" 号填列)		
二、营业利润(亏损以 "-" 号填列)	138 339	32 292
加：营业外收入	19	
减：营业外支出	4 553	2 184
三、利润总额(亏损总额以 "-" 号填列)	133 805	30 108
减：所得税费用	25 477	4 609

续表

项　目	本期金额	上期金额
四、净利润(净亏损以"-"号填列)	108 328	25 449
归属于母公司所有者的净利润		
少数股东损益		
五、每股收益		
(一)基本每股收益		
(二)稀释每股收益		

要求：

(1) 分析企业本期利润比上期增减变动情况。

(2) 对企业利润结构进行分析。

(3) 评价企业经营成果完成的情况。

第五章

现金流量表 ‹‹ 的分析

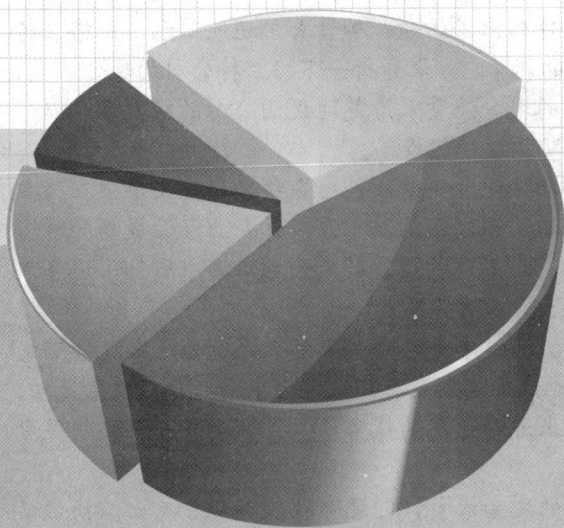

【本章内容】

(1) 对大众机械有限公司现金流量表的各大要素进行全面详解。

(2) 对大众机械有限公司现金流量表进行全面分析。

【知识目标】

(1) 掌握现金流量表中经营活动、投资活动、筹资活动等各项目的详细内容。

(2) 熟悉现金流量表的内容和结构，掌握现金流量表的编制方法和阅读技巧，从而整理出有关方面需要的信息。

(3) 现金流量表有结构分析方法、质量分析方法、比率分析方法等。

【技能目标】

(1) 现金流量表将资产负债表反映的货币资金分解成经营活动、投资活动和筹资活动项目三大项，这三个活动项目中分别反映为现金流入、流出以及净额，以及汇率变动的影响和现金等价物的金额，并对以上所有项目进行详细解读。

(2) 补充资料从利润表的净利润出发，对不涉及经营活动的现金进行调整，计算出经营活动现金流量的净额，与主表中的经营活动现金流量相呼应。另外，要能够理解补充资料的作用，并进行正确计算。

(3) 通过对大众机械有限公司现金流量表所有项目解读，进而分析优劣。

(4) 能够对大众公司现金流量表流入、流出的结构和流入、流出的比例，以及现金流动性、获取现金能力、财务弹性、资本支出能力、收益质量等进行具体分析。

【案件导入】

案例之一

格兰特事件带来的新报表

W. T. 格兰特公司是美国最主要的零售商之一，是凯马特公司(KMart)、目标公司(Target)和其他折扣连锁店的重要对手。在公司接近破产之际，格兰特公司利润表报告的利润还在增长，这令商业界大为震惊。是什么出了问题？尽管公司还能盈利，但格兰特公司的经营却不能产生足够的现金支付它的账单。如果分析一下格兰特公司的现金流量，就会发现现金的短缺非常明显。以后重编的现金流量表清楚地说明公司的经营活动以令人吃惊的速度流失现金。"W. T. 格兰特号"快速地沉没了。

在格兰特公司破产之前，公司未被要求将现金流量表包括在年度报告之中。在格兰特事件之后，投资者、债权人和会计职业界认识到净收益不是衡量企业经营成功的唯一尺度。毕竟公司要用现金来支付它的账单，而不是收益。如我们在本书中所见，现金流量表和利润表、资产负债表一样，也是一张基本财务报表。

资产负债表报告公司期末的现金余额。通过查看连续两期的资产负债表，就能够发现当期的现金是增加了还是减少了。但是资产负债表没有指出现金余额为什么发生变动。利润表报告收入、费用和净收益——现金来源和使用的线索——但利润表并不说明现金为什么增加或减少。

现金流量表报告会计主体在一定期间的现金流量，即现金收入和现金支出。换句话说，该报表说明现金从哪里来，是如何使用的，同时它也说明现金余额变动的原因。现金流量表涉及一个时间跨度，因而时间署为"年度止于×××"或"月度止于×××"。

案例之二

安然公司破产的教训

众所周知的美国安然公司，曾是财富杂志世界500强排名中位居第16位的企业。该公司于2001年12月2日向纽约破产法院申请了破产保护。这是一家模范公司，在过去的几年里一直保持着盈利的持续增长，股价高企，为众多著名的银行及投资基金所青睐，被誉为新经济时代砖头加鼠标模式的典范。究竟是哪个环节出了问题？

首先，传统的滞后的财务报告模式掩盖了其存在的问题。

目前美国国内通行的会计制度太过程序化，反应太慢，它告诉人们的永远只是过去发生的事情，而投资者关注的重点也仍然集中在一贯沿用下来的每股盈利数字上。这种报告模式产生于工业时代，当时的资产都是有形且可以量化的，报表可以真实地反映企业的财务状况，不会产生偏差。但是随着技术的不断更新，出现了许多新型的商业模式、金融工具，在创造更多价值的同时，也增加了与之相关联的风险，而现行的会计报告制度却无法对此进行衡量及控制。安然公司正是利用了这个漏洞，运用最正宗的会计标准，做出了一份极其复杂、却使众多投资者难于理解其业务的报表。

其次，管理层的人为操纵。

　　管理层知道大众所关心的只是每股收益、股票价格等问题，因此，他们利用调整长期交易的市场价值来保持公司盈利的表面增长，而与之相应的不受监控的表外负债及亏损则被巧妙地掩盖了起来，过度的融资与授权交易使得公司账内、账外负债急剧增加，虽然表面上看根据市值调整而产生的账面利润在持续稳定地增长，但实质性业务所带来的现金流量却与盈利的提高极不匹配，直到有一天，其中的某一环节没有衔接上，整座大厦就这样在顷刻间倒塌了。

　　美国安然公司的破产，给了人们这样的警示：现金流比利润更重要！现金是企业经营的血液，是企业最基本的流动资产之一。一个盈利丰厚的企业可能因为现金不足而陷入困境，乃至破产倒闭。现金流是企业生存和发展的基础，有人甚至指出，在"现金为王"时代，现金流比利润更重要。如果一家上市公司现金流为负或非常低，则往往显示公司财务状况不容乐观，因此，上市公司现金流吃紧问题须引起投资者的密切关注。

第一节　阅读现金流量表

一、详细解读现金流量表

　　现金是交易和支付的手段，企业拥有多少现金，在会计期间内需要支付多少现金或能够获得多少现金，对于了解和预测企业未来发展有着举足轻重的作用。通过解读现金流量表，我们可以获得企业现金数量的信息、现金流入流出结构的信息、收益质量的信息以及企业创造现金能力的信息。

【课堂活动 5-1】

　　主题：阅读大众机械有限公司现金流量表

　　活动形式：

　　(1) 个人独立完成的内容：通读大众机械有限公司现金流量表，分别绘制 M 公司现金流入表和现金流出表，1 个课时。

　　(2) 以小组形式完成的内容：讨论大众机械有限公司现金流量表，初步得出该表反映出的该公司现金状况如何，有何问题，1 个课时。

　　(3) 以全体形式完成的内容：推选四名发言人，向全体汇报演讲，对该现金流量表的详解，2 个课时。

　　活动内容及要求：

　　(1) 画出 M 公司现金流入表和现金流出表(注意：是两张表分别画)。计算出各项本年度与上年同期数占现金流入总量、现金流出总量的比重，在表后各加两个年度的"比重(%)"列，将计算结果填入。

　　(2) 以速读和讨论相结合的形式完成对表中各项目的阅读；完成对该公司现金流量表的解读。

　　(3) 汇报演讲分成若干专题，演讲后回答问题，汇报演讲专题如下：

　　① 经营活动产生的现金流量的阅读；

② 投资活动产生的现金流量的阅读；

③ 筹资活动产生的现金流量的阅读；

④ 补充资料项目的阅读。

(4) 演讲细则。

演讲者要准备报表分析详案，制作 PPT。

① 概述这份现金流量表反映的经营活动产生的现金流量、投资活动产生的现金流量、筹资活动产生的现金流量、汇率变动对现金及现金等价物的影响、现金及现金等价物净增加额、期末现金及现金等价物余额。

② 以角色的立场，分析该表三大活动产生的各项数据来自哪些企业业务事项，这项数据反映的情况，对该公司是有利还是不利。

③ 对 M 公司现金状况进行评价。

(5) 演讲时间：10~15 分钟。

二、归纳现金流量表的项目解读

现金流量表项目的解读，主要是确定现金形成过程并以此判断现金流量的构成状况，从而确认其质量高低。

根据同学们的汇报演讲，做现金流量表详细归纳及补充。

(一) 经营活动产生的现金流量项目阅读

1．现金流入量

销售商品、提供劳务收到的现金

=本年度的(包括销项税额)+以前年度的+预收的+代购代销的−本年销售本年退回的−
以前销售本年退回的

收到的税费返还

=所得税+增值税+营业税+消费税+关税+教育费等各种税费返还额(如所得税是按季预交，年终清算，多退少补，年度内返还)

收到的其他与经营活动有关的现金

=租金等

2．现金流出量

购买商品、接受劳务所支付的现金

=本年度的(包括进项税额)+以前年度的+预付的+代购代销的−购货退回的

支付给职工以及为职工支付的现金

=工资+资金+津贴+补贴(不论何时期而于本期支付)

支付的各项税费

=所得税+增值税+营业税+消费税+印花税+房产税+土地增值税+车船使用税+教育附加

支付的其他与经营活动有关的现金

=租金+差旅费+业务招待费+保险费+罚款

3. 净额=现金注入量-现金流出量

经营活动带来的最终结果：正数，表明现金增加；负数，表明现金减少。

(二) 投资活动产生的现金流量项目阅读

1. 现金流入量

收回投资所收到的现金

=出售、转让、到期的长期股权投资(处置子公司除外)

取得投资收益所收到的现金

=现金股利+利息+其他

处置固定资产、无形资产和其他长期资产收回的现金

=收入-有关费用　　(注：不重要的业务不披露过程)

处置子公司及其他营业单位收到的现金净额

=收入-有关费用-子公司持有的现金

收到其他与投资活动有关的现金

=以上之外的收入

2. 现金流出量

购建固定资产、无形资产和其他长期资产所支付的现金

=购买所用现金+不得抵扣的增值税+(在建工程、无形资产)应付职工薪酬

投资支付的现金

=投资支付+附加费用

取得子公司及其他营业单位支付的现金净额

=购买价中的现金-子公司持有的现金和现金等价物

支付其他与投资活动有关的现金

=以上以外的支付

3. 净额=现金注入量-现金流出量

投资活动带来的最终结果：正数，表明现金收入；负数，表明现金支出。

(三) 筹资活动产生的现金流量项目阅读

1. 现金流入量

吸收投资收到的现金

=发行股票+发行债券-佣金-手续费-宣传费-咨询费-印刷费

取得借款收到的现金

=短期+长期

收到的其他与筹资活动有关的现金

=以上之外的收入

2. 现金流出量

偿还债务所支付的现金

=到期还本

分配股利或偿付利息所支付的现金

=现金股利+支付利润+借款利息+债券利息

支付的其他与筹资活动有关的现金

=以上之外的支付(金额较大要单独列示)

3. 净额=现金注入量-现金流出量

筹资活动带来的最终结果：正数，表明现金增加；负数，表明现金减少。

4. 汇率变动对现金及现金等价物的影响

外币现金流量折算为人民币时，发生日的即期汇率折算的人民币金额与"现金及现金等价物净增加额"中外币按期末汇率折算的人民币金额之间的差额

=即期汇率折算的金额-期末汇率折算的金额

【例5-1】某企业本期发生如下外币业务。

(1) 出口一批商品，售价210万美元，收汇当日汇率为1：8.22。

(2) 收到以前客户欠款65万美元，收汇当日汇率为1：8.26。

(3) 当期进口一批货物，支付145万美元，当日汇率为1：8.28。

(4) 支付前期欠款15万美元，当日汇率为1：8.27。

该企业一直按照当日汇率作为外币折算汇率。年末编表日的汇率为1：8.29。假设当期再无其他外向业务。

要求：计算汇率变动对现金的影响额。

(四) 现金流量表补充资料项目阅读

该表是以间接法编制的经营活动的现金流量。

经营活动产生的现金流量净额

=净利润+不影响经营活动现金流量但减少净利润的项目-不影响经营活动现金流量但增加净利润的项目+与净利润无关但增加经营活动现金流量的项目-与净利润无关但减少经营活动现金流量的项目

1. 加回的项目

(1) 计提的资产减值准备。

坏账准备、存货跌价准备、固定资产减值准备、无形资产减值准备等，加回到净利润中。

(2) 固定资产折旧。

(3) 无形资产摊销和长期待摊费用。

(4) 处置固定资产、无形资产和其他长期资产的损失。

(5) 固定资产报废损失。

(6) 财务费用(具体分析)。

(7) 投资损失。

(8) 递延所得税负债。

(9) 存货的减少。

(10) 经营性应收项目的减少。

(11) 经营性应付项目的增加。

2. 扣除的项目

(1) 处置固定资产、无形资产和其他长期资产的收益。

(2) 财务费用(经营性应收项目的增加，如应收票据的贴现)。

(3) 投资收益。

(4) 递延所得税资产。

(5) 存货的增加。

(6) 经营性应收项目的增加。

(7) 经营性应付项目的减少。

课堂活动 5-1 工作底稿示例 1

大众机械有限公司现金流入、流出结构分析表如表 5-1 和表 5-2 所示。

表 5-1　现金流入结构分析表　　　　　　　　　　　　　单位：元

项　　目	本　期　数	上年同期数	本期比重	上年同期比重
销售商品、提供劳务收到的现金	793 626 196	635 778 331	87.25%	92.87%
收到的税费返还	62 531 381	23 736 276	6.87%	3.47%
收到的其他与经营活动有关的现金	53 432 632	25 045 192	5.87%	3.66%
经营活动现金流入小计	909 590 209	684 559 799	66.56%	67.16%
收回投资收到的现金	27 802 291	3 083 999	96.65%	72.38%
取得投资收益收到的现金	180 000	180 000	0.63%	4.22%
处置固定资产、无形资产和其他长期资产收回的现金	783 577	996 799	2.72%	23.39%
投资活动收到的现金流入小计	28 765 868	4 260 798	2.11%	0.42%
吸收投资收到的现金	246 104 500		57.48%	0.00%
取得借款收到的现金	182 088 321	330 501 188	42.52%	100.00%
筹资活动现金流入小计	428 192 821	330 501 188	31.33%	32.42%
现金流入总量	1 366 548 899	1 019 321 787	100.00%	100.00%

表 5-2　现金流出结构分析表　　　　　　　　　　　　　单位：元

项　　目	本　期　数	上年同期数	本期比重	上年同期比重
购买商品、接受劳务支付的现金	713 988 982	521 857 913	79.68%	81.81%
支付给职工以及为职工支付的现金	55 361 569	38 405 409	6.18%	6.02%
支付的各项税费	45 047 455	15 207 156	5.03%	2.38%
支付其他与经营活动有关的现金	81 701 359	62 438 374	9.12%	9.79%
经营活动现金流出小计	896 099 365	637 908 852	71.04%	62.64%
购建固定资产、无形资产和其他长期资产支付的现金	72 678 156	66 331 071	58.91%	99.25%
投资支付的现金	32 100 000	500 000	26.02%	0.75%

项　目	本　期　数	上年同期数	本期比重	上年同期比重
取得子公司及其他营业单位支付的现金净额	18 600 000	——	15.08%	0.00%
投资活动现金流出小计	123 378 156	66 831 071	9.78%	6.56%
偿还债务支付的现金	234 180 394	310 005 147	96.83%	98.87%
分配股利、利润或偿付利息支付的现金	1 580 569	3 557 784	0.65%	1.13%
支付其他与筹资活动有关的现金	6 076 572	——	2.51%	0.00%
筹资活动现金流出小计	241 837 535	313 562 931	19.17%	30.79%
现金流出总量	1 261 315 057	1 018 302 855	100.00	100.00

课堂活动 5-1 工作底稿示例 2

大众机械有限公司现金流量表项目解读

1. 经营活动产生的现金流量

经营活动中包括三个指标，即现金流入量、现金流出量和净额。

1) 现金流入量

(1) 销售商品、提供劳务收到的现金。该公司本项目金额为 793 626 196 元，而上年同期为 635 778 331 元，比上年有所增长。

(2) 收到的税费返还。表中数据当期为 62 531 381 元，而上年同期为 23 736 276 元，表明比上年增长近 3 倍。

(3) 收到的其他与经营活动有关的现金。表中数据当期为 53 432 632 元，而上年同期为 25 045 192 元，比上年增长 2 倍多。

2) 现金流出量

(1) 购买商品、接受劳务支付的现金。该公司本项目金额为 713 988 982 元，而上年同期为 521 857 913 元，比上年有所增长。

(2) 支付给职工以及为职工支付的现金。表中该项目数据为 55 361 569 元，而上年同期为 38 405 409 元，比上年也有所增长。

(3) 支付的各项税费。表中数据当期为 45 047 455 元，而上年同期为 15 207 156 元，表明比上年增长近 3 倍。

(4) 支付其他与经营活动有关的现金。表中数据当期为 81 701 359 元，而上年同期为 62 438 374 元，表明比上年有所增长。

2. 投资活动产生的现金流量

企业投资活动包括对内投资与对外投资。投资活动中也包括三个指标，即现金流入量、现金流出量和净额。

1) 现金流入量

(1) 收回投资收到的现金。该公司本项目金额为 27 802 291 元，而上年同期为

3 083 999 元，表明比上年增长近 9 倍，意味着不少投资项目在本期到期。

(2) 取得投资收益收到的现金。表中数据当期为 180 000 元，与上年同期相同。

(3) 处置固定资产、无形资产和其他长期资产收回的现金。表中该项目数据当期为 783 577 元，而上年同期为 996 799 元，表明比上年略有减少。

(4) 取得子公司及其他营业单位收到的现金净额。该公司近两年未发生此项经济活动。

(5) 收到的其他与经营活动有关的现金。该项目没有发生额，表明该公司近两年均没有发生其他方面的投资活动的现金流入。

2) 现金流出量

(1) 购建固定资产、无形资产和其他长期资产支付的现金。该公司本项目金额为 72 678 156 元，而上年同期为 66 331 071 元，比上年有所增加。

(2) 投资支付的现金。表中该项目数据为 32 100 000 元，而上年同期为 500 000 元，表明比上年有较大幅度增长。

(3) 取得子公司及其他营业单位支付的现金净额。表中数据当期为 18 600 000 元，而上年同期没有发生此项目。

(4) 支付其他与筹资活动有关的现金。表中数据当期为空，表明没有其他与投资活动有关的现金流出事项。

3. 筹资活动产生的现金流量

1) 现金流入量

(1) 吸收投资收到的现金。该公司本项目金额为 246 104 500 元，而上年同期没有发生吸收投资的活动。

(2) 取得借款收到的现金。表中数据当期为 182 088 321 元，而上年同期为 330 501 188 元，表明当期继续有借款行为发生，但借款金额比上年同期有所减少。

(3) 收到的其他与筹资活动有关的现金。表中该项目数据为空，表明近两年没有其他筹资活动的现金流入。

2) 现金流出量

(1) 偿还债务支付的现金。该公司本项目金额为 234 180 394 元，而上年同期为 310 005 147 元，比上年略有减少。

(2) 分配股利、利润或偿付利息支付的现金。表中该项目数据当期为 1 580 569 元，而上年同期为 3 557 784 元，比上年有所减少。

(3) 支付的其他与筹资活动有关的现金。表中数据当期为 6 076 572 元，而上年同期没有发生其他与筹资活动有关的现金流出。

4. 汇率变动对现金及现金等价物的影响

该企业本项当期数据为 -4 827 413 元，上年同期为 -2 160 472 元，均为负数，表示汇率变动对当期现金及现金等价物的影响为负面影响，且当期的影响比上年同期有所扩大。

5. 补充资料

1) 将净利润调节为经营活动现金流量

净利润：本期数据为 47 857 818，上年同期数为 37 163 222，比上年增长了 1 000 多万元。

2) 加回的项目

(1) 计提的资产减值准备，该公司本项目金额为 3 203 114 元，上年同期为 1 345 029 元，比上年有所增长。

(2) 固定资产折旧，该公司本项目金额为 14 779 207 元，上年同期为 10 705 086 元，比上年有所增长。

(3) 无形资产摊销，该公司本项目金额为 999 783 元，上年同期为 190 967 元，比上年有所增长。

(4) 长期待摊费用摊销，本期为 21 667 元，上期无此项。

(5) 处置固定资产、无形资产和其他长期资产的损失，本期是收益，上年同期为 31 537 元。

(6) 固定资产报废损失，本项目无数据。

(7) 公允价值变动损失，本项目无数据。

(8) 财务费用，本期为 6 449 912 元，上年同期 5 692 152 元，比上年增长。

(9) 投资损失，本期为 4 117 709 元，上年同期为收益。

(10) 经营性应付项目的增加，本期为 31 762 512 元，上年同期为 38 548 041 元。

(11) 其他，本项目本期无数据，上年同期为 569 796 元。

3) 扣除的项目

(1) 处置固定资产、无形资产和其他长期资产的收益，本期该项目为 24 029 元。

(2) 投资收益，本期是损失，上年同期为 180 787 元。

(3) 递延所得税资产增加，本期为 232 283 元，上年同期为 455 610 元。

(4) 存货的增加，本期为 48 205 444 元，上年同期为 26 474 483 元。

(5) 经营性应收项目的增加，本期为 47 238 704 元，上年同期为 20 484 004 元。

第二节 分析现金流量表

一、分析现金流量表

分析现金流量表就是以现金流量表为主要信息来源，利用多种分析方法，进一步揭示企业现金流量的信息，从现金流量的角度对企业的财务状况和经营业绩做出评价。分析现金流量形成的规律和内在结构，评估企业资产的流动性和财务弹性，评价企业的收益能力和财务风险。

【课堂活动 5-2】

主题：分析大众机械有限公司现金流量表

活动形式：

(1) 个人独立完成的内容：每位同学画出 M 公司现金流入、流出比例分析表，1 个课时。

(2) 以小组形式完成的内容：讨论这张表，初步得出该表反映出的现金流量如何，有何问题，1 个课时。

(3) 以全体形式完成的内容：推选六名到八名发言人，向全体汇报演讲，对该现金流量表的分析，2 个课时。

活动内容及要求：

(1) 每位同学画出 M 公司现金流入、流出比例分析表。

(2) 计算出各项本年度与上年同期数占现金流入与流出总量的比重，在表后加两年的"流入：流出"列，将计算结果填入。

(3) 以小组为单位，站在各自不同角度，逐项分析表中各项内容、各项数据比重。

(4) 进行专项分析，并做好准备向全班做分析演讲。

(5) 讨论。以小组为单位进行专项讨论并专项分析。

(6) 汇报。各小组发言人代表小组分析演讲。

(7) 汇报演讲分成若干专题，演讲后回答问题，汇报演讲专题如下：

① 现金流量表的结构分析及计算。

② 企业现金流量质量分析：

A. 经营活动产生的现金流量质量分析；

B. 投资活动产生的现金流量质量分析；

C. 筹资活动产生的现金流量质量分析。

③ 现金流量表比率分析：

A. 现金流动性分析。

B. 获取现金能力分析。

C. 财务弹性分析。

D. 资本支出能力分析。

E. 收益质量分析。

(8) 各组确定演讲人，汇报完成后交上演讲稿。

(9) 演讲细则。

① 事先准备详案，包括图表、计算推导过程，制作 PPT；

② 概述专项分析的内容，如名称、相关概念、涉及的报表项目、侧重反映的是哪方面的解析内容等；

③ 详解该项分析的金额、数据来源、分析目的、计算方法、计算过程、要强调的问题等，要做到：定量与定性相结合；根据专项分析的内容绘制小型图表；可以分别站在不同角度分析，如股东、债权人、公司 CEO、雇员和工会等。

④ 介绍报表编制中有哪些技巧、需要注意的方面等；

⑤ 简要归纳对这个实训课题的体会。

(10) 演讲时间：10～15 分钟。

二、归纳现金流量表的分析

分析现金流量表的方法与其他财务报表是一样的，但这张表有其独特的方面。这主要表现在要从"现金流量表结构分析""现金流量表质量分析""现金流量表相关财务比率分析——攻取现金能力、现金流动性、财务弹性、资本支出能力"以及"收益质量"等方面展开。根据同学们的汇报演讲,做现金流量表分析的详细归纳及补充。具体参看大众机械有限公司现金流量表。

(一) 现金流量表结构分析

1. 现金流入结构分析

1) 总流入结构分析公式

$$经营活动流入所占比重=经营活动流入÷总流入$$
$$投资活动流入所占比重=投资活动流入÷总流入$$
$$筹资活动流入所占比重=筹资活动流入÷总流入$$

2) 内部结构分析公式

$$经营活动某项占比=该项流入÷经营活动流入$$
$$投资活动某项占比=该项流入÷投资活动流入$$
$$筹资活动某项占比=该项流入÷筹资活动流入$$

2. 现金流出结构分析

1) 总流出结构分析公式

$$经营活动流出所占比重=经营活动流出÷总流出$$
$$投资活动流出所占比重=投资活动流出÷总流出$$
$$筹资活动流出所占比重=筹资活动流出÷总流出$$

2) 内部结构分析公式

$$经营活动某项占比=该项流出÷经营活动流出$$
$$投资活动某项占比=该项流出÷投资活动流出$$
$$筹资活动某项占比=该项流出÷筹资活动流出$$

3. 现金流入流出比例分析

$$经营活动流入流出比=经营活动流入÷经营活动流出$$
$$投资活动流入流出比=投资活动流入÷投资活动流出$$
$$筹资活动流入流出比=筹资活动流入÷筹资活动流出$$

具体内容参看大众公司现金流入结构分析表、现金流出结构分析表、现金流入流出比例分析表。

(二) 现金流量质量分析

现金流量质量是指企业的现金流量能够按照企业的预期目标进行运转。现金流量质量分析是对现金流量客观反映公司真实经营状况的程度进行评价,并提供相应的信息,促进企业改善财务与经营状况,增强持续经营能力。

具有较好质量的现金流量的特征:首先,流量状态体现了企业发展的战略要求;其次,现金流量与利润形成对应关系,并能为企业的扩张提供现金流量的支持。

请思考并回答：如果净利润＞经营活动现金净额，说明什么？

请看下式，经营活动现金流量净额与净利润对比分析计算公式：

现金流量表补充资料中，将净利润与经营活动的现金流量净额进行比较，可以了解企业净利润的质量，同时也可以反映现金流量质量。

第一，如果 $\dfrac{\text{经营活动现金流量净额}}{\text{净利润}} > 1$

说明收现能力强，净利润与现金流量质量较好；

第二，如果 $\dfrac{\text{经营活动现金流量净额}}{\text{净利润}} < 1$

说明收现能力差，可能受到人为操纵或存在大量应收账款，现金流量质量与净利润质量较差。

1. 经营活动产生的现金流量质量分析

当：现金流量净额＜0，则表明入不敷出，质量差，其后果如下。

(1) 消耗现存货币积累。

(2) 挤占投资活动的现金。

(3) 额外贷款融资。

(4) 拖延债务支付或加大经营负债规模。

当：现金流量净额=0，则表明现金流量质量不高，其后果如下。

(1) 不能为投资活动和筹资活动贡献现金。

(2) 不能为非付现成本提供货币补偿。

(3) "简单再生产"不能维持，更不能"扩大再生产"。

当：现金流量净额＞0，则表明企业具有创造现金的能力，其表现如下。

(1) 不仅能"入大于出"，且补偿非付现成本后仍有剩余。

(2) 有余力为投资、筹资活动提供现金支持。

(3) 表明产品适销对路，市场占有率高，销售回款能力强，付现成本、费用控制有效。

2. 投资活动产生的现金流量质量分析

企业的投资活动主要有三个目的：一是为企业正常生产经营活动奠定基础，如购建固定资产、无形资产和其他长期资产等；二是为企业对外扩张和其他发展项目进行权益性投资和债权性投资；三是利用企业暂时不用的闲置货币资金进行短期投资，以求获得较高的投资收益。

当：现金流量净额＜0，则表明入不敷出，投资活动所需缺口，用以下方式解决。

(1) 消耗现存货币积累。

(2) 利用经营活动积累的现金。

(3) 额外贷款融资。

(4) 拖延债务支付或加大投资活动的负债规模。

当：现金流量净额≥0，则表明在本会计期间的投资收回规模大于投资支出规模。

(1) 资本运作收效显著，投资回报强。

(2) 企业产业、产品结构将有所调整。

(3) 陷入深度的债务危机之中。

3. 筹资活动产生的现金流量质量分析

当：现金流量净额＞0，则表明以下各项内容。

(1) 吸收权益性投资。

(2) 发行债券或借款。

(3) 表明企业筹资能力强。

当：现金流量净额＜0，则表明以下各项内容。

(1) 本期偿还债务、支付筹资费用、分配现金股利。

(2) 投资或企业扩张没有更多作为。

(3) 丧失融资信誉。

4. 现金及现金等价物净增加额的质量分析

(1) 现金及现金等价物净增加额为正数。

表明：

① 经营状况良好，收现能力强，坏账风险小。

② 如果是处置非流动资产形成，则表明生产经营能力衰退，或是调整资产结构。

③ 如果是筹资活动引起的，表明未来将支付更多的本息或股利，未来须创造更多的现金流量，才能偿付。

(2) 现金及现金等价物净增加额为负数。

表明：

① 通常是不良信息。

② 如果是固定资产、无形资产或其他长期资产投资引起的，将会产生更多的现金流量。

③ 如果是偿还债务引起的，财务风险变小，只要生产经营保持正常，企业就不会衰退。

(三) 现金流量表比率分析

现金流量表比率分析是以经营活动现金净流量与资产负债表等财务报表中的相关指标进行对比分析，全面揭示企业的经营水平，测定企业的偿债能力，反映企业的支付能力。现金流量表比率分析大致可分为现金流动性分析、获取现金能力分析、财务弹性分析、资本支出能力分析、收益质量分析 5 个方面。

1. 现金流动性分析

$$现金到期债务比=\frac{经营现金净流入}{本期到期的债务}\times100\%$$

注：本期到期的债务是指本期到期的长期债务和本期应付票据。

$$现金流动负债比=\frac{经营现金净流入}{流动负债}\times100\%$$

$$现金债务总额比=\frac{经营现金净流入}{债务总额}\times100\%$$

2. 获取现金能力分析

$$销售现金比率=\frac{经营现金净流量}{销售额}\times100\%$$

$$每股营业现金净流量=\frac{经营现金净流量}{普通股股数}\times100\%$$

$$全部资产现金回收率=\frac{经营现金净流量}{全部资产}\times100\%$$

3. 财务弹性分析

财务弹性是企业适应经济环境变化和利用投资机会的能力。这种能力来源于现金流量和支付现金需要的比较。现金流量超过支付现金的需要，有剩余的现金，适应性就强。

$$现金流量适合比率=\frac{近5年经营现金净流量}{近5年资本支出、存货增加、现金股利之和}\times100\%$$

$$现金再投资比率=\frac{经营现金净流量-现金股利}{固定资产+其他长期资产+营运资金}\times100\%$$

$$现金股利保障倍数=\frac{每股经营现金净流量}{每股现金股利}\times100\%$$

4. 资本支出能力分析

资本支出能力是指企业的投资活动产生的现金流量占了经营活动、筹资活动产生的现金流量的比重。由于经营活动是企业稳定的现金来源，便可以根据该指标判定企业的投资风险或稳定收益的适宜程度。

$$投资活动融资比率=\frac{投资活动产生的现金净流量}{经营活动产生的现金净流量+筹资活动产生的现金净流量}\times100\%$$

$$现金再投资比率=\frac{经营现金净流量-现金股利}{固定资产净值+其他长期资产+营运资金}\times100\%$$

5. 收益质量分析

收益质量是指报告收益与公司业绩之间的相关性。如果收益能如实反映公司的业绩，则认为收益的质量好；反之，则差。

收益分析涉及资产负债表、利润表、现金流量表。

从现金流量表的角度评价：

$$净收益营运指数=\frac{经营净收益}{净收益}\times100\%$$

$$=\frac{净收益-非经营收益}{净收益}\times100\%$$

现金营运指数：

经营应得现金=经营活动净收益+非付现费用

　　　　　　=净收益-非经营收益+非付现费用现金营运指数

$$现金营运指数=\frac{经营现金净流量}{经营应得现金}\times100\%$$

(四) 现金流量表分析的注意事项

现金流量表分析的注意事项包括以下几个方面。

(1) 经营活动现金流量是分析重点。

(2) 现金流量分析必须注重销售现金收入。

(3) 对于投资人来讲，现金流量的未来预测比历史分析更重要。

(4) 正确对待现金流量变化的结果。

(5) 不要偏废对不涉及现金收支的活动分析。

(6) 现金流量分析要与现金预算的编制结合起来。

(7) 应结合企业具体的经营、投资、筹资活动，分析、评价企业的现金流量。

(8) 应结合企业其他报表，分析现金流量。

课堂活动 5-2 工作底稿示例 1

大众公司现金流入流出比例分析如表 5-3 所示。

表 5-3　现金流入流出比例分析表　　　　单位：元

项　目	绝　对　数		流入：流出	
	2015 年	2014 年	2015 年	2014 年
经营活动现金流入小计	909 590 209	684 559 799	1.02	1.07
经营活动现金流出小计	896 099 365	637 908 852		
投资活动现金流入小计	28 765 868	4 260 798	0.23	0.06
投资活动现金流出小计	123 378 156	66 831 071		
筹资活动现金流入小计	428 192 821	330 501 188	1.77	1.05
筹资活动现金流出小计	241 837 535	313 562 931		
现金总流入	1 366 548 898	1 019 321 785	1.08	1.00
现金总流出	1 261 315 056	1 018 302 853		

课堂活动 5-2 工作底稿示例 2

大众机械有限公司现金流量表分析

(一) 现金流量表结构分析

现金流量表结构分析是指在现金流量表有关数据的基础上，通过对现金流量表中不同项目之间的比较，分析企业现金流入的主要来源和现金流出的方向，并评价现金流入流出对净现金流量的影响。现金流量结构包括现金流入结构、现金流出结构、现金流入流出比例等，可列表进行分析，旨在进一步掌握企业的各项活动中现金流量的变化规律、变动趋势、公司经营周期所处的阶段及异常变化等情况。对于一个健康的正在成长的公司来说，经营活动的现金流量应是正数，投资活动的现金流量应是负数，筹资活动的现金流量应是正负相间的。如果公司经营现金流量的结构百分比具有代表性(可用三年或五年的平均数)，我们还可根据这些数据及计划销售额来预测未来的经营现金流量。

从表 5-1 可以看出，大众公司 2015 年、2014 年的现金流入总量分别为 136 654 万多元和 101 932 万元之多，其中经营活动的现金流入量均为 67%左右，投资活动的现金流入量均未超过 3%，筹资活动的现金流入量分别为 31%和 32%，说明公司现金流量的三分之二来自于经营活动，近三分之一来自于融资，投资带来的现金流入极少。进一步分析可以发现，经营活动的现金流入量主要是以销售商品、提供劳务收到的现金为主，这一项分别占整个现金流入总量的 87%和 92%，说明该公司的主业突出的特征还是比较明显的。另外，公司的融资活动近两年还比较活跃，而且 2015 年公司融资额比 2014 年增加近 30%，说明公司还处于扩张发展时期。表中还说明 2015 年公司融资结构比 2014 年有改进，即从单纯负债融资到股权融资与负债融资并举，有力降低了发展过程中的债务风险，优化了融资结构。

从表 5-2 可以看出，大众公司 2015 年、2014 年的现金流出总量分别是 126 000 多万元和 101 000 多万元，其中，经营活动的现金流出量 2015 年达 71%，2014 年约为 63%，经营活动现金流出量增加的主要原因是公司"购买商品、接受劳务支付的现金""支付给职工以及为职工支付的现金""支付的各项税费""支付的其他与经营活动有关的现金"四个项目共同增加所致。其中"购买商品、接受劳务支付的现金"近两年占经营现金流出的 80%，为主要支出项目，而且该项目支出 2015 年比 2014 年有大幅上升，结合前面资产负债表中的分析可以看到，公司 2015 年的存货比 2014 年有大幅上升，说明公司在存货支出上 2015 年有大幅增加。投资活动现金流出量的比重相对稳定，2015 年约为 10%，2014 年同期约为 7%，但是在支出结构上有很大变化，2014 年几乎全部用于购建固定资产、无形资产和其他长期资产上，而 2015 年占投资现金流出的 26.02%用于对外投资上，而筹资活动的现金流出量这两年有较大变化。2014 年正值公司的还款高峰期，当年筹资活动的现金流出约占现金流出总量的 31%，筹资活动的现金流出中"偿还债务支付的现金"的占比约达 99%。2015 年筹资活动的现金流出占现金流出总量的比重降至 19%左右，筹资活动的现金流出中"偿还债务支付的现金"的占比约达 97%，说明 2015 年依然处于公司的还款高峰期。总的来说，结合前面现金流入结构的分析，说明公司的现金流量结构合理，资金来源稳定，财务状况安全。

从表 5-3 可以看出，该公司 2015 年和 2014 年经营活动现金流入流出比例分别为 1.02和 1.07，表明 1 元的现金流出可换回 1.02 元和 1.07 元的现金流入，此值越大越好。该公司投资活动的现金流入流出比例这两年分别为 0.23 和 0.06，公司投资活动引起的现金流出较小，表明公司正处于发展期。一般而言，处于发展期的公司此值比较小，而衰退或缺少投资机会时此值较大。筹资活动流入流出比例这两年分别为 1.77 和 1.05，表明筹款明显大于还款，尤以 2015 年为甚。2015 年筹资活动中现金流入系举债和吸收股权投资获得，同时也说明该公司存在举借新债的现象。

对于一个健康的正在成长的公司来说，经营活动的现金流量应为正数，投资活动的现金流量应为负数，筹资活动的现金流量应是正负相间的，该公司的现金流量基本体现了这种成长性公司的状况。

(二) 现金流量质量分析

1. 经营活动现金流量质量

一方面，大众公司经营活动产生的现金流量净额大于零，表明企业生产经营状况良好。但要考查在补偿当期的非付现成本后仍有剩余，才意味着企业通过正常的供、产、销所带来的现金流入量，不但能够支付因经营活动而引起的现金流出量、补偿全部当期的非付现成本，而且还有余力为企业的投资活动提供现金支持。大众公司的非付现成本费用为 12 872 148 元，经营活动的现金流量净额为 13 490 844 元，剩余 618 696 元，有余额，但偏低。

另一方面，经营活动现金流量净额与净利润对比分析，如果经营活动产生的现金流量净额与净利润之比大于或等于 1，即：

$$\frac{经营活动现金流量净额}{净利润} \geq 1$$

通常说明会计收益的收现能力较强，经营活动现金流量质量与净利润质量较好。

若小于 1，即：

$$\frac{经营活动现金流量净额}{净利润} < 1$$

则说明净利润可能受到人为操纵或存在大量应收账款，经营活动现金流量质量与净利润质量较差。

大众公司的该数据：

$$\frac{经营活动现金流量净额}{净利润} = \frac{13\ 490\ 844}{47\ 857\ 818} = 0.28 < 1$$

说明大众公司的利润质量较差，可能赊销量较大，存在收账风险，也可能是其他原因所致，应结合其他分析做进一步的分析判断。

2. 投资活动现金流量质量

大众公司的投资活动现金流量净额为 -94 612 288 元，现金流出大于现金流入，该项数据是产生于长期股权投资和固定资产的购建，表明大众公司目前正在进行对内扩建和对外扩张，是企业正在扩大规模的表现。

3. 筹资活动现金流量质量

大众公司的筹资活动现金流量净额为 186 355 286 元，现金流入大于现金流出，该项数据是来自于企业新发股票，吸收权益性投资所致，表明大众公司通过资本市场的融资能力较强。

(三) 现金流量表比率分析

1. 现金流动性分析

现金到期债务比=经营现金净流入÷本期到期的债务×100%

$$=13\ 490\ 844 \div 88\ 007\ 638 \times 100\%$$

$$=15.33\%$$

注：本期到期的债务该公司只有应付票据这一项。

若同业平均现金到期债务比为 1.5，说明该公司偿还到期债务的能力很差。

现金流动负债比=经营现金净流入÷流动负债×100%

$\qquad$ =13 490 844÷229 729 332×100%

$\qquad$ =5.87%

若同业平均现金流动负债比为 0.5，说明该公司偿还流动负债的能力很差。

现金债务总额比=经营现金净流入÷债务总额×100%

$\qquad$ =13 490 844÷230 529 333×100%

$\qquad$ =5.85%

5.85%表明 100 元债务有 5.85 元的经营现金流入做保证，这个比率越高，企业承担债务的能力就越强。该公司的付息能力是 5.85%，即利息在 5.85%时企业能按时付息，如果市场利率为 5%，该公司最大的负债能力是 13 490 844÷5%=269 816 880 元；如果市场利率高于 5.85%，则该公司的财务风险便增大了。

2. 获取现金能力分析

销售现金比率=经营现金净流量÷销售额×100%

$\qquad$ =13 490 844÷783 027 675×100%

$\qquad$ =1.72%

注：销售额中应加上增值税。

该公司每元销售得到的净现金为 0.017 2 元，说明该公司经营活动获取净现金的能力有，但偏低。

每股营业现金净流量=经营现金净流量÷普通股股数×100%

$\qquad$ =13 490 844÷7 528 000×100%

$\qquad$ =0.18 元/股

该指标反映企业分派现金股利，以 0.18 元/股为限，如果超过此限度，就要借款分红。

全部资产现金回收率=经营现金净流量÷全部资产×100%

$\qquad$ =13 490 844÷643 580 458×100%

$\qquad$ =2%

若同业平均全部资产回收率为 2%，说明该公司资产产生现金能力有，但弱。

3. 财务弹性分析

现金流量适合比率=近 5 年经营现金净流量÷近 5 年资本支出、存货增加、

$\qquad$ 现金股利之和×100%

$\qquad$ = 67 454 218÷1 118 755 764×100%

$\qquad$ =6%

注：资本支出是指收益跨了会计年度的支出，如购置固定资产等。上式中，取数以 2015 年作为 5 年的平均数，在现实操作中，应以该企业 5 年的实际数据进行计算。

该比率越大，说明资金自给率越高，达到 1 时，说明企业可以用经营获取的现金满足扩充所需资金；若小于 1，则表明企业是靠外部融资来补充所需资金的。大众公司该项数据过低。

现金再投资比率=(经营现金净流量-现金股利)÷(固定资产+其他长期资产+营运资
金)×100%

$$=(13\ 490\ 844-1580569)÷(19\ 600\ 000+150\ 780\ 119+5\ 242\ 209$$

$$+188\ 629\ 737)×100\%$$

$$=3.27\%$$

现金再投资比例的行业比较有重要意义，通常该数据应在 7%~11%。大众公司此项
数据明显偏低。

现金股利保障倍数=每股经营现金净流量÷每股现金股利

$$=0.18÷0.02=8.57$$

其中：

每股现金股利=$1\ 580\ 569÷75\ 280\ 000=0.02$

若同业平均现金股利保障倍数为 3，则该公司的股利保障倍数较高，能够保障当前的
股利水平。

4. 资本支出能力分析

投资活动融资比率=投资活动产生的现金净流量÷(经营活动产生的现金净流量+筹
资活动产生的现金净流量)×100%

$$=-94\ 612\ 288÷(13\ 490\ 844+186\ 355\ 286)×100\%$$

$$=-47.34\%$$

该比率原则上应为|0.2|~|0.5|，如果大于 1，企业现金的流动性将会受到严重影响。大
众公司此项数据在合理范围内，现金的流动性不会受影响。

现金再投资比率=(经营现金净流量-现金股利)÷(固定资产+其他长期资产+营运资
金)×100%

$$=(13\ 490\ 844-1580569)÷(19\ 600\ 000+150\ 780\ 119+5\ 242\ 209$$

$$+188\ 629\ 737)×100\%$$

$$=3.27\%$$

如前所述，大众公司此项指标偏低。

5. 收益质量分析

净收益营运指数=经营净收益÷净收益

$$=(净收益-非经营收益)÷净收益$$

$$=(47\ 857\ 818-3\ 752\ 893)÷47\ 857\ 818$$

$$=0.921\ 6$$

注：大众公司的经营净收益是净利润扣除投资收益、扣除营业外收支净额，投资收益是负数则不
考虑。

大众公司净收益营运指数为 0.9，接近 1，说明该公司净收益主要来自于经营活动，
收益质量比较好。

经营应得现金=经营活动净收益+非付现费用

　　　　　　=净收益-非经营收益+非付现费用

　　　　　　=13 490 844+3 203 114+14 779 207+999 783+21 666

　　　　　　=32 494 614(元)

注：大众公司的非付现费用=资产减值+折旧+摊销+长期待摊费用摊销。

现金营运指数=经营现金净流量÷经营应得现金

　　　　　　=13 490 844÷32 494 614

　　　　　　=0.4149

大众公司的现金营运指数为0.4149，即每1元的经营活动现金收益，只收回约0.41元，另外的0.59元到哪里去了？可能它们停留在实物或债权形态，有待结合其他资料进行深入分析。而实物和债权风险大于现金，该指数说明公司的收益质量不高，甚至过于偏低。

本 章 小 结

现金流量是企业经济活动的"血液"，这种血液的再生能力，实际上代表了企业的获利能力和发展能力。通过学习现金流量表，我们可以从经营活动、投资活动和筹资活动的现金流入、流出及净额项目来对公司未来的现金情况进行分析和对公司未来的发展做出预测，企业的现金获取能力越强，则其给予股东的回报越高，企业价值越大；同时盈利能力越强，带来的现金流量越多，企业的偿债能力得到加强，所以现金流量表财务分析对公司的未来发展前景的判断都是有很大帮助的。

现金流量表在分析企业财务状况时，确实是一个不可多得的工具。在实际操作中，注意现金流量分析与资产负债表和利润表等财务报表分析相结合，可以更清晰、全面地了解企业的财务状况及发展趋势，了解其与同行的差距，及时发现问题，正确评价企业当前、未来的偿债能力、支付能力，以及企业当前和前期所取得的利润的质量，科学地预测企业未来的财务状况，为报表使用者做出决策提供正确的依据。

【课后练习】

一、判断题

1. 一般而言，主营收入现金含量指标值越高，意味着企业销售款的回收速度越快。

（　　）

2. 经营活动现金流量是企业现金的主要来源，并且其在未来的可持续性也最强。

（　　）

3. 企业利润质量的一个关键就是观察企业利润受到现金流量支撑的程度。（　　）

4. 现金流量趋势是指企业不同时期现金流量的增减变动及其变动趋势，现金流量趋势分析旨在确定企业现金变动的性质和原因。（　　）

5. 趋势百分比分析中,当选定的基期某个项目为 0 时,不应该计算趋势百分比,否则会产生错误的计算结果,形成错误的分析结论。   (   )

6. 投资活动是指企业长期资产的购建和不包括在现金等价物范围内的投资及其处置活动。   (   )

7. 筹资活动中,"偿还债务支付的现金"项目反映企业以现金偿还债务的本金和利息。   (   )

8. 现金流量表是反映企业一定时期现金流入和现金流出情况的静态报表。   (   )

9. 现金净流量是流动资产减去流动负债后的净值。   (   )

10. 一般来说,现金流量净额越大,企业活动力越强。   (   )

二、单项选择题

1. 现金流量表的编制基础是(   )。
   A. 现金   B. 现金等价物
   C. 营运资金   D. 库存现金

2. 下列项目中不属于现金流量表中"现金"的是(   )。
   A. 银行存款   B. 长期债券投资
   C. 银行汇票存款   D. 银行本票存款

3. 不属于经营活动流入的现金主要有(   )。
   A. 销售商品、提供劳务收到的现金
   B. 收回投资所收到的现金
   C. 收到的租金
   D. 收到的增值税销项税额和退回的增值税

4. 下列项目中属于投资活动产生的现金流出的是(   )。
   A. 购买固定资产所支付的现金   B. 分配股利所支付的现金
   C. 支付的所得税款   D. 融资租赁所支付的现金

5. 某公司 2010 年净利润为 83 519 万元,本年计提的固定资产折旧 12 764 万元,无形资产摊销 5 万元,待摊费用增加 90 万元,则本年产生的净现金流量是(   )万元。
   A. 83 519   B. 96 198   C. 96 288   D. 96 378

6. 按现金收入和现金支出的主要类别直接反映企业经营活动产生的现金流量的现金流量表编制方法是(   )。
   A. 权益法   B. 成本法   C. 直接法   D. 间接法

7. (   )意味着企业生产经营比较正常,具有"自我造血"功能。
   A. 经营活动现金流量小于零   B. 经营活动现金流量大于零
   C. 经营活动现金流量等于零   D. 以上都不对

8. 我国《现金流量表准则》规定,收到的股利属于(   )。
   A. 投资活动   B. 经营活动   C. 筹资活动   D. 融资成本

9. 企业在现金流量表补充资料中将净利润调节为经营活动现金流量的信息时,主要采用的是(   )。
   A. 间接法   B. 直接法   C. 比较法   D. 差额法

10. 以下( )项目属于经营活动产生的现金流出。

    A．支付的增值税额　　　　　　　B．权益性投资所支付的现金

    C．偿还债务支付的现金　　　　　D．分配股利支付的现金

三、多项选择题

1. 我国的现金流量表将现金流量分为( )几类。

    A．经营活动　　　B．投资活动　　　C．筹资活动　　　D．金融活动

2. 关于经营活动现金流量整体质量分析说法正确的是( )。

    A．经营活动现金净流量大于0，意味着企业生产经营比较正常

    B．经营活动现金净流量等于0，意味着企业经营过程中现金收支平衡

    C．经营活动现金净流量等于0，意味着企业经营不善

    D．经营活动现金净流量等于0，意味着企业经营过程中的现金流转不畅，存在着入不敷出问题

3. 下列各项中，属于经营活动产生的现金流量包括( )。

    A．取得投资收益收到的现金

    B．支付的所得税

    C．分配股利、利润或偿付利息支付的现金

    D．收到的出租固定资产租金

    E．购买商品、接受劳务支付的现金

4. 下列关于现金流量财务比率的叙述正确的有( )。

    A．现金流动负债比率用以评价偿付现金流动负债的现金能力

    B．现金负债总额比表明企业现金流量对其全部债务偿还的满足程度

    C．现金负债总额比是衡量企业综合债务偿还能力的一个重要指标

    D．一般来说，主营收入现金含量指标值越低，表明企业销售款的回收速度越快，对应收账款的管理越好，坏账损失的风险越小

    E．总资产现金回收率反映了企业资产的经营收现水平

5. 投资活动产生的现金流出包括( )。

    A．购建固定资产所支付的现金

    B．权益性投资所支付的现金

    C．债券性投资所支付的现金

    D．购货所支付的现金

    E．接受劳务所支付的现金

6. 编制现金流量表时，列报经营活动现金流量的方法有( )。

    A．直接法　　　B．比较法　　　C．差额法

    D．成本法　　　E．间接法

7. 现金流量结构分析包括( )。

    A．现金流入流出结构分析

    B．现金流入结构分析

    C．现金流出结构分析

    D．现金流入结构变动分析

    E．现金流出结构变动分析

8．以下项目属于经营活动产生的现金流入的有(　　)。

    A．借款所收到的现金

    B．销售商品所收到的现金

    C．提供劳务所收到的现金

    D．收到的租金

9．以下项目属于投资活动产生的现金流出的有(　　)。

    A．融资租赁支付的现金

    B．购建固定资产所支付的现金

    C．权益性投资所支付的现金

    D．债权性投资所支付的现金

10．(　　)是反映偿债能力时效性的指标。

    A．现金流量流动负债比率

    B．现金净流量负债总额比率

    C．强制性现金支付比率

    D．现金偿还比率

四、简答题

1．为什么在编制现金流量表时要将权责发生制下的会计信息转换为收付实现制下的会计信息？

2．现金流量表可以提供哪些信息？

3．现金流量表分析的目的有哪些？

4．如何进行现金流量表的质量分析？

5．现金流量表增减变动分析和结构分析可以告诉我们哪些道理？

6．如何进行现金流量表具体项目的分析？

7．现金流量表分析指标有哪几大类？每一类包括哪些主要的指标？这些指标如何计算？

五、计算分析题

1．某公司2010年、2011年和2012年有关现金流量资料如表5-4所示。

表5-4　有关现金流量资料　　　　单位：万元

项　目	2012	2011	2010
经营活动现金流量净额	2 520	2 880	3 970
投资活动现金流量净额	-1 260	-2 450	-2 860
筹资活动现金流量净额	-500	-800	-1 500
现金及现金等价物净增加额	-240	-370	-390

要求：根据资料，以2010年为基期，进行现金流量定比趋势分析，并进行简要的分

析评价。

2. 某公司简化的现金流量表如表 5-5 所示。

表 5-5　现金流量表　　　　　　　　　　　单位：万元

项　目	2012	2011	2010
一、经营活动产生的现金流量			
现金流入	48 560	41 523	49 512
现金流出	45 343	36 245	40 775
经营活动产生的现金流量净额	3 217	5 278	8 737
二、投资活动产生的现金流量			
现金流入	3 730	0	1 478
现金流出	1 450	921	2 600
投资活动产生的现金流量净额	2 280	−921	−1 122
三、筹资活动产生的现金流量			
现金流入	3 450	9 980	1 785
现金流出	9 340	12 030	5 647
筹资活动产生的现金流量净额	−5 890	−2 050	−3 862
现金及现金等价物净增加额	−383	2 307	3 753

要求：根据表 5-5 对现金流量结构进行分析，并做出评价。

3. A 股份有限公司该年经营活动现金流量净额为 1 365 万元，销售收入为 10 000 万元，资产总额为 5 000 万元，流动负债为 800 万元，资产负债率为 40%，净利润为 4 000 万元，同年分配现金股利为 600 万元。

要求：根据以上数据计算现金流动负债比、现金负债总额比、总资产现金回收率、现金股利保障倍数指标，并进行分析。

4. B 公司某年有关资料如下：本期主营业务收入为 2 250 万元；应收账款年初数为 520 万元，年末数为 400 万元；预收账款年初数为 100 万元，年末数为 150 万元。

要求：计算该公司"销售商品、提供劳务收到的现金"项目金额。

第六章

所有者权益变动表的分析

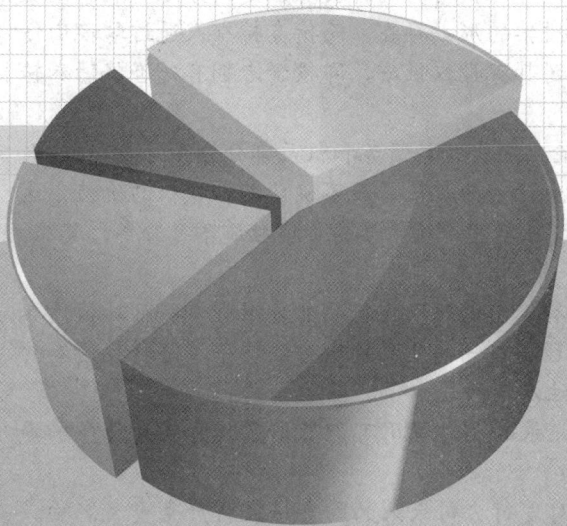

【本章内容】

熟练阅读大众机械有限公司所有者权益变动表，能初步运用报表分析的基本方法对所有者权益变动表进行分析。

【知识目标】

(1) 掌握所有者权益变动表的内容与结构。

(2) 了解所有者权益变动表的性质和作用；理解所有者权益变动表蕴含的信息。

(3) 熟悉所有者权益变动表分析中的难点、热点问题。

(4) 了解所有者权益变动表所体现的全面收益观。

【技能目标】

(1) 熟练掌握所有者权益变动表的内容、结构及特点，能够对所有项目进行详细解读和分析。

(2) 体会所有者权益变动表重建并承担的资产负债表和利润表的钩稽关系，并能区分其新增的内容和特点，理解本表所起的重要作用，并对本表进行正确计算。

(3) 通过对大众机械有限公司所有者权益变动表所有项目进行解读，进而分析其优劣，并熟练掌握企业所有者权益变动表相关财务指标及其分析。

【案件导入】

所有者权益分析中的难点热点之一：可转换债券

与普通债券相比，可转换债券可以视作一种附有"转换条件"的公司债券，也就是债券持有者可以在将来某个规定的期限内按约定条件转换为公司普通股票的特殊债券。由于这种特殊的"转换"期权特性，使得可转换债券得以兼具债券、股票和期权三个方面的部分特征：首先，作为一种公司债券，可转换债券同样具有确定的期限和利率；其次，通过持有人的成功转换，转债又可以股票的形式存在，而债券持有人通过转换由债权人变为了公司股东；最后，可转换债券还具有期权性质，即投资者拥有是否将债券转换成股票的选择权。

由于可转换债券的多重性质，因此理论上应当将其债务和权益部分分开计量和披露。但目前通用的会计准则一般都将可转换债券记录为负债，而不确认其转换权的价值。这种处理方法的主要理由有二：其一，转换特征与可转换债券的负债性质不可分离；其二，负债和转换期权价值难以分开。

可转换债券中所包含的选择权无疑是有价值的，而现行的会计准则却将可转换债券视同不包含转换权的一般债券进行会计处理，这一简化的处理方法抹杀了可转换债券的显著特点，因此财务报表分析人员必须关注以下问题。

(1) 发行可转换债券公司财务报表中记录的利息费用可能低估了其真实的债务融资成本。

(2) 可转换债券的转换可能性的高低对发行公司未来的财务报表将产生重大影响。对于即将到期的可转换债券，将转换价格与普通股现行市价相比较就能大致判断出其转换的可能性的高低，如果转换价格高出现行股价很多，那么该债券转换为股票的可能性就很低。对于转换时间很长的可转换债券，使用期权定价方法也可以大致估计其转换的可能性的高低。

(3) 在分析公司的资本结构时，应当注意公司是否有发行在外的可转换债券，因为未来可转换债券的实际转换情况可能对公司的资本结构产生重大影响。

第一节　详解所有者权益变动表

所有者权益变动表体现为在全球经济一体化的背景下，企业规模不断扩大，企业所面临的经营环境日趋复杂。金融工具的创新为企业带来了机遇，但同时也蕴含着巨大的风险，在瞬息万变的金融大潮中，决策者在金融市场中会有巨大的利得或者损失，为了如实反映企业在金融大潮中的实际收益，就需要这样一张表，对企业的所有收益进行全面反映。

所有者权益变动表项目的解读，主要是注意该表的新变化，如计量观念的改变、报表格式的改变和余额调整明晰化，以此详解和确认该企业权益资本质量的高低。

一、全面收益观念与所有者权益变动表

1. 两种会计收益观念

1) 传统收益观

要求明确区分"资本"和"收益"，规定股利只能来自"收益"的分配，而不能以资本进行分割。"利润=期末财产-期初财产"。

传统收益观具有以下几个方面的特征。

(1) 收益来源：收入-成本。

(2) 收益期间依据会计分期假设。

(3) 收益核算坚持配比原则，讲求因果关系。

(4) 对收入明确的定义、确认和计量。

(5) 费用计量依据历史成本。

2) 全面收益观

会计主体在某一期间与非业主方面进行交易或发生其他事项和情况所引起的权益(净资产)变动，包括这一期间内除业主投资和派给业主款以外的一切权益的变动。

全面收益观具有以下几个方面的特征。

(1) 突破了交易观基础。将物价变动、偶发事件以及经济、政治、法律、环境等交互作用的结果也包括在内。

(2) 突破了实现原则。其他全面收益项目包括外币折算、金融工具、退休金负债、现金流量避险工具等项目的利得和损失，这些项目都是未实现的收益。

(3) 趋于用现行价值作为主要计量属性。与收入、利得相应的资产负债采用现行价值计量，而与费用、损失相应的资产耗费或价值的变动既可采用历史成本，也可采用现行价值计量。近年来，随着知识经济时代的到来，后续计量日趋增加，后续计量必然要求采用现行价值。

(4) 收益确认计量采用"资产负债观"。收益=期末资源-期初资源。

3. 所有者权益变动表中的全面收益观念

我国在 2008 年 1 月 1 日起实施的会计准则中，明确增加所有者权益变动表作为第四张主表。

会计准则将"利得"和"损失"分成两部分：第一部分：直接计入所有者权益的利得和损失；第二部分：直接计入当期损益的利得和损失。

二、解读所有者权益变动表的要求

(1) 计量观念改变：由传统的"收入-费用"转变为"资产-负债"。

(2) 报告格式变化：首次采用了矩阵式。

(3) 余额调整明晰化：表现在，首先，在上年年末余额与本年年初余额之间直接加入会计政策变更和前期差错更正对所有者权益的调整金额；其次，按"本年金额"和"上

年金额"两栏列示,比较期数得以扩展。

三、详细解读所有者权益变动表

所有者权益变动表的内容并不复杂,但这张表是连接资产负债表和利润表的纽带,通过详细解读,可以进一步理解过去难以在资产负债表或利润表中反映的利得和损失,通过这张表可明确反映出企业全面收益的具体内容。

【课堂活动6-1】

主题:阅读大众机械有限公司所有者权益变动表

活动形式:

(1) 个人独立完成的内容:通读大众机械有限公司所有者权益变动表,分别绘制该公司"比较所有者权益变动表"和"共同比所有者权益变动表"(简易),1个课时。

(2) 以小组形式完成的内容:讨论大众机械有限公司所有者权益变动表,初步得出该表反映出的该公司资本金状况如何,有何问题,每组站在各自不同角度,逐项分析表中各项内容,各项数据来自于哪些账户,1个课时。

(3) 以全体形式完成的内容:推选两名发言人,向全体汇报演讲,对该所有者权益变动表的详解,1个课时。

活动内容及要求:

(1) 列示出该表反映的2015年度与2014年度期初数、期末数,列示出所有者权益本期增加数及各项增加数及占比,在表后各加两个年度的"比重(%)"列,将计算结果填入。

(2) 以速读和讨论相结合的形式完成对表中各项目的阅读;完成对该公司所有者权益变动表的解读。

(3) 汇报演讲分成两个专题,演讲后回答问题,汇报演讲专题如下:

① 阅读所有者权益变动表,解读该表体现的新观念,如两种收益观念、报表格式变化、余额调整明晰化等;

② 阅读所有者权益变动表,针对主要项目详细阅读。

(4) 演讲细则:

演讲者要准备报表分析详案,制作PPT。

① 概述这份所有者权益变动表反映的实收资本(股本)、资本公积、盈余公积、未分配利润,尤其详解该表体现的新内容:会计政策、会计估计、会计前期差错的调整、本年度变化中直接计入所有者权益的各项内容。

概述全面收益观与传统收益观的区别及二者的特点、概述解读所有者权益变动表的要求。

② 以角色的立场,分析该表的各项数据变动所反映的情况,对大众公司有利还是不利。

③ 对大众公司资本金状况进行评价。

(5) 演讲时间:10~15分钟。

四、归纳所有者权益变动表的项目解读

根据同学们的汇报演讲，做所有者权益变动表详细归纳及补充。

所有者权益主要分为两部分：一部分是投资人投入资本，由表内两个项目反映，即实收资本(股本)和资本公积；另一部分是生产经营过程中资本积累形成的留存收益，由表内两个项目反映，即盈余公积和未分配利润。

1. 实收资本项目

实收资本是指投资者按照企业章程、合同或协议的约定，投入到企业中的各种资产的价值，是企业实际收到的投资者投入的资本。除非企业出现增资、减资等情况，实收资本在企业正常经营期间一般不会变动。因为其变动将会影响企业业主对企业的所有权和控制权，而且对企业的偿债能力、获利能力等都会产生重大影响。

解读内容：

(1) 没有固定利率，一般只有在盈利时才分配利润或股利。

(2) 期限长，无须到期还本。

注意方面：

(1) 在股份有限公司中，实收资本表现为股本。

(2) 优先股股本与普通股股本的区别

2. 资本公积项目

资本公积是企业在非经营业务中产生的资本增值。其增值一般由两个方面产生：一是资本(股本)溢价；二是直接计入所有者权益的收益或利得。

解读内容：

(1) 该项目的增减变动情况。

(2) 该项目增加来自于股本溢价或直接计入所有者权益的利得，如债务重组。

(3) 该项目减少来自于转增股本，这是公司内部投入资本结构的调整。

注意方面：

(1) 资本公积增值的合理性与合法性。

(2) 非分红性的股东投入资产的正确计量。

(3) 非利润性的资产增资的确认与计量。

3. 盈余公积项目

盈余公积是指企业按照规定从净利润中提取的各种积累资金。盈余公积可以用来弥补亏损、转增资本(股本)，符合条件的企业，可以用其分派现金股利。

解读内容：

(1) 该项目在企业正常经营未发生巨额亏损情况下，一般为增加，并为历年滚存积累。

(2) 该项目如发生减少，一般为弥补亏损或转增资本(股本)。

(3) 该项目无须支付利息且期限长，企业应尽可能地多提盈余公积。

注意方面：

(1) 盈余公积增减变动的合理性与合法性。

(2) 盈余公积分派现金股利的合理性与合法性。

(3) 盈余公积转增资本(股本)的合理性与合法性。

4. 未分配利润项目

在数量上来讲，未分配利润是期初未分配利润，加上本期实现的净利润扣减提取的盈余公积和分配出去的利润的余额。

解读内容：

(1) 该项目在企业正常经营未发生巨额亏损情况下，一般为增加，并为历年滚存积累。

(2) 该项目在所有者权益中的比例越高，说明企业盈利能力越强。

(3) 该项目无须支付利息，可以作为资金的一部分使用。

注意方面：

(1) 未分配利润增减变动的金额、变动原因和变动趋势。

(2) 未分配利润项目变动的合理性与合法性。

课堂活动 6-1 工作底稿示例 1

大众机械有限公司比较变动表和共同比变动表如表 6-1 和表 6-2 所示。

表 6-1　比较所有者权益变动表　　　　　　　　　　　　　单位：元

项　目	2015 年	2014 年	变　动　额	变　动　率
一、上年余额	118 861 862	78 538 599	40 323 262	51.34%
加：会计政策变更		1 103 835		
二、年初余额	118 861 862	79 642 435	39 219 427	49.24%
三、本期增减	294 189 263	39 219 427	254 969 836	650.11%
其中：净利润	47 857 818	37 163 211	10 694 606	28.78%
利得、损失	6 303 517	2 056 206	4 247 311	206.56%
股东投入和减少	240 027 928		240 027 928	
利润分配				
内部结转				
四、期末余额	413 051 125	118 861 862	294 189 263	247.51%

表 6-2　共同比所有者权益变动表　　　　　　　　　　　　单位：元

项　目	2015 年	2014 年	2015 年占比	2014 年占比
一、上年余额	118 861 862	78 538 599	28.78%	66.08%
加：会计政策变更		1 103 835		0.93%
二、年初余额	118 861 862	79 642 435	28.78%	67.00%
三、本期增减	294 189 263	39 219 427	71.22%	33.00%
其中：净利润	47 857 818	37 163 211	11.59%	31.27%
利得、损失	6 303 517	2 056 205	1.53%	1.73%
股东投入和减少	240 027 928		58.11%	
利润分配				
内部结转				
四.期末余额	413 051 125	118 861 862	100.00%	100.00%

课堂活动6-1 工作底稿示例2

大众机械有限公司所有者权益变动表项目解读

(1) 2014年年末余额

在表6-1中，大众公司2014年年末余额为：股本为5 628万元，资本公积为16万元之多，盈余公积为920万元之多，未分配利润为5 321万元，股东合计为11 800多万元。

(2) 会计政策变更和前期差错更正。

该项目本期未发生。

(3) 2015年年初余额。

由于未发生会计政策变更和前期差错更正，故2015年年初余额等于2014年年末余额。

(4) 2015年增减变动金额。

① "净利润"项目，对应列在本表"未分配利润"栏，表中该公司本项目金额为47 857 818.14元。

② "直接计入所有者权益的利得和损失"项目，表中数据当期为6 303 517元。该项目包括以下内容："可供出售金融资产公允价值变动净额""权益法下被投资单位其他所有者权益变动的影响""与计入所有者权益项目相关的所得税影响""其他"，大众公司均未发生前三个子项目，也就意味着该公司此项目的630多万元的数据并不是以上三项原因形成的，所以列示在"其他"项目中。

"净利润"和"直接计入所有者权益的得利和损失"小计项目为"综合收益"，反映了经营者当期对股东权益的功过，是衡量经营者受托责任履行情况的完整指标。大众公司当期综合收益就是"未分配利润"的4 785万元和"直接计入所有者权益的利得和损失"的630万元。

③ "所有者投入和减少资本"项目。在"所有者投入资本"项目中，对应列示在"实收资本"和"资本公积"中，大众公司当期接受投资者投入1 900万元，资本溢价22万元；"股份支付计入所有者权益的金额"项目，反映企业处于等待期中的权益结算的股份支付当年计入资本公积的金额，并对应在"资本公积"栏。该项目为空，显示未发生股份支付事项。

(5) "利润分配"下各项目。

反映对所有者分配的金额和按规定提取的盈余公积金，并对应列示在"未分配利润"和"盈余公积"栏。该公司本期按规定提取盈余公积为478万元；对所有者分配表中列示在"未分配利润"栏，为-478万元。

(6) "所有者权益内部结转"下各项目。

为了全面反映所有者权益各组成部分的增减变动情况，所有者权益内部结转也是所有者权益变动表的重要组成部分。"资本公积转增资本(或股本)"项目、"盈余公积转增资本(或股本)"项目、"盈余公积弥补亏损"项目，本期大众公司均未发生上述事项。

(7) 本期期末余额。

表中显示大众公司年末股本余额为 7 528 万元，资本公积余额为 22 119 万元，盈余公积余额为 2 029 万元，未分配利润为 9 628 万元。

第二节　分析所有者权益变动表

所有者权益变动表分析是通过分析所有者权益的来源及其变动情况，从而了解在会计期间内影响所有者权益增减变动的具体原因，判断构成所有者权益各个项目变动的合法性与合理性，为报表使用者提供较为真实的所有者权益总额及其变动信息，从而为股东、投资人、债权人，以及其他报表使用者提供全面的财务信息，为他们进行经济决策提供依据和新的思路。

所有者权益分析包括结构分析、比率分析以及具体项目分析。

一、分析所有者权益变动表

【课堂活动 6-2】

主题：分析大众机械有限公司所有者权益变动表

活动形式：

(1) 个人独立完成的内容：每位同学画出大众公司所有者权益变动表结构分析表，1个课时。

(2) 以小组形式完成的内容：讨论这张所有者权益变动表，初步得出该表反映出的公司股东权益如何，有何问题，1个课时。

(3) 以全体形式完成的内容：推选六名至八名发言人，向全体汇报演讲，对该所有者权益变动表的分析，2个课时。

活动内容及要求：

(1) 每位同学画出大众公司所有者权益变动表结构分析表。

在每年数据后加"占比"列，"本期所有者权益增加"栏为100%，下面四个项目分别填入占比份额。

(2) 以小组为单位，站在各自不同角度，逐项分析表中各项内容、各项数据比重。

(3) 进行专项分析，并做好准备向全班做分析演讲。

(4) 讨论。以小组为单位进行专项讨论并专项分析。

(5) 汇报。各小组发言人代表小组分析演讲。

(6) 汇报演讲分成若干专题，演讲后回答问题，汇报演讲专题如下：

① 所有者权益变动表水平分析和垂直分析；

② 所有者权益变动结构分析；

③ 所有者权益变动比率分析：资本保值增值率、所有者财富增长率分析；

④ 所有者权益获利能力分析：所有者权益报酬率；

⑤ 所有者权益获利能力分析：每股收益的计算分析；

⑥ 市价比率分析：股票获利率、市盈率、市净率等分析。

(7) 各组确定演讲人，汇报完成后交上演讲稿。

(8) 演讲细则：

① 事先准备详案，包括图表、计算推导过程，制作PPT；

② 概述专项分析的内容，如名称、相关概念、涉及的报表项目、侧重反映的是哪方面的解析内容等；

③ 详解该项分析的金额、数据来源、分析目的、计算方法、计算过程、要强调的问题等，要做到：以角色的立场

A. 概述与计算相结合；

B. 定性与定量相结合；

C. 文字与图表相结合；

D. 充分利用多媒体；

④ 介绍报表编制中有哪些技巧、需要注意的方面等；

⑤ 简要归纳对这个实训课题的体会。

(9) 演讲时间：10~15分钟。

二、归纳所有者权益变动表的分析

分析所有者权益变动表的方法与其他报表是一样的，分析这张表主要是从"所有者权益变动表变动结构分析""所有者权益变动表相关财务比率分析——资本保值、财富增长能力"等方面展开。根据同学们的汇报演讲，做所有者权益变动表分析的详细归纳及补充。具体参看大众机械有限公司所有者权益变动表。

(一) 所有者权益变动表分析概述

通过分析所有者权益的来源及其变动情况，从而了解会计期间内影响所有者权益增减变动的具体原因，判断构成所有者权益各个项目变动的合法性与合理性。

1. 所有者权益变动表各项目之间的关系

BY=BC+BB　①

BC=SY+KC+QC　②

BB=R+Z+S+P+N　③

由公式①②③可得

BY=BC+BB=SY+KC+QC+R+Z+S+P+N

上式可解释为：

本年年末余额=上年年末余额+会计政策变更+前期差错更正+净利润+直接计入的利得和损失+所有者投入和减少资本+利润分配+所有者权益内部结转

注：SY为上年期末余额；BC为本年年初余额；BB为本年增减变动金额；BY为本年年末余额；KC为会计政策变更；QC为前期差错更正；R为净利润；Z为直接计入所有者权益的利得和损失；S为所有者投入和减少资本；P为利润分配；N为所有者权益内部结转。

2. 所有者权益变动表的分析方法

水平分析：将表中各个项目的本年数与上年数进行对比分析，从变动额和变动率两个指标反映各个项目的变动情况。

垂直分析：将表中各个项目的本期发生数与年末余额进行比较(即占比)，揭示内部结构情况，同时与基期的占比进行对比，找出影响所有者权益变动的主要项目。

(二) 所有者权益变动表的变动结构分析

例如：假设有三家企业的所有者权益期初总额和结构是相同的，本期权益变动总额也相同，但变动结构不同，其变动情况如表 6-3 所示。

表 6-3　三家公司的所有者权益变动总额　　　　　　　　　　　单位：万元

项　　目	A 公司	B 公司	C 公司
所有者权益期初数	10 000	10 000	10 000
所有者权益期末数	15 000	15 000	15 000
所有者权益本期增加数	5 000	5 000	5 000
其中：实收资本增加	5 000	2 000	
资本公积增加		500	
盈余公积增加		1 000	4 500
未分配利润增加		1 500	500

解析：

A 企业所有者权益增加中，实收资本增加，100%是所有者追加投资形成的。其他维持不变，意味着企业当期既无盈利也无资本溢价发生。这是不理想的结构。

B 企业所有者权益增加中，50%是追加投资和资本公积增加形成的，另外 50%则是通过留存收益形成的，表明企业有盈利，企业资本也有增值，其权益结构变动好于 A 企业。但盈余公积只占三分之一，其余为未分配利润，表明当期盈利并不多，其权益结构存在较大不稳定性。

C 企业所有者权益增加中，100%是通过留存收益形成的，而且盈余公积占 90%，这意味着企业当期盈利丰厚，由于盈余公积变动在一般情况下是较具稳定性和可持续性的，因此，这种结构是三种结构中最为理想的。

(三) 所有者权益变动表的比率分析

1. 资本保值增值水平和所有者财富增长能力分析

资本保值增值率=期末所有者权益÷期初所有者权益×100%

【课堂练习 1】

请同学们算出大众公司 2014 年、2015 年的资本保值增值率。

归纳：

(1) 该指标越高越好。

(2) 用该指标评价企业经营业绩时，要考虑及调整的因素有以下几种：

① 投资人追加或缩减资本；

② 资本溢价；

③ 接受捐赠；

④ 外币资本折算差额；

⑤ 会计政策变更；

⑥ 自然灾害损失；

⑦ 已分配利润或股利。

2．所有者财富增长率

所有者财富增长率=(期末每元实收资本净资产-期初每元实收资本净资产)÷期初每元实收资本净资产×100%

或：

股东财富增长率=(期末每股净资产-期初每股净资产)÷期初每股净资产×100%

【课堂练习2】

请同学们算出大众公司 2014 年、2015 年的股东财富增长率。

归纳：

(1) 该比率是投资者最为关心的指标，集中体现了投资效益。

(2) 可用该指标评价企业经营业绩，也可作为对经营者的考核指标。

3．所有者权益获利能力分析

【课堂练习3】

请同学们算出大众公司 2014 年、2015 年的净资产收益率。

归纳：

净资产收益率=净利润÷平均所有者权益×100%

　　　　　　=资产净利率×权益乘数

资产净利率可进一步分解为：

资产净利率=销售净利率×资产周转率

这样就形成了净资产收益率的三因素分析，关系如下：

净资产收益率=销售净利率×资产周转率×权益乘数

$$\frac{净利润}{所有者权益}=\frac{净利润}{销售收入}\times\frac{销售收入}{总资产}\times\frac{总资产}{所有者权益}$$

销售净利润来自于：

净利润=销售收入-成本+其他利润-所得税

资产周转率来自于：

资产周转率=销售收入÷总资产

4．每股收益

【课堂练习4】

请同学们算出大众公司 2014 年、2015 年的每股收益。

归纳：

$$每股收益=\frac{净利润-优先股股利}{发行在外的加权平均普通股股数}\times100\%$$

简单结构：

$$每股收益=净利润÷发行在外加权平均普通股股数$$

复杂结构：

$$基本每股收益=\frac{净利润-优先股股利}{流通在外的普通股股数+增发的普通股股数+真正稀释的约当股数}\times100\%$$

$$充分稀释每股收益=\frac{净利润-优先股股利}{流通在外的普通股股数+普通股股票等同权益}\times100\%$$

作为股票投资者，具体评价一个公司的每股收益时，由于评价目的不同，选择的每股收益指标也不同。从分析企业业绩角度来看，选择基本每股收益较为合适，因为这种计算较为准确；从投资决策角度来看，选择年末每股收益(全面摊薄每股收益)或充分稀释后的每股收益较为合适，因为这样较为谨慎，然后与其他企业的每股收益进行对比，从而对企业的获利能力和股票质量做出评价，以保证投资决策的科学性。

5. 市价比率分析

【课堂练习5】

请同学们算出大众公司 2014 年、2015 年的股票获利率、市盈率、市净率。

归纳：

$$股票获利率=(普通股每股收益-每股市场利得)÷普通股每股市价\times100\%$$

注：每股市场利得，指期初、期末的股票市价差额。

$$市盈率=普通股每股市价÷普通股每股收益\times100\%$$

注：当公司为复杂资本结构时分母应采用完全稀释的每股收益。

使用该指标进行分析时，必须注意以下几个问题。

(1) 资本市场不健全，很难利用市盈率对企业做出评价。

(2) 市盈率指标受到多种因素的影响，如经济环境变化、宏观政策变化、行业特点及发展前景、意外因素的发生、银行存款利率的变动、上市公司的规模等。

(3) 当企业利润与资产相比很低，或发生亏损，计算市盈率指标毫无意义。

$$市净率=每股市价÷每股净资产\times100\%$$

公式中：

$$每股净资产=\frac{股东权益总额-优先股权益}{发行在外在普通股股数}\times100\%$$

市净率指标小于1，每股市价低于每股净资产，说明投资者对企业发展前景持悲观态度；市净率大于1，每股市价高于每股净资产，说明投资者对企业发展持乐观态度，市净率越大，说明投资者越看好企业，认为企业发展潜力越大。

注：计算每股净资产的股东权益总额采用的是企业账面价值，而不是市场价值，由此每股净资产指标并不能真正反映每股净资产价值，要结合其他指标综合运用，才能对企业的投资报酬做出评价。

市净率指标与市盈率指标作用基本相同，即都代表投资者对某股票或某企业未来发展潜力的判断，运用时都不能笼统地说高好还是低好。但两个指标分析的角度不同，市盈率指标主要从股票营利性角度进行考察，市净率指标主要从股票账面价值角度来考虑。

课堂活动 6-2 工作底稿示例 1

大众机械有限公司所有者权益变动结构分析表如表 6-4 所示。

表 6-4 所有者权益变动结构分析表 单位：元

项 目	2015 年		2014 年	
	金 额	占 比	金 额	占 比
所有者权益期初数	118 861 862		79 642 435	
所有者权益期末数	413 051 125		118 861 862	
本期所有者权益增加	294 189 263	100.00%	39 219 427	100.00%
其中：实收资本增加	19 000 000	6.46%		
资本公积增加	221 027 928	75.13%	57 277	0.15%
盈余公积增加	11 089 298	3.77%	5 715 250	14.57%
未分配利润增加	43 072 036	14.64%	33 446 899	85.28%

课堂活动 6-2 工作底稿示例 2

大众机械有限公司所有者权益变动表分析

（一）所有者权益变动表结构分析

企业编制所有者权益变动表，目的就是让投资者了解企业所有者权益是如何变动的，变动结构是否体现企业的生产经营实际，是否符合企业的生产经营战略。正是由于所有者权益的结构是复杂的，所以其变动原因更加复杂，关注企业所有者权益变动结构，对评估企业的发展前景及所有者财富增减变化的趋势具有重要意义。

从表 6-4～表 6-6 可以看出，大众机械有限公司 2015 年股东权益增加 294 189 263元，由三部分构成，第一部分是吸收投资及其由吸收投资所带来资本溢价，计 240 027 928元；第二部分是净利润 47 857 818 元全部留存，其中盈余公积 4 785 781 元，未分配利润43 072 037 元；第三部分是直接计入股东权益的利得和损失净额 6 303 517 元，计入盈余公积。而在 2014 年中，该公司股东权益增加了 39 219 427 元，由两部分组成：一部分是净利润留存 37 163 211 元，其中盈余公积 3 716 321 元，未分配利润 33 446 899 元；另一部分是直接计入股东权益的利得和损失净额 2 056 206 元，其中资本公积 57 278 元，盈余公积 1 998 928 元。对于该公司两年股东权益的这种变动结构，其合理性可以做如下分析。

（1）2014 年大众公司股东权益增加的 39 219 427 元中，盈余公积增加 1 998 928 元，资本公积增加 57 278 元，未分配利润增加 33 446 899 元，全部是通过收益形成的。这意味着企业在当期收益比较丰厚，通过收益增加股东权益就是增加股东财富；同时，由于盈余公积变动在一般情况下是较具稳定性和可持续性的，因此，这种权益变动结构是最为理想的。

269

(2) 2015 年大众公司股东权益增加的 294 189 263 元中，81.59%是吸收投资及由吸收投资所带来资本溢价形成的，另外的 18.41%则是当年的净收益。公司将当年净收益全部留存，表明公司下一步有增资扩张的打算，而且考虑到公司连续多年赢利且近两年赢利较多，对潜在投资者必定有吸引力，因而对另一部分扩张所需资本通过资本市场以发行股票的方式筹措，显然这种股东权益变动结构是符合公司发展战略的，是完全合理的。只是与 2014 年股东权益结构相比，在稳定性和持续性方面要差一些，但更灵活，是上市公司普遍采用的。

表 6-5　所有者权益变动水平分析表　　　　　单位：元

项　目	2015 年	2014 年	变 动 额	变 动 率
一、上年余额	118 861 862	78 538 599	40 323 262	51.34%
加：会计政策变更		1 103 835		
二、年初余额	118 861 862	79 642 435	39 219 427	49.24%
三、本期增减	294 189 263	39 219 427	254 969 836	650.11%
其中：净利润	47 857 818	37 163 211	10 694 606	28.78%
利得、损失	6 303 517	2 056 205	4 247 311	206.56%
股东投入和减少	240 027 928		240 027 928	
利润分配			—	
内部结转			—	
四、期末余额	413 051 125	118 861 862	294 189 263	247.51%

表 6-6　所有者权益变动垂直分析表　　　　　单位：元

项　目	2015 年	2014 年	2015 年占比	2014 年占比
一、上年余额	118 861 862	78 538 599	28.78%	66.08%
加：会计政策变更		1 103 835		0.93%
二、年初余额	118 861 862	79 642 435	28.78%	67.00%
三、本期增减	294 189 263	39 219 427	71.22%	33.00%
其中：净利润	47 857 818	37 163 211	11.59%	31.27%
利得、损失	6 303 517	2 056 205	1.53%	1.73%
股东投入和减少	240 027 928		58.11%	
利润分配				
内部结转				
四、期末余额	413 051 125	118 861 862	100.00%	100.00%

(二) 所有者权益变动表的比率分析

1. 资本保值增值水平和所有者财富增长能力分析

(1) 大众公司资产保值增值率

资本保值增值率=期末所有者权益÷期初所有者权益×100%

$$=413\ 051\ 126÷118\ 861\ 863×100\%$$

$$=347.51\%$$

该指标说明大众公司当期资本增值了 3 倍多，但本期有投资人追加投资，扣除追加投资和资本溢价，其结果：

大众公司资本保值增值率=(413 051 126-19 000 000-221 027 928)÷

$$118\,861\,863 \times 100\%$$

$$= 173\,023\,198 \div 118\,861\,863 \times 100\%$$

$$= 145.57\%$$

大众公司当期资本增值 1.45 倍，说明该公司发展较好。

(2) 大众公司所有者(股东)财富增长率。

$$股东财富增长率 = \frac{期末每元实收资本净资产 - 期初每元实收资本净资产}{期初每元实收资本净资产} \times 100\%$$

$$= \frac{413\,051\,126 \div 75\,280\,000 - 118\,861\,863 \div 56\,280\,000}{118\,861\,863 \div 56\,280\,000} \times 100\%$$

$$= 160.2\%$$

大众公司股东财富增值 1.6 倍，说明该公司发展较好。

注：股东财富增长率与资本保值增值率并不完全正相关，因为股东财富的增长直接受到利润分配水平的影响，账面股东财富与股东的实际财富往往是不一致的，对于上市公司而言，股东财富是分红所得与股票市值之和。

2. 资本保值增值计算表

资本保值增值计算表如表 6-7 所示。

表 6-7　大众公司资本保值增值率和每股净资产增长率分析计算表

项　目	2015 年		2014 年	
	期　初　数	期　末　数	期　初　数	期　末　数
股东权益(元)	118 861 862	413 051 125	79 642 435	118 861 862
股本(元)	56 280 000	75 280 000	56 280 000	56 280 000
每股净资产(元)	2.11	5.49	1.42	2.11
资本保值增值率(%)	347.51		149.24	
股东财富增长率(%)	1.602		0.486	

从表 6-7 可以看出，大众公司 2015 年和 2014 年的资产保值增值率相差近 200 个百分点，结合前面股东权益变动分析可知，这并不是由于公司经营业绩增长较快所致，而主要是由于股本扩张带来巨额股本溢价而致。不仅如此，它还带来了大众公司 2015 年和 2014 年的股东财富增长率相差比较悬殊的结果。

本 章 小 结

在新颁布的《企业会计准则》第 30 号——"财务报表列报"中，所有者权益变动表脱颖而出，成为对外报送的主要报表之一，其地位和作用令人刮目相看。这源于我国会计准则与国际会计准则趋同的大势所趋，更源于我国经济的发展而带来的会计环境的巨大变化。在所有者权益变动表的背后，是会计目标变化引发的固有的会计理论、程序和方法与变化的经济环境的摩擦、碰撞与协调。所有者权益变动表标志着我国在变革收益报告方面终于有了实质性的进步。

所有者权益变动表可以真实全面地反映企业的收益，增强了财务报表关于企业财务业绩信息的完整性和有用性，有利于投资者结合利润表、现金流量表以及市价表做出更深入、更全面的分析，有利于减小企业管理当局进行盈余管理、利润操纵的空间，有利于资本市场的健康发展。

【课后练习】

一、判断题

1．考虑到偿还债务的安全性，企业应以追求更高的利息保障位数为经营目标。（　　）

2．在实收资本不变的条件下，资本保值增值率一定高于100%。（　　）

3．留存收益率越高，表明企业发展后劲越足。（　　）

4．股东财富增长率既是评价投资效益的指标，也是考核经营者经营业绩的指标。（　　）

5．在企业起步阶段实现的利润，一般不进行分配。（　　）

二、单项选择题

1．与资产负债表比，所有者权益变动表提供了（　　）方面的信息。

    A．所有者权益总额   B．所有者权益构成

    C．所有者权益总额变动   D．所有者权益变动结构

2．评价资本保值增值率的关键是看企业（　　）。

    A．资本总额的增长   B．实收资本的增长

    C．附加资本的增长   D．资产总额的增长

3．以下表述正确的是（　　）。

    A．资本保值增值率一定大于股东财富增长率

    B．资本保值增值率一定小于股东财富增长率

    C．股东财富增长率与资本保值增值率成正比

    D．股东财富增长率与资本保值增值率不是正相关的关系

4．下列说法正确的是（　　）。

    A．决定企业利润分配水平的是净收益

    B．决定企业利润分配水平的是现金

    C．利润分配水平越高，表明企业的实力越强

    D．利润分配水平与企业的经营状况、财务状况和未来发展有关

5．留存收益与利润分配水平之间的关系是（　　）。

    A．此高彼低

    B．留存收益率与利润分配水平正相关

    C．没有直接关系

    D．有关系，但不一定是正相关，也不一定是负相关

三、多项选择题

1. 下面引起所有者权益变动的事项有(　　)。
   A. 调整以前年度收益　　　　　　　B. 进行利润分配
   C. 用资本公积转增资本　　　　　　D. 用盈余公积转增资本
   E. 以上各项都是

2. 通过所有者权益变动表的分析，可以获取(　　)方面的信息。
   A. 评价经营者业绩　　　　　　　　B. 股东权益变动结构是否合理
   C. 企业未来发展趋势　　　　　　　D. 股东财富增长　　　　　E. 经营质量

3. 以下关于利润分配水平表述正确的有(　　)。
   A. 利润分配水平的高低与留存收益有关
   B. 利润分配水平的高低与企业的经营状况、财务状况有关
   C. 利润分配水平的高低与企业当期的净收益直接相关
   D. 利润分配水平的高低直接反映了企业的实力
   E. 对股东来讲，现金股利越高越好

4. 下列关于留存收益表述正确的有(　　)。
   A. 留存收益率越大越好
   B. 留存收益率与股东财富增长率正相关
   C. 留存收益率的高低与企业未来发展对资金的需求有关
   D. 在企业生产经营成熟期不需要留存收益
   E. 留存收益率的高低完全是由企业自己决定的，不受其他因素影响

5. 企业所有者权益变动结构良好的标志体现在(　　)两个方面。
   A. 附加资本所占比重越来越大
   B. 实收资本所占比重越来越大
   C. 所有者权益变动结构与企业的经营发展战略相适应
   D. 所有者权益变动结构与企业当期的经营状态和财务状况相适应

四、简答题

1. 什么是所有者权益变动表？它反映了哪些内容？
2. 简述所有者权益变动表与其他财务报表的关系。
3. 如何理解《企业会计准则》中"基本准则"内容中的所有者权益要素？
4. 如何进行所有者权益变动表的水平分析？
5. 简述所有者权益变动的原因。
6. 试说明如何对所有者权益变动表进行财务分析？
7. 什么是资本积累率？如何对其进行分析？

五、案例分析

某公司 2015 年有关股东权益增减变动如表 6-8 所示。

表 6-8 某公司 2015 年度股东权益增减变动表　　单位：万元

项　目	本年金额					上年金额				
	实收资本	资本公积	盈余公积	未分配利润	所有者权益合计	实收资本	资本公积	盈余公积	未分配利润	所有者权益合计
一、上年年末余额	200.00	70.00	98.97	35.02	403.99	200.00	70.00	80.46	10.13	360.59
二、本年年初余额	200.00	70.00	98.97	35.02	403.99	200.00	70.00	80.46	10.13	360.59
三、本年变动金额										
(一)本年净利润				140.60	140.60				123.40	123.40
(二)直接计入权益的利得和损失		30.00			30.00					
(三)所有者投入										
(四)本年利润分配			21.09	−81.09	−40.00			18.51	−98.51	−80.00
四、本年年末余额	200.00	100.00	120.06	94.53	514.59	200.00	70.00	98.97	35.02	403.99

要求：分析评价 2015 年度该公司所有者权益变动结构。

第七章

财务报表附注 《
的分析

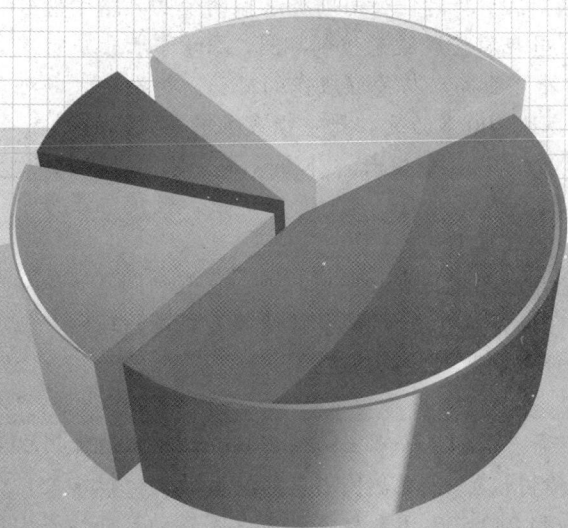

【本章内容】

对大众机械有限公司财务报表附注全面详解并进行分析。

【知识目标】

(1) 掌握财务报表附注中各项目的详细内容。

(2) 熟悉财务报表附注的内容和结构，掌握财务报表附注的编制方法和阅读技巧，从而整理出有关方面需要的信息。

【技能目标】

(1) 学会充分利用报表附注，掌握重要项目的披露格式与分析格式。

(2) 掌握财务报表附注的分析重点、分析方法，以及项目注释分析的具体方法，并能够与主表中的分析相衔接。

(3) 通过对大众机械有限公司财务报表附注所有内容解读，进而分析该企业整体财务和经营的状况。

【案件导入】

兰州三毛实业股份有限公司会计造假案例

兰州三毛实业股份有限公司(简称 ST 公司)是甘肃省兰州市的一家上市公司,公司注册及办公地址在甘肃省兰州市西固区。因披露虚假利润等违规行为,该公司于 2008 年 4 月 14 日接到中国证监会出具的行政处罚决定书:对公司处以 30 万元的罚款;对时任公司董事长的张晨给予警告并处以 30 万元的罚款;对时任公司财务总监的金明喜给予警告并处以 20 万元的罚款等。其主要原因是公司在原控股股东控制期间,原董事长张晨蓄意犯罪,隐瞒董事会,未按规定披露公司的外贸业务、与关联股东的交易,特别是大额对外担保等重大信息。为此形成的虚假利润高达 300 多万元,严重损害了中小股东的利益。

ST 公司在 2008 年年报中的"公司治理结构"部分指出:"本届董事会认真汲取教训,深刻认识到问题的根源是公司法人治理结构未发挥作用,监督形同虚设,致使犯罪分子再三侵害公司及中小股东利益。"

事实是这样的吗?认真分析一下 2008 年的年报,真相即可揭晓。虚假利润,就像幽灵一样,继续缠绕着 ST 公司。与以前不同的是,2008 年的会计处理表象是合理的,但没有如实反映交易的本质,不符合《新会计准则》的相关规定。

"以资抵债的会计计量"

在 2008 年的年报中,ST 公司的无形资产增加了一项土地使用权,该项土地使用权"系根据本公司与三毛集团签订《以资抵债协议》,三毛集团以其所持有的土地抵偿欠付本公司的款项。该土地使用权的入账价值 44 242 500 元系根据甘肃方家不动产评估咨询有限公司甘方估字[2008091]号评估报告为依据确定的,评估方法为市场比较法和成本逼近法"。三毛集团是三毛公司的第一大股东。

根据上述信息,如果不存在债务重组的情况,会计处理比较容易,借记"无形资产",贷记"应收账款";如果以前年度计提了坏账准备,则借记"坏账准备",贷记"资产减值损失"。

回到年报,看一下这四个账户的明细账,就可以看出会计处理是否恰当,会计信息披露是否如实反映交易事项的经济实质。

(1)"资产减值准备"中的"坏账准备"明细账中记载:应收账款和其他应收款在 2008 年大幅度减少,坏账准备被巨额转出。

(2)"资产减值损失"账户中的"坏账损失"明细账 2008 年度的余额为-31 935 873.38 元,年报中没有详细披露这次以资抵债交易发生后,冲回资产减值损失的金额,但从年报中可以判断冲回的金额为 3 065.39(2 019.94+1 045.45)=3 065.39 万元。

(3)应收账款部分,年报中做了如下信息披露:"本公司应收三毛集团及所属公司的款项共 27 066 441.29 元,在以前年度已计提坏账准备 20 199 394.79 元,本年度三毛集团用土地偿还,原估计计提比例是根据三毛集团偿债能力做出的,原估计计提比例合理。"

其他应收款部分,年报中做了如下信息披露:"本公司对应收三毛集团及所属公司的其他应收款共计 19 366 583.94 元,在以前年度已计提坏账准备 10 454 539.15 元,本年度三毛集团用土地偿还,原估计计提比例是根据三毛集团偿债能力做出的,原估计计提比例合理。"

(4) "无形资产"账户的"土地使用权"明细账中记载：2008 年度新增 44 242 500 元的土地使用权，与前述吻合，即为三毛集团偿债所转让给 ST 公司的土地使用权。

此外，在 ST 公司与三毛集团签订《以资抵债协议》中，双方同意以评估值 4 424.25 万元为依据，抵偿三毛集团占用 ST 派神的资金 4 643.30 万元，不足部分的 219.05 万元采用现金方式一次性归还。2008 年的年报中，"公司治理结构"部分中披露："2008 年 12 月 16 日股东大会审议通过后，12 月 17 日三毛集团即以现金方式一次性偿还了 219.05 万元欠款。"

通过各账户明细账和《以资抵债协议》可以看出，ST 公司在以资抵债交易过程中的具体会计处理是：增加无形资产 4 424.25 万元，增加库存现金 219.05 万元，减少应收账款 4 643.30 万元；转出以前年度计提的坏账准备 3 065.39 万元，转回资产减值损失 3 065.39 万元。

"以资抵债的会计确认"

会计处理有两个很重要的步骤，即会计确认和会计计量。上述会计处理过程中，会计计量没有问题；会计确认，尤其是无形资产的确认则需要进一步验证。这里主要分析土地使用权这一无形资产的会计确认问题。

为了保证"以资抵债"的合法性和合理性，ST 公司考虑得相当周全。在《兰州三毛实业股份有限公司关于股东兰州三毛纺织(集团)有限责任公司以资抵债的报告书(修正草案)》(2008 年 11 月 26 日公布，以下简称《报告书》)做了详尽的披露。无论是董事会、独立董事，还是独立财务顾问，都对该交易事项的有效性和合理性发表了正面意见，这样看来，以资抵债的合理性是不容置疑的了。

至于合法性，该《报告书》中披露了律师结论意见："甘肃正天合律师事务所经办律师认为：本次资产置换所必备的协议、文件齐备，内容真实合法，且已经履行了必要的法定程序，符合《民法通则》、《合同法》和《证券法》及中国证监会规范性文件等法律法规的规定，应为有效。不存在违反国家法律和公共利益的情形，有利于保护上市公司股东的利益。"

由此看来，上述以资抵债交易的合理性，以及交易本身的合法性，具有较高的可靠性。而且从会计计量上看，ST 公司的会计处理是没有瑕疵的。

但是，从交易事项的经济实质上判断，就不难发现，"以资抵债"的会计处理是站不住脚的。

百密一疏。ST 公司在 2008 年的年报和《报告书》中都暴露出了以资抵债交易的瑕疵。

ST 公司"公司治理结构"部分披露："股东大会审议通过后，三毛集团立即按照甘肃省国土资源厅的批复，向兰州市国土资源局申报土地使用权等相关手续，同时积极筹措资金缴纳了土地使用权契税，于 2009 年 1 月 19 日取得了兰州市国土资源局的《土地登记通知书》以下简称《通知书》，《通知书》下达给了兰州市国土资源局西固分局。《通知书》明确指出三毛集团面积为 37 592.39 平方米的土地，已办理土地使用权申请登记手续，通知西固分局接此通知后，完成土地登记注册发证工作。三毛集团已按有关规定将申请和相关文件提交兰州市国土资源局西固分局，兰州市国土资源局西固分局答复，按照土地管理有关规定，三毛集团该宗土地在取得宗地图四至单位盖章同意后，将进入土地公示阶段(一个月)，在公示无异议后，方可取得土地证。"报告书在"交易标的介绍"部分披露："由于本次以资抵债的土地使用权均由三毛集团以划拨方式取得，故就目前来说此宗土地使用权尚属国家所有，没有明确客观的账面价值。三毛集团必须取得此宗土地使用权后，才能进行本次以资抵债交易。三毛集团在因无力承担土地出让金而无法将此宗土地的使用权类型由划拨变更为出让，从而导致一直无法实施以资抵债方案的情况下，2008年4月提出将上述拟抵债的土地全额转增国家资本金，取得土地使用权，然后由三毛集团抵顶给本公司的解决方案。2008年10月，该方案获省政府常务会议研究同意。2008年11月14日，兰州市国土资源局出具了《关于给兰州三毛纺织(集团)有限责任公司土地评估结果初审意见》，审查确认了该宗土地的评估事项。2008年11月24日，三毛集团取得了甘肃省国土资源厅《关于兰州三毛纺织(集团)有限责任公司深化改革土地资产处置的批复》，完成了土地使用权评估备案，并同意对上述拟抵债土地以作价出资方式进行处置。土地使用权变更和登记手续正在办理当中。"

在年报"董事会公告"部分披露："2008年12月16日股东大会审议通过后，三毛集团即以现金方式一次性偿还了219.05万元欠款。三毛集团用于抵债的土地产权证手续正在办理中。"

由此看来，还没有明确的证据表明三毛集团获得以资抵债交易中被其转出的土地使用权。换言之，三毛集团在没有获得该项土地使用权的情况下，把这一貌似已经归属自己的资产转让出去，偿还自己的债务。更有甚者，ST公司在根本就没有获得该项土地使用权的控制权的情况下，将其确认为自己的无形资产，不仅如此，ST公司还对该项资产进行了摊销；更让人迷惑不解的是，ST公司堂而皇之、顺理成章地将以前的坏账损失冲回，金额与2008年利润表中的营业利润(3 365.92万元)相差无几，超过了利润总额(2 929.17万元)。

这样就不难推出：如果没有前述的会计处理，ST公司2008年年报中的净利润为负(不排除其采用其他方法调节利润)，那么2007年的盈利，对于脱帽来讲，可谓是功亏一篑。

结论：

2008年4月，ST公司刚被证监会行政处罚过，前车之鉴，后事之师，这一古训在这儿失灵了，被ST派神挡在门外。ST派神的这一做法，发人深思。

关于资产的定义、确认条件，《企业会计准则》中的"基本准则"内容中的第20条明确规定，资产是指企业过去的交易或者事项形成的、由企业拥有或者控制的、预期会给企业带来经济利益的资源。第21条规定，符合第20条规定的资产定义的资源，在同时满足以下条件时，确认为资产：与该资产有关的经济利益很可能流入企业；该资产的成本或者价值能够可靠地计量。

关于无形资产的定义和确认条件，《企业会计准则》第6号中的"无形资产"第3条规定，无形资产指企业拥有或者控制的没有实物形态的可辨认非货币资产。第4条规定，无形资产同时满足以下两个确认条件的，才能予以确认：与该资产有关的经济利益很可能流入企业；该无形资产的成本能够可靠地计量。

这些基本的知识和规定，作为上市公司的会计人员和财务负责人，是再清楚不过了；作为"守夜人"，会计师事务所的从业人员，也是心知肚明。犯下如此低级的错误，只有一种解释：两者形成了合谋。如果不是出于这一目的，为什么拖了数年、没有解决的债务问题，竟然会在 2008 年的最后 36 天内，一下子解决掉了。一块没有土地证的土地，既帮助债务人偿还了债务，又增加了债权人扭亏为盈、早日脱帽的救命符。

第一节　阅读财务报表附注

一、详细解读财务报表附注

财务报表附注信息含量巨大，对企业的财务分析，附注的内容是非常重要和不可或缺的。首先通过详细解读，了解企业在附注中披露的详细信息。

【课堂活动 7-1】

主题：阅读大众机械有限公司财务报表附注

活动形式：

(1) 个人独立完成的内容：通读大众机械有限公司财务报表附注，绘制重要项目披露表格，1 个课时。

(2) 以小组形式完成的内容：讨论大众机械有限公司报表附注，初步得出该表反映出的企业财务状况、经营成果和现金流量如何，1 个课时。

(3) 以全体形式完成的内容：推选三名发言人，向全体汇报演讲，对该报表附注的详解，2 个课时。

活动内容及要求：

(1) 梳理大众机械有限公司财务报表附注，共披露了几大项内容。

(2) 逐项分析附注中各大项内容。

(3) 以速读和讨论相结合的形式完成对该公司报表附注的解读。

(4) 汇报演讲分成若干专题，演讲后回答问题，汇报演讲专题如下：

① 整体综述该附注及所包括的各大项目；

② 按照资产负债表、利润表、现金流量表、所有者权益变动表及其项目列示的顺序，解读报表重要项目的明细金额说明；

③ 会计政策上、会计估计变更和前期差错更正；关联方关系及其交易；资产负债表日后事项等各项的解读。

(5) 演讲细则。

演讲者要准备报表分析详案，制作 PPT。

①专题：概述这份财务报表附注反映的内容如何、重要项目说明与其主表的财务状况、财务数据是否吻合、该企业是否有重大会计政策变更、是否有重大调整事项；等等。

②③专题：第一，熟练说出该附注各项数据来自哪些主表项目、包含哪些详细内容；第二，该项目的存在对企业有何意义；第三，这项数据所占比重大或小是有利还是不利；第四，这项数据的增加或减少是有利还是不利；第五，本数据反映的情况说明有何潜在问题或潜在趋势；第六，反映的情况说明企业是健康发展还是不健康发展；等等。

(6) 演讲时间：10~15 分钟。

二、归纳财务报表附注的解读

根据同学们的汇报演讲，做财务报表附注详细归纳及补充。

(一) 财务报表附注的基本内容

财务报表附注是企业财务报表中不可缺少的组成部分，是对财务报表本身无法或难以充分表述的内容和项目所做的补充说明。由于资产负债表、利润表、现金流量表以及相关的附表受报表特有的格式、篇幅及反映形式等诸方面的限制，其所提供的信息是有限的，不能完全满足报表使用者的需要，因此，有必要通过财务报表附注，对财务报表的相关项目，会计年度内执行的会计政策和方法，会计处理方法的变更情况、变更原因，以及对财务状况和经营成果的影响等做出详细的说明。财务报表附注的内容应包括所有在财务报表内未提供的，与公司财务状况、经营成果和现金流量有关的，有助于报表使用者更好地了解财务报表且可以公开的重要信息。具体而言，财务报表附注包括以下几个方面的内容。

1. 企业的基本情况

(1) 企业注册地、组织形式和总部地址。

(2) 企业的业务性质和主要经营活动。

(3) 母公司以及集团最终母公司的名称。

(4) 财务报表的批准报出者和财务报表批准报出日。

2. 遵循《企业会计准则》的声明

企业应当声明编制的财务报表符合《企业会计准则》的要求，真实、完整地反映了企业的财务状况、经营成果和现金流量等有关信息。

3. 重要会计政策和会计估计

企业应当披露采用的重要会计政策和会计估计，不重要的会计政策和会计估计不必披露。在披露时，应当披露重要会计政策的确定依据和财务报表项目的计量基础，以及会计估计中所采用的关键假设和不确定因素。

4. 会计政策和会计估计变更以及差错更正的说明

企业应当按照《企业会计准则》第 28 号中的"会计政策、会计估计变更和差错更正"及其应用指南的规定，披露会计政策和会计估计变更以及差错更正的有关情况。

5. 报表重要项目的说明

企业对报表重要项目的说明，应当按照资产负债表、利润表、现金流量表、所有者权益变动表及其项目列示的顺序，采用数字和文字描述相结合的方式进行披露。报表重要项目的明细金额合计，应当与报表项目金额相衔接。

6. 或有事项

按《企业会计准则》第 13 号中的"或有事项"相关规定进行披露。

7. 资产负债表日后事项

在资产负债表日后事项中应说明的内容如下。

(1) 每项资产负债表日后非调整事项的性质、内容及其对财务状况和经营成果的影响，无法做出估计的，应说明原因。

(2) 资产负债表日后，企业利润分配方案中拟分配的以及经审议批准宣告发放的股利或利润。

8. 关联方关系及其交易

(1) 本企业母公司的有关信息。母公司不是本企业最终控制方的，说明最终控制方名称。母公司和最终控制方均不对外提供财务报表的，说明母公司之上与其最相近的对外提供财务报表的母公司名称。

(2) 母公司对本企业的持股比例和表决权比例。

(3) 本企业子公司的有关信息。

(4) 本企业合营企业的有关信息。

(5) 本企业与关联方发生交易的，分别说明各关联方关系的性质、交易类型及交易要素。交易要素至少应包括：交易的金额；未结算项目的金额、条款和条件，以及有关提供或取得担保的信息；未结算应收项目的坏账准备金额；定价政策。

(二) 报表附注重要项目的披露格式

财务报表重要项目的披露和说明，是报表附注的主要内容。在披露和说明过程中，应当按照资产负债表、利润表、现金流量表、所有者权益变动表及其项目列示的顺序，采用数字与文字相结合的方式，展开披露和说明。报表重要项目的明细金额合计，应当与报表项目金额相衔接。下面列示部分报表项目的披露格式。

1. 交易性金融资产

交易性金融资产明细表如表 7-1 所示。

表 7-1 交易性金融资产明细表

项　目	期末公允价值	期初公允价值
1. 交易性债券投资		
2. 交易性权益工具投资		
3. 指定为以公允价值计量且变动计入当期损益的金融资产		
4. 衍生金融资产		
5. 其他		
合计		

2. 应收账款

应收账款账龄分析表如表 7-2 所示。

表 7-2 应收账款账龄分析表

账龄结构	期末账面余额	期初账面余额
1 年以内(含 1 年)		
1～2 年(含 2 年)		
2～3 年(含 3 年)		
3 年以上		
合计		

应收账款明细表如表 7-3 所示。

表 7-3　应收账款明细表

客户类别	期末账面余额	期初账面余额
客户 1		
……		
其他客户		
合计		

注：有应收票据、预付账款、长期应收款、其他应收款的，比照应收账款进行披露。

3. 存货

存货明细表如表 7-4 所示。

表 7-4　存货明细表

存货种类	期初账面余额	本期增加额	本期减少额	期末账面余额
1. 原材料				
2. 在产品				
3. 库存商品				
4. 周转材料				
5. 消耗性生物资产				
……				
合计				

存货跌价准备明细表如表 7-5 所示。

表 7-5　存货跌价准备明细表

存货种类	期初账面余额	本期计提额	本期减少额		期末账面余额
			转回	转销	
1. 原材料					
2. 在产品					
3. 库存商品					
4. 周转材料					
5. 消耗性生物资产					
6. 建造合同形成的资产					
……					
合计					

4. 其他流动资产

其他流动资产明细表如表 7-6 所示。

5. 可供出售金融资产

可供出售金融资产明细表如表 7-7 所示。

表 7-6　其他流动资产明细表

项　目	期末账面价值	期初账面价值
1.		
……		
合计		

表 7-7　可供出售金融资产明细表

项　目	期末账面价值	期初账面价值
1. 可供出售债券		
2. 可供出售权益工具		
3. 其他		
合计		

6. 持有至到期投资

持有至到期投资明细表如表 7-8 所示。

表 7-8　持有至到期投资明细表

项　目	期末账面价值	期初账面价值
1.		
……		
合计		

7. 长期股权投资

长期股权投资明细表如表 7-9 所示。

表 7-9　长期股权投资明细表

项　目	期末账面价值	期初账面价值
1.		
……		
合计		

被投资单位由于所在国家或地区及其他方面的影响，其向投资企业转移资金的能力受到限制的，应当披露受限制的具体情况。另外，企业应当披露当期及累计未确认的投资损失金额。

8. 投资性房地产

企业采用成本模式进行后续计量的，应当按表 7-10 的要求披露有关信息。企业采用公允价值模式进行后续计量的，应当披露投资性房地产公允价值的确定依据及公允价值金额的增减变动情况。如有房地产转换的，应当说明房地产转换的原因及其影响。

表 7-10　投资性房地产明细表

项　目	期初账面余额	本期增加额	本期减少额	期末账面余额
一、原价合计				
1. 房屋、建筑物				
2. 土地使用权				
二、累计折旧和累计摊销合计				
1. 房屋、建筑物				
2. 土地使用权				
三、投资性房地产减值准备累计金额合计				
1. 房屋、建筑物				
2. 土地使用权				
四、投资性房地产账面价值合计				
1. 房屋、建筑物				
2. 土地使用权				

9. 固定资产

固定资产明细表如表 7-11 所示。

表 7-11　固定资产明细表

项　目	期初账面余额	本期增加额	本期减少额	期末账面余额
一、原价合计				
1. 房屋、建筑物				
2. 机器设备				
3. 运输工具				
……				
二、累计折旧合计				
1. 房屋、建筑物				
2. 机器设备				
3. 运输工具				
……				
三、固定资产减值准备累计金额合计				
1. 房屋、建筑物				
2. 机器设备				
3. 运输工具				
……				
四、固定资产账面价值合计				
1. 房屋、建筑物				
2. 机器设备				
3. 运输工具				
……				

10. 无形资产

无形资产明细表如表 7-12 所示。

表 7-12　无形资产明细表

项　目	期初账面余额	本期增加额	本期减少额	期末账面余额
一、原价合计				
1.				
……				
二、累计摊销合计				
1.				
……				
三、无形资产减值准备累计金额合计				
1.				
……				
四、无形资产账面价值合计				
1.				
……				

11. 递延所得税资产和递延所得税负债

递延所得税资产与递延所得税负债明细表如表 7-13 所示。

表 7-13　递延所得税资产与递延所得税负债明细表

项　目	期末账面余额	期初账面余额
一、递延所得税资产		
1.		
……		
合计		
二、递延所得税负债		
1.		
……		
合计		

12. 资产减值准备

资产减值准备明细表如表 7-14 所示。

表 7-14　资产减值准备明细表

项　目	期初账面余额	本期计提额	本期减少额		期末账面余额
			转回	转销	
1. 坏账准备					
2. 存货跌价准备					
3. 可供出售金融资产减值准备					

项　目	期初账面余额	本期计提额	本期减少额		期末账面余额
			转回	转销	
4. 持有至到期投资减值准备					
5. 长期股权投资减值准备					
6. 投资性房地产减值准备					
7. 固定资产减值准备					
8. 工程物资减值准备					
9. 在建工程减值准备					
10. 生产性生物资产减值准备					
其中：成熟生产性生物资产减值准备					
11. 油气资产减值准备					
12. 无形资产减值准备					
13. 商誉减值准备					
14. 其他					
合计					

13. 交易性金融负债

交易性金融负债明细表如表 7-15 所示。

表 7-15　交易性金融负债明细表

项　目	期末公允价值	期初公允价值
1. 发行的交易性债券		
2. 指定为以公允价值计量且变动计入当期损益的金融负债		
3. 衍生金融负债		
4. 其他		
合计		

14. 应付职工薪酬

应付职工薪酬明细表如表 7-16 所示。

表 7-16　应付职工薪酬明细表

项　目	期初账面余额	本期增加额	本期支付额	期末账面余额
一、工资、奖金、津贴和补贴				
二、职工福利费				
三、社会保险费				
其中：1. 医疗保险				
2. 基本养老保险				
3. 年金缴费				
4. 失业保险				
5. 工伤保险				
6. 生育保险				

续表

项 目	期初账面余额	本期增加额	本期支付额	期末账面余额
四、住房公积金				
五、工会经费和职工教育经费				
六、非货币性福利				
七、因解除劳动关系给予的补偿				
八、其他				
其中：以现金结算的股份支付				
合计				

注释中还应说明企业本期为职工提供的各项非货币性福利的形式、金额及其计算依据。

15. 应交税费

应交税费明细表如表 7-17 所示。

表 7-17　应交税费明细表

税费项目	期末账面余额	期初账面余额
1. 增值税		
……		
合计		

16. 其他流动负债

其他流动负债明细表如表 7-18 所示。

表 7-18　其他流动负债明细表

项 目	期末账面余额	期初账面余额
1.		
……		
合计		

注：有预计负债、其他非流动负债的，比照其他流动负债进行披露。

17. 短期借款

短期借款明细表如表 7-19 所示。

表 7-19　短期借款明细表

项 目	期末账面余额	期初账面余额
信用借款		
抵押借款		
质押借款		
保证借款		
合计		

18. 长期借款

长期借款明细表如表 7-20 所示。

表 7-20 长期借款明细表

项　　目	期末账面余额	期初账面余额
信用借款		
抵押借款		
质押借款		
保证借款		
合计		

19. 应付债券

应付债券明细表如表 7-21 所示。

表 7-21 应付债券明细表

项　　目	期初账面余额	本期增加额	本期减少额	期末账面余额
1.				
……				
合计				

20. 长期应付款

长期应付款明细表如表 7-22 所示。

表 7-22 长期应付款明细表

项　　目	期末账面余额	期初账面余额
1.		
……		
合计		

21. 营业收入

营业收入明细表如表 7-23 所示。

表 7-23 营业收入明细表

项　　目	本期发生额	上期发生额
1. 主营业务收入		
2. 其他业务收入		
合计		

披露建造合同时，应当披露当期预计损失的原因和金额，同时按表 7-24 所示的格式披露合同收入情况。

22. 公允价值变动收益

公允价值变动收益明细表如表 7-25 所示。

表 7-24　建造合同项目明细表

合同项目		总金额	累计已发生成本	累计已确认毛利 (亏损以"-"号表示)	已办理结算的价款金额
固定造价合同	1.				
	……				
	合计				
合同项目					
成本加成合同	1.				
	……				
	合计				

表 7-25　公允价值变动收益明细表

产生公允价值变动收益的来源	本期发生额	上期发生额
1.		
……		
合计		

23. 投资收益

投资收益明细表如表 7-26 所示。

表 7-26　投资收益明细表

产生投资收益的来源	本期发生额	上期发生额
1.		
……		
合计		

24. 资产减值损失

资产减值损失明细表如表 7-27 所示。

表 7-27　资产减值损失明细表

项　目	本期发生额	上期发生额
1. 坏账损失		
2. 存货跌价损失		
3. 可供出售金融资产减值损失		
4. 持有至到期投资减值损失		
5. 长期股权投资减值损失		
6. 投资性房地产减值损失		
7. 固定资产减值损失		
8. 工程物资减值损失		
9. 在建工程减值损失		

项 目	本期发生额	上期发生额
10. 生产性生物资产减值损失		
其中：成熟生产性生物资产减值损失		
11. 油气资产减值损失		
12. 无形资产减值损失		
13. 商誉减值损失		
14. 其他		
合计		

25. 营业外收入

营业外收入明细表如表 7-28 所示。

表 7-28　营业外收入明细表

项 目	本期发生额	上期发生额
1. 非流动资产处置利得合计		
其中：固定资产处置利得		
无形资产处置利得		
……		
合计		

26. 营业外支出

营业外支出明细表如表 7-29 所示。

表 7-29　营业外支出明细表

项 目	本期发生额	上期发生额
1. 非流动资产处置损失合计		
其中：固定资产处置损失		
无形资产处置损失		
……		
合计		

27. 融资租赁

融资租赁出租人应当说明未实现融资收益的余额，并披露与融资租赁有关的信息，其明细表如表 7-30 所示。

表 7-30　融资租赁未实现收益明细表

剩余租赁期	最低租赁收款额
1 年以内(含 1 年)	
1～2 年(含 2 年)	
2～3 年(含 3 年)	
3 年以上	
合计	

融资租赁承租人应当说明未确认融资费用的余额，并披露与融资租赁有关的下列信息：各类租入固定资产的年初和期末原价、累计折旧额、减值准备累计金额；以后年度将支付的最低租赁付款额。其披露格式如表 7-31 所示。

表 7-31　融资租赁未确认费用明细表

剩余租赁期	最低租赁付款额
1 年以内(含 1 年)	
1～2 年(含 2 年)	
2～3 年(含 3 年)	
3 年以上	
合计	

28. 经营租赁

经营租赁出租人租出资产的披露格式如表 7-32 所示。

表 7-32　经营租赁租出资产明细表

经营租赁租出资产类别	期末账面价值	期初账面价值
1. 机器设备		
2. 运输工具		
……		
合计		

对于重大的经营租赁，经营租赁承租人应当披露表 7-33 中所示的信息。

表 7-33　经营租赁租入资产明细表

剩余租赁期	最低租赁付款额
1 年以内(含 1 年)	
1～2 年(含 2 年)	
2～3 年(含 3 年)	
3 年以上	
合计	

另外，还应披露各售后租回交易以及售后租回合同中的重要条款。

29. 分部报告

主要报告形式是业务分部报告，其格式如表 7-34 所示。在主要报告形式的基础上，对于次要报告形式，企业还应披露对外交易收入、分部资产总额。

30. 本企业母公司的有关信息

这是关联方关系及其交易中的相关重要内容。如果母公司不是本企业最终控制方的，应说明最终控制方的名称。如果母公司和最终控制方均不对外提供财务报表的，应说明母公司之上与其最相近的对外提供财务报表的母公司的名称。母公司主要信息表如表 7-35 所示。

表7-34　业务分部报告表

项　目	××业务		××业务		……	其　他		抵　销		合　计	
	上期	本期	上期	本期		上期	本期	上期	本期	上期	本期
一、营业收入											
其中：对外交易收入											
分部间交易收入											
二、营业费用											
三、营业利润(亏损)											
四、资产总额											
五、负债总额											
六、补充信息											
1. 折旧和摊销费用											
2. 资本性支出											
3. 折旧和摊销以外的非现金费用											

表7-35　母公司主要信息表

母公司名称	注　册　地	业务性质	注册资本

31. 本企业子公司的有关信息

这是关联方关系及其交易中的相关重要内容。子公司主要信息表如表7-36所示。

表7-36　子公司主要信息表

子公司名称	注　册　地	业务性质	注册资本	本企业合计持股比例	本企业合计享有表决权比例
1.					
……					

32. 本企业合营企业的有关信息

这是关联方关系及其交易中的相关重要内容。合营企业主要信息表如表7-37所示。

表7-37　合营企业主要信息表

被投资单位名称	注册地	业务性质	注册资本	本企业持股比例	本企业在被投资单位表决权比例	期末资产总额	期末负债总额	本期营业收入总额	本期净利润
1.									
……									

注：有联营企业的，比照合营企业进行披露。

课堂活动 7-1 工作底稿示例

大众机械有限公司财务报表附注解读

大众机械有限公司的财务报表附注构成该公司会计报表的重要组成部分，是对会计报表本身无法或难以充分表达的内容和项目所做的补充说明和详细解释。

一、关于不符合会计假设的说明

该公司附注中没有出现关于不符合会计假设的说明，表明该公司经营正常连续，未发生连年亏损和濒临破产的情况，在本会计期间遵循了基本会计假设(会计主体、持续经营、会计分期、货币计量)。

二、关于会计政策

该公司附注中没有出现关于会计政策、会计估计以及差错更正的说明，说明该公司继续遵循和沿用其以前会计期间的具体会计原则以及企业所采纳的具体会计处理方法。没有发生变更，自然不必披露会计政策变更内容、理由、影响数，以及累计影响数不能合理确定的理由；由于该公司没有发现前期差错，亦无重大会计差错的内容及更正金额。

三、关于会计报表重要项目的注释

该公司在财务报表附注中，对应收账款、存货、对外投资、固定资产、无形资产、短期借款、应交税费、股本、资本公积、营业收入、营业成本、营业税金及附加、资产减值损失、投资收益等均做出了明细说明，未发现少见的报表项目或报表项目的名称反映不出相关业务性质或报表项目金额异常的情况(例如，当企业资产、负债项目出现负数时)，未发现关联方关系及其交易的事项，未发现会计报表中无法表述的重要项目。

四、关于重要事项的揭示

对于承诺或担保事项，该公司在本财务报表附注中无披露，表明本会计期间无发生；或有事项(例如，未决诉讼、已贴现商业汇票)，该公司在本财务报表附注中无披露，表明本会计期间无发生；资产负债表日后非调整事项(例如，已确定获得或支付的赔款)、重大资产转让或出售以及重大融资和投资活动等，该公司在本财务报表附注中亦均无反映，表明在本会计期间无发生。

第二节　财务报表附注的分析

一、分析财务报表附注

财务报表附注包含的内容很多，对其分析主要从"会计政策、会计估计变更和会计差错更正""财务报表注释""资产负债表日后事项""关联方关系及其交易"四个方面展开。

【课堂活动 7-2】

主题：分析大众机械有限公司财务报表附注

活动形式：

(1) 个人独立完成的内容：如有尚未完成的披露样表，继续绘制重要项目的披露表格，1个课时。

(2) 以小组形式完成的内容：讨论这张附注，该附注反映出该企业有何问题，1个课时。

(3) 以全体形式完成的内容：推选四名发言人，向全体汇报演讲，对该附注的分析，2个课时。

活动内容及要求：

(1) 继续编制重要项目披露样表。

(2) 分组，6~7人一组：以小组为单位，各组承担不同角色：投资者、股东、商业银行、债券持有者、公司CEO、雇员及工会、税务局、国资委、财政局、供应商、客户、竞争对手、会计师事务所、社会公众等。

(3) 以分析和讨论相结合的形式完成对财务报表附注的分析；以至完成对该公司整个财务状况和经营成果的分析判断。

(4) 汇报演讲分成若干专题，演讲后回答问题，汇报演讲专题如下：

① 会计政策、会计估计变更和前期差错更正；

② 财务报表项目注释分析；

③ 关联方关系及其交易的分析；

④ 资产负债表日后事项的分析。

(5) 各组确定演讲人，汇报完成后交上演讲稿。

(6) 演讲细则：

① 事先准备详案，包括图表、计算推导过程，制作PPT；

② 概述专项分析的内容，如名称、相关概念、涉及的报表项目、侧重反映的是哪方面的解析内容等；

③ 详解该项分析的金额、数据来源、分析目的、计算方法、计算过程、要强调的问题等，要做到：定量与定性相结合；根据专项分析的内容绘制小型图表；可以分别站在不同角度分析，如股东、债权人、公司CEO、雇员和工会等。

④ 介绍报表编制中有哪些技巧、需要注意的方面等；

⑤ 简要归纳对这个实训课题的体会。

(7) 演讲时间：10~15分钟。

二、归纳财务报表附注的分析内容

分析报表附注，其内容繁杂，综合性较强，分析方法和分析重点要结合具体内容来进行。对报表附注的分析主要是从"会计政策与会计估计分析""关联方关系与交易分析"

"资产负债表日后事项"以及"报表重要项目注释"等方面展开。根据同学们的汇报演讲，做财务报表附注分析的详细归纳及补充。具体参看大众机械有限公司财务报表附注。

(一) 会计政策、会计估计变更和会计差错更正

1. 会计政策变更

1) 相关概念

(1) 会计政策。

会计政策是指企业在会计确认、计量和报告中所采用的原则、基础和会计处理方法。重要的会计政策包括如下几个方面：

① 发出存货成本的计量；

② 长期股权投资的后续计量；

③ 投资性房地产的后续计量；

④ 固定资产的初始计量；

⑤ 无形资产的初始计量；

⑥ 非货币性资产交换的计量；

⑦ 收入的确认；

⑧ 借款费用的处理；

⑨ 合并政策；

……

(2) 会计政策变更。

会计政策变更是指企业对相同的交易或事项由原来采用的会计政策改用另一会计政策的行为。企业的会计政策一经确定，不得随意变更。满足下列条件之一的，企业可以变更会计政策。

第一，法律、行政法规或者国家统一的会计制度等要求变更。

第二，会计政策变更能够提供更可靠、更相关的会计信息。

注意：以下各项不属于会计政策变更：①本期发生的交易或者事项与以前相比具有本质差别而采用新的会计政策。②对初次发生的或不重要的交易或者事项采用新的会计政策。

2) 会计政策变更的会计处理

会计政策变更的会计处理方法有追溯调整法和未来适用法两种。

(1) 追溯调整法。追溯调整法是指对某项交易或事项变更会计政策，视同该项交易或事项初次发生时即采用变更后的会计政策，并以此对财务报表相关项目进行调整的方法。

(2) 未来适用法。未来适用法是指将变更后的会计政策应用于变更日及以后发生的交易或者事项，或者在会计估计变更当期和未来期间确认会计估计变更影响数的方法。

3) 会计政策变更的分析

会计政策变更分析应从变更理由、会计处理方法和披露三个方面进行。

首先，分析会计政策变更的理由是否充分。

对于法律、行政法规或者国家统一的会计制度等要求变更，重点分析其是否符合法律、法规和制度的要求，会计处理是否合法；对于会计政策变更能够提供更可靠、更相

关的会计信息，重点分析会计政策变更是否能真实、公允地反映企业的财务状况、经营成果和现金流量，是否是企业利用会计政策变更粉饰会计报表。

其次，分析会计政策变更的会计处理方法是否正确。

对于法律、行政法规或者国家统一的会计制度等要求变更，应该按照有关规定执行；对于企业自愿变更会计政策的，一般要求采用追溯调整法，若会计政策变更的累计影响数不能合理地确定，则应采取未来适用法。

最后，分析会计政策变更披露的内容是否完整。

企业应当在附注中披露会计政策变更的性质、内容和原因，当期和各个列报前期财务报表中受影响的项目名称和调整金额，无法进行追溯调整的，说明该事实和原因以及开始应用变更后的会计政策的时点、具体应用情况。

2. 会计估计变更

1) 相关概念

会计估计是指企业对其结果不确定的交易或事项以最近可利用的信息为基础所做的判断。重要的会计估计内容有如下几个方面。

(1) 存货可变现净值的确定。

(2) 采用公允价值模式下的投资性房地产公允价值的确定。

(3) 固定资产的预计使用寿命与净残值；固定资产的折旧方法。

(4) 使用寿命有限的无形资产的预计使用寿命与净残值。

(5) 可收回金额按照资产组的公允价值减去处置费用后的净额确定的，确定公允价值；减去处置费用后的净额的方法；可收回金额按照资产组的预计未来现金流量的现值确定的，预计未来现金流量的确定。

(6) 合同完工进度的确定。

(7) 权益工具公允价值的确定。

(8) 债务重组中债务人、债权人非现金资产的公允价值，由债务转成的股份的公允价值和修改其他债务条件后债权、债务的公允价值的确定。

(9) 预计负债初始计量的最佳估计数的确定。

(10) 金融资产公允价值的确定。

(11) 出租人、承租人对未确认融资收益、费用的分摊。

(12) 非同一控制下企业合并成本的公允价值的确定。

2) 会计估计变更的会计处理

会计估计变更采用未来适用法进行会计处理。其处理应当做出正确选择。

首先，当会计估计的变更仅影响变更当期的，其影响数应当在变更当期予以确认。

其次，当会计估计的变更既影响变更当期又影响未来期间的，其影响数应当在变更当期和未来期间予以确认。

最后，当难以对某项变更区分为会计政策变更或会计估计变更的，应当将其作为会计估计变更处理。

3) 会计估计变更的分析

会计估计变更分析通常从变更的合理性、会计处理的正确性和变更披露的正确性三个方面进行。

首先，分析会计估计变更的合理性。

在对会计估计变更进行分析时，应重点分析会计估计变更的依据是否真实、可靠，主要通过与同行业类似企业的对比来分析判断，以证实真实的变更目的。

其次，分析会计估计变更的正确性。

对会计估计变更的会计处理主要采用未来适用法，不调整以前年度会计报表。

最后，分析会计估计变更披露的正确性。

企业应当在附注中披露会计估计变更的内容和原因、变更对当期和未来期间的影响数，以及会计估计变更的影响数不能确定的，披露这一事实和原因。

3. 会计差错更正

1) 相关概念

会计差错主要是指前期差错，由于没有运用或错误运用下列两种信息，而对前期财务报表造成省略或错报。这两种信息是指：第一，编报前期财务报表时预期能够取得并加以考虑的可靠信息；第二，前期财务报告批准报出时能够取得的可靠信息。前期差错通常包括计算错误、应用会计政策错误、疏忽或曲解事实以及舞弊产生的影响，以及存货、固定资产盘盈等。

2) 前期差错更正的会计处理

企业应当采用追溯重述法更正重要的前期差错，但确定前期差错累积影响数不切实可行的除外。对于不重要的前期差错，可以采用未来适用法更正。前期差错的重要程度，应根据差错的性质和金额加以具体判断。

需要注意的是，对于年度资产负债表日至财务报告批准报出日之间发现的报告年度的会计差错及报告年度前不重要的前期差错，应按照《企业会计准则》第 29 号中的"资产负债日后事项"的规定进行处理。

追溯重述法是指在发现前期差错时，视同该项前期差错从未发生过，从而对财务报表相关项目进行更正的方法。

追溯重述法的会计处理与追溯调整法相同。当确定前期差错影响数不切实可行的，可以从可追溯重述的最早期间开始调整留存收益的期初余额，财务报表其他相关项目的期初余额也应当一并调整，另外也可以采用未来适用法。企业应当在重要的前期差错发现当期的财务报表中，调整前期比较数据。

3) 前期差错更正的分析

前期差错会造成企业的会计信息不真实，分析的重点是判断差错的性质是否故意，如提前确认尚未实现的收入、不确认已实现的收入等都属于故意产生的差错。其他原因也会造成差错，如账户分类及计算错误、会计估计错误、漏计已经完成的交易、对事实的忽视和误用等。

例如，科利华股份有限公司在某年的年报中，对本期发现的属于以前年度的重大会计差错进行了追溯调整，而其在当年又变更了会计师事务所，初次接受委托的会计师事务所无法获取充分、适当的审计证据来确定追溯调整后的当年期初数和上年数对本期会计报表整体反映的影响程度，因而该会计师事务所出具了无法表示意见的审计报告。

(二) 报表重点项目分析

《企业会计准则》第 30 号中的"财务报表列报"应用指南中规定，一般企业会计报表项目有会计报表附注中需要列示 42 项内容，会计报表使用者会根据其需要重点关注与决策相关的内容。本章节主要针对应收账款、存货、固定资产、对外投资、收入等几个项目进行重点分析，作为介绍附注项目分析的思路与方法，为其他报表项目的分析提供分析思路。

1. 应收款项注释的分析

应收款项往往是重点项目分析之重，主要包括应收账款、应收票据和其他应收款。通过分析应收款项，可以揭示以下问题。

1) 应收账款分析

应收账款是企业因销售商品、提供劳务而形成的债权，该债权由于可以直接影响主营业务收入的变化，且易于操纵、难以查找，极易成为舞弊者青睐的重要工具，是上市公司粉饰企业利润的主要工具之一。对应收账款分析应重点分析以下内容。

(1) 有无利用应收账款虚构营业收入的现象。

应收账款产生于企业采用赊销方式销售产品的业务，进行会计账务处理时，借记"应收账款"，贷记"主营业务收入"和"应交税费——应交增值税(销项税额)"。随着应收账款的增加，其主营业务收入和应交税费也会相应增加。如果应收账款增加，而应交税费并没有增加，说明企业应收账款的增加是虚拟的，并没有真正地发生交易。虚构应收账款，同时虚构主营业务收入，可以增加利润，粉饰企业的经营业绩，而虚构应交税费则需企业付出纳税的代价，因此企业在虚拟应交税费时往往会有所顾忌。当然也不排除有的企业为了达到某种目的而愿意多交税款。

(2) 有无隐瞒应收账款的坏账风险，少提甚至不提坏账准备。

上市公司往往采用账龄分析法来计提坏账准备。一般来说，欠账的时间越长，发生坏账的可能性就越大，账龄分析法与应收账款余额百分比法相比，较为灵活、合理。但也为上市公司操纵利润提供了空间，利润多时多提，利润少时少提。

此外，对应收账款分析不应是孤立的，应结合利润表和现金流量表来进行综合分析。因为与应收账款直接相关的是利润表中的主营业务收入和现金流量表中的经营活动现金流入，与提取坏账准备相关的还有资产减值损失等。反映应收账款与主营业务收入关系，还涉及企业的信用政策以及赊账比率，赊销收入的可收回性极大地影响了企业的盈利质量，也为舞弊者操纵利润留下了空间。应收账款周转率，可用来衡量赊销收入的可收回性和周转速度，应收账款周转率高，说明企业收款速度快，偿债能力强；如果其不正常地大幅降低，表明企业的资金回笼和周转存在一定问题。这些问题如果没有恰当披露，就存在财务报表陷阱的可能。

2) 其他应收款分析

其他应收款是指企业发生的非购销活动产生的债权。这个科目原本并不重要，在正常的情况下,期末余额不应过大,但现在其他应收款的"分量"越来越重,其余额可以与应收账款相媲美,甚至有过之而无不及,成为某些企业或个人的重要"蓄水池""提款机"。其主要有以下表现。

(1) 大股东贷款,上市公司埋单。

大股东或关联企业从银行贷一笔款,让上市公司提供担保,最后大股东赖账,由上市公司承担担保责任还钱。这是一种比较老的办法,曾被很多上市公司的大股东采用。实际上,大股东从贷款之初就没打算还,因为有上市公司提供担保,银行没有戒心,最后还款的义务都落在了上市公司身上。其实这是大股东预谋从上市公司套取大笔资产或现金的行为。

(2) 假合作投资,真转移资产。

某大股东以投资某一项目为名,联手某上市公司与同属某大股东的一家控股子公司合资成立一家新公司,大股东的这家控股子公司在合资公司中占控股地位。而实际上,所谓的项目不过是幌子,大股东利用它在合资公司中的控制地位,把上市公司的出资部分转移走,达到侵占上市公司资产的最终目标。这种手法在房地产类上市公司中运用得比较普遍,多数是大股东出地,上市公司出现金,投资项目或真或假。这种手法比较隐蔽,尤其是如果投资项目确有其事,会计师很难查出其中的"猫腻"。

(3) 先圈钱,再理财。

公司上市后圈钱规模越来越大,闲置资金越来越多,正常情况下上市公司会委托金融理财公司对其闲置资金进行投资理财,以获取高于存款利息的投资收益。如果有控股股东看好了这一块经营范围,在公司上市圈了钱后,让上市公司把资产委托给与大股东有关联的金融企业,或者直接交由大股东经营,变相将上市公司的资产囊入怀中。这种手法较为隐蔽,注册会计师也只有从上市公司获得的承包费、经营费等名目中的蛛丝马迹追踪下去,才会发现问题。

(4) 打白条借款。

控股股东只需和上市公司的董事会打个招呼,或者写张借条,一笔资金就从上市公司流到了大股东的口袋里。能这么做的大股东往往一股独大,在人员、财务、资产方面与上市公司有千丝万缕的联系。

3) 应收票据分析

应收票据是企业因销售商品、提供劳务而收到的商业汇票。商业汇票包括银行承兑汇票和商业承兑汇票,只有商业承兑汇票才有可能形成企业的或有负债。

例如,已贴现的商业承兑汇票金额,它是对资产负债表内"应收票据"项目的必要补充说明。商业汇票贴现是企业将未到期的商业承兑汇票交给银行,银行将票面金额扣除贴现息费用后的款项支付给企业。已贴现的商业承兑汇票到期,付款人的银行账户不足支付时,银行将按规定向贴现企业收回已贴现的票款。如果公司没有大量的货币资金,而贴现金额又巨大,则企业有破产的危险。

2. 存货注释的分析

财务报表附注中披露的存货内容有两部分:一是有关存货的会计政策,如存货成本计价方法、核算方法、盘存方法和存货跌价准备计提方法等；二是存货比较年度的相关数据。

存货是企业流动资产的一项重要内容，在流动资产中占据较大比重，由于该项目直接对应于利润表中的主营业务成本项目，因此存货金额的变化对企业损益、资产总额、所有者权益和所得税数额都会产生一定影响。上市公司若不采用适当的方法计价或任意分摊存货成本，就可能降低销售成本，增加营业利润。存货计价方法不同，对企业财务状况、经营成果、盈亏情况都会产生不同的影响。期末存货计价过高或期初存货计价过低，当期收益都可能因此而增加；反之亦然。所以存货计价方法的变更可以产生一定的利润调整空间。

3. 收入注释的分析

收入包括主营业务收入、其他业务收入和营业外收入。据统计，我国上市公司各种不规范的手段 99%与公司的收入有关，在收入计算方面，存在着十分严重的舞弊现象。

(1) 编造子虚乌有的营业额。

(2) 提前确认收入。

(3) 调整其他业务收入，虚增利润。

(4) 调整营业外收入，堤内损失堤外补。

上述种种情况在财务报表附注中都可找到蛛丝马迹，进行财务分析时，可以对比收入和税项，分析两者增长的幅度是否一致，借以判断主营业务的真实性。此外，也可采用主营业务利润与总利润的比率来分析利润的构成因素，以检验企业的获利能力与经营成果。如果比率接近于 1，说明企业主营业务具有主体性的地位；如果比率远小于 1，则说明企业主营业务缺乏效益，这时的高额利润并不能够代表企业的真实盈利水平，相反，说明企业还存在用非主营业务来包装利润的可能。另外，还可用其他业务利润或营业外收入与总利润的比率来进行分析，如果比率过大，说明企业盈利水平差，经营前景不容乐观。

(三) 关联方关系及其交易的分析

1. 关联方关系

关联方是指一方控制、共同控制另一方或对另一方施加重大影响，以及两方或两方以上同受一方控制、共同控制或重大影响的，具有这样关系的企业群。具体而言如下。

(1) 直接或间接地控制其他企业或受其他企业控制，以及同受某一企业控制的两个或多个企业。如母公司、子公司、受同一母公司控制的子公司之间。

(2) 合营企业。

(3) 联营企业。

(4) 主要投资者个人、关键管理人员或与其关系密切的家庭成员。

(5) 受主要投资者个人、关键管理人员或与其关系密切的家庭成员直接控制的其他企业。

2. 关联方交易

判断关联方交易的存在应当遵循实质重于形式的原则。《企业会计准则》列举的有关关联方交易的例子有如下几种。

(1) 购买或销售商品。如企业集团成员之间互相购买或销售商品。

(2) 购买或销售商品以外的其他资产。如母公司向其子公司出售设备或建筑物等。

(3) 提供或接受劳务。

(4) 代理。如一方为另一方代理销售货物，或一方代另一方签订合同等。

(5) 租赁。包括经营租赁和融资租赁。

(6) 提供资金。如贷款或权益性投资。

(7) 担保和抵押。如一方为另一方提供取得贷款、买卖等所需的担保。

(8) 管理方面的合同。如一方与另一方签订管理企业或某一项目的合同，由一方管理另一方的财务和日常经营。

(9) 研究与开发项目的转移。

(10) 许可协议。如一方与另一方达成某项协议，允许一方使用另一方的商标等。

(11) 支付关键管理人员报酬。

3. 关联方交易的披露

企业无论是否发生关联方交易，均应当在附注中披露母公司和子公司的名称，母公司和子公司的业务性质、注册地、注册资本或股本及其变化，母公司对该企业或者该企业对子公司的持股比例和表决权比例等。发生关联方交易的，应当在附注中披露该关联方关系的性质、交易类型及其交易要素。披露的交易要素至少包括以下几个方面的内容。

(1) 交易的金额。

(2) 未结算项目的金额、条款和条件，以及有关提供或取得担保的信息。

(3) 未结算应收项目的坏账准备金额。

(4) 定价政策。

4. 关联方交易的分析

企业关联方及其交易的信息披露之所以越来越引人注目，主要原因在于它们之间可以不依赖市场交易的条件，通过内部操纵而完成关联交易，从而达到一种目的。例如，利用购买商品或销售商品，以低于市场价格提供产品或劳务，或以高于市场购买商品或劳务，可以把其他关联方的利润转移到需要表现较多利润的另一关联方，达到粉饰业绩的目的。当然，并不是所有关联方交易都有问题，通过附注披露的交易内容，特别是定价政策，可以判断关联方交易是否属于正常交易。判断关联交易是正常的购销行为还是利润操纵行为，应从以下几个方面进行分析。

(1) 关注关联方及其交易信息披露的完整性。

关联方交易尤其是大量非正常关联方交易，其信息披露的不完整不仅会造成公司的透明度低，而且还会造成投资者不能正确地评价关联方交易的合理性，公司的财务状况和经营成果无法得到真实的反映，最终会导致社会资源配置的低效率，侵害广大投资者的利益。完整性存在的问题主要表现在两个方面：一是关联方关系披露不完整；二是关联方交易披露不完整。

(2) 关注关联方及其交易的真实性。

关联交易是否真实，是否有实际的资金流动，在分析时应特别关注。例如，目前上市公司关联方交易大部分通过非现金方式进行，无须付现，这对关联方的经营现金流量压力不大，甚至交易开始就没有打算付现，因此，关联方交易可能是一场报表重组。

(3) 关注关联方及其交易的可比性。

关联方交易披露在可比性方面的透明度较低，主要表现在定价政策的披露上。大多数上市公司往往只列示"按协议定价""按市场价格"，没有进一步加以明确。另外，即使披露了定价原则和有关费用收支标准，往往差异也较大，缺乏可比性，使信息使用者难以分清真实的交易情况，难以判断此交易正常与否。

(四) 资产负债表日后事项的分析

1. 资产负债表日后事项的含义

资产负债表日后事项是指在资产负债表日至财务报告批准报出日之间发生的需要调整或说明的事项。其中：资产负债表日包括年末结账日 12 月 31 日和年度中间各会计期期末结账日；财务报告批准报出日是指董事会或类似机构批准财务报告报出的日期；资产负债表日后事项包括在资产负债表日至财务报告批准报出日之间发生的所有有利事项和不利事项。

资产负债表日后事项一般分为调整事项和非调整事项。

1) 调整事项

调整事项是指对资产负债表日已经存在的情况提供了新的或进一步证据的事项。《企业会计准则》中列举的调整事项主要有：①已证实资产发生了减损；②销售退回；③已确定获得或支付的赔偿；④利润分配；⑤财务报表舞弊或差错等。

2) 非调整事项

非调整事项是指资产负债表日以后才发生或存在的事项。这类事项不影响资产负债表日存在的状况，但如不加以说明，将会影响财务报表使用者做出正确估计和决策。《企业会计准则》中列举的非调整事项主要有：①发行股票和债券；②资本公积转增资本；③对外巨额举债；④对外巨额投资；⑤发生巨额亏损；⑥自然灾害导致资产发生重大损失；⑦外汇汇率或税收政策发生重大变化；⑧发生重大企业合并或处置子公司；⑨对外提供重大担保；⑩对外签订重大抵押合同。

2. 资产负债表日后事项的会计处理

1) 调整事项的会计处理

企业发生的资产负债表日后调整事项，应当调整资产负债表日的财务报表。具体事项如下：①资产负债表日后诉讼案件结案，需要调整原先确认的预计负债，或确认一项新负债；②资产负债表日后取得确凿证据，某项资产发生了减值，需要调整原先确认的减值金额；③调整资产负债表日后确定了资产负债表日前购入资产的成本或售出资产的收入；④调整发现的财务报表舞弊或差错；等等。

会计核算步骤如下。

(1) 涉及损益的事项，通过"以前年度损益调整"科目核算。

(2) 涉及利润分配调整的事项，直接在"利润分配——未分配利润"科目核算。

(3) 不涉及损益以及利润分配的事项，调整相关科目。

(4) 通过上述账务处理后，还应同时调整会计报表相关项目的数字，其中包括：①资产负债表日编制的会计报表相关项目的数字；②当期编制的会计报表相关项目的年初数；③经过上述调整后，如涉及会计报表附注内容的，还应调整会计报表附注相关项目的数字。

2) 非调整事项的会计处理

企业发生的资产负债表日后的非调整事项，不需要进行账务处理，也不需要调整财务报表。但需要在附注中说明事项的内容，估计其对财务状况、经营成果和现金流量的影响，以利于报表使用者做出正确的估计和决策。

3. 资产负债表日后事项的分析

1) 分析调整事项

重点是分析调整事项会计处理的正确性，分析调整事项对企业财务状况的影响是否体现在相应原报表项目中。

2) 分析非调整事项

对于非调整事项，既没有调整账户和报表，也没有调整净利润，只是将这些事项形成的原因、内容以及影响做了披露，财务报表使用者应根据披露的情况逐一分析。如股票和债券的发行会明显地影响企业的资本结构，使企业的偿债能力发生变化，盈利能力也受到一定的影响；对一个企业的巨额投资，会使企业的风险增加，其投资回报率也有增加；自然灾害导致的资产损失，会使企业的偿债能力和盈利能力下降；外汇汇率发生较大变动，会为企业带来外汇汇兑损益等。

三、财务报表其他资料阅读分析的内容

当今的市场经济造就的现代企业，其产权和投资出现多样化、多元化。不论企业经营者还是企业外部的管理部门、监督机构、金融单位、证券分析师和广大的投资者，都和企业发生了利益关系，因而必然地产生了需要知晓与理解企业经营成果和财务状况的需求，这种需求的满足途径主要是依赖于公司披露或报告的以会计报表为主要载体的会计信息，除此之外，还需要依赖财务报表附注、附表及其他有关资料所揭示的其他相关信息，以达到对企业经营活动全貌的正确认识。财务报表的其他资料主要是指财务情况说明书和审计报告等。

(一) 财务情况说明书

财务情况说明书是对企业基本情况以及企业在一定会计期间内的生产经营、资金周转、利润实现及分配等情况的综合性分析报告，是年度财务会计报告的重要组成部分，是对本年度的经营成果、财务状况等情况进行的总结，以财务指标和相关统计指标为主要依据，运用趋势分析、比率分析和因素分析等方法进行横向、纵向的比较、评价和剖析，以反映企业在经营过程中的利弊得失、财务状况及发展趋势，促进企业的经营管理和业务发展；同时便于财务会计报告使用者了解企业生产经营和财务活动情况，考核评价其经营业绩。

1. 财务情况说明书的主要内容

(1) 生产经营基本情况说明。

(2) 利润实现、分配及企业亏损情况。

(3) 资金增减和周转情况。

(4) 实收资本变动情况。

(5) 预算执行完成情况。

(6) 经营相对值指标评价。

(7) 经营的主要风险。

(8) 对企业财务状况、经营成果和现金流量有重大影响的其他事项。

(9) 针对本年度经营管理中存在的问题，新年度拟采取的改进管理和提高经营业绩的具体措施，以及业务发展计划。

2. 财务情况说明书的基本表达形式

财务情况说明书以文字说明为主，并可利用各种图表进行分析和说明。

3. 财务情况说明书的特殊问题

财务情况说明书应对企业所处的行业及公司经营业务密切相关的其他行业进行分析，月度财务情况说明书应简要对公司经营、财务状况主要方面进行分析；季度、半年和年度财务报告应按照上述基本内容的要求，进行详细的分析和说明。

(二) 审计报告

审计报告是指注册会计师通过对企业财务报表按照独立审计准则实行审计后，就报表的内容是否恰当地反映了企业的财务状况和经营成果所出具的意见。由于现代企业经营权和所有权的分离，所有者对日常经营往往是委托专业人员来进行管理，并不直接介入企业管理和经营，因此，所有者对企业经营状况和业绩真实性的知晓，大都由独立的社会审计机构代理并提出审计结论。

由注册会计师出具的审计报告一方面揭示了企业的实际经营状况，满足所有者对企业经营信息的需求；另一方面明确了企业管理当局的经营业绩，公示管理层对报表真实与否所承担的责任。审计报告对所有者和经营者双方，都具有十分重要的意义。

了解审计报告的种类、出具条件和具体含义，有助于我们进一步理解企业的财务报表。

1. 审计报告的作用

(1) 揭示作用

(2) 公证作用

(3) 告示作用

2. 审计报告的基本内容和格式

(1) 标题

(2) 收件人

(3) 范围段

(4) 意见段

(5) 说明段

(6) 签章及会计师事务所地址

(7) 报告日期

3. 审计意见的基本类型

1) 无保留意见的审计报告

(1) 财务报表的编制符合《企业会计准则》和国家其他财务会计法规的规定。

(2) 财务报表在所有重要方面恰当地反映了被审计单位的财务状况、经营成果和资金变动情况。

(3) 会计处理方法的选用遵循了一致性原则。

(4) 注册会计师已按照独立审计准则的要求，完成了预定的审计程序，在审计过程中未受阻碍和限制。

(5) 不存在影响财务报表的重要未确定事项。

(6) 不存在应调整而被审计单位未予调整的重要事项。

2) 保留意见的审计报告

(1) 个别重要财务会计事项的处理或个别重要财务报表项目的编制不符合《企业会计准则》和国家其他有关财务会计法规的规定，被审计单位未予调整。

(2) 因审计范围受到局部限制，无法按照独立审计准则的要求取得应有的审计证据。

(3) 个别会计处理方法不符合一致性原则的要求。

(4) 存在对财务报表反映有重要影响的个别未确定事项。

3) 拒绝表示意见的审计报告

拒绝表示意见即对财务报表不发表包括肯定、否定和保留的审计意见。注册会计师在审计过程中，由于受到委托人、被审计单位或客观环境的严重限制，不能获得审计证据，无法对财务报表整体表示审计意见，应当出具此类审计报告。

4) 反对意见的审计报告

反对意见即提出否定财务报表的审计意见，是与无保留意见相反的审计报告。当未调整事项、未确定事项、违反一致性原则的事项对财务报表的影响程度在一定范围内时，注册会计师可以表示保留意见，但如果其影响程度超出一定范围时，以致财务报表无法被接受，被审计单位的财务报表已失去其价值，注册会计师就不能表示保留意见，但又不能不表示意见，所以只能表示反对意见。

(1) 会计处理方法严重违反《企业会计准则》和国家其他财务会计法规的规定，被审计单位拒绝进行调整。

(2) 财务报表严重歪曲了被审计单位的财务状况、经营成果和资金变动情况，被审计单位拒绝进行调整。

在实务中，注册会计师尽管对上市公司财务报表进行了审计，但手段是非常有限的，他们只能根据被审计单位提供的证、账、表进行核对，只能对企业资产存货进行抽查，只能对往来的债权与债务账户进行函证，而对一些企业之间恶意串通，导致发票是真的、款项却没有，存货是有的、但是调拨来的，函证是回复的、但内容是假的，等等情况，再高明的审计也无法发表正确意见。为了避免投资者的误解，注册会计师从来不在审计报告中提出"财务报表是正确、真实的"，因为他们无法做出这样的保证，而常常用"重大方面是公允的"等字眼，目的是提醒投资者，审计意见只是提高了一点财务报表的可信度，除了看审计报告，还应从更多方面去获取信息。

总之，对于包括投资人、债权人、管理者在内的许多人来说，必须掌握财务分析的运用技能，特别是对公司内部的管理者，只有掌握这种技能，才能自己诊断公司的症状，开出治疗药方，并能预测其经营活动的财务成果。不完全懂得财务分析的经营者，就好比是个不能得分的球员。

课堂活动 7-2 工作底稿示例

大众机械有限公司财务报表附注分析

一、对应收账款项目的分析

取自项目一，大众机械有限公司财务报表附注中的相关重要项目的注释如表 7-38 和表 7-39 所示。

表 7-38　应收账款明细情况表　　　　　　　　单位：元

项目	期末数				期初数			
	账面余额	比例(%)	坏账准备	账面价值	账面余额	比例(%)	坏账准备	账面价值
单项金额重大	46 867 862.98	36.14	2 343 393.15	44 524 469.83	13 987 246.57	14.95	699 362.33	13 287 884.24
其他不重大	82 815 680.24	63.86	5 085 563.96	77 730 116.28	79 583 125.30	85.05	4 184 327.78	75 398 797.52
合计	129 683 543.22	100.00	7 428 957.11	122 254 586.11	93 570 371.87	100.00	4 883 690.11	88 686 681.76

表 7-39　账龄分析明细表　　　　　　　　　　单位：元

账龄	期末数				期初数			
	账面余额	比例(%)	坏账准备	账面价值	账面余额	比例(%)	坏账准备	账面价值
1 年以内	124 340 992.59	95.88	6 217 049.63	118 123 942.96	92 633 634.05	99.00	4 631 681.70	88 001 952.35
1～2 年	4 498 351.12	3.47	449 835.11	4 048 516.01	145 064.69	0.16	14 506.47	130 558.22
2～3 年	117 324.48	0.09	35 197.34	82 127.14	791 673.13	0.84	237 501.94	554 171.19
3 年以上	726 875.03	0.56	726 875.03					
合计	129 683 543.22	100.00	7 428 957.11	122 254 586.11	93 570 371.87	100.00	4 883 690.11	88 686 681.76

(1) 明细情况分析

明细情况如表 7-38 所示。

从表 7-38 可以看出，单项金额重大的占 36.14%，这是值得关注的欠款单位。但附注中没有相关单位明细表，反映不出具体欠款人，这不得不说是这个报表附注的重大缺陷。关于此项应收账款，应提醒大众公司提交相关信息，尽早与欠款人协商，尽量避免重大损失。

从表 7-39 可以看出，1 年以内欠款占 95.88%，比例不高，反映比较正常。但 3 年以上欠款虽然比例不高，并已百分之百计提了坏账准备，且金额较大，有 72 万元之多，这不得不说该公司的应收账款管理存在漏洞。

从附注文字说明可以看到，有 15 万美元，即本位币 116 万元人民币用于了担保，但没有说明担保事项和担保对象，这也说明该报表附注信息披露不完整。

二、对存货项目的分析

取自项目一，大众机械有限公司财务报表附注中的相关重要项目的注释如表 7-40、表 7-41 所示。

表 7-40　存货明细情况表　　　　　　　　　　　　　　　单位：元

项　　目	期　末　数			期　初　数		
	账面余额	跌价准备	账面价值	账面余额	跌价准备	账面价值
原材料	28 731 788.09	345 460.93	28 386 327.16	19 409 495.02	94 556.83	19 314 938.19
在产品	20 059 606.00		20 059 606.00	11 517 979.71		11 517 979.71
自制半成品	26 926 761.19		26 926 761.19	18 285 248.93	166 478.55	18 118 770.38
库存商品	41 408 558.29	40 890.20	41 367 668.09	26 645 934.65	45 598.52	26 600 336.13
委托加工物资	12 485 700.35		12 485 700.35	6 851 215.7777		6 851 215.77
包装物	1 965 841.9292		1 965 841.9292	1 718 384.5858	1 511.16	1 716 873.42
低值易耗品	2 181 017.4545	23.50	2 180 993.9595	1 125 570.8484	1 610.06	1 123 960.78
合计	133 759 273.29	386 374.63	133 372 898.66	85 553 829.50	309 755.12	85 244 074.38

表 7-41　存货跌价准备明细情况表　　　　　　　　　　　　单位：元

项　　目	期　初　数	本期增加	本期减少		期　末　数
			转　回	转　销	
原材料	94 556.83	337 848.85		86 944.75	345 460.93
自制半成品	166 478.55			166 478.55	
库存商品	45 598.52			4 708.32	40 890.20
包装物	1 511.16			1 511.16	
低值易耗品	1 610.06			1 586.56	23.50
合计	309 755.12	337 848.85		261 229.34	386 374.63

从表 7-40 可以看出，存货金额期末较期初有较大幅度增长，尤其是库存商品，增长了 1.5 倍，而主营业务成本，期末金额较期初金额仅增长了 1.25 倍，二者增长比例不对应，表明扩大生产与扩大市场销售不对应，会不会形成库存积压的风险，有待进一步分析。

从表 7-41 可以看出，存货跌价准备变动较大的主要是原材料，期初计提了 9 万元之多，而本期猛增计提了 33 万元之多，同时本期核销了 8 万元之多，单原材料这一项，具有 40 万元损失的风险，占原材料的 1.4%。原材料损失，将增大产品成本，降低利润空间，不能不引起管理当局的高度重视。

三、对收入项目的分析

取自项目一，大众机械有限公司财务报表附注中的相关重要项目的注释。

营业收入和营业成本明细情况如表 7-42～表 7-44 所示。

表 7-42　营业收入明细情况表　　　　　　　　　　　　　　单位：元

项　目	本　期　数	上年同期数
主营业务收入	770 521 806.04	608 945 719.55
其他业务收入	12 505 869.36	9 141 747.72
合计	783 027 675.40	618 087 467.27

表 7-43　营业成本明细情况表　　　　　　　　　　　　　　单位：元

项　目	本　期　数	上年同期数
主营业务成本	619 125 658.94	493 593 464.20
其他业务成本	14 099 106.40	7 345 484.74
合计	633 224 765.34	500 938 948.94

表 7-44　主营业务收入/主营业务成本明细情况表　　　　　　单位：元

项目	本期数			上年同期数		
	收入	成本	利润	收入	成本	利润
水泵	551 051 599.38	448 226 296.68	102 825 302.70	438 393 870.33	364 758 161.45	73 635 708.88
园林机械	153 724 679.62	121 663 377.00	32 061 302.62	131 834 852.94	96 439 265.11	35 395 587.83
其他	65 745 527.04	49 235 985.26	16 509 541.78	38 716 996.28	32 396 037.64	6 320 958.64

从表 7-42 可以看出，营业收入以主营业务收入为主，且本期较上期有较大幅度增长，达 1.26 倍，这是正常利好情况。

从表 7-43 可以看出，营业成本以主营业务成本为主，本期较上期有较大幅度增长，为 1.25 倍，与主营业务收入相配比，由此主营业务成本率是 80%，属正常情况。

从表 7-44 可以看出，创造主营业务利润的产品是水泵，其利润比上年同期数增长了 1.39 倍，说明企业主营业务强劲，为企业持续经营、健康发展做出了贡献。

但结合存货项目分析，原材料的跌价损失问题，在主营业务成本中是如何消化掉的，附注中没有披露，这需要财务部门进一步提供相关信息，以做出佐证。

其他重要项目的分析(略)。

四、会计政策、会计估计变更和会计差错更正的分析

该企业附注中未披露有关信息，说明无变更、无更正。

五、关联方关系及其交易的分析

该企业附注中未披露有关信息，说明无关联方关系及其交易。

面向十二五高职高专会计专业规划教材

六、资产负债表日后事项的分析

该企业附注中未披露有关信息，说明未发生资产负债表日后事项。

本 章 小 结

财务报表附注是财务报告的重要组成部分。财务报表附注是对会计报表中列示项目的文字描述或明细资料，以及对未能在会计报表中列示项目的说明等，对于正确理解会计报表起着重要的说明作用。财务报表附注的内容包括企业的基本情况、财务报表的编制基础、遵循《企业会计准则》的声明、重要会计政策和会计估计、会计政策和会计估计以及差错更正的说明、报表重要项目的说明、或有事项、资产负债表日后事项、关联方关系及其交易。财务报表附注的分析应注重会计政策、会计估计变更和会计差错更正、重点财务报表项目分析、资产负债表日后事项和关联方关系及其交易等重要内容的分析。

【课后练习】

一、判断题

1．财务报表附注是企业财务报表的重要组成部分，所以要求各企业选用的财务报表附注编制形式应统一、规范。　　　　　　　　　　　　　　　　　　　（　　）

2．看一份企业的年报，必须关注它的附注资料。　　　　　　　　　　（　　）

3．财务报表附注是财务报表的重要组成部分，它是对报表中已经列示或尚未列示项目的补充、完善和说明。　　　　　　　　　　　　　　　　　　　　（　　）

4．财务报表附注是财务报表的重要组成部分，会计报表附注是对会计报表的详细解释和补充说明。　　　　　　　　　　　　　　　　　　　　　　　（　　）

5．企业采用的会计政策，在每一会计期间和前后各期应当保持一致，不得随意变更。
　　　　　　　　　　　　　　　　　　　　　　　　　　　　　　　　　　（　　）

6．或有事项是企业过去的交易或者事项形成的，其结果须由某些未来事项的发生或不发生才能决定的确定事项。　　　　　　　　　　　　　　　　　　　（　　）

7．企业通常应当披露或有资产。　　　　　　　　　　　　　　　　　　（　　）

8．企业发生的资产负债表日后非调整事项，不应当调整资产负债表日的财务报表。
　　　　　　　　　　　　　　　　　　　　　　　　　　　　　　　　　　（　　）

9．账户分类及计算错误、会计估计错误、漏计已经完成的交易，属于故意产生的差错。　　　　　　　　　　　　　　　　　　　　　　　　　　　　　　（　　）

10．资产负债表日后调整事项是指对资产负债表日已经存在的情况提供了新的或进一步证据的事项。　　　　　　　　　　　　　　　　　　　　　　　　（　　）

11．企业其他应收款期末余额越大越好。　　　　　　　　　　　　　　（　　）

12．企业关联方之间正常交易的，可不必进行披露。　　　　　　　　　（　　）

13．关联方交易是指关联方之间转移资源、劳务或义务的行为，而不论是否收取价款。　　　　　　　　　　　　　　　　　　　　　　　　　　　　　　（　　）

14. 任何行业都要经历一个由成长到衰退的发展演变过程，所以对企业的财务报表附注进行分析时，必须结合行业的生命周期。 （　　）

15. 企业其他应收款期末余额越大越好。 （　　）

二、单项选择题

1. 下列对会计报表的详细解释和补充说明的是（　　）。

    A．资产负债表　　　　　　　　　　B．利润表

    C．现金流量表　　　　　　　　　　D．会计报表附注

2. 因为财务报表所规定的内容具有一定的（　　），在信息披露上受到一定限制，所以需要编写财务报表附注。

    A．灵活性　　　　B．固定性　　　　C．可拓展性　　　　D．相关性

3. 财务报表附注的形式多种多样，企业可根据需要选择，如果你所在的企业要说明的内容很多，你会选择（　　）。

    A．脚注说明　　　　　　　　　　　B．备抵于附加账户

    C．尾注说明　　　　　　　　　　　D．括弧说明

4. 下列对会计报表的详细解释和补充说明的是（　　）。

    A．资产负债表　　B．利润表　　　　C．现金流量表　　D．会计报表附注

5. 一般情况下，正常经营的企业编制财务报表的基础是（　　）。

    A．清算基础　　　B．持续经营　　　C．破产基础　　　D．清算破产基础

6. 企业在会计核算过程中所采用的原则、基础和会计处理方法，是企业的（　　）。

    A．会计政策　　　B．会计估计　　　C．会计差错更正D．会计报表

7. 会计估计变更通常采用的会计处理方法是（　　）。

    A．追溯调整法　　B．未来适用法　　C．追溯重述法　　D．比率分析法

8. 由于《企业会计准则》的执行，企业按准则规定对企业会计政策进行变更，此会计政策属于（　　）。

    A．企业自愿变更　　　　　　　　　B．会计差错更正

    C．会计估计变更　　　　　　　　　D．会计政策变更

9. 按欠债时间越长，发生坏账的可能性越大的原理，计提坏账准备的方法是（　　）。

    A．直接转销法　　B．备抵法　　　　C．账龄分析法　　D．销货百分法

10. 商业承兑汇票有可能形成企业的（　　）。

    A．现实负债　　　B．预计负债　　　C．或有负债　　　D．现实义务

11. 资产负债表日至财务报表批准报出日之间发生的有利或不利事项是（　　）。

    A．资产负债表日后事项　　　　　　B．会计报表日后事项

    C．现金流量表日后事项　　　　　　D．利润表日后事项

12. 企业发生的资产负债表日后事项属于调整事项的是（　　）。

    A．资产负债表日后发现了财务报表舞弊或差错

    B．资产负债表日后发生重大诉讼、仲裁、承诺

    C．资产负债表日后资产价格、税收政策、外汇汇率发生重大变化

    D．资产负债表日后因自然灾害导致资产发生重大损失

13. 关联方交易在会计报表附注中披露的交易要素不包括(　　)。
　　A. 交易的金额　　　　　　　　B. 交易的地点
　　C. 未结算应收项目的坏账准备金额　D. 定价政策

14. (　　)是对企业的经营管理、科技开发实力、工艺设备及技术水平等方面进行的分析。
　　A. 企业分析　　　　　　　　　B. 行业分析
　　C. 宏观经济环境分析　　　　　D. 宏观经济政策分析

15. 资产负债表日至财务报表批准报出日之间发生的有利或不利事项是(　　)。
　　A. 资产负债表日后事项　　　　B. 会计报表日后事项
　　C. 现金流量表日后事项　　　　D. 利润表日后事项

三、多项选择题

1. 对财务报表附注进行分析应从(　　)等方面来进行。
　　A. 企业分析　　　　　　　　　B. 行业分析
　　C. 宏观经济环境分析　　　　　D. 宏观经济政策分析

2. 宏观经济环境分析的主要内容包括(　　)。
　　A. 经济周期变动分析　　　　　B. 经济指标变动分析
　　C. 财政政策变动分析　　　　　D. 货币金融政策变动分析

3. 财务报表附注的编制形式有(　　)。
　　A. 脚注说明　　　　　　　　　B. 备抵与附加账户
　　C. 尾注说明　　　　　　　　　D. 括弧说明

4. 在财务报表附注中应披露的会计政策有(　　)。
　　A. 所得税的处理方法　　　　　B. 借款费用的处理
　　C. 存货的毁损和过时损失　　　D. 长期待摊费用的摊销期

5. 在财务报表附注中应披露的会计政策有(　　)。
　　A. 坏账的数额　　　　　　　　B. 收入确认的原则
　　C. 所得税的处理方法　　　　　D. 存货的计价方法

6. 在财务报表附注中应披露的会计估计有(　　)。
　　A. 长期待摊费用的摊销期　　　B. 存货的毁损和过时损失
　　C. 借款费用的处理　　　　　　D. 所得税的处理方法

7. 企业对外提供的财务报表主要包括(　　)。
　　A. 资产负债表　　B. 利润表　　C. 现金流量表　　D. 会计报表附注

8. 企业应当在附注中披露会计政策变更的内容包括(　　)。
　　A. 变更的性质　　B. 变更的目的　　C. 变更的原因　　D. 变更的内容

9. 会计政策变更的会计处理方法有(　　)。
　　A. 追溯调整法　　B. 未来适用法　　C. 追溯重述法　　D. 比率分析法

10. 企业在会计报表附注中应披露的或有事项是(　　)。
　　A. 或有资产　　　B. 或有负债　　　C. 预计负债　　　D. 预计资产

11. 会计估计变更是指由于资产和负债的当前状况及预期未来经济利益和义务发生

了变化，下列属于会计估计变更的是(　　)。

    A. 固定资产折旧方法的变更　　　　B. 存货发出计价方法的变更

    C. 坏账准备计提比率的变更　　　　D. 会计法规要求变更

12. 以下属于会计差错的是(　　)。

    A. 计算错误　　　　　　　　　　　B. 应用会计政策错误

    C. 疏忽或曲解事实　　　　　　　　D. 存货、固定资产盘盈

13. 下列属于关联方的是(　　)。

    A. 一方控制另一方　　　　　　　　B. 两方共同控制另一方

    C. 一方对另一方有重大影响　　　　D. 两方共同影响另一方

14. 企业发生的资产负债表日后非调整事项通常包括(　　)。

    A. 资产负债表日后发行股票和债券以及其他巨额举债

    B. 资产负债表日后资本公积转增资本

    C. 资产负债表日后发生巨额亏损

    D. 资产负债表日后发生重大会计政策变更

15. 下列属于关联方交易披露交易要素的是(　　)。

    A. 交易的金额　　　　　　　　　　B. 定价政策

    C. 交易的性质　　　　　　　　　　D. 交易的方式

16. 按注册会计师的审计意见，可以将审计报告分为(　　)。

    A. 无保留意见审计报告　　　　　　B. 保留意见审计报告

    C. 否定意见审计报告　　　　　　　D. 无法发表意见审计报告

四、简述题

1. 财务报表附注的内容包括哪些？

2. 比较会计政策、会计估计和前期差错之间的区别。

3. 为什么说对财务报表项目注释的分析是对财务报表分析的有益补充？

4. 关联方交易和资产负债表日后事项分析可以提供哪些信息？试举例说明。

五、案例分析题

某股份有限公司某年度报告中有关应收账款的资料如表 7-45 所示。

表 7-45　某公司应收账款明细表　　　　　　　　　　单位：元

账　龄	本年度			上年度		
	金　额	坏账准备	提取率(%)	金　额	坏账准备	提取率(%)
1年以内	26 248 977.47			64 640 506.99		
1~2 年	12 578.08	3 926.92	31.22	3 958.47	1 187.54	30
2~3 年	3 500.97	2 100.58	60	64 712.15	38 827.29	60
3 年以上	30 291.07	30 291.07	100	22 392.61	22 392.61	100
合计	26 295 347.59	36 318.57	64 731 570.22	62 407.44		

要求：

(1) 计算该公司应收账款的结构，分析有无风险。

(2) 分析该公司对 1 年以内的应收账款不提坏账准备的可能原因。

第八章

财务报表
综合分析

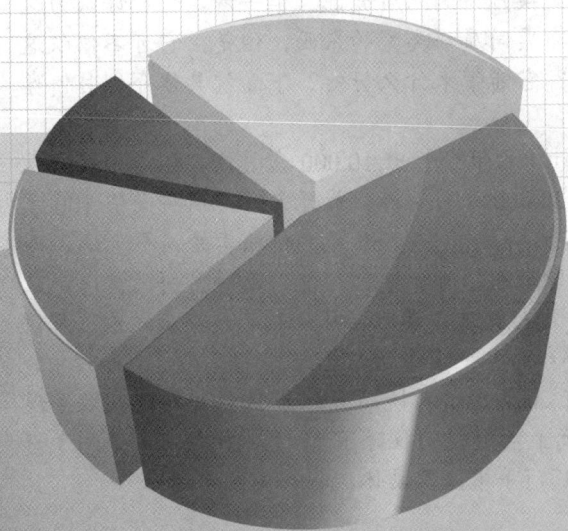

【本章内容】

对大众机械有限公司财务报表进行综合分析。

【知识目标】

(1) 掌握杜邦财务分析体系的构建方法，理解指标间的依存关系。

(2) 了解其他财务分析的基本原理和主要内容。

【技能目标】

(1) 熟练运用杜邦财务比率分析方法进行财务报表的综合分析。

(2) 熟练运用沃尔评分法评价企业的财务状况。

【案件导入】

由"月饼券"引发的思考

端午吃粽子，中秋吃月饼，这一传统已经传承了很多年，但是如今，却被商家们玩出了新的花样。近些年，每到中秋，就会发现市场上不只卖月饼，还多出了新的产品——月饼券。

月饼券，顾名思义，就是在指定商家兑换月饼的纸质凭证。乍一看，你也许认为这和几十年前计划经济时代的饭票、油票、布票同属一类型的东西，但是，它可不仅仅这么简单。月饼券的前世今生究竟是怎样的？它能带来什么好处？下面就具体介绍月饼券的流转过程。

某知名月饼厂商，根据历史经验，预计中秋节会售出 10 000 盒月饼，但是，在中秋节前十几天甚至一个月之前就开始出售约 20 000 张月饼券。最开始，厂商将面值 100 元的月饼券以 65 元的低价卖给经销商，经销商将月饼券以 80 元的价格卖给消费者 A，而消费者 A 将月饼券作为中秋节礼品送给消费者 B，消费者 B 可能缺乏对月饼的需求，从而将月饼券以 40 元的价格折价卖了黄牛进行兑现，最后在月饼券的到期日之前，月饼厂商以 50 元价格回收月饼券，这样，月饼券的整个生命历程已经走完。在这个过程中，我们可以发现，经销商赚了 15 元，消费者 A 送出了人情，消费者 B 通过折现获取了现金 40 元，黄牛通过变卖赚了 10 元，而厂商最后通过回收赚了 15 元，每个人都得到了好处，月饼没有生产，最后月饼券也回到了厂商手中。其具体流程如图 8-1 所示。

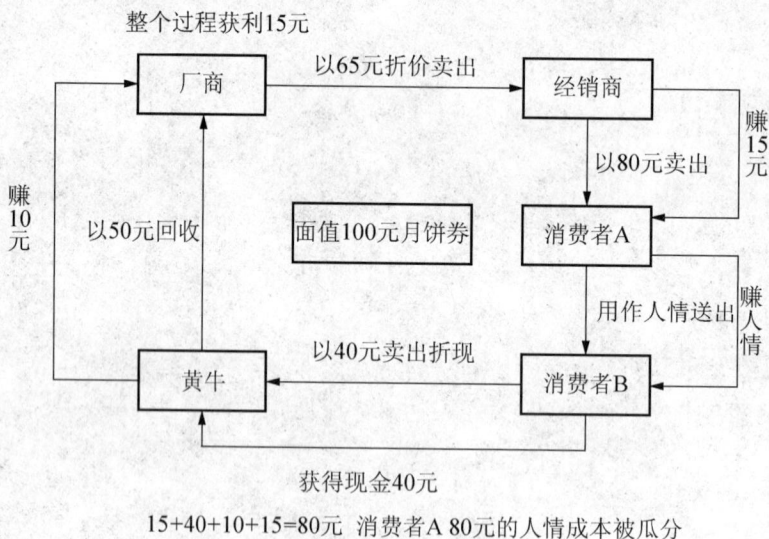

图 8-1　月饼券流程图

从图 8-1 中可以看出，这一过程中重点的几点：一是发行的月饼券的数量是大于实际的市场需求量的，利用多余的数量寻求纯资本运作，以获取差价；二是月饼券的定价利润空间大，它要能保证月饼券在经过一系列的流通之后，用于回收的价格是高于当初折价卖出的价格。

月饼券的整个流转过程，厂商并没有卖出实实在在的月饼，而其中的参与者可以获得相应的好处，月饼券代表的仅仅是以一个相对较低的价格购买月饼的权利，在市场上交易的正是这种购买权，而实质上，月饼已经演变成了一种"期货类的金融商品"，其中的厂商、经销商、黄牛市场参与者，购买的月饼券实质上是一种看涨期权，认为其下游消费者会出一个更高的价格去购买月饼券，从而获取价差。在这个过程中，就包含了企业财务成本管理中非常重要的内容——期权理论和资产证券化。

第一节　详细解读财务报表并进行综合分析

财务报表综合分析是将各项财务指标作为一个整体，系统、全面、综合地对企业财务状况和经营情况进行剖析和评价，说明企业整体财务状况和效益的好坏。财务报表综合分析的最终目的在于全面、准确、客观地揭示企业的财务状况、经营成果和现金流量，从而对企业的经济效益做出合理评价。如果仅仅计算几个财务比率，并不足以反映整体的、全面的、系统的状况，也难以对企业做出正确的评价，必须将各种不同的报表、不同指标的分析融为一体，才能总体把握企业的财务状况、经营成果和现金流量的优劣。因此，财务报表综合分析是财务分析的一个重要环节。

【课堂活动 8-1】

主题：对大众机械有限公司财务报表进行综合分析

活动形式：

(1) 个人独立完成的内容：每位同学下面所列示的内容 1~4 项，1 个课时。

(2) 以小组形式完成的内容：下面所列示的内容第 5 项，1 个课时。

(3) 以全体形式完成的内容：下面所列示的内容第 6~8 项，推选 6~8 名发言人，向全体汇报演讲，综合分析大众公司财务报表，2 个课时。

活动内容及要求：

(1) 绘制大众公司简略利润表和简略资产负债表。

(2) 写出 2015 年和 2014 年以下指标的计算过程：①权益乘数；②资产负债率；③总资产净利率；④销售净利率；⑤总资产周转率；⑥净资产周转率。

(3) 画出 M 公司的杜邦财务分析指标表。

(4) 计算及列示出大众公司主要财务指标和辅助财务指标。

(5) 讨论。以小组为单位进行，各组可以站在各自不同角度，逐项分析杜邦财务指标，各项指标数据比重，对杜邦财务分析体系综合性掌握。全面评价大众公司在 2014—2015 年间财务状况和经营成果，提出问题和改进意见；并推选发言人做好准备向全班做分析演讲。

(6) 向全班做评价演说。

(7) 汇报演讲分成若干专题，演讲后回答问题，汇报演讲专题如下：

① 财务报表综合分析的意义和特点；

② 财务报表综合分析的方法及杜邦财务分析体系概述；

③ 杜邦财务分析体系指标的分解 1——净资产收益率的分解；

④ 杜邦财务分析体系指标的分解 2——销售净利率、总资产周转率、财务杠杆的分析；

⑤ 杜邦财务分析的作用——评价企业的营运能力、评价企业的盈利能力；

⑥ 用杜邦分析体系分析评价大众公司；

⑦ 用沃尔评分法分析评价大众公司；

⑧ 财务报表附注、附表及有关资料的分析。

(7) 演讲细则：

① 事先准备详案，包括图表、计算推导过程，制作 PPT，汇报完成后交上演讲稿；

② 概述专项分析的内容，如名称、相关概念、涉及的报表项目、侧重反映的是哪方面的解析内容等；

③ 详解该项分析的金额、数据来源、分析目的、计算方法、计算过程、要强调的问题等，要做到：以角色的立场概述与计算相结合；定性与定量相结合；文字与图表相结合；充分利用多媒体；

④ 介绍综合分析中有哪些技巧、需要注意的方面等；

⑤ 简要归纳对这个实训课题的体会。

(8) 演讲时间：10～15 分钟。

第二节　财务报表综合分析

财务报表综合分析建立在全面掌握财务报表分析方法之上，根据具体企业报表数据和内容，抓住重点，全面计算财务比率指标及相关数据，主要计算指标和评价体系是"杜邦分析法"和"沃尔评分法"。根据同学们的汇报演讲，对财务报表综合分析进行详细归纳及补充。

一、财务报表综合分析的意义

所谓财务报表综合指标分析，就是将企业的营运能力、偿债能力、获利能力和发展能力指标等诸方面纳入一个有机的整体之中，全面地对企业的经营状况、财务状况进行揭示和披露，从而对企业经济效益的优劣做出准确评价与判断。

(1) 综合分析是在解读资产负债表、利润表、现金流量表和所有者权益变动表之后，对企业的偿债能力、盈利能力、营运能力、发展能力等方面进行分析的基础上，将上述各项财务分析指标作为一个整体，系统、全面、综合地对企业的财务状况和经营情况进行剖析、解释和评价，说明企业整体经营状况、财务状况和效益的好坏。

(2) 财务报表分析的目的在于全方位地揭示企业经营理财的状况，进而评价企业的经济效益，并对未来的经营做出预测和指导。

(3) 将企业的偿债能力、营运能力、盈利能力及发展趋势等各项分析指标有机地联系起来，作为一个完整的体系，相互配合使用，才能对企业的财务状况做出系统的综合评价。

二、财务报表综合分析的特点

综合财务分析是相对于财务报表单项分析而言的，与单项分析相比较，综合财务分析具有以下特点。

1. 分析方法不同

单项分析是将财务活动的总体分解为各个具体部分，对财务状况和经营成果以及现金流量的某一个方面做出判断和评价；而综合分析则是从总体上做出归纳和综合，反映企业某个时期财务活动的本质。单项分析是综合分析的基础，综合分析是单项分析的总结和概括。

2. 分析重点和基准点不同

单项分析的重点和比较基准是财务计划、财务标准以及相关理论，每个指标代表某一个方面的状况；而综合分析的重点和基准点是企业的总体发展趋势，综合分析强调主要指标，强调抓主要矛盾。

3. 分析的目的不同

单项分析侧重某一个方面，有针对性地找出企业某方面存在的问题，并提出改进建议；而综合分析则是全面评价的财务状况、经营成果、现金流量以及所有者权益变动情况，并提出全局性的改进意见。

综合分析与单项分析的异同点如表 8-1 所示。

表 8-1　综合分析与单项分析的异同点

差 异 点	单项分析	综合分析
分析的方法不同	具有实务性和实证性	具有高度的抽象性和概括性
分析的重点和基准不同	财务计划、财务理论标准 不考虑各指标间关系	整体发展趋势 考虑各主辅指标本质联系、相互配合和层次关系
分析的目的不同	针对某一方面	全面评价

三、财务报表综合分析的方法

财务报表综合分析主要有以下几种方法。本章重点介绍杜邦财务分析法和沃尔评分法。

1. 杜邦财务分析法

这种分析方法由美国著名的化学品生产商杜邦公司首先使用，故称为杜邦财务分析体系，又称为杜邦财务分析法。杜邦财务分析法是利用几种主要财务指标之间的内在联系，对企业财务状况及经济效益进行综合分析评价的一种财务分析方法，也是目前对企业进行综合分析时最常用的一种方法。

2. 沃尔评分法

这种分析方法由亚历山大·沃尔在他出版的《信用晴雨表》《财务报表比率分析》中提出，该方法是选定若干个财务比率，按其重要程度，给定一个重要性系数，总和为 1。

然后将计算比率与标准比率相比较，以此判定企业财务状况的优劣，所以这一方法又称为沃尔比重评分法。

3. 雷达图分析法

雷达图分析法是日本企业界首先采用的对企业综合实力进行评估的一种财务状况综合评价方法。该方法是从企业的生产性、安全性、收益性、成长性和流动性五个方面，对企业财务状态和经营现状进行直观、形象的综合分析与评价的图形。因其形状如雷达的放射波，而且具有指引经营"航向"的作用，故而得名。其具体内容如图8-2所示。

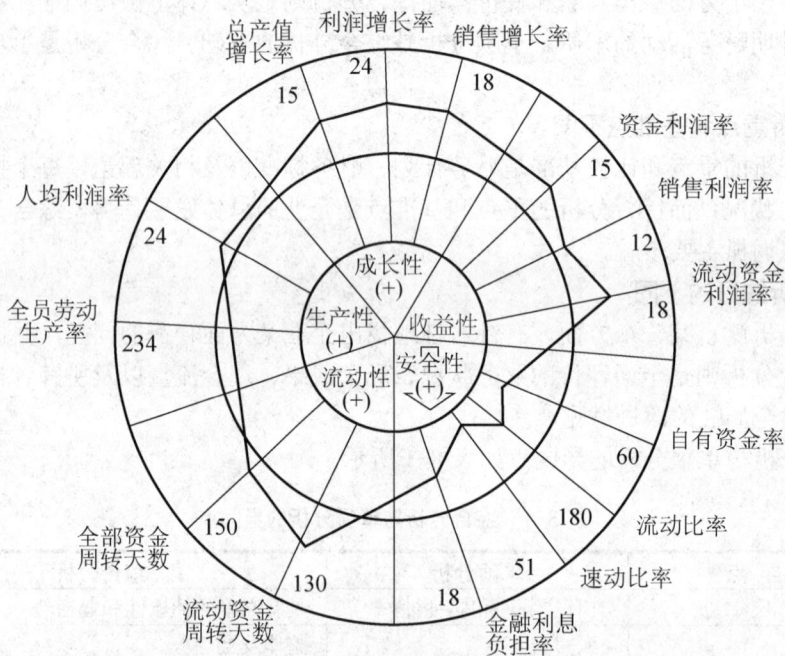

图8-2　雷达图分析法

4. 财务预警分析法

该分析方法是建立在"危机是企业不可避免的"理念之上的，所以该方法首先是树立危机意识，然后做好日常预防工作，最后建立财务危机预警系统。财务危机预警有两个基本模式：单一财务比率模式和多元线性函数模型。

四、杜邦财务分析体系

杜邦财务分析体系，又称杜邦分析法，是以盈利能力为企业的核心能力，以净资产收益率为核心财务指标，根据盈利能力比率、资产管理比率和债务管理比率三者之间的内在联系，对企业的财务状况和经营成果进行综合、系统的分析和评价的一种方法。

1. 分析的思路

杜邦财务分析体系是一种分解财务比率的方法，从所有者的角度出发，将综合性最强的净资产收益率(或权益净利率)分解，利用各主要财务比率指标间的内在有机联系，对企业财务状况及经济效益进行综合系统分析评价。它把销售净利率、资产周转率和财务杠杆结合起来，说明净资产收益率的变化。即该体系以净资产收益率为龙头，以资产净利率和权益乘数为核心，重点揭示企业获利能力及权益乘数对净资产收益率的影响，以及各指标间的相互作用关系。该体系层层分解至企业最基本生产要素的使用、成本与费用的构成和企业风险，揭示指标变动的原因和趋势，满足经营者通过财务分析进行绩效评价的需要，在经营目标发生异动时能及时查明原因并加以修正，有助于深入分析及比较公司的经营业绩。提供分析指标变化原因和变动趋势的方法，并为今后采取的改进措施提供方向。

2. 指标分解原理

杜邦财务分析体系将净资产收益率层层细化，从纯财务的角度构建了一套企业业绩考核和评价体系。核心指标是净资产收益率(权益净利率)，体系构架指标有销售净利率、总资产周转率、权益乘数。如下财务比率指标如图 8-3 所示。

$$权益净利率 = \frac{净利}{平均净资产} = \frac{净利}{销售收入} \times \frac{销售收入}{总资产} \times \frac{总资产}{平均净资产}$$

$$权益净利率 = 销售净利率 \times 资产周转率 \times 权益乘数$$

$$权益乘数 = \frac{总资产}{平均净资产} = 1 \div (1 - 资产负债率)$$

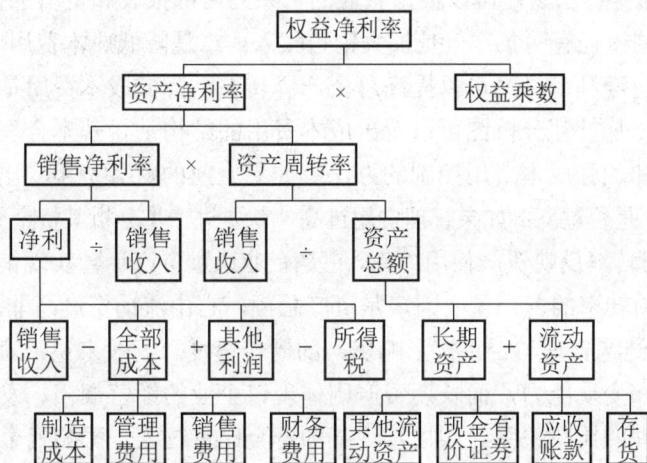

图 8-3　杜邦图

图 8-3 表达出了杜邦体系的框架，包含以下内容。

(1) 核心指标：净资产收益率(权益净利率)。

(2) 决定因素：①总资产净利率；②权益乘数。

(3) 指标数据来源：资产、收入、费用、利润，以及企业的资本结构。

3. 杜邦财务分析指标的分解及应用

1) 净资产收益率的分解

净资产收益率=净利润÷净资产

$$=销售净利率×总资产周转率×权益乘数$$

其中

销售净利率=净利润÷销售净额

总资产周转率=销售净额÷总资产

权益乘数=总资产÷净资产=1÷(1-资产负债率)

注：此处的资产负债率中的资产与负债均用平均数算(年初与年末的平均数)。

(1) 总资产净利率反映了企业全部资产的创利能力，是影响净资产收益率的关键指标，其本身也是一个综合性的指标。总资产净利率同时受到销售净利率和总资产周转率的影响。销售净利率和总资产周转率越大，则总资产净利率越大；而总资产净利率越大，则净资产收益率越大，反之亦然。

(2) 销售净利率反映盈利能力，其高低取决于企业实现的销售收入和企业净利润的关系。企业的净利润是其销售收入扣除了有关成本费用的部分，它的高低取决于销售收入和成本总额的高低。因此，销售净利率的分析，需要从销售收入和销售成本两个方面进行。这个指标可以分解为销售成本率、销售其他利润率和销售税金率。销售成本率还可进一步分解为毛利率和销售期间费用率。深层次的指标分解可以将销售利润率变动的原因定量地揭示出来，如售价、成本或费用的高低等，进而分析投入付出和产出回报的关系，为企业决策服务。当然还可以根据企业的一系列内部报表和资料进行更详尽的分析。提高销售净利率的途径有两条：一是扩大销售收入；二是降低成本费用。扩大销售收入，既有利于提高销售净利率，又可以提高总资产周转率；降低成本费用是提高销售净利率的一个重要因素，从杜邦分析图可以看出成本费用的结构是否基本合理，从而找出降低成本费用的途径和加强成本费用控制的办法。如果企业的财务费用支出过高，就要进一步分析其负债比率是否过高；如果管理费用过高，就要进一步分析其资金周转情况等。

(3) 总资产周转率反映资产使用效率，它是企业通过资产运营实现销售收入能力的指标。影响总资产周转率的一个重要因素是资产总额，它由流动资产与非流动资产(长期资产)组成。它们的结构合理与否直接影响资产的周转速度。一般来说，流动资产直接体现企业的偿债能力和变现能力，而长期资产则体现该企业的经营规模、发展潜力。两者之间应保持一种合理的比率关系。如果发现某项资金比重过大，影响资金周转，就应深入分析原因。如企业持有的货币资金超过业务需要，就会增加资金的沉淀，影响企业的盈利能力；而企业占有过多的存货和应收账款，则既会影响获利能力，又会影响偿债能力。因此，除了对资产的各构成部分从占用量上是否合理进行分析外，还可以通过对流动资产周转率、存货周转率、应收账款周转率等有关资产组成部分使用效率的分析，判明影响资金周转的问题出在哪里，资产构成存量是否有问题。

(4) 权益乘数实质上代表了企业的融资结构，表明企业的负债程度，受资产负债率影响。权益乘数的高低，反映负债程度，负债比率越大，权益乘数越高，说明企业负债程度上升，给企业带来较多的杠杆利益，同时也提高了风险。

权益乘数对净资产收益率具有倍率影响，反映了财务杠杆对利润水平的影响。财务杠杆具有正反两个方面的作用。在收益较好的经营周期，它可以使股东获得的潜在报酬增加，但股东要承担因负债增加而引起的风险；在收益不好的经营周期，则可能使股东潜在的报酬下降。当然，从投资者角度而言，只要资产报酬率高于借贷资本利息率，负债比率越高越好。企业的经营者则应审时度势，全面考虑，在做出借入资本决策时，必须充分估计预期的利润和增加的风险，在二者之间权衡，从而做出正确决策。在资产总额不变的条件下，适度开展负债经营，可以减少所有者权益所占的份额，达到提高净资产收益率的目的，并最终不断把企业做大，促进企业成长，拓宽企业发展空间。

2) 销售净利率的分解

通过分析销售净利率可以对企业的经营损益进行一系列的分析，发现经营活动中存在的问题，为进一步提高企业盈利水平提供决策依据。

(1) 计算销售产品的毛利率，分析企业是否具有产品成本的竞争优势。

(2) 计算成本利润率，分析企业是否具有产品创利能力。

(3) 计算期间费用占收入比重，分析企业费用对盈利的影响能力。

(4) 计算营业利润占利润总额的比重，分析企业主营业务利润对利润的贡献程度。

(5) 计算费用与成本比例与结构，分析企业耗费构成。

3) 总资产周转率的分解

通过分析总资产周转率可以对企业资产投资效率做进一步的分析，体现企业在一定时期内资产营运的效率和效果。

(1) 计算总资产周转率，分析企业资产创造营业收入的能力，可以看出资产的总体营运效率。

(2) 计算流动资产及非流动资产的周转率，分析两类资产各自的营运效率。

(3) 计算应收账款周转率，分析企业对应收账款的规模控制能力和变现能力。

(4) 计算存货周转率，分析企业对存货的规模控制能力和销售转化能力。

(5) 计算其他单项资产对销售收入的贡献程度。

4) 财务杠杆的分解

以资产负债率为核心，对企业负债结构的分析，可以反映企业在一定时期内的偿债能力。

(1) 计算资产负债率，分析企业总体的负债水平。

(2) 计算流动比率，分析企业是否具有流动资产保障流动负债的能力。

(3) 计算速动比率，分析企业以高流动性资产保障流动负债的能力。

(4) 计算利息保障倍数，分析企业以盈利现金流偿付债务利息的能力。

(5) 计算短期债务与长期债务的比例，分析企业因偿还债务对现金流的压力。

5) 利润留存率的分解

以利润留存率为核心，可以展开融资与股利政策的分析，可以反映股利政策对企业预期业绩的影响。

(1) 计算利润留存率，分析企业总体以留存利润进行内部融资的水平。

(2) 计算在一定的负债权益结构下，分析企业负债增量能力。

(3) 计算在预期的销售增长率下，分析企业内源融资支持业务增长能力。

(4) 计算在预期的销售增长率下，分析企业外源融资的数量与比例。

(5) 计算利润留存对所有者权益的贡献度。

(6) 净资产收益率是企业财务价值分析的核心。

净资产收益率反映了企业权益投资的综合盈利能力，可以在不同规模、不同业务类型的企业比较投资价值，并分析基于长期价值的公司成长能力取决于净资产收益率的状况及变化趋势。

4. 杜邦财务分析的作用

财务分析作为财务报告的基础，是评价财务指标、衡量经营业绩的重要依据，对企业一定期间的财务报表数据利用杜邦分析体系进行进一步的加工、整理、比较、分析、解释和评价企业财务状况是否健全，经营成果是否优良，通过分析数据发现企业管理中存在的问题和经营面临的困难，为财务预测、决策和计划提供有用信息，减少了我们对预感、猜测和直觉的依赖，减少决策的不确定性，挖掘潜力，改进工作。它是实现理财目标的重要手段和合理实施投资决策的重要步骤。

1) 利用杜邦财务分析可以评价企业资产的营运能力

在杜邦财务分析体系中，总资产周转率是综合评价企业全部资产经营质量和资产利用效率的重要指标，反映企业单位资产创造的销售收入，体现企业在一定期间全部资产从投入到产出周而复始的流转速度。其计算公式为：

$$总资产周转率=销售净额÷总资产$$

企业的总资产周转率又可分解为流动资产周转率和固定资产周转率两部分。其中，流动资产周转率越高，资产周转速度就越快，能够相对节约流动资金投入，增强企业的盈利能力，提高企业的短期偿债能力。如果周转速度过低，会形成资产的浪费，使企业的现金过多地占用在存货、应收账款等非现金资产上，变现速度慢，影响企业资产的流动性及偿债能力。

流动资产周转率比较高，说明企业在以下四个方面全部或某几项做得比较好：快速增长的销售收入；合理的货币资金存量；应收账款管理比较好、货款回收速度快；存货周转速度快。

固定资产周转率比较高，表明企业固定资产投资得当，固定资产结构合理，能够充分发挥效率；反之，则表明固定资产使用效率不高，提供的生产成果不多，企业的营运能力不强。因此，在固定资产管理中，一是要注意控制固定资产的规模，规模太大会造成设备闲置，形成资产浪费；而规模过小，又表明企业生产能力小，形不成规模效益。二是要注意控制生产经营用和非生产经营用的固定资产结构，主次得当，才能最大限度地发挥资产的作用。

总之，在企业盈利能力较高的前提下，通过适当地降低产品售价，提高销售量，加快资金的周转速度，从而提高企业的总资产周转率和盈利能力；在企业资产规模不变、生产效率不变的情况下，通过提高产品销售价格，增加销售收入，可以提高企业总资产周转率；企业通过处置闲置的固定资产，减小资产规模，也会提高企业的总资产周转率；在企业资产规模不变时，通过提高生产效率，提高产能利用率，从而达到提高企业总资产周转率的目的。

【练习】

资金周转与盈利能力关系如图 8-4 所示。

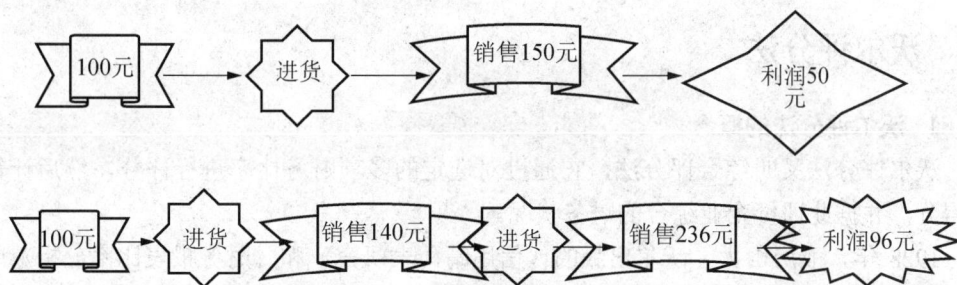

图 8-4 资金周转与盈利能力关系

A. 假定权益乘数不变。

B. 销售净利率从 50% 下降到 40%。

C. 总资产周转率从 1 提高到 2。

D. 由于薄利多销，增加资金周转 1 次，就多增加 46 元利润。

该例用杜邦财务分析示例如图 8-5 所示。

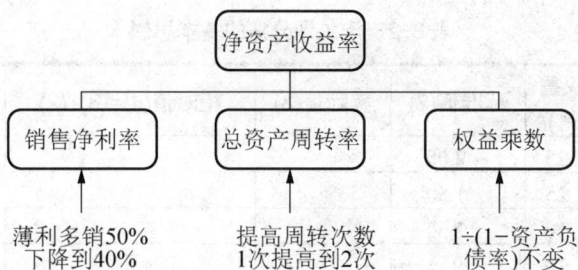

图 8-5 该例用杜邦财务分析示例

虽然企业销售净利率由 50% 下降到 40%，但是由于采取薄利多销的方式加快资产的周转，使资产周转次数增加 1 次，就为企业多增加 46 元的利润，提高了企业的净资产收益率，企业的营运能力也得到了有效提高。

2) 利用杜邦财务分析可以评价企业资产的盈利能力

净资产收益率是综合评价企业投资者投入企业的资本获取净收益的能力，反映企业持续收益的能力。其计算公式为：

$$净资产收益率 = 净利润 \div 净资产$$

该指标如果持续增长，说明企业的盈利能力持续提高；如果该指标降低，可能并非是企业的盈利减少影响，而可能是由于其他的一些相关因素导致该指标降低，如增发股票、接受捐赠等企业经营业绩的最终反映，是偿债能力、营运能力、获利能力综合作用的结果。它是评价企业资本经营效益的核心指标，该指标在我国评价上市公司业绩综合指标的排序中居于首位，一般认为，企业净资产收益率越高，企业的运营效益越好，对投资者、债权人的保证程度就越高。对该指标的综合对比分析，可以看出企业获利能力在同行中所处的地位以及与同类企业的差异水平。

五、沃尔评分法

1. 沃尔评分法的概念

沃尔评分法又叫综合评分法，它通过对选定的多项财务比率进行评分，然后计算综合得分，并据此评价企业综合的财务状况。

1928 年，亚历山大·沃尔出版的《信用晴雨表研究》和《财务报表比率分析》中提出了信用能力指数的概念，他选择了 7 个财务比率，即流动比率、产权比率、固定资产比率、存货周转率、应收账款周转率、固定资产周转率和自有资金周转率，分别给定各指标的比重，然后确定标准比率(以行业平均数为基础)，将实际比率与标准比率相比，得出相对比率，将此相对比率与各指标比重相乘，得出总评分。他提出了综合比率评价体系，把若干个财务比率用线性关系结合起来，以此来评价企业的财务状况。

2. 沃尔评分法的基本思想

沃尔评分法的基本思想如表 8-2 所示。

表 8-2　沃尔评分法的基本思想

财务比率	权重(1)	标准值(2)	实际值(3)	相对值(4)=(3)÷(2)	评分(5)=(1)×(4)
流动比率	25	2.00			
净资产/负债	25	1.50			
资产/固定资产	10	2.50			
销售成本/存货	10	9			
销售额/应收账款	10	6			
销售额/固定资产	10	4			
销售额/净资产	10	3			
合计	100				

3. 沃尔评分法的基本步骤

沃尔评分法是指将选定的财务比率用线性关系结合起来，并分别给定各自的分数比重，然后通过与标准比率进行比较，确定各项指标的得分及总体指标的累计分数，从而对企业的信用水平做出评价的方法。

1) 选择评价指标并分配指标权重

盈利能力的指标：资产净利率、销售净利率、净值报酬率。

偿债能力的指标：自有资本比率、流动比率、应收账款周转率、存货周转率。

发展能力的指标：销售增长率、净利增长率、资产增长率。

按重要程度确定各项比率指标的评分值，评分值之和为100。

三类指标的评分值约为5∶3∶2，盈利能力指标三者的比例约为2∶2∶1，偿债能力指标和发展能力指标中各项具体指标的重要性大体相当。

2) 确定各项比率指标的标准值，即各指标在企业现时条件下的最优值

3) 计算企业在一定时期各项比率指标的实际值

资产净利率=净利润÷资产总额×100%

销售净利率=净利润÷销售收入×100%

净值报酬率=净利润÷净资产×100%

自有资本比率=净资产÷资产总额×100%

流动比率=流动资产÷流动负债

应收账款周转率=赊销净额÷平均应收账款余额

存货周转率=产品销售成本÷平均存货成本

销售增长率=销售增长额÷基期销售额×100%

净利增长率=净利增加额÷基期净利×100%

资产增长率=资产增加额÷基期资产总额×100%

4) 形成评价结果

沃尔评分法的公式为：

实际分数=实际值÷标准值×权重

当实际值>标准值为理想时，此公式正确；

但当实际值<标准值为理想时，实际值越小得分应越高，用此公式计算的结果却恰恰相反；

另外，当某一单项指标的实际值畸高时，会导致最后总分大幅度增加，掩盖情况不良的指标，从而给管理者造成一种假象。

4. 沃尔评分法的优缺点

沃尔评分法为综合评价企业的财务状况提供了一种非常重要的思路，即将分散的财务指标通过一个加权体系综合起来，使得一个多维度的评价体系变成一个综合得分，这样就可以用综合得分对企业做出综合评价。这种方法虽然简单易用、便于操作，但它在理论上存在一定缺陷，它未能说明为什么选择了这 7 项比率，而不是更多或者更少，或者选择其他财务比率，也未能说明各个财务比率所占权重的合理性，以及比率的标准值是如何确定的。

课堂活动 8-1 工作底稿示例

大众机械有限公司财务综合分析

(一) 杜邦财务分析应用

大众公司利润表、资产负债表和杜邦财务分析指标表如表 8-3 至表 8-5 所示。

表 8-3　大众公司简略利润表　　　　　　　　　　　　　单位：元

序　号	项　目	2015 年	2014 年
1	销售收入	783 027 975	618 087 467
2	成本总额	715 658 740	564 042 917
3	其中：营业成本	633 224 765	500 938 949
4	销售费用	46 719 056	28 541 170
5	管理费用	28 325 883	28 921 141
6	财务费用	7 389 036	5 641 657
7	投资收益	-4 117 709	180 787
8	销售利润	57 497 390	50 987 312
9	其他利润	3 752 892	184 994
10	税前利润	61 250 283	51 172 307
11	应交税费	15 943 185	15 762 208
12	净利润	47 857 818	37 163 222

表 8-4　大众公司简略资产负债表　　　　　　　　　　　单位：元

序　号	项　目	2015 年	2014 年
1	流动资产	418 359 069	240 678 401
2	固定资产	150 780 119	89 871 411
3	其他资产	74 441 270	13 198 679
4	资产总计	643 580 458	343 748 491
5	流动负债	229 729 332	208 053 519
6	长期负债	800 000	16 833 110
7	负债总计	230 529 333	224 886 629
8	所有者权益	413 051 126	118 861 862

表 8-5　大众公司杜邦财务分析指标表

序　号	指标(值)	2015 年	2014 年
1	净资产收益率(%)	11.59	31.27
2	权益乘数	1.56	2.89
3	资产负债率(%)	35.82	65.42
4	总资产净利率(%)	7.44	10.81
5	销售净利率(%)	6.11	6.01
6	总资产周转率(%)	121.67	179.81

从表 8-3、表 8-4 以及表 8-5 可以看出，大众机械有限公司 2015 年净资产收益率比 2014 年降低近 20 个百分点，主要是本年度增发股票，净资产增长 3 倍多，而净利润只比 2014 年增长 0.25 倍；销售收入及利润总额同步增长，销售净利率持平；固定资产增加 1 倍多，导致总资产周转率比 2014 年下降了 50 个百分点；负债基本持平，由于资产大幅增长，致使资产负债率由 2014 年的风险结构，转变为保守结构，大大降低了财务风险。从目前指标来看，该公司正处于高速增长中，资产负债率在一个合理的水平。

根据上述资料，利用杜邦财务分析比率法对大众公司进行综合财务分析如图 8-6 所示。

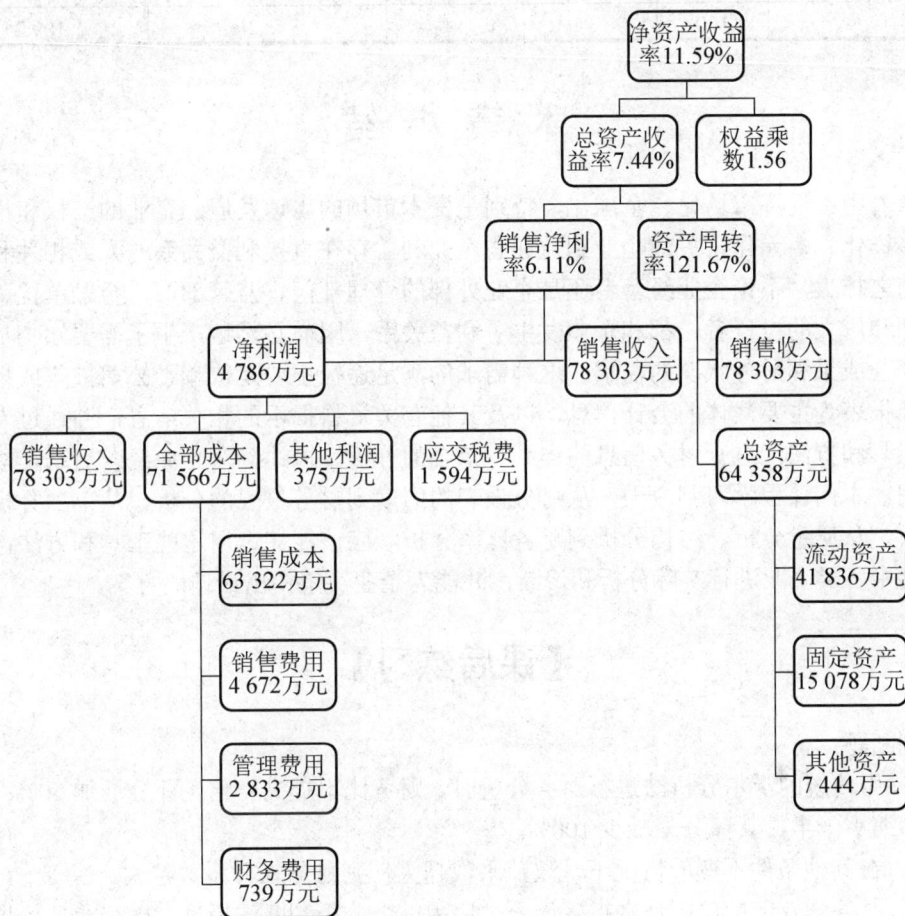

净资产收益率11.59%

总资产收益率7.44%　　权益乘数1.56

销售净利率6.11%　　资产周转率121.67%

净利润 4 786万元　　销售收入 78 303万元　　销售收入 78 303万元

销售收入 78 303万元　全部成本 71 566万元　其他利润 375万元　应交税费 1 594万元　　总资产 64 358万元

销售成本 63 322万元

销售费用 4 672万元

管理费用 2 833万元

财务费用 739万元

流动资产 41 836万元

固定资产 15 078万元

其他资产 7 444万元

图 8-6　大众公司杜邦财务分析详图

(二) 用沃尔评分法对大众公司进行综合评分

大众公司沃尔评分指标表如表 8-6 所示。

从表 8-6 可以看出，该公司得分为 109.2 分，分数越高，企业价值越好，表明公司的财务状况比较好。但值得注意的是，除产权比率、固定资产比率、应收账款周转率、固定资产周转率的相对比率大于 1 外，其余如流动比率、存货周转率、所有者权益周转率均小于 1，小于 1 的财务比率应是公司关注的重点。

表 8-6　大众公司沃尔评分指标表

财务比率	权重(1)	标准值(2)	实际值(3)	相对值(4)=(3)÷(2)	评分(5)=(1)×(4)
流动比率	25	2.00	1.82	0.91	22.75
净资产/负债	25	1.50	1.79	1.19	29.75
资产/固定资产	10	2.50	4.27	1.71	17.1
销售成本/存货	10	9	4.75	0.53	5.3
销售额/应收账款	10	6	6.41	1.07	10.7
销售额/固定资产	10	4	5.19	1.73	17.3
销售额/净资产	10	3	1.90	0.63	6.3
合计	100				109.2

本 章 小 结

随着中国经济市场化、全球化，特别是资本市场的飞速发展，企业的产权和投资出现了多样化、多元化，关注企业利益和与企业利益存在直接利益关系的人或相关利益集团也随之扩大，不论企业经营者还是企业外部的管理部门、监管部门、金融单位、证券分析师和广大的投资者，都和企业发生了利益关系，因而必然地产生了需要知晓与理解企业经营成果和财务状况的需求。这种需求的满足途径主要是依赖于公司披露或报告的以会计报表为主要载体的会计信息，以及其他有关资料揭示的相关信息，并通过专门的分析工具和方法，进行财务信息的详细和综合的分析，以达到对企业经营活动全貌的正确认识。本门课程学习到今天，从财务报表的阅读到财务报表的分析，从单项分析到综合分析，从质量分析、结构分析到财务比率分析，应该能够运用这些工具和方法，对经济社会中各类企业进行实际分析和诊断，并能为企业决策提出最佳的方案。

【课后练习】

一、判断题

1．用传统的沃尔分析法进行财务分析时，财务比率提高一倍，评分增加 50%；而财务比率缩小一半，其评分却减少 100%。　　　　　　　　　　　　　　　（　　）

2．在其他条件不变的情况下，权益乘数越大，则财务杠杆系数越大。　（　　）

3．财务绩效定量评价基本指标计分是运用综合分析判断法原理，以企业评价指标实际值对照企业所处行业标准值，按照既定的计分模型进行定量测算。　　　（　　）

4．流动资产周转率属于财务绩效评价中评价企业资产质量的基本指标。（　　）

5．杜邦分析法的最核心指标是净资产收益率。　　　　　　　　　　　（　　）

6．产权比率为 3/4，则权益乘数为 4/3。　　　　　　　　　　　　　　（　　）

7．沃尔分析法和杜邦分析法都没考虑非财务指标。　　　　　　　　　（　　）

8．在总资产利润率不变的情况下，资产负债率越高，净资产收益率越低。（　　）

面向十二五高职高专会计专业规划教材

二、单项选择题

1. 权益净利率在杜邦分析法中是个综合收入水平最强、最具有代表性的指标，通过对系统的分析可知，提高权益净利率的途径不包括(　　)。

    A. 加强销售管理，提高营业净利率

    B. 加强资产管理，提高其利用率和周转率

    C. 加强负债管理，降低资产负债率

    D. 加强负债管理，提高产权比率

2. 在沃尔评分法中不包括的指标是(　　)。

    A. 应收账款周转率   B. 存货周转率

    C. 流动比率   D. 净资产收益率

3. 产权比率与权益乘数的关系是(　　)。

    A. 产权比率×权益乘数=1

    B. 产权比率+权益乘数=1

    C. 产权比率+1=权益乘数

    D. 权益乘数=1÷(1-产权比率)

4. 综合绩效评价是综合分析的一种，一般是站在(　　)主体的角度进行的。

    A. 企业所有者   B. 企业债权人

    C. 企业经营者   D. 政府

5. 下列指标中属于反映企业经营增长状况的指标是(　　)。

    A. 已获利息倍数   B. 技术投入比率

    C. 利润现金保障倍数   D. 资本收益率

6. 下列各项中可能导致企业资产负债率变化的经济业务是(　　)。

    A. 收回应收账款

    B. 用现金购买债券

    C. 接受所有者投资转入的固定资产

    D. 以固定资产对外投资(按账面价值作价)

三、多项选择题

1. 下列分析方法中属于财务综合分析方法的有(　　)。

    A. 因素分析法   B. 沃尔分析法

    C. 杜邦分析法   D. 雷达图分析法

2. 影响净资产收益率的因素有(　　)。

    A. 营业净利率   B. 资产负债率

    C. 流动负债与长期负债的比率   D. 资产周转率

3. 原始意义上的沃尔分析法的缺陷有(　　)。

    A. 选定的指标缺乏证明力

    B. 不能确定总体指标的比重

    C. 不能对企业的作用水平做出评价

    D. 指标严重异常时，对总评分产生不合理逻辑的重大影响

4. 下列各项中，可能直接影响企业净资产收益率指标的措施有(　　)。

A. 提高营业净利率 　　B. 提高资产负债率

C. 提高总资产周转率 　　D. 提高流动比率

5. 财务绩效定量评价是指对企业一定期间(　　)方面进行的定量对比分析和评判。

A. 盈利能力状况 　　B. 资产质量状况

C. 债务风险状况 　　D. 经营增长状况

四、计算分析题

某公司某年年末资产负债表如表 8-7 所示。

表 8-7　资产负债表

资产负债表

编制单位：某公司　　　　　　　20××年 12 月 31 日　　　　　　　单位：万元

项　目	年 末 数	年 初 数	项　目	年 末 数	年 初 数
货币资金	90	100	流动负债合计	300	450
应收账款净额	180	120	长期负债合计	400	250
存货	360	230	负债合计	700	700
流动资产合计	630	450	所有者权益合计	700	700
固定资产合计	770	950			
总计	1 400	1 400	总计	1 400	1 400

该公司上年度营业净利率为 16%，总资产周转率为 0.5 次，权益乘数为 2.2，净资产收益率为 17.6%。本年度营业收入为 840 万元，净利润总额为 117.6 万元。

要求：

(1) 计算本年度年末速动比率、资产负债率和权益乘数。

(2) 计算本年度总资产周转率、营业净利率和净资产收益率。

(3) 利用连环替代分析营业净利率、总资产周转率和权益乘数变动对净资产收益率的影响。

第九章

财务分析
报告的编写

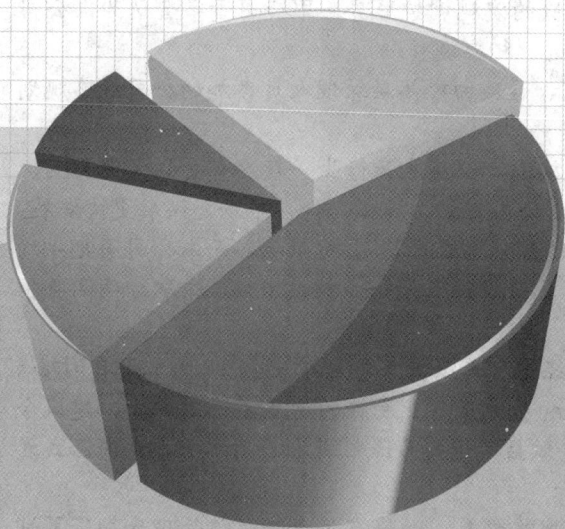

【本章内容】

在综合分析的基础上，介绍如何编写一篇上乘的财务分析报告。

【知识目标】

(1) 掌握财务分析报告的格式、内容及基本要求。

(2) 掌握财务分析报告应做好的日常工作内容。

【技能目标】

熟练运用本教程所学内容，针对大众机械有限公司的账务报告，撰写出一份规范的、符合要求的财务分析报告。

【案件导入】

2013 年度全国会计专业技术资格考试《高级会计实务》案例分析题二，是考核考生掌握财务管理"企业可持续增长率"等相关概念的综合题。该题目具有一定的难度，它着眼于考查考生是否对相关知识点已融会贯通，是否能灵活地使用计算公式，是否能与公司发展战略进行联系，题目设计得比较巧妙。现对该试题分析说明如下。

甲公司是国内一家从事建筑装饰材料生产与销售的股份公司。2012 年年底，国家宏观经济增势放缓，房地产行业也面临着严峻的宏观调控形势。甲公司董事会认为，公司的发展与房地产业密切相关，公司战略须进行相应调整。

2013 年年初，甲公司根据董事会要求，召集由中高层管理人员参加的公司战略规划研讨会。部分参会人员发言要点如下。

市场部经理：尽管国家宏观经济增势放缓，但房地产行业一直没有受到太大影响，公司仍处于重要发展机遇期，在此形势下，公司宜扩大规模，抢占市场，谋求更快发展。近年来，本公司的主要竞争对手乙公司年均销售增长率达 12%以上，而本公司同期年均销售增长率仅为 4%，仍有市场拓展余地。因此，建议进一步拓展市场，争取今明两年把销售增长率提升至 12%以上。

生产部经理：本公司现有生产能力已经饱和，维持年销售增长率 4%的水平有困难，需要扩大生产能力。考虑到当前宏观经济和房地产行业面临的诸多不确定因素，建议今明两年维持 2012 年的产销规模，向管理要效益，进一步降低成本费用水平，走内涵式发展道路。

财务部经理：财务部将积极配合公司战略调整，做好有关资产负债管理和融资筹划工作。同时，建议公司战略调整要考虑现有的财务状况和财务政策。本公司 2013 年年末资产总额为 50 亿元，负债总额为 25 亿元，所有者权益为 25 亿元；2012 年度销售总额为 40 亿元，净利润为 2 亿元，分配现金股利为 1 亿元。近年来，公司一直维持 50%的资产负债率和 50%的股利支付率的财务政策。

总经理：公司的发展应稳中求进，既要抓住机遇加快发展，也要积极防范财务风险。根据董事会有关决议，公司资产负债率一般不得高于 60%这一行业均值，股利支付率一般不得低于 40%，公司有关财务安排不能突破这一红线。

假定不考虑其他因素。

要求：

(1) 根据甲公司 2012 年度财务数据，分别计算该公司的内部增长率和可持续增长率。

(2) 分别指出市场部经理和生产部经理建议的公司战略类型，分别判断市场部经理和生产部经理的建议是否合理，并说明理由。

(3) 在保持董事会设定的资产负债率和股利支付率指标值的前提下，计算甲公司可实现的最高销售增长率。

第一节　认识和了解财务分析报告

(一) 财务分析报告的含义

财务分析报告是在财务分析的基础上，概括、提炼做出说明性和结论性的书面资料。通过财务分析报告，可以把有关分析的情况、数字、原因等表述清楚，向财务报表信息主体以及上级主管、企业相关部门等汇报，作为预测和决策的依据。财务分析报告必须包括以下内容。

(1) 财务分析报告要以财务报表和其他资料为基础。

(2) 在分析资料及数据质量是否优良可靠的基础之上，总结过去的成果和业绩。

(3) 通过定量分析与定性分析相结合，评价现在的表现。

(4) 通过综合分析方法，预测未来的趋势。

(5) 提出改善建议，帮助完善管理，提高盈利，实现可持续发展。

(二) 财务分析报告的分类

财务分析报告的分类如图 9-1 所示。

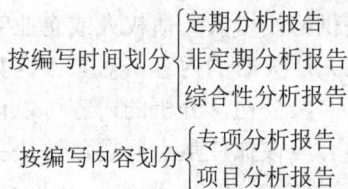

按编写时间划分 ｛ 定期分析报告
非定期分析报告
综合性分析报告

按编写内容划分 ｛ 专项分析报告
项目分析报告

图 9-1　财务分析报告的分类

【知识链接】

财务分析报告和财务报告的区别

财务报告是会计报表及附注的综合，即"四表一注"，财务报告侧重于对企业过去的经营情况、财务状况的披露，供投资者、债权人、企业管理当局等会计信息需求者了解企业的现状及发展；而财务分析报告是通过对财务报告的解读，将反映在"四表一注"中企业的财务状况、经营成果、现金流量等财务信息，采用专门的分析方法，将财务报告中的各类数据与各种标准进行比较，用各种财务比率进行计算，用分析工具进行各类单项分析及整体综合分析，经过这一系列计算所得结果，将产生差异原因加以分析说明，对企业将来的经营战略进行预测，并提出改善建议，为会计信息需求者提供决策依据。所以财务报告和财务分析报告的含义、所起的作用、报告的构成及内容均完全不同。

(三) 财务分析报告的格式

严格地讲，财务分析报告没有固定的格式和体裁，但要求能够反映要点、分析透彻、有实有据、观点鲜明、符合报送对象的要求。一般来讲，财务分析报告应包含以下几个方面的内容：提要段、说明段、分析段、评价段和建议段，即通常所说的五段论式。但在实际编写分析时要根据具体的目的和要求有所取舍。

财务分析报告在表达方式上可以采取一些创新的手法，如可采用文字处理与图表相结合的方法，使其易懂、生动、形象。

(四) 财务分析报告的内容

(1) 提要段，概括公司的综合情况。

(2) 说明段，公司运营及财务状况的介绍，文字表述恰当、数据引用准确。

(3) 分析段，财务分析要有理有据，细化分解各项指标，善于运用表格、图示，抓住当前要点，反映公司经营焦点和易于忽视的问题。

(4) 评价段，财务评价不能运用似是而非、可进可退、左右摇摆等不负责的语言，要从正面和负面两个方面进行，也可将评价内容穿插在说明部分和分析部分。

(5) 建议段，建议不能太抽象，要具体化，最好有一套切实可行的方案。

(五) 撰写财务分析报告的基本要求

撰写财务分析报告，首先要明确报告的阅读对象、报告分析的范围。报告阅读对象不同，写作也不同。比如，提供给投资人、债权人或企业管理当局的财务分析报告，应按相关性原则，反映报告需求人所关心的内容，对象不同其侧重点完全不同。再如，报告分析的范围如是某一部门或二级公司，分析的内容可以详细、具体，如报告分析的范围是整个集团公司，分析的内容应该抓住重点问题，解决主要矛盾。撰写财务分析报告的基本要求有如下几点。

(1) 以阅读者及报告分析的范围为导向编写。

(2) 了解阅读者的信息要求，明确编写的目的。

(3) 与公司经营业务紧密结合，避免"就数据论数据"。

(4) 准确把握公司管理、经营、销售等政策。

(5) 观点明确。

(6) 客观公正。

(7) 报告清楚，文字简练。

(8) 遵循"发现差异→分析原因→提出建议"的写作步骤。

(六) 撰写财务分析报告应做好的日常工作

1. 积累素材

(1) 建立台账和数据库。

(2) 关注重要事项。

(3) 关注经营运行。

(4) 定期收集报表。

(5) 岗位分析。

2. 建立财务分析报告指引

3. 财务分析的关键

财务分析的关键在于将财务报表及其他相关资料所提供的数据进行数量、百分比及比率等形式的比较，予以量化。

第二节　撰写大众公司财务分析报告

【课堂活动 9-1】

主题：撰写大众机械有限公司财务分析报告

活动形式：

(1) 个人独立完成写作，4 个课时。

(2) 手写与计算机写作均可。

活动内容及要求：

(1) 写作前整理好工作底稿。

(2) 若计算机写作，用 Excel 或 Word 均可。

(3) 要有计算、有图表、有文字。

(4) 4000 字至 5000 字左右。

(5) 不论采取何种方式写作，作品均当天提交，并包括全部实训资料。

课堂活动 9-1 工作底稿示例

某公司财务分析报告编写应用举例

××公司财务分析报告

一、总体评述

(一) 某公司总体财务绩效水平

某公司总体财务绩效水平如图 9-2 所示。

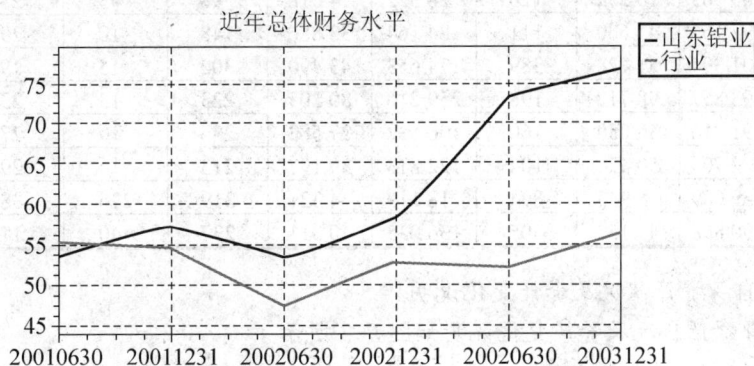

图 9-2　某公司总体财务绩效水平

（二）某公司分项绩效水平

某公司分项绩效水平如表 9-1 所示。

表 9-1　某公司分项绩效水平

项　目	公司评价		公司在行业中的水平	
	当　期	上　期	当　期	上　期
偿债能力分析	52.79	38.21	优秀	中等
经营效率分析	58.18	46.81	优秀	优秀
盈利能力分析	96.39	70.36	优秀	良好
股票投资者获利能力分析	49.09	52.18	良好	优秀
现金流量分析	84.55	64.19	极优	良好
企业发展能力分析	65.38	33.91	中等	较低
综合分数	76.72	58.27	优秀	良好

（三）财务指标风险预警提示

运用 BBA 财务指标风险预警体系对公司财务报告有关陈述和财务数据进行定量分析后，根据事先设定的预警区域，我们认为山东铝业当期在清偿能力等方面有财务风险预警提示，具体指标有流动比率(清偿能力)。

（四）财务风险过滤结果提示

对公司一切公开披露的财务信息进行分析，提炼出上市公司粉饰报表和资产状况恶化的典型病毒特征，并据此建立了整体财务风险过滤模型。利用该模型进行过滤后，我们认为山东铝业当期无整体财务风险特征。

二、财务报表分析

（一）资产负债表

主要财务数据如表 9-2 所示。

表 9-2　主要财务数据　　　　　　　　　　　　　　单位：万元

项　目	当期数据			上期数据			增长情况(%)		
	公司	行　业	偏离率(%)	公司	行　业	偏离率(%)	公司	行　业	偏离率
应收账款	5 984	5 031	19	16 109	4 314	273	-63	17	-79
存货	40 365	18 333	120	28 322	14 318	98	43	28	14
流动资金	92 163	43 660	111	84 164	33 886	148	10	29	-19
固定资产	201 394	51 728	289	174 653	43 490	302	15	19	-4
总资产	293 857	98 712	198	259 216	80 203	223	13	23	-10
流动负债	91 016	35 050	160	106 532	27 582	286	-15	27	-42
负债总额	102 706	50 426	104	122 813	39 197	213	-16	29	-45
未分配利润	59 089	5 945	894	18 119	4 321	319	226	38	189
所有者权益	190 898	47 159	305	136 035	40 311	237	40	17	23

1. 企业自身资产状况及资产变化说明

企业自身资产状况及资产变化说明如图 9-3 所示。

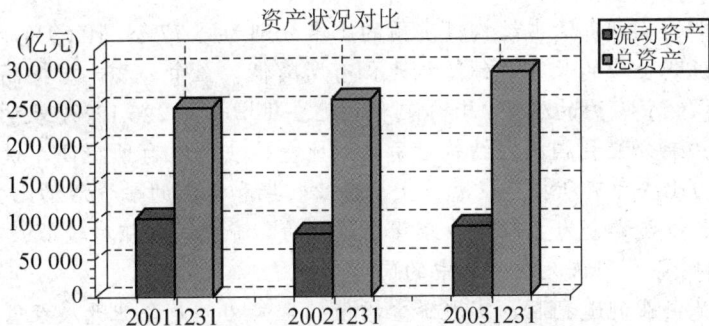

图 9-3 企业自身资产状况及资产变化说明

公司的资产规模位于行业内的中等水平，公司本期的资产比去年同期增长 13.36%。资产的变化中固定资产增长最多，为 26 741.03 万元，说明企业将资金的重点向固定资产方向转移。分析者应该随时注意企业的生产规模、产品结构的变化，这种变化不但决定了企业的收益能力和发展潜力，也决定了企业的生产经营形式。因此，建议分析者对其变化进行动态跟踪与研究。

流动资产中，存货资产的比重最大，占 43.80%；信用资产的比重次之，占 26.53%。

流动资产的增长幅度为 9.50%。在流动资产各项目变化中，货币类资产和短期投资类资产的增长幅度大于流动资产的增长幅度，说明企业应付市场变化的能力将增强。信用类资产的增长幅度明显大于流动资产的增长，说明企业的货款的回收不够理想，企业受第三者的制约增强，企业应该加强货款的回收工作。存货类资产的增长幅度明显大于流动资产的增长，说明企业存货增长占用资金过多，市场风险将增大，企业应加强存货管理和销售工作。总之，企业的支付能力和应付市场的变化能力一般。

2. 企业自身负债及所有者权益状况及变化说明

企业自身负债及所有者权益状况及变化说明如图 9-4 所示。

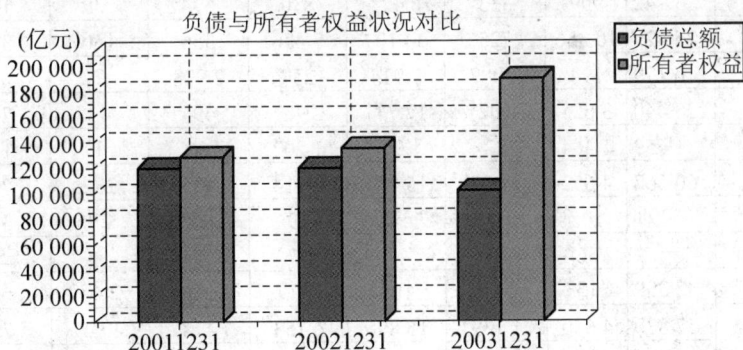

图 9-4 企业自身负债及所有者权益状况及变化说明

从负债与所有者权益占总资产比重来看，企业的流动负债比率为 30.97%，长期负债和所有者权益的比率为 68.94%，说明企业资金结构位于正常的水平。企业负债和所有者权益的变化中，流动负债减少 14.56%，长期负债减少 28.20%，股东权益增长 40.33%。

流动负债的下降幅度为 14.56%，营业环节的流动负债的变化引起流动负债的下降，主要是应付账款的降低引起营业环节的流动负债的降低。

本期和上期的长期负债占结构性负债的比率分别为 5.77%、10.69%，该项数据比去年有所降低，说明企业的长期负债结构比例有所降低。盈余公积比重提高，说明企业有强烈的留利增强经营实力的愿望。未分配利润比去年增长了 226.12%，表明企业当年增加了一定的盈余。未分配利润所占结构性负债的比重比去年也有所提高，说明企业筹资和应付风险的能力比去年有所提高。总体上，企业长期和短期的融资活动比去年有所减弱。企业是以所有者权益资金为主来开展经营性活动的，资金成本相对较低。

3. 企业的财务类别状况在行业中的偏离

流动资产是企业创造利润、实现资金增值的生命力，是企业开展经营活动的支柱。企业当年的流动资产偏离了行业平均水平-29.09%，说明其流动资产规模位于行业水平之下，应当引起注意。结构性资产是企业开展生产经营活动而进行的基础性投资，决定着企业的发展方向和生产规模。企业当年的结构性资产偏离行业水平-42.37%，我们应当注意企业的产品结构、更新改造情况和其他投资情况。流动负债比重偏离行业水平-12.77%，企业的生产经营活动的重要性和风险要高于行业水平。结构性负债(长期负债和所有者权益)比重偏离行业水平-8.83%，企业的生产经营活动的资金保证程度以及企业的相对独立性和稳定性要低于行业水平。

(二) 利润及利润分配表

利润及利润分配表主要财务数据和指标如表9-3所示。

表9-3 主要财务数据和指标   单位：万元

项目	当期数据			上期数据			增长情况(%)		
	公司	行业	偏离率(%)	公司	行业	偏离率(%)	公司	行业	偏离率(%)
主营业务收入	265 665	60 612	338	204 823	45 747	348	30	32	-3
主营业务成本	178 065	49 995	256	169 279	38 049	345	5	31	-26
销售费用	3 942	909	333	6 423	830	674	-39	10	-48
主营业务利润	85 429	10 356	725	34 107	7 476	356	150	39	112
其他业务利润	6 179	194	3 087	7 914	257	2 978	-22	-25	3
管理费用	25 440	3 625	602	17 737	2 987	494	43	21	22
财务费用	1 659	1 364	22	1 990	1 202	66	-17	13	-30
营业利润	60 567	4 652	1 202	15 871	2 714	485	282	71	210
投资收益	-298	105	-383	-75	79	-195	-296	32	-328
补贴收入	—	36			77			-54	
营业外收支净额	-2 399	-123	-1 845	101	-117	186	-2 479	-5	-2 473
利润总额	57 870	4 670	1 139	15 896	2 753	478	264	70	194
所得税费用	5 715	721	692	1 502	374	301	281	93	188
净利润	52 271	3 881	1 247	14 527	2 337	522	260	66	194
毛利率(%)	32.97	17.52	15.46	17.35	16.83	0.53	15.62	0.69	14.93
净利率(%)	19.68	6.40	13.27	7.09	5.11	1.98	12.58	1.29	11.29
成本费用利润率(%)	27.68	8.36	19.32	8.13	6.39	1.74	19.54	1.96	17.58
净收益营运指数	1.05	1.00	5.07	1.00	0.99	1.25	4.83	1.02	3.81

1. 利润分析

(1) 利润构成情况如图 9-5 所示。

利润构成状况　　　　　　　山东铝业

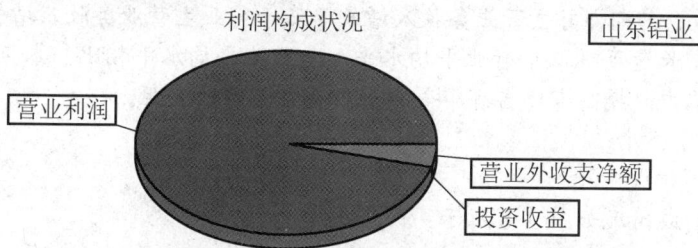

图 9-5　利润构成情况

本期公司实现利润总额 57 870 万元，其中，经营性利润 60 567 万元，占利润总额的 104.66%；投资收益 -298 万元，占利润总额的 -0.51%；营业外收支业务净额 -2 399 万元，占利润总额的 -4.15%。

(2) 利润增长情况如图 9-6 所示。

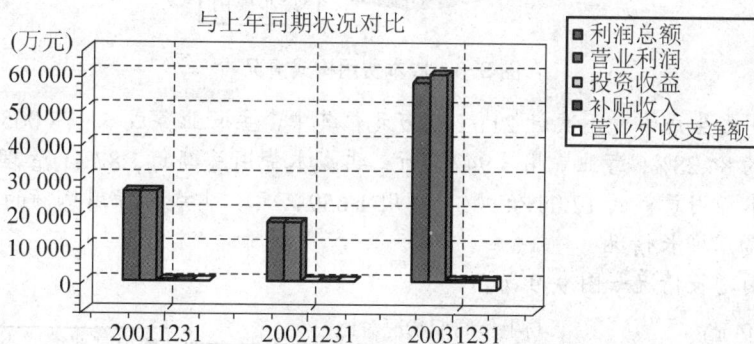

图 9-6　利润增长情况

本期公司实现利润总额 57 870 万元，较上年同期增长 264%，其中，营业利润比上年同期增长 281.63%，增加利润总额 44 696 万元；投资收益比去年同期降低 295.63%，减少投资收益 222 万元；营业外收支净额比去年同期降低 2 479%，减少营业外收支净额 2 500 万元。

2. 收入分析

收入分析如图 9-7 所示。

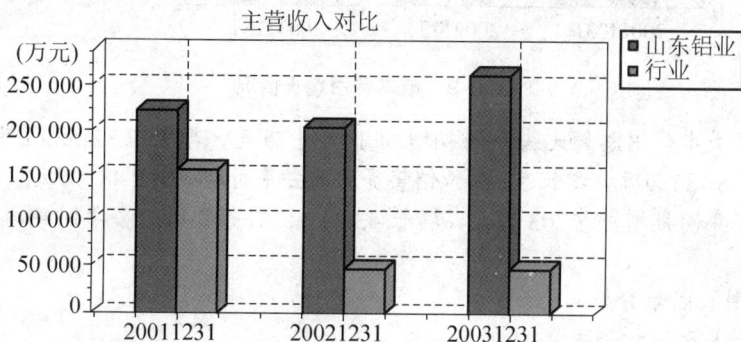

图 9-7　收入分析

本期公司实现主营业务收入 265 665 万元，与去年同期相比增长 29.70%，说明公司业务规模处于较快发展阶段，产品与服务的竞争力强，市场推广工作成绩很大，公司业务规模很快扩大。本期公司主营业务收入增长率低于行业主营业务收入增长率 0.84%，说明公司的收入增长速度略低于行业平均水平，与行业平均水平相比，本期公司在提高产品与服务的竞争力、提高市场占有率等方面都存在一定的差距。

3. 成本费用分析

1) 成本费用构成情况

成本费用构成情况如图 9-8 所示。

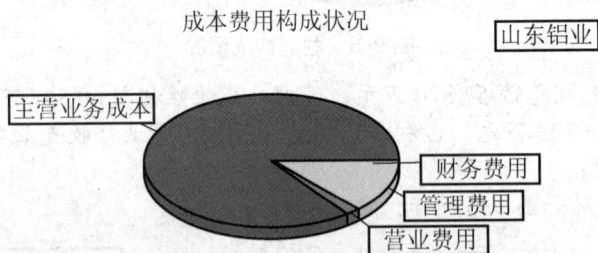

图 9-8　成本费用构成情况

本期公司发生成本费用共计 211 277 万元，其中，主营业务成本 178 065 万元，占成本费用总额的 84.28%；营业费用 3 942 万元，占成本费用总额的 1.87%；管理费用 25 440 万元，占成本费用总额的 12.04%；财务费用 1 659 万元，占成本费用总额的 0.79%。

2) 成本费用增长情况

成本费用增长情况如图 9-9 所示。

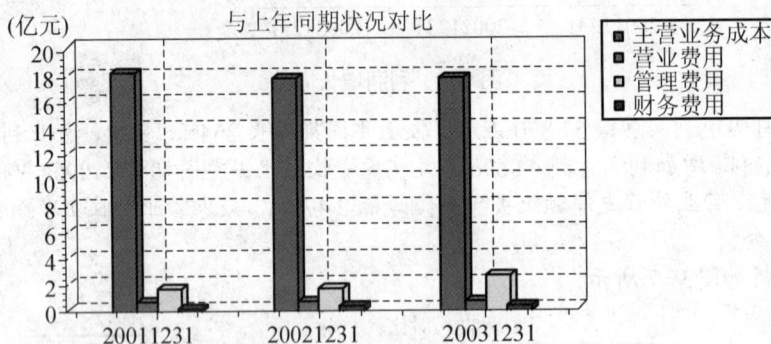

图 9-9　成本费用增长情况

本期公司成本费用总额比去年同期增加 14 411 万元，增长 7.32%；主营业务成本比去年同期增加 8 786 万元，增长 5.19%；销售费用比去年同期减少 2 481 万元，降低 38.62%；管理费用比去年同期增加 7 703 万元，增长 43.43%；财务费用比去年同期减少 331 万元，降低 16.62%。

4. 利润增长因素分析

利润增长因素分析如图 9-10 所示。

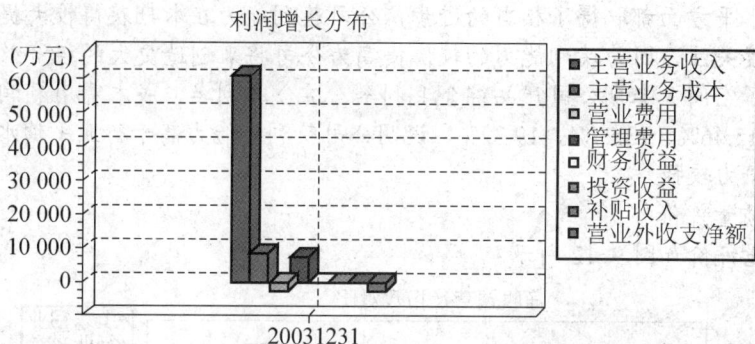

图 9-10 利润增长因素分析

本期利润总额比上年同期增加 41 974 万元，其中，主营业务收入比上年同期增加利润 60 842 万元，主营业务成本比上年同期减少利润 8 786 万元，销售费用比上年同期增加利润 2 481 万元，管理费用比上年同期减少利润 7 703 万元，财务费用比上年同期增加利润 331 万元，投资收益比上年同期减少利润 222 万元，营业外收支净额比上年同期减少利润 2 500 万元。

本期公司利润总额增长率为 264.05%，公司在产品与服务的获利能力和公司整体的成本费用控制等方面都取得了很大的成绩。提请分析者予以高度重视，因为公司利润积累的极大提高为公司壮大自身实力、将来迅速发展壮大打下了坚实的基础。本期公司利润总额增长率高于行业利润总额增长率 196.89%，说明公司的利润增长速度明显高于行业平均水平，公司自身实力在本期获得极大提高。本期公司在产品与服务的结构优化、市场开拓以及经营管理等方面都取得了很大的进步。

5. 经营成果总体评价

1) 产品综合获利能力评价

产品综合获利能力评价如图 9-11 所示。

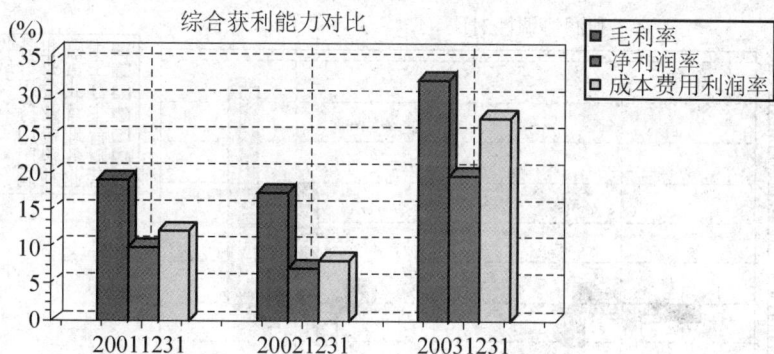

图 9-11 产品综合获利能力评价

本期公司产品综合毛利率为 32.97%，综合净利率为 19.68%，成本费用利润率为 27.68%，分别比上年同期提高了 15.62%、12.58%、19.54%，平均提高 15.91%，说明公司获利能力处于较快发展阶段，本期公司在产品结构调整和新产品开发方面，以及提高公司经营管理水平方面都取得了相当的进步，公司获利能力在本期获得较大提高。提请分析者予以高度关注，因为获利能力的较快提高为公司将来创造更大的经济效益、迅速发展壮大打开了空间。本期公司产品综合毛利率、综合净利率、成本费用利润率比行业平均水平高出 15.46%、13.27%、19.32%，说明公司获利的能力高于行业平均水平，公司产品与服务竞争力较强。

2) 收益质量评价

收益质量评价如图 9-12 所示。

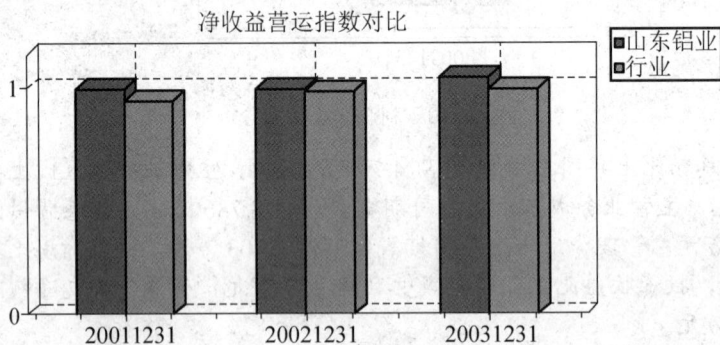

图 9-12　收益质量评价

净收益营运指数是反映企业收益质量，衡量风险的指标。本期公司净收益营运指数为 1.05，比上年同期提高了 4.83%，说明公司收益质量变化不大，只有经营性收益才是可靠的、可持续的，因此未来公司应尽可能提高经营性收益在总收益中的比重。本期公司净收益营运指数比行业平均水平高 5.07%，说明公司收益质量略高于行业平均水平，公司整体的营运风险不高，收益很健康。

3) 利润协调性评价

利润协调性评价如图 9-13 所示。

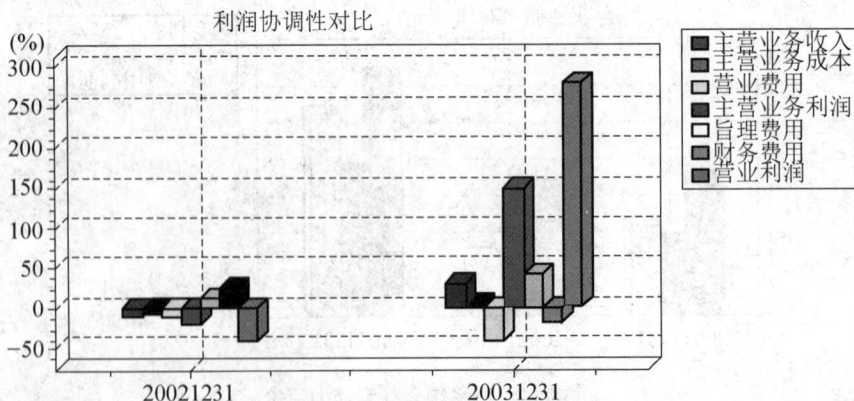

图 9-13　利润协调性评价

公司与上年同期相比，主营业务利润增长率为 150.47%，其中，主营收入增长率为 29.70%，说明公司综合成本费用率有所下降，收入与利润协调性很好，未来公司应尽可能保持对企业成本与费用的控制水平。主营业务成本增长率为 5.19%，说明公司综合成本率有所下降，毛利贡献率有所提高，成本与收入协调性很好，未来公司应尽可能保持对企业成本的控制水平。营业费用增长率为-38.62%，说明公司营业费用率有所下降，营业费用与收入协调性很好，未来公司应尽可能保持对企业营业费用的控制水平。管理费用增长率为 43.43%，说明公司管理费用率有所下降，管理费用与利润协调性很好，未来公司应尽可能保持对企业管理费用的控制水平。财务费用增长率为-16.62%，说明公司财务费用率有所下降，财务费用与利润协调性很好，未来公司应尽可能保持对企业财务费用的控制水平。

(三) 现金流量表

现金流量表的主要财务数据和指标如表 9-4 所示。

表 9-4　主要财务数据和指标　　　　　　　　　　　单位：万元

项目	当期数据			上期数据			增长情况(%)		
	公司	行业	偏离率(%)	公司	行业	偏离率(%)	公司	行业	偏离率(%)
经营活动产生的现金流入量	315 462	70 459	348	162 980	54 059	201	94	30	63
投资活动产生的现金流入量	498	1 105	-55	110	236	-53	353	368	-15
筹资活动产生的现金流入量	30 984	37 644	-18	31 984	29 110	10	-3	29	-32
总现金流入量	346 944	109 208	218	195 074	83 405	134	78	31	47
经营活动产生的现金流出量	255 294	63 569	302	138 006	49 415	179	85	29	56
投资活动产生的现金流出量	31 551	10 078	213	13 802	8 587	61	129	17	111
筹资活动产生的现金流出量	46 898	30 999	51	44 895	25 801	74	4	20	-16
总现金流出量	333 744	104 645	219	196 702	83 803	135	70	25	45
现金流量净额	60 167	5 043	1 093	24 974	4 646	437	141	9	132
现金流入负债比	0.59	0.10	485.72	0.20	0.12	71.66	188.09	-15.57	203.66
全部资产现金回收率(%)	20.48	5.11	15.37	9.63	5.79	3.84	112.52	-11.81	124.33
销售现金比率(%)	22.65	8.32	14.33	12.19	10.15	2.04	85.74	-18.02	103.77
每股营业现金净流量	1.07	0.30	263.18	0.45	0.30	50.54	140.92	-0.14	141.05
现金满足投资比率	1.10	0.31	257.99	1.04	0.40	157.59	6.47	-23.39	29.86
现金股利保障倍数	5.51	1.93	184.94	1.57	1.97	-20.23	250.99	-1.74	252.73
现金营运指数	0.86	0.72	19.78	0.86	0.92	-6.65	-0.07	-22.12	22.05

1. 现金流量结构分析

1) 现金流入结构分析

现金流入结构分析如图 9-14 所示。

现金流入结构

山东铝业

经营现金流入

筹资现金流入
投资现金流入

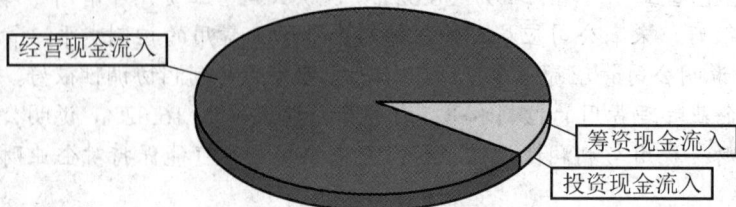

图 9-14　现金流入结构分析

本期公司实现现金总流入为 346 944 万元,其中,经营活动产生的现金流入为 315 462 万元,占总现金流入的比例为 90.93%;投资活动产生的现金流入为 498.20 万元,占总现金流入的比例为 0.14%;筹资活动产生的现金流入为 30 984.00 万元,占总现金流入的比例为 8.93%。

2) 现金流出结构分析

现金流出结构分析如图 9-15 所示。

现金流出结构

山东铝业

经营现金流出

筹资现金流出
投资现金流出

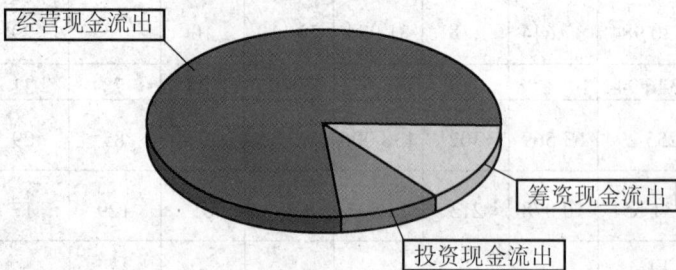

图 9-15　现金流出结构分析

本期公司实现现金总流出为 333 744 万元,其中,经营活动产生的现金流出为 255 294 万元,占总现金流出的比例为 76.49%;投资活动产生的现金流出为 31 551 万元,占总现金流出的比例为 9.45%;筹资活动产生的现金流出为 46 898 万元,占总现金流出的比例为 14.05%。

2. 现金流动性分析

1) 现金流入负债比

现金流入负债比如图 9-16 所示。

现金流入负债比是反映企业由主业经营偿还短期债务的能力的指标。该指标越大,偿债能力越强。本期公司现金流入负债比为 0.59,较上年同期大幅提高,说明公司现金流动性大幅增强,现金支付能力快速提高,债权人权益的现金保障程度大幅提高,有利于公司的持续发展。高于行业平均水平 485.72%,表示公司现金流动性远强于行业平均水平,债权人权益的现金保障程度远高于行业平均水平。

现金流入负债比

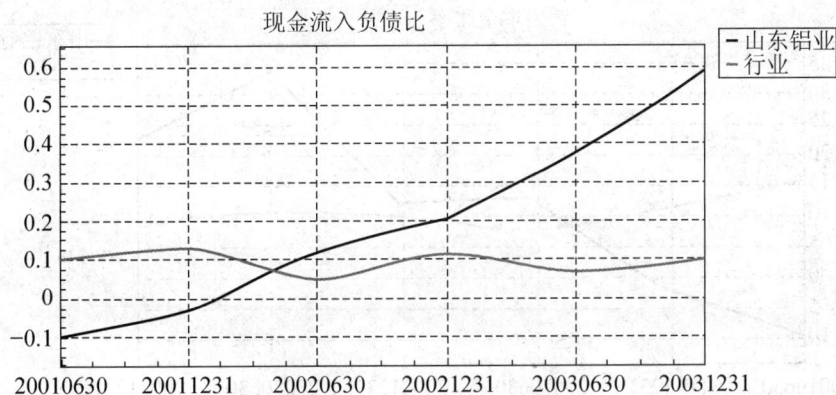

图 9-16 现金流入负债比

2) 全部资产现金回收率

全部资产现金回收率如图 9-17 所示。

全部资产现金回收率

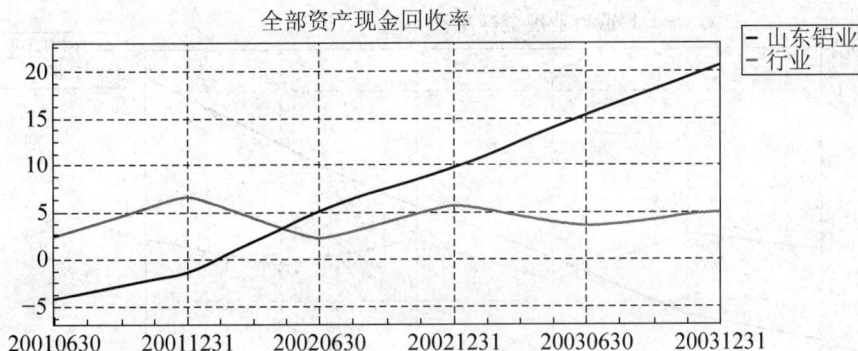

图 9-17 全部资产现金回收率

全部资产现金回收率是反映企业将资产迅速转变为现金的能力。本期公司全部资产现金回收率为 20.48%，较上年同期小幅提高，说明公司将全部资产以现金形式收回的能力稳步提高，现金流动性的小幅增强，有利于公司的持续发展。低于行业平均水平 15.37%，表示公司将全部资产以现金形式收回的能力略低于行业平均水平，现金的流动性略弱于行业平均水平。

3. 获取现金能力分析

1) 销售现金比率

销售现金比率如图 9-18 所示。

本期公司销售现金比率为 22.65，较上年同期大幅提高，说明公司获取现金的能力迅速提高，公司在营销政策的制定与执行方面取得了很大的成绩，将账面收益转化为实实在在的现金流量，为公司提高收益的实现程度、更好地实现经济效益打下了良好基础。高于行业平均水平 172.18%，表示公司的收益实现程度很高，公司获取现金的能力远高于行业平均水平。

销售现金比率

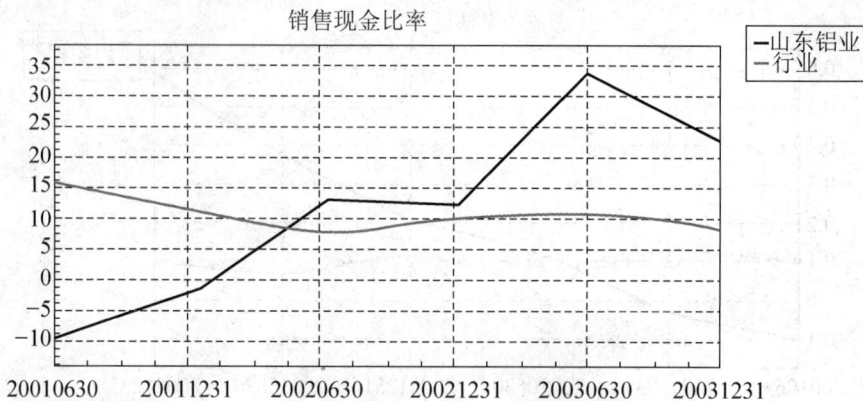

图 9-18　销售现金比率

2) 每股营业现金净流量

每股营业现金净流量如图 9-19 所示。

每股营业现金净流量

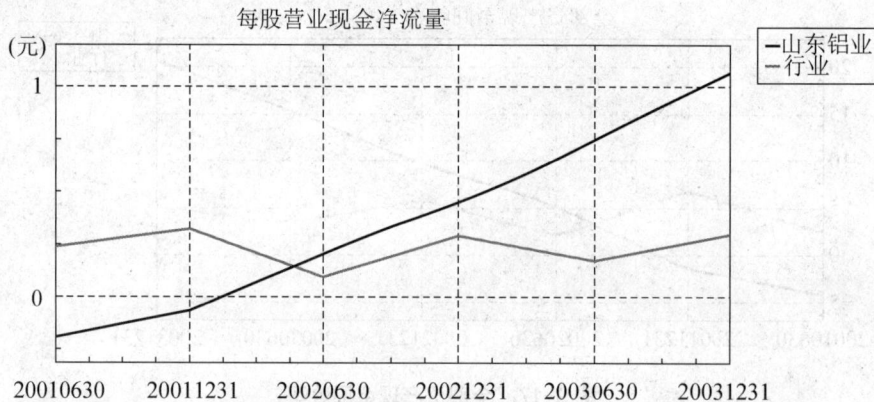

图 9-19　每股营业现金净流量

本期公司每股营业现金净流量为 1.07 元，较上年同期大幅提高，说明公司获取现金的能力迅速提高，公司每股资产含金量的快速提高，为公司提高收益的实现程度、有效降低公司经营风险、更好地实现经济效益打下了坚实的基础。高于行业平均水平 263.18%，表示公司的收益实现程度很高，公司每股资产含金量远高于行业平均水平。

4．财务弹性分析

1) 现金满足投资比率

现金满足投资比率如图 9-20 所示。

现金满足投资比率是反映财务弹性的指标。本期公司现金满足投资比率为 1.10，较上年同期基本持平，说明公司财务弹性基本未变，财务环境变化不大，现金流量状况对投资与经营的满足程度变化不大。高于行业平均水平 257.99%，表示公司财务弹性远远强于行业平均水平，公司现金流量状况对投资与经营的满足程度远好于行业平均水平。

2) 现金股利保障倍数

现金股利保障倍数如图 9-21 所示。

现金满足投资比率

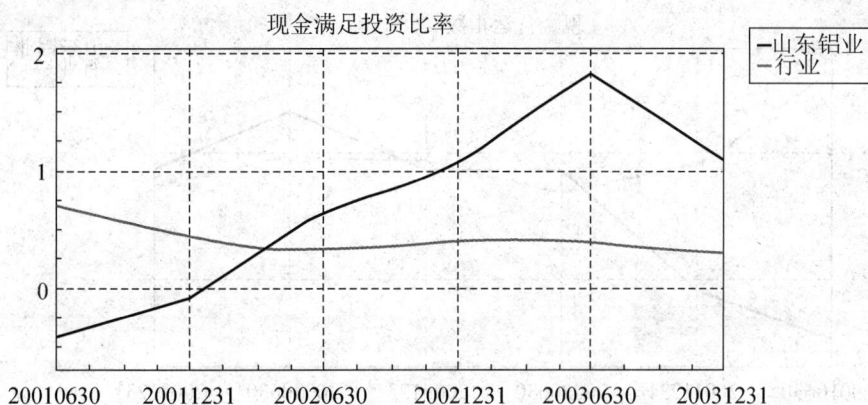

图9-20 现金满足投资比率

图9-21 现金股利保障倍数

现金股利保障倍数是反映股利支付能力的指标。本期公司现金股利保障倍数为5.51，较上年同期大幅提高，说明公司股利支付能力快速提高，财务弹性的大幅增加使公司经营风险大幅下降，现金流量对股利政策的支持力度明显增强。高于行业平均水平184.94%，表示公司股利支付能力远远好于行业平均水平，现金流量对股利政策的支持力度明显强于行业平均水平，公司经营风险远低于行业平均水平。

5. 获取现金风险分析

获取现金风险分析如图9-22所示。

现金营运指数是反映企业现金回收质量，衡量风险的指标。理想的现金营运指数应为1，小于1的现金营运指数反映了公司部分收益没有取得现金，而是停留在实物或债权的形态，而实物或债权资产的风险远大于现金。本期公司现金营运指数为0.86，较上年同期基本持平，说明公司现金回收质量与上年同期水平接近，停留在实物或债权形态的收益比重与上年同期水平相当，公司的营运风险一般。高于行业平均水平19.78%，表示公司现金回收质量略高于行业平均水平，公司的营运风险不高。

现金营运指数

—山东铝业
—行业

20010630　20011231　20020630　20021231　20030630　20031231

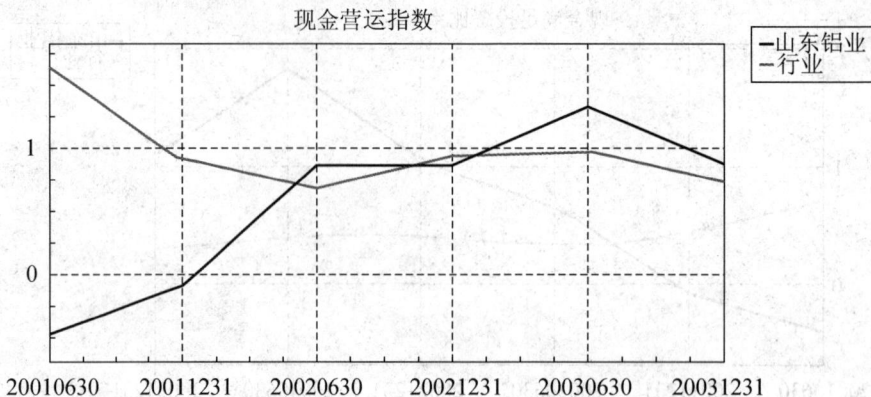

图 9-22　获取现金风险分析

三、财务绩效评价

(一) 偿债能力分析

偿债能力相关财务指标如表 9-5 所示，偿债能力分析如图 9-23 所示。

表 9-5　相关财务指标

项目	当期数据			上期数据			增长情况(%)		
	公司	行业	偏离率(%)	公司	行业	偏离率(%)	公司	行业	偏离率
流动比率	1.01	1.25	-18.71	0.79	1.23	-35.69	28.17	1.39	26.78
速动比率	0.47	0.60	-21.50	0.46	0.58	-20.96	3.41	4.12	-0.72
资产负债率(%)	34.95	51.08	16.13	47.38	48.87	1.49	-26.23	4.53	30.76
有形净值债务率(%)	53.89	110.64	56.76	90.55	100.53	9.98	-40.49	10.06	50.55
现金流入负债比	0.59	0.10	485.72	0.20	0.12	71.66	188.09	-15.57	203.66
综合分数	52.79	37.57	15.21	38.21	38.91	-0.70	38.15	-3.42	41.57

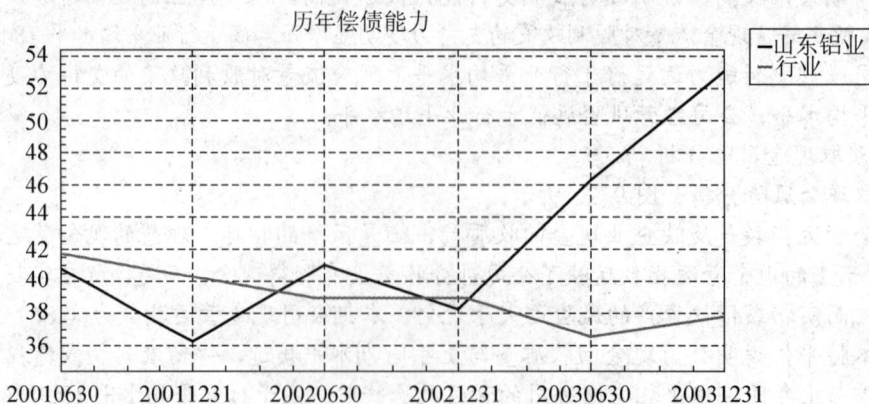

历年偿债能力

—山东铝业
—行业

20010630　20011231　20020630　20021231　20030630　20031231

图 9-23　偿债能力分析

企业的偿债能力是指企业用其资产偿还长短期债务的能力。企业有无支付现金的能力和偿还债务的能力，是企业能否健康生存和发展的关键。公司本期偿债能力综合分数为 52.79，较上年同期提高 38.15%，说明公司偿债能力较上年同期大幅提高，本期公司在流动资产与流动负债以及资本结构的管理水平方面都取得了极大的成绩。企业资产变现能力在本期大幅提高，为将来公司持续健康的发展、降低公司债务风险打下了坚实的基础。从行业内部来看，公司偿债能力极强，在行业中处于低债务风险水平，债权人权益与所有者权益承担的风险都非常小。在偿债能力中，现金流入负债比和有形净值债务率的变动，是引起偿债能力变化的主要指标。

(二) 经营效率分析

经营效率相关财务指标如表 9-6 所示，经营效率如图 9-24 所示。

表 9-6　相关财务指标

项目	当期数据			上期数据			增长情况(%)		
	公司	行业	偏离率(%)	公司	行业	偏离率(%)	公司	行业	偏离率
应收账款周转率	24.05	12.88	86.67	11.71	10.01	16.96	105.47	28.73	76.73
存货周转率	5.18	3.04	70.41	5.45	2.77	96.79	-4.79	9.95	-14.74
营业周期(天)	84.40	146.27	42.30	96.86	166.06	41.67	-12.86	-11.92	0.94
流动资产周转率	3.01	1.55	94.02	2.17	1.38	57.08	38.69	12.29	26.40
总资产周转率	0.96	0.67	42.74	0.80	0.60	33.37	19.48	11.64	7.84
综合分数	58.18	39.82	18.35	46.81	35.89	10.92	24.29	10.95	13.34

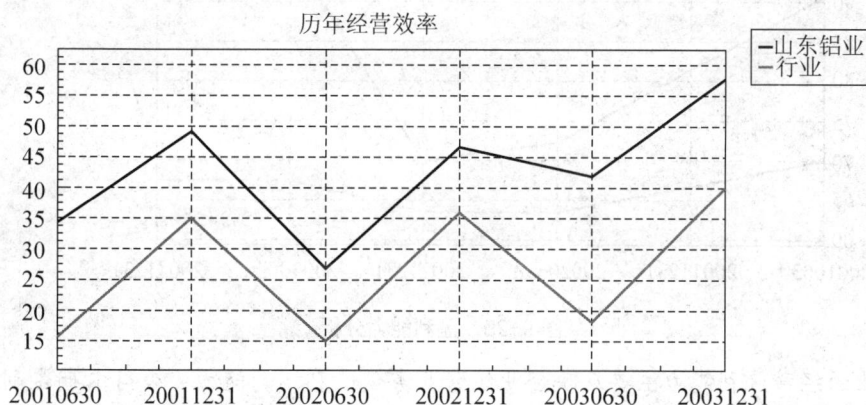

图 9-24　经营效率

分析企业的经营管理效率，是判定企业能否因此创造更多利润的一种手段，如果企业的生产经营管理效率不高，那么企业的高利润状态是难以持久的。公司本期经营效率综合分数为 58.18，较上年同期提高 24.29%，说明公司经营效率处于较快提高阶段，本期公司在市场开拓与提高公司资产管理水平方面都取得了很大的成绩，公司经营效率在本期获得较大提高。提请分析者予以重视，公司经营效率的较大提高为将来降低成本、创造更好的经济效益、降低经营风险开创了良好的局面。从行业内部来看，公司经营效率远远高于行业平均水平，公司在市场开拓与提高公司资产管理水平方面在行业中都处于遥遥领先的地位，未来在行业中应尽可能保持这种优势。在经营效率中，应收账款周转率和流动资产周转率的变动，是引起经营效率变化的主要指标。

(三) 盈利能力分析

盈利能力相关财务指标如表 9-7 所示，盈利能力分析如图 9-25 所示。

表 9-7　相关财务指标

项目	当期数据			上期数据			增长情况		
	公司	行业	偏离率	公司	行业	偏离率	公司	行业	偏离率
总资产报酬率(%)	21.53	6.70	14.83	7.02	5.21	1.81	206.59	28.56	178.04
净资产收益率(%)	27.38	8.23	19.15	10.68	5.80	4.88	156.42	41.92	114.49
毛利率(%)	32.97	17.52	15.46	17.35	16.83	0.53	90.02	4.10	85.92
营业利润率(%)	22.80	7.67	15.12	7.75	5.93	1.82	194.23	29.35	164.87
主营业务利润率(%)	32.16	17.09	15.07	16.65	16.34	0.31	93.11	4.54	88.57
净利润率(%)	19.68	6.40	13.27	7.09	5.11	1.98	177.42	25.31	152.11
成本费用利润率(%)	27.68	8.36	19.32	8.13	6.39	1.74	240.24	30.73	209.51
综合分数	96.39	67.64	28.75	70.36	63.13	7.23	36.99	7.14	29.85

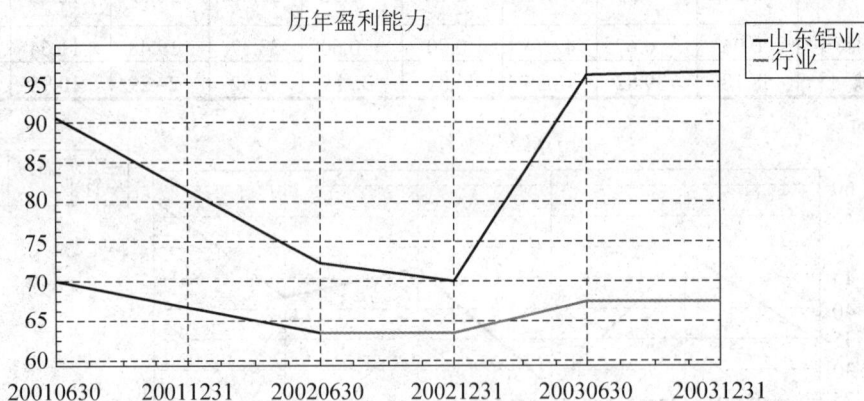

图 9-25　盈利能力分析

企业的经营盈利能力主要反映企业经营业务创造利润的能力。公司本期盈利能力综合分数为 96.39，较上年同期提高 36.99%，说明公司盈利能力处于高速发展阶段，本期公司在优化产品结构和控制公司成本与费用方面都取得了极大的进步，公司盈利能力在本期获得了极大提高。提请分析者予以高度重视，因为盈利能力的极大提高为公司将来迅速发展壮大、创造更好的经济效益打下了坚实的基础。从行业内部来看，公司盈利能力远远高于行业平均水平，公司提供的产品与服务在市场上非常有竞争力，未来在行业中应尽可能保持这种优势。在盈利能力中，成本费用利润率和总资产报酬率的变动，是引起盈利能力变化的主要指标。

(四) 股票投资者获利能力分析

股票投资者获利能力相关财务指标如表 9-8 所示，股票获得能力分析如图 9-26 所示。

表9-8 相关财务指标

项目	当期数据			上期数据			增长情况(%)		
	公司	行业	偏离率	公司	行业	偏离率	公司	行业	偏离率
每股收益(元)	0.93	0.23	306.93	0.26	0.15	73.97	259.83	53.83	206.00
每股收益扣除(元)	0.97	0.21	367.43	0.26	0.13	93.81	276.10	55.94	220.16
每股资本公积金(元)	0.87	1.13	-23.39	0.87	1.10	-21.22	0.07	2.90	-2.83
每股净资产(元)	3.41	2.79	22.29	2.43	2.57	-5.54	40.33	8.39	31.94
每股未分配利润(元)	1.06	0.35	200.28	0.32	0.28	17.38	226.12	27.48	198.64
每股股利(元)	0.10	0.09	13.56	0.15	0.06	140.13	-33.33	40.98	-74.31
股息发放率(%)	10.71	40.95	-30.24	57.83	41.89	15.93	-81.47	-2.25	-79.22
综合分数	49.09	42.19	6.90	52.18	36.63	15.55	-5.92	15.18	21.10

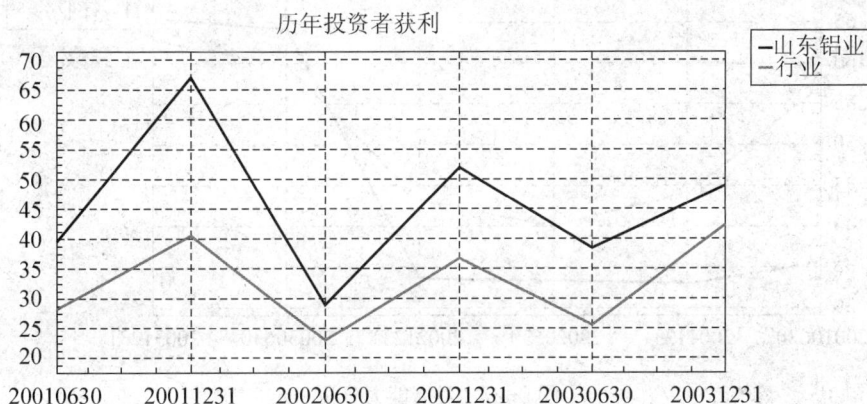

图9-26 股票获得能力

公司股东持有公司股票的目的主要是为了获得投资回报，通过对股票投资者获利能力的分析可以通晓公司股票的股东回报情况。公司本期股票投资者获利能力综合分数为49.09，较上年同期下降5.92%，说明公司股票投资者的获利能力处于萎缩阶段，本期公司在提高每股收益和优化股利分配政策等方面的作为都一般，公司股票投资者的获利能力较上期有所降低。提请分析者予以警惕，因为股票投资者的获利能力的降低给公司在资本市场上企业形象、股东投资信心以及公司既定战略方针的执行等多方面都带来了压力。从行业内部来看，公司股票投资者的获利能力远高于行业平均水平，公司在提高每股收益和优化股利分配政策等方面都强于行业平均水平。未来公司股票将吸引更多的投资者，这对公司股价的二级市场走势将产生积极的影响。在投资报酬率中，股息发放率和市净率的变动，是引起投资报酬率变化的主要指标。

(五)企业发展能力分析

企业发展能力相关财务指标如表9-9所示，发展能力分析如图9-27所示。

表9-9 相关财务指标

项目	当期数据			上期数据			增长情况		
	公司	行业	偏离率	公司	行业	偏离率	公司	行业	偏离率
主营收入增长率(%)	29.70	30.55	-0.84	-9.11	5.29	-14.39	426.20	477.83	-51.63
净利润增长率(%)	259.83	63.59	196.24	-35.38	-20.19	-15.19	834.39	415.01	419.38
流动资产增长率(%)	9.50	26.95	-17.44	-19.37	5.03	-24.40	149.07	435.30	-286.23
总资产增长率(%)	13.36	21.27	-7.90	3.57	12.07	-8.50	273.91	76.22	197.69
可持续增长率(%)	34.31	5.84	28.46	4.73	3.82	0.91	625.25	52.96	572.29
综合分数	65.38	62.71	2.67	33.91	42.91	-9.00	92.81	46.15	46.66

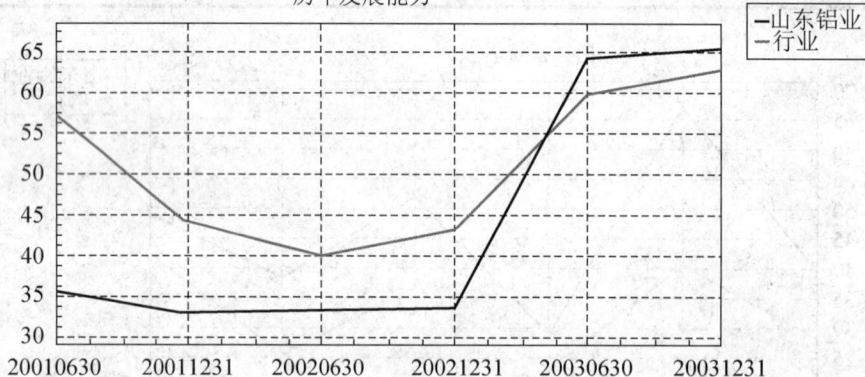

图9-27 发展能力分析

企业为了生存和竞争需要不断地发展，通过对企业的成长性分析，我们可以预测企业未来的经营状况的趋势。公司本期成长能力综合分数为65.38，较上年同期提高92.81%，说明公司成长能力处于高速发展阶段，本期公司在扩大市场需求、提高经济效益以及增加公司资产方面都取得了极大的进步，公司表现出非常优秀的成长性。提请分析者予以高度重视，未来公司继续维持目前增长态势的概率很大。从行业内部来看，公司成长能力在行业中处于一般水平，本期公司在扩大市场、提高经济效益以及增加公司资产方面都略好于行业平均水平，未来在行业中应尽全力扩大这种优势。在成长能力中，净利润增长率和可持续增长率的变动，是引起增长率变化的主要指标。

四、BBA财务指标风险预警提示

根据公司报告有关陈述和财务数据，运用BBA财务指标风险预警体系进行定量分析，根据事先设定的预警区域，寻找预警信号，发现和揭示风险。通过分析，一旦发现预警信号，分析者应该结合公司披露的有关信息，进一步对上市公司进行深入的研究分析，从而揭示规避风险，为市场参与者提供一个信息对称、交易公平的环境。

企业近三年财务指标风险预警列表。

(1) 企业20031231报告期在清偿能力等方面有财务风险预警提示。流动比率(清偿能力) 流动比率为 1.01。流动比率反映公司短期偿债能力，一般认为，生产企业正常的流动比率是 2，下限是 1.25，低于该数值，表明公司偿债风险增加。

(2) 企业 20021231 报告期在清偿能力等方面有财务风险预警提示。流动比率(清偿能力) 流动比率为 0.79。流动比率反映公司短期偿债能力，一般认为，生产企业正常的流动比率是 2，下限是 1.25，低于该数值，表明公司偿债风险增加。

(3) 企业 20011231 报告期在清偿能力、现金流量分析、增长率分析等方面有财务风险预警提示。流动比率(清偿能力)流动比率为 1.07。流动比率反映公司短期偿债能力，一般认为，生产企业正常的流动比率是 2，下限是 1.25，低于该数值，表明公司偿债风险增加。盈利现金比率(现金流量分析)当期盈利现金比率为-0.18。盈利现金比率反映企业本期经营活动产生的现金净流量与净利润之间的比率关系。如果比率过低，说明本期净利中存在尚未实现现金的收入。在这种情况下，即使企业盈利，也可能发生现金短缺，严重时会干扰企业经营状况，应引起注意，特别是对那些对经营现金需要量大的行业企业。主营收入增长率(增长率分析)为-12.84%。当主营业务收入增长率大幅降低(低于-30%)时，说明公司主营业务大幅滑坡，预警信号产生。当主营业务收入增长率小于应收账款增长率，甚至主营业务收入增长率为负数时，公司极可能存在操纵利润的行为，需严加防范。

五、整体财务风险模型过滤分析

BBA 财务风险过滤器是通过对公司一切公开披露的财务信息进行分析，提炼上市公司粉饰报表和资产状况恶化的典型病毒特征，建立 BBA 财务风险过滤器的病毒模型，利用 BBA 财务指标体系的指标进行综合搭配的处理，从而找出符合病毒特征的上市公司，有效地对财务风险进行过滤。BBA 财务风险过滤器为分析者提供了快速分析上市公司的财务状况、判断企业的粉饰报表的可能性和资产质量恶化情况的便利途径。警示分析者进一步研究分析，从而揭示和规避风险。

企业近三年整体财务风险模型过滤结果。

(1) 企业在 20031231 报告期无整体财务风险特征。

(2) 企业在 20021231 报告期无整体财务风险特征。

(3) 企业在 20011231 报告期无整体财务风险特征。

六、财务风险分类级别

(1) 业绩变动情况如表 9-10 所示。

表9-10　业绩变动情况

评价内容	高风险	次高风险	关注	正常
业绩波动				○
存货周转率		○		
净资产收益率与行业比较	○			
应收账款周转率		○		
主营业务毛利率		○		
经营现金流与净利润				○
偶然所得和非经营性因素				

(2) 财务状况如表 9-11 所示。

表 9-11　财务状况

评价内容	高 风 险	次高风险	关 注	正 常
流动比率				○
速动比率		○		
资产负债率				○
营业利润比重				○
净资产收益率				○
主营业务收入利润率				○
存货增长率				○
净利润增长率	○			
应收账款增长率				○
主营收入与应收账款增长率				
主营收入增长率				○
强制性现金支付比率				○
现金流量结构				○
盈利现金比率				○

七、BBA 财务异常科目提示

财务分析异常指标原则：增减幅度超过 50%列入表 9-12 中。

表 9-12　财务分析异常指标

指标名称	本期数值	上期数值	增减幅度(%)
营运资本	11 465 965.00	-223 684 080.00	-105.13
利息支付倍数	35.94	9.05	297.01
应收账款周转率	24.05	11.71	105.47
应收账款周转天数	14.97	30.76	-51.33
总资产报酬率	21.53	7.02	206.59
净资产收益率	27.38	10.68	156.42
毛利率	32.97	17.35	90.02
营业利润率	22.80	7.75	194.23
主营业务利润率	32.16	16.65	93.11
净利润率	19.68	7.09	177.42
成本费用利润率	27.68	8.13	240.24
每股收益	0.93	0.26	259.83
每股收益扣除	0.97	0.26	276.10
每股未分配利润	1.06	0.32	226.12
股息发放率	10.71	57.83	-81.47
市净率	5.23	3.22	62.57
净现金流量适当比率	1.61	1.06	52.77
现金再投资比率	18.06	3.93	360.02
现金流动负债比率	66.11	23.44	181.99
每股经营活动现金流量	1.07	0.45	140.92

续表

指标名称	本期数值	上期数值	增减幅度(%)
现金流量与现金股利比率	5.51	1.57	250.99
现金流量折旧影响系数	0.25	0.51	−50.69
销售现金比率	22.65	12.19	85.74
现金流量总资产比率	20.48	9.63	112.52
现金流量净增加	132 003 920.00	−16 285 117.00	−910.58
应收账款增长率	−62.85	−14.72	327.11
主营收入增长率	29.70	−9.11	−426.20
净利润增长率	259.83	−35.38	−834.39
净资产增长率	40.33	5.04	700.62
利润总额增长率	264.05	−38.07	−793.54
总资产增长率	13.36	3.57	273.91
流动资产增长率	9.50	−19.37	−149.07
全部资产现金回收率	20.48	9.63	112.52
存货增长率	42.52	−16.33	−360.43
应收账款收入比重	2.25	7.86	−71.36
货币资金比重	24.24	10.86	123.22
短期投资比重	5.43	0.58	841.13
应收账款比重	6.49	19.14	−66.08
积累比率	230.89	142.92	61.55
三年资本平均增长率	15.31	7.22	111.95
三年主营业务收入增长率	0.91	6.66	−86.31
营运资金需求	264 587 456.00	126 471 144.00	109.21
经常性收益总资产比率	0.18	0.06	231.76
现金流动偿付率	71.17	23.50	202.91
现金流入负债比	0.59	0.20	188.09
现金股利保障倍数	5.51	1.57	250.99
可持续增长率	34.31	4.73	625.25

八、审计报告结果

审计报告结果如表9-13所示。

表9-13　审计报告结果

年　度	审计意见
20031231	标准无保留
20021231	标准无保留
20020630	标准无保留

注释:

(1) 本报告数据均来自于上市公司、沪深证券交易所公开发布的信息,如有错漏,请以证监会、交易所、上市公司公告原文和相关数据为准。

(2) 本报告所有指标均来自BBA财务分析指标体系、BBA禾银系统;本报告所涉及的绩效评价、财务指标风险预警和财务风险过滤器等方法均来自 BBA 分析方法(用户可自定义指标、模型)。

(3) BBA 行业分类体系：是以中国证监会公布的《上市公司分类指引》为基础，结合上市公司的主营业务变更、重组、产业调整的实际情况，按国家产业政策、行业的产业布局和调整、税收政策、产业链的关联性、技术创新和工艺支持能力的整体水平、抗自然能力的相似性及盈利能力的综合性因素，将所有的上市公司重新进行行业规划分类(用户可使用证监会、自定义行业体系)。

(4) 本分析报告中行业之样本以上市公司公开发布的数据为基础，因上市公司公开发布的报表时间变化而由北部资产公司动态维护。在上市公司定期报告规定的披露期间，当期该行业之样本公司报表披露数量达到该行业之样本总数的 80%以上生成"标准报告"；在 50%～80%之间，用户使用该报表期生成的当期报告为"非标准报告"，提示用户根据具体情况酌情使用。

(5) 本期报告的行业数据基于行业样本公司 28 家制作。

(6) 上述所有报告 BBA 均拥有版权，研究机构、上市公司等采用本报告或其主体部分公开在媒体上发表，则须另行向 BBA 付费；上述报告仅限与北部资产签约的产品用户自身使用，禁止用户对外张贴和用于商业用途等。

(7) 北部资产(BBA)系中国证监会批准的证券投资咨询专营机构。在本机构所知情的范围内，本机构及财产上的利害关系人与所评价的证券没有利害关系；本报告信息仅供参考，使用者据此操作产生的盈亏与本公司无关，特此声明。

本 章 小 结

能够撰写一篇规范的、质量上乘的财务分析报告，除了要有会计、财务的专业学习和训练，具备优秀的财会项目分析处理能力以外，还要精通国家财税法律规范，受过管理学、战略管理、管理能力开发、企业运营流程、财务管理等方面的培训。最后，更重要的是，要有较强的语言文字能力和计算机办公处理能力。所以，学习者要不断地深入学习，不断地提高个人素质和综合能力。

【导入案例分析】

问题 1 解答及分析：

本题要求计算公司 2012 年度内部增长率以及可持续增长率。首先要明确指标的内涵。

内部增长率是指公司在没有任何形式的"对外"融资(包括负债和权益融资)的情况下的预期最大增长率，即公司完全依靠自身经营的留存收益融资所能产生及维持的最大增长极限。在这种情况下，公司的外部融资需求量和负债融资都为 0。

可持续增长率是指公司在维持某一目标或最佳的债务/权益比率前提下，不对外发行新股等权益融资时的最高增长率。要使公司保持可持续增长率就要保证公司目标资本结构稳定，也就是说在公司留存收益增长的同时，公司应追加负债融资额，使得公司的资本结构保持不变。

通过指标的定义，可以推导出内部增长率、可持续增长率的计算公式如下：

g(内部增长率)=[ROA×(1-d)]÷[1-ROA×(1-d)]

ROA 为公司总资产报酬率，即：税后净利润/总资产；d 为公司股利支付率。

g(可持续增长率)=[ROE×(1-d)]÷[1-ROE×(1-d)]

ROE 为公司净资产报酬率，即：税后净利润/净资产；d 为公司股利支付率。

如何更好、更快地记忆上述公式呢？笔者在学习的过程是如此思考的：ROA×(1-d) 以及 ROE×(1-d) 为单位总资产或单位净资产年度的经营净积累，它已经扣除了单位总资产、单位净资产上所对外支付的股利，它是一个在年度期末时点上的当期"时期数"；那这个经营积累的基数是什么呢？显然，年度期初点上的"约当单位总资产""约当单位净资产"就是它的基数，由于我们将期末的单位总资产、单位净资产在两个公式中分别看作单位"1"，所以，扣除 ROA×(1-d)、ROE×(1-d) 之后，我们会很自然地得出期初基数。

在本题中，则有：

总资产报酬率 ROA=2÷50=4%

g(内部增长率)=[4%×(1-50%)]÷[1-4%×(1-50%)]=2.04%

净资产报酬率 ROE=(2÷25)×100%=8%

g(可持续增长率)=[8%×(1-50%)]÷[1-8%×(1-50%)]=4.17%

问题 2 解答及分析：

1. 市场部经理的建议是不合理的。理由：市场部经理建议的 12% 增长率太高，已经超出了公司可持续增长率 4.17%。

2. 生产部经理的建议也是不合理的。理由：生产部经理建议维持 2012 年产销规模较保守。

净资产报酬率 ROE=税后净利润/净资产

=税后净利润/销售收入×销售收入/总资产×总资产/净资产

=销售净利率×总资产周转率×权益乘数

从财务管理的角度来看，一个公司能实现增长取决于公司的运营效益(销售利润率)、运营效率(总资产周转率)、筹资及资本结构(权益乘数)、股利分配政策(股利支付率)。如果公司不想发售新股，想维持目前的上述指标，那公司运营能实现和达到的增长率是一定的，那就是可持续增长率。若要实现超过可持续增长率的运营增长效果，就需要对上述指标进行调整，并采取切实有效的措施达到预定目标；当然，若公司采取的运营增长指标较低，低于公司可持续增长率，那将浪费资源，运营指标的激励效果也就无法体现。

市场部经理的建议属于成长型(或发展型；或扩展型)战略。生产部经理的建议属于稳定型(或维持型；或防守型)战略。

该题目主要考查考生能否灵活运用知识进行综合判断。在 2013 年度高级会计师辅导教材《高级会计师实务》中，"融资决策"章节讲述"可持续增长率"时，并没有展开讲述"公司战略"，但考试题目却很巧妙地引出了在别的章节讲述的"公司战略"知识点来。这提醒我们考生，考试题目将会越来越灵活，这是未来的命题方向，我们要适应这种变化，把知识学通、学透。

问题 3 解答及分析：

根据公司董事会的有关决议，公司资产负债率一般不得高于 60%这一行业均值，股利支付率一般不得低于 40%，这是公司开展财务安排不能突破的红线。在保持董事会设定的资产负债率和股利支付率指标值的前提下，公司可以实现的最高销售增长率，即为：在上述指标下的公司可持续增长率。

根据前面的推论，有：

净资产报酬率 ROE=总资产报酬率 ROA×权益乘数

而：

g(内部增长率)=[ROE×(1−d)]÷[1−ROE×(1−d)]

所以，本题目的答案为：

总资产报酬率 ROA=2÷50=4%

净资产报酬率 ROE=总资产报酬率 ROA×权益乘数

               =4%×[100÷(100−60)]=10%

g(内部增长率)=[ROE×(1−d)]÷[1−ROE×(1−d)]

               =[10%×(1−40%)]÷[1−10%×(1−40%)]=6.38%。

【课 后 练 习】

请编写大众机械有限公司的财务分析报告。

参 考 文 献

[1] 中华人民共和国财政部. 企业会计准则[M]. 北京：经济科学出版社，2006.

[2] 中华人民共和国财政部. 企业会计准则——应用指南[M]. 北京：经济科学出版社，2006.

[3] 周凤，于敏. 财务报表分析[M]. 北京：机械工业出版社，2009.

[4] 李莉. 财务报表阅读与分析[M]. 北京：清华大学出版社，2009.

[5] 庄小欧，甘娅丽. 财务报表分析[M]. 北京：北京理工大学出版社，2010.

[6] 郝晓雁. 财务报表分析[M]. 北京：中国广播电视出版社，2011.

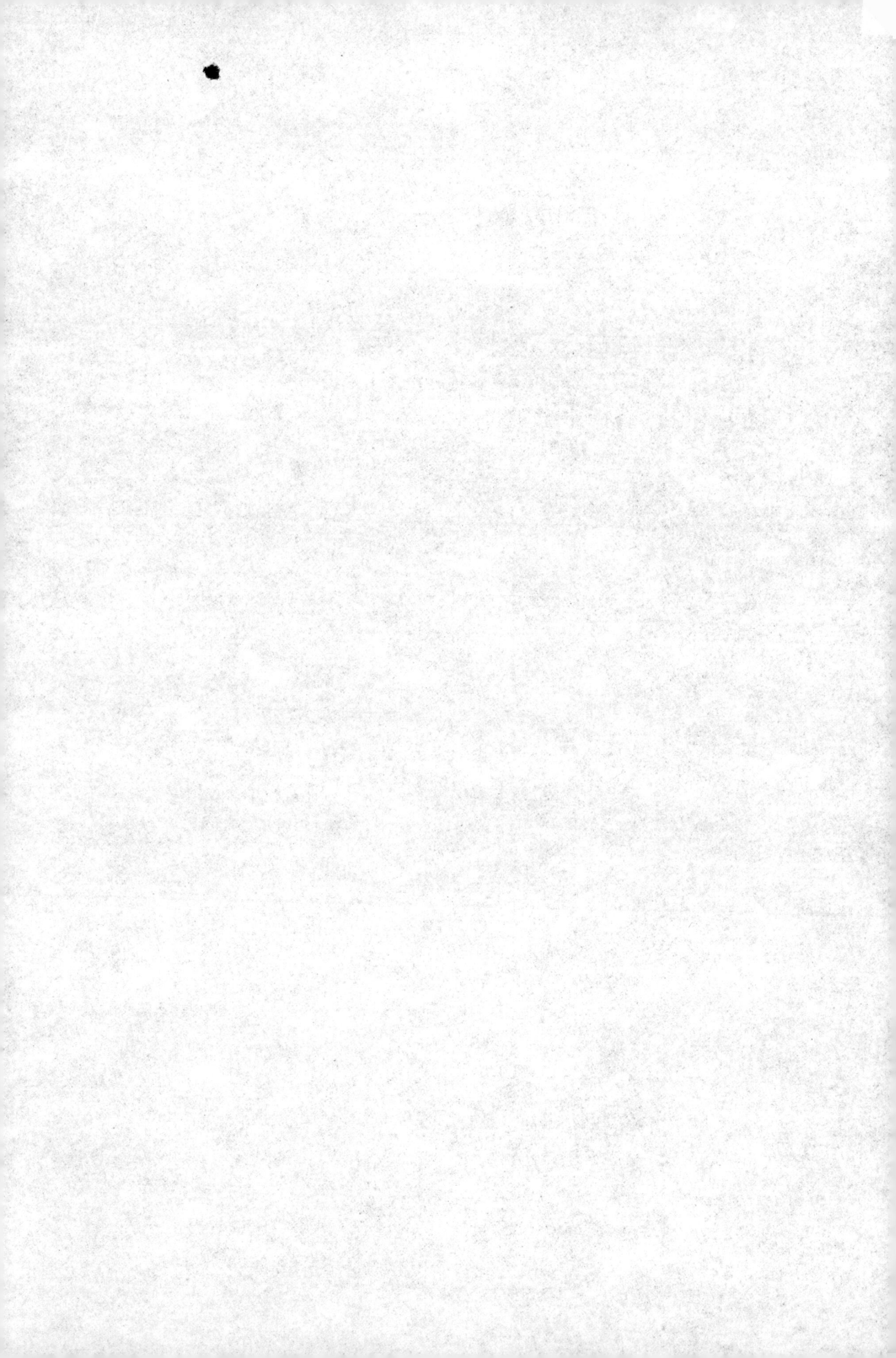